잊혀진 사회주의 운동가

이준태

국립중앙도서관 출판시도서목록(CIP)

(잊혀진 사회주의운동가)이준태 / 김희곤 ; 강윤정 편저.
-- 서울 : 국학자료원, 2003
p. ; cm

ISBN 89-541-0142-9 93900 : ₩30000

340.99-KDC4
320.531-DDC21 CIP2003001615

잊혀진 사회주의운동가

이준태

김희곤 · 강윤정

국학자료원

책을 펴내며

'잊혀진 사람'을 찾으러 나선다. 하기야 '잊혀진 사람'이 어디 하나 둘이겠나. 차라리 기억되는 사람이 별로 없다는 게 옳을지도 모른다. 대부분은 세월의 흐름에 따라 기억에서 사라지게 되고, 그저 가물거리다가 급기야 잊혀지게 된다. 그러니 굳이 '잊혀진 사람'을 찾아 나선다는 말이 그리 대단한 의미를 가진 것 같지도 않다. 그러나 여기에 굳이 '잊혀진 사람'이란 표현을 써 가며 찾으려는 인물은 그만한 사연을 가진 사람이기 때문이다. 그저 밋밋하게 살다간 인물이 아니라 마치 폭발하는 화약처럼 짧은 순간에 작렬하듯 살다갔으면서도, 우리의 뇌리 속에 흔적도 없이 사라져버린 한 사람이 있다.

역사를 들여다보면 언제나 지식인은 많았다. 한 때 유행하던 말에 "그 사람 참 똑똑한 사람이야. 그래도 그 사람만큼 똑똑한 사람이야 없었지"라는 표현이 있다. 그렇다면 똑똑하다는 것이 무엇인가. 기억력이 좋다는 말일까. 아마 이 말에는 지식인이라는 의미가 짙게 담겨 있을 것이다. 그런데 여기에서 말하려는 인물은 지식인이 아니라 지성인이다. 지성인은 지식에 지혜를 함께 가진 인물이다. 친일파 가운데 지식인이 아닌 경우는 거의 없었다. 친일파는 당시 최고의 지식인들이 주류를 이루었다. 그러므로 지식인이라고 해서 모두 존경할만한 위인은 결코 아니고, 특히 그렇게 똑똑한 지식인이 민족과 국가를 버린 일이 허다했다.

지식인 가운데에는 민족문제에 고뇌한 사람도 있지만, 반대로 친일의 극치를 달린 인물도 많았다. 여기에서 민족문제를 해결하기 위해 민족의 양심을 지켜나간 인물을 우리는 '민족지성'이라 부른다. 지금 찾아 나서려는 사람은 바로 민족이 나라를 잃고 일본의 압제 아래 고통스러워할 때, 외세 극복과 민족의 해방을 위해 살아간 인물,

즉 민족지성 가운데 한 사람이다. 그가 바로 이준태(李準泰)이다.

그를 찾아가는 길이 너무나 어렵다. 우선 어느 경우에도 이야기되는 보편적인 이유가 자료 부족인데, 이준태의 경우도 마찬가지다. 항일투쟁과 좌파노선 및 한국전쟁이라는 세 가지 요인이 자료를 남기는 데 어려움을 주기도 했지만, 주인공 자신조차도 자료를 남기려 하지 않은 듯하다. 특히 1930년대의 움직임은 도무지 헤아릴 길이 없다. 그래서 하는 수 없이 ≪조선일보≫와 ≪동아일보≫를 비롯한 신문자료와 일제 검찰기록 및 판결문을 주요 자료로 삼으면서 주로 1920년대 동정 파악에 초점을 두었다. 따라서 1930년대에 대해서는 다음의 기회로 미룰 수밖에 없다. 이러한 한계를 절감하면서도 그의 삶과 길을 담담한 마음으로 추적해 나갔다. 더러는 그의 아픈 마음이 절로 느껴졌으므로 애써 진정시키는 경우도 있었다.

이 책을 발간하는 과정에 많은 분들의 격려와 도움이 있었다. 역사의 뒷골목에 묻혀 버린 인물에 대해 집요한 추적을 요구하신 조동걸 선생님의 지도와 격려가 없었더라면 이 작업은 애초에 불가능한 일이었다. 깊이 감사드린다. 그리고 이준태 선생의 손자 이헌붕 사장의 격려에 고마움을 표한다. 후손으로서 느끼는 고민과 아픔은 일이 진척될수록 짙어갔다. 잘 알지 못하던 시절에는 그러려니 했는데, 하나씩 사실이 밝혀짐에 따라 느껴지는 슬픔이 더해간 것이다. 그럼에도 불구하고 그는 필자를 격려하고 도와주었다. 또 일본어 초서로 기록된 신문조서를 정치하게 해석해 주신 김봉우(金鳳禹) 선생님께 감사드린다. 고령에다가 건강이 좋지 못함에도 불구하고 흔쾌하게 번역을 맡아주심에 다시 한 번 감사의 인사를 드린다. 그리고 안동대학교 사학과 강사인 강윤정 선생은 판결문과 검찰기록 등 일본어 자료들을 꼼꼼하게 번역하고 정리하였다. 더구나 근현대사 전공팀(유현정 · 이현정 · 신창균 · 양승진 · 한준호)을 이끌면서 자료를 수집하고 정리하는 데 정성을 쏟기도 했다. 이 자리를 빌어 수고한 모든 이에게 감사의 뜻을 전한다. 끝으로 이 책의 출판을 선뜻 허락해 주신 국학자료원의 정찬용 사장께 감사의 말씀을 드린다.

2003년 11월
안동 솔뫼에서

김희곤

차례

이준태 연구

이준태 자료

Ⅳ. 대중운동 127

1. 노동운동

1) 잡지게재 및 강연

자료1. 尖口生, 「까마구의 雌雄」, ≪開闢≫ 34호, 1923년 4월 1일 129

자료2. 「李準泰氏 舌禍 沕淄勞働同盟에서」,
≪조선일보≫ 1923년 9월 3일자 136

2) 경성고무공장여자직공파업 지도

자료3. 「尹李金 三人의 판결언도는 명 십사일에」,
≪동아일보≫ 1923년 11월 13일자 137

자료4. 「판결문」, 대정 13년, 경성지방법원검사국 138

3) 조선노농총동맹 활동

자료5. 조선노농총동맹집행위원 개선에 관한 건 (京鍾警高秘 제12349호의 2,
대정 14년 11월 2일) 167

자료6. 조선노농총동맹 통문의 건 (京鍾警高秘 제13071호의 1,
대정 14년 11월 18일) 172

자료7. 조선노농총동맹 제6회 중앙집행위원회 간담회의 건
(京鍾警高秘 제13066호의 3, 대정 14년 11월 20일) 176

자료8. 조선노농총동맹 제6회 중앙집행위원 간담회에 관한 건
(京高秘 제5632호, 대정 14년 11월 25일) 187

자료9. 조선노농총동맹의 통문 발송의 건 (京鍾警高秘 제13542호의 1,
대정 14년 11월 30일) 209

자료10. 조선노농총동맹의 동정에 관한 건 (京鍾警高秘 제998호,

대정 15년 1월 29일) ······ 220
자료11. 조선노농총동맹 제7회 중앙집행위원 간담회에 관한 건
(京鍾警高秘 제3202호의 1, 대정 15년 3월 30일) ······ 223
자료12. 「三重縣事件 調査會突然禁止」,
≪조선일보≫ 1926년 1월 15일자 ······ 236

2. 풍산소작인회를 통한 농민운동

자료13. 「小作人會創立 安東郡 豊山에서」,
≪동아일보≫ 1923년 11월 18일자 ······ 237
자료14. 이준태가 조선노농총동맹 간부에게 보낸 편지
「勞農總同盟 幹部 여러 兄님에게」, 1924년 7월 22일 ······ 240
자료15. 「豊山小作決議 三千餘名의 總會에서」,
≪동아일보≫ 1924년 10월 21일자 ······ 242
자료16. 「落成式에 示威行列」,
≪조선일보≫ 1925년 9월 1일자 ······ 244
자료17. 「豊山小作人會 定總」, ≪동아일보≫ 1925년 11월 18일자 ······ 246
자료18. 「豊山小作委員會」, ≪조선일보≫ 1925년 11월 18일자(석) ······ 248
자료19. 경상북도경찰부, 『고등경찰요사』, 소화 9년, 61쪽 ······ 249
자료20. 「陶山書院事件으로 專門委員會組織」,
≪조선일보≫ 1925년 11월 14일자(석) ······ 252
자료21. 「陶山書院問題로 安東 六團體 決議」,
≪조선일보≫ 1925년 11월 26일자(석) ······ 254

3. 형평운동

자료22. 「醴泉事件으로 安東各團體 奮起」,
《조선일보》 1925년 8월 25일자 257
자료23. 예천형평사사건 대책집회에 관한 건 (京鍾警高秘 제9307호의 1,
대정 14년 8월 20일) 259

4. 청년운동

자료24. 「安東靑年聯盟과 國際靑年日」, 《조선일보》 1925년 9월 7일자 268

V. 전위운동 271

1. 신사상연구회

자료1. 「新思想硏究會 새로 발긔되엿다」, 《동아일보》 1923년 7월 11일자 .. 272

2. 신흥청년동맹 · 화요회

자료2. 「二月의 世界」, 《開闢》 45호, 1924년 3월 1일 273
자료3. 在京主義者 등의 최근에 있어서 활동사항에 관한 건
(京鍾警高秘 제285호의 1, 대정 14년 1월 13일) 278
자료4. 「全朝鮮民衆運動者大會」,
《동아일보》 1925년 2월 18일자 ; 《조선일보》 1925년 2월 18일자 .. 293
자료5. 양파합동간담회에 관한 건 (京鍾警高秘 제2375호의 1,
대정 15년 3월 6일) 297

3. 옥중생활과 출옥

이준태 연구

1. 그가 태어난 안동 풍산의 우렁골 싱구실

대구와 춘천 사이를 시원하게 뚫어놓은 중앙고속도로에서 안동으로 접어드는 관문으로 서안동과 남안동, 두 개의 나들 목이 있다. 이 가운데 북쪽, 즉 서울과 강원도 방향에 있는 것이 서안동 나들 목이다. 이곳을 나서서 안동시내와 반대 방향인 서쪽, 즉 풍산으로 2km정도 떨어진 첫 번째 출구가 안동교도소 입구이고, 그것을 지나쳐 1km 정도 더 가면 두 번째 출구가 나온다. 바로 풍산읍내로 들어가는 출구인데, 하회마을 진입로를 유도하는 표시가 있어 관광객들이 이곳으로 풍산을 드나든다.

이 출구를 빠져 나오면 풍산읍내로 연결되는 옛 국도로 이어진다. 풍산읍까지 겨우 1km 남짓한데, 풍산읍내로 들어서기 직전에 오른쪽에 예쁜 정자인 체화정(棣華亭)이 한 걸음 물러서 있고, 그 반대쪽인 왼편으로 하천이 흐르고 있다. 체화정을 100m 못 미쳐 왼편으로 하천을 건너는 조그만 다리가 있다. 난간도 없는 콘크리트 다리인데, 이를 건너면 오른쪽에는 소방파출소가 있고, 왼쪽에는 경상북도 안동종합청사가 들어서 있다. 여기서부터 산자락을 따라 남쪽으로 길게 마을이 형성되어 있으니, 안동시 풍산읍 상리동이다. 안동에서는 이곳을 '우렁골', 혹은 '우롱골'이라 부르는데, 전의·예안이씨들이 모여 사는 동성마을이다.

전의이씨가 내려오다가 예안이씨가 분파되었는데, 이 마을 주민들은 소수의 전의이씨와 다수의 예안이씨로 구성되어 있다. 마을은 크게 골마·우렁골·싱구실 등으로 구분된다. 골마는 우렁골을 지나 산 쪽으로 들어서 있고, 싱구실은 우렁골로 들어가지 않고 국도에서 들어오던 길을 내쳐 더 올라간 곳에 자리잡고 있다. 다리를 건넌 뒤에 남쪽으로 방향을 바꾸지 말고 그냥 아스팔트 포장길을 200m 정도 더 올라가면, 왼편으로 산비탈에 몇 집이 다닥다닥 붙어 있으니, 바로 이곳을 상리에서도 '신구실', 혹은 '싱구실'이라고 부른다. 하지만 대개 크게 말하여 이곳마저 우렁골이라고 부르는 경우도 있다. 이준태가 태어난 마을이 바로 이곳 싱구실이다. 우렁골 예안이씨는 크게 세 개의 파로 형성되어 있다. 맏파·중간파·계파(막내 집)가 그것인데, 싱구실에는 대개 계파 계열이 살지만, 이준태만이 중간파 출신이다.

'싱구실'이라는 마을 이름이 무슨 뜻을 가졌는지 도무지 이해되지 않는다. 그런데 이 말이 "소나무를 심은 곳"이라는 뜻을 가진 명칭이라 전해진다. 소나무가 심겨진 마을이란 의미가 경상도 방언으로 '심궈진 마을', '심구실'로 전화된 것이 곧 싱구실의 어원이란 이야기다.[1] '종송(種松)'이라고도 불려졌다는 말에서 그럴 가능성이 있어 보인다. 그렇다면 본래 이곳에 나무가 없었으나, 어느 때 누군가에 의해 소나무가 심어지면서 불려진 곳이라는 말일 것 같다.

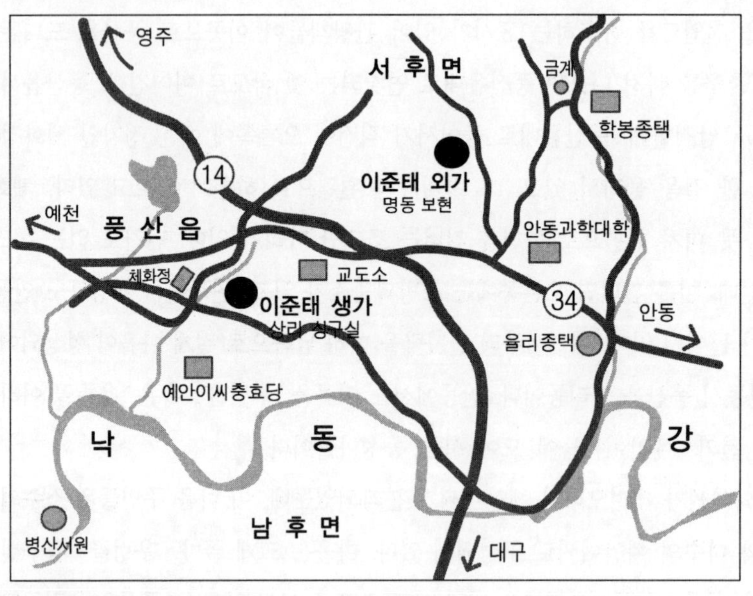

우렁골 동네 지도

1) 안귀남(안동대 국어국문학과 강사)의 현지조사와 설명을 참고하였다.

이준태
생가

싱구실은 당시 안동군 풍현내면(豊縣內面) 상리동에 속했으나, 지금은 안동시 풍산읍 상리동에 속한다. 제적등본에 기록된 이준태의 출신지는 364번지이다. 마을 어귀에 들어선 식당을 비껴 접어들면 20m쯤 들어가 왼쪽으로 기와로 지어진 빈집이 한 채 조용히 자리잡고 있다. 이곳이 바로 364번지, 그가 태어나고 살던 집이다.

아랫채는 간 곳이 없고, 본채만 남아 있다. 그마저도 후손들은 서울로 모두 떠나고 아무도 살지 않아 퇴락한 상태이고, 허무한 느낌마저 준다. 다른 한편으로는 옛 모습의 일부를 전하고 있어서 다행스럽다는 위안을 가지기도 한다. 산을 등지고 골짜기 속에 남향으로 자리잡은 그의 생가는 햇빛과 바람만 들렀다 지나가는 외로운 곳이 되었다.

본래 집 규모는 그리 크지 않았지만, 현재는 본채만 남아 있어 더욱 초라해 보인다. 방 두 칸 사이에 마루를 둔 전형적인 3칸 기와집이며 동쪽 뒷 모퉁이에 조그만 툇마루를 두었다. 안동지역에서 가세가 넉넉하지 않은 중소 양반지주의 집으로는 전형적이라 여겨진다.

2. 양반가문에서 태어나다

그는 1892년 12월 29일에 예안이씨(禮安李氏, 宣城)인 이수학(李洙學)과 어머니 안동권씨 사이에 맏아들로 태어났다. 전의이씨(全義李氏) 10세에 해당하는 이익(李翊, 寶文閣 提學)이 예안이씨 시조가 된다. 이준태는 예안이씨 22세이며, 그의 집안이 안동에 자리잡은 후로 따진다면 사직공파(안동파) 17세가 된다.

그의 집안은 양반 유림으로서의 전통을 고스란히 전하고 있었다. 14대조 이홍인(李洪仁)이 임진왜란 때 의병장이 되어 안동 구담전투(九潭戰鬪)에서 공을 세우고 순국하였고, 5대조 이경유(李敬裕)는 통훈대부 행사헌부지평(行司憲府持平)을 지냈다. 따라서 그의 문중이 양반으로 행세하고 지냈을 것이라 짐작할 수 있다.

안동지역에서 그의 집안을 양반가문이라 평가하는 데 별로 무리가 없을 것이다. 신원카드에 그의 신분이 '상민'이라고 적혀 있지만, 그가 종로경찰서에서 신문을 받는 과정에서 자신의 신분을 '양반'이라고 밝혔다.[2] 이를 통해 그 자신도 양반출신임을 인식하고 살았다는 점을 확인할 수 있다. 그렇다고 해서 그를 봉건적이라거나 전근대적이라고 단정할 필요는 없다. 1970년대까지 안동의 명문 종가에는 아랫사람이 있었다는 사실을 염두에 둔다면, 그가 살았던 시기에 안동사회는 신분체제가 상당히 엄격하게 유지되고 있었다는 사실을 쉽게 헤아릴 수 있기 때문이다.

---

2) 「피의자 신문조서」, 종로경찰서, 1927년 7월 27일.

예안이씨 司直公派 世系圖

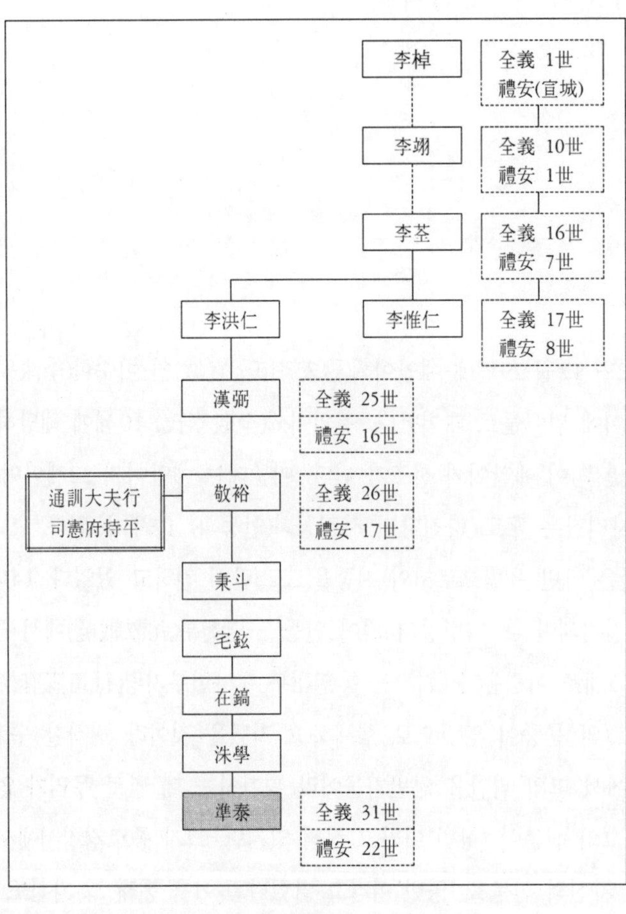

그는 아주 어릴 때 아버지를 여의는 불행을 당했다. 만 세 살이던 1895년에 부친이 세상을 떠나는 바람에, 그는 조부(李在鍾, 1840-1910)의 가르침 속에 자라나게 되었다. 그런데 그 조부도 그의 나이 만 18세 되던 1910년에, 그리고 다시 3년 뒤에 조모가 연이어 사망하였다. 한편 일찍 홀로된 그의 모친은 하나뿐인 아들을 키우는데 정성을 다 기울였다. 모친의 친정, 즉 이준태의 외가는 풍산읍 명동(鳴洞)의 보현(甫峴)에 자리잡은 안동권씨 복야공파(僕射公派) 판서공계(判書公系)에 속하여 안동지역에서 잘 알려진 양반집안 출신인데,[3] 그의 아내마저도 같은 집안에서 오게됨에

따라 이준태로서는 외가와 처가가 같은 셈이 되었다. 이렇게 될 경우 처가의 동네 이름을 따서 택호를 부르는 경우, 이준태의 어머니와 아내가 같은 마을 출신이라 택호도 같게 되는 문제가 생긴다. 이준태를 "연동어른"이라 부르게 된 것도 동일한 그의 아버지의 택호였으리라 짐작되는 "보현어른"을 피하기 위해 나온 것 같다. 보현을 보연(甫淵)이라고도 불렀다고 하니, 특히 그럴 법하다.

이준태가 결혼한 시기는 정확하게 전해지지 않는다. 맏아들 춘직(春稙, 완이完伊)이 1911년 정월에 태어난 점으로 보아 늦어도 1910년 이전에는 결혼한 것으로 짐작할 수 있다. 조부가 1910년에 세상을 떠났으니, 일단 승중상(承重喪; 아버지를 먼저 잃고 나중에 조부상을 당하여 치르는 상례)을 입은 처지에서는 그가 결혼할 수 없었을 것이다. 따라서 그가 결혼한 시기는 조부의 사망보다는 앞서는 것으로 보아야 옳다.

그는 3남 1녀를 두었다. 1927년에 작성된 그의 「신문조서」에는 가족으로 어머니와 처, 그리고 4명의 자식이 있다고 밝혔다.[4] 앞에서 말한 것처럼, 맏아들 춘직이 1911년 정월생이다. 뒤에 말하려니와, 이 무렵은 그가 금곡측량학교를 다니던 시기였고, 당시에 맏아들을 둔 때였다. 둘째 해직(海稙, 1916년생)과 셋째 경직(慶稙, 1919년생)은 그가 사회운동가가 되기 이전, 즉 측량기사로 활동하던 시기에 둔 아들이고, 막내 영직(英稙, 1925년생)은 안동에서 노농운동을 전개하던 시기에 둔 딸이다.[5] 결국 맏아들을 둘 때 경제적으로 가장 어려울 시기였고, 둘째와 셋째를 둘 무렵에 형편이 좋아졌으며, 다시 서울을 중심으로 사회운동을 펴다가 안동에 돌아와 풍산소작인회를 근간으로 활동하던 무렵에 막내로 딸을 두게된 것이라 정리된다.

---

3) 甫峴의 안동권씨들은 복야공파 판서공계에 속하는 양반집안인데, 1896년 안동 전기의병에 이곳 출신 權濟寧이 서기로서 활약하였다.

4) 「신문조서」, 1927년 7월 27일.

5) 「제적등본」 참조.

가족 가계도

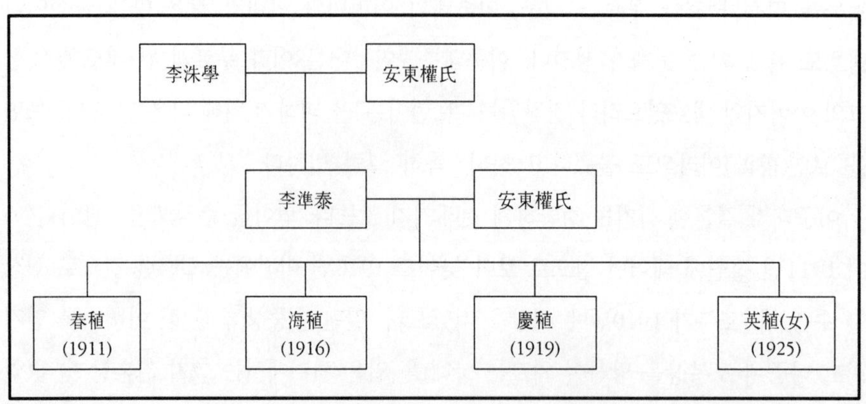

그가 사용한 호(號)로는 세 가지가 전해진다. 학암(鶴巖)・일강(一岡)・일봉(一烽) 등이 그것이다. 그리고 권혁(權赫)・권철(權哲)이라는 별도의 이름도 사용했던 것으로 알려지고 있다. 이 가운데 '학암'이라는 호는 1920년에 ≪동아일보≫에 기고했을 때 사용된 필명인데, 안동에서 가장 높은 학가산(鶴駕山)과 연관된 것 같다. 특히 이 학가산은 풍산지역에서 잘 보인다. 학가산과 연관된 그의 호는 같은 안동출신 사회주의운동가이자, 그와 함께 막역한 동지로 함께 활약했던 김남수(金南洙)가 학산(鶴山)이란 호를 사용한 점과도 관련이 있는 것 같다. 즉 함께 활동하면서 형제와 같은 관계가 형성되고, 그러한 점이 호를 사용하는데도 영향을 준 것이라 짐작하는 것이 무리가 아닌 것 같다.

한편 일강(一岡)은 1921년에 역시 ≪조선일보≫에 기고한 글에 사용된 필명이다. 이에 비해 일봉(一烽)이라는 호나 권혁(權赫)이라는 이름은 1926년 6월 종로경찰서에 구속되어 작성된 「신원카드」에 기록된 것인데, 그렇다면 이런 이름들이 1920년대 중반에 본격적으로 사회운동을 펼쳐나가는 단계에서 사용된 것이 아닌가 여겨진다.[6] '일강'이나 '일봉'이라는 호를 보면, '일(一)'이라는 공통 단어가 있다. 이것이 옆 눈

6) 「신원카드」.

學友會主催巡回
講演辯士諸君
鶴岩 李準泰

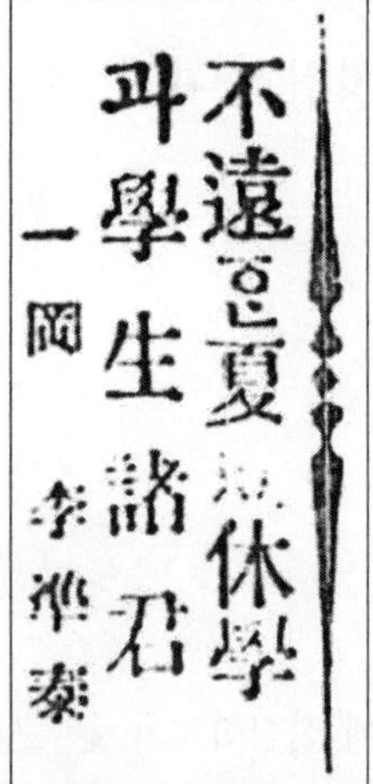

不遠한夏期休學
과學生諸君
一岡 李準泰

≪동아일보≫
1920년 7월 17일 '학암'

≪조선일보≫
1921년 6월 8일 '일강'

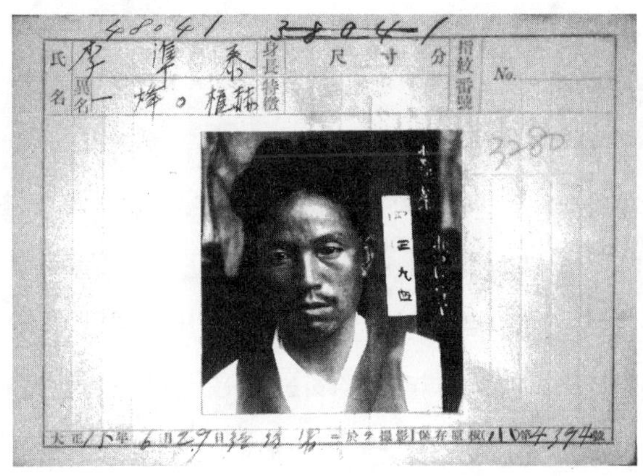

이준태가 일봉(一烽) · 권혁(權赫)이라는 이름을 사용한 것으로 기록되어 있다.

한 번 돌리지 않고 살아간 그의 곧은 자세를, 그리고 '학암', 즉 '학바위'라는 단어에서 과묵한 성품을 읽을 수 있다. 그의 과묵한 성품을 전하는 여러 이야기와 딱 들어맞은 이야기다.

3. 측량기사로 성장하여 토지조사사업에 나서다

서울에서 1880년대에 신식학교가 들어서기 시작하고, 1890년대에 들어 양반자제들이 신교육을 받기 시작했다. 그렇지만 안동에서는 1907년 협동학교(協東學校)가 세워진 이후에 비로소 첫 걸음을 떼기 시작하였고, 1910년을 넘어서면서 신식교육 열기가 주변 지역으로 확산되어 나갔다. 그렇다고 하더라도 이 지역의 전통 양반가문에서는 자제들에게 한문과 경학을 먼저 가르치고, 이어서 신식학교에 진학시키는 것이 일반적인 추세였다.

이준태가 어릴 때 전통적인 방법으로 한문을 배우고 경학을 익혀 나갔을 것은 당연하다. 누구의 가르침을 받았는지 확실하지는 않으나 일단 그의 조부로부터 영향을 받았을 법하다. 그리고 체화정과 같은 좋은 정자를 가진 문중에서 자라나는 소년을 기르기 위한 교육 공간으로 그것을 활용한 것은 새삼 말할 필요도 없고, 따라서 이준태가 그곳에서 글을 배웠으리라 짐작하는 것은 극히 당연한 일이다. 그런데 한 가지 특이한 일이 나타났는데, 그가 나이 10대 중반에 측량학교를 다녔다는 사실이다. 측량학교라는 것이 너무나 생소한 존재인데다가, 더구나 양반출신이 선뜻 그 학교에 들어간다는 것도 이해되지 않는다.

안동에 측량학교가 세워진 것은 1908년 무렵이다. 당시 전국적으로 토지쟁송문제에 대처하기 위해 문중별로 측량학교를 세우던 정황이었는데, 안동에서도 그러한 움직임이 나타났다. 하나는 안동권씨 문중에서 1908년에 측량학교 설립을 위한 통문이 나온 것인데, 금곡(金谷)측량학교가 바로 그러한 논의의 결과인 것으로 보이고, 다른

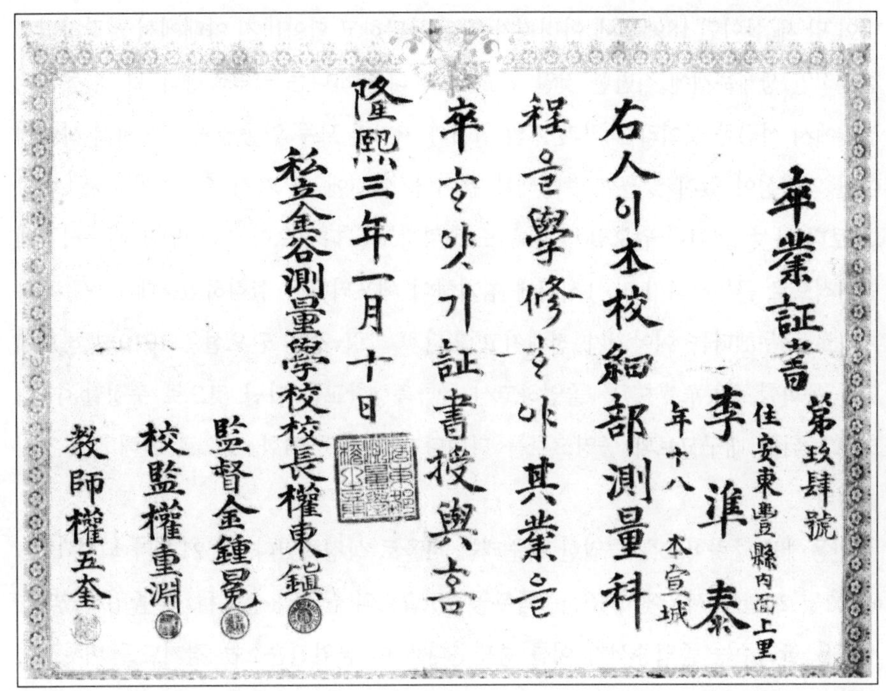

卒業証書

第玖肆號

住安東豐縣內面上里

李準泰

年十八 本宣城

右人이本校細部測量科
程을學修ᄒ야其業을
卒ᄒᆞ얏기証書授與홈

隆熙三年一月十日

私立金谷測量學校校長權東鎭
監督金鍾晃
校監權重淵
敎師權五奎

안동 금곡측량학교 졸업증서

하나는 길안면에서 안동김씨 문중이 주도한 길성(吉城)측량학교였다. 이 가운데 이준태가 다닌 곳은 금곡측량학교였다. 그는 17세가 되던 1909년 1월 10일에 사립금곡측량학교의 세부측량과정(細部測量科程)을 졸업하였는데,[7] 그가 바로 제1회 졸업생이었다. 따라서 1908년에 학교가 세워지고 교육을 받고서 1909년 1월에 졸업했으므로 아마도 교육기간이 1년은 되지 않고, 대개 반 년 남짓하지 않았나 생각된다. 당시 졸업생은 최우등 63명, 급제자 36명 등 모두 99명이었다.

그렇다면 그가 왜 측량학교를 다녔을까? 이 문제를 풀어 나가는 데 도움을 줄만한 어떠한 단서도 찾을 수 없다. 일단 두 가지 사실을 되새겨 볼 만하다. 하나는 그의

7) 「졸업증서」 제94호, 직인은 '安東郡測量學校之章' ; 이 학교는 안동권씨 문중에서 개설한 것으로 전해진다.

나이 만 세 살이던 1895년에 아버지가 일찍 사망하고 할아버지 아래에서 성장하면서 현실적인 생계문제에 직면한 것일 수도 있고, 다른 하나는 금곡측량학교가 안동권씨 집안에서 설립한 것이라는 점과 그의 외가와 처가가 모두 안동권씨라는 사실 사이에 어떤 연결성이 있지 않을까 추정해볼 뿐이다. 여기에 한 가지 흥미로운 점은 비록 그 보다 다섯 살 어린 권오설(權五卨)도 측량학교를 다녔으며, 1919년에 광주시청에 임시직으로 근무하다가 3·1시위에 참가하여 체포되면서 실직하였는데, 당시 측량 기사로 근무했다는 이야기가 전해지고 있다.[8] 그럴 경우 권오설은 1910년 하회에 있던 동화학교(東華學校)를 졸업하고서 금곡측량학교를 다닌 것으로 추정할 수 있고, 그 뒤에 대구고보와 중앙고보를 다니다가 모두 중퇴한 것으로 이해하는 것이 옳겠다.

안동에서 측량학교를 졸업한 이준태는 서울로 상경하였다. 만 21세가 되던 1913년 12월 20일에 서울에서 조선총독부공업전습소의 금공과(金工科)를 졸업하였다는 사실을 알려주는 졸업증서가 이를 증명한다.[9] 이 공업전습소는 경기도를 비롯하여 각 도마다 설치되기는 했지만, 그가 졸업한 곳은 서울 이화동에 자리잡은 것으로, 지방의 것과는 달리 조선총독부 직할로서 경성공업전습소라 불렸다. 이것은 1907년에 설립되었는데, 염직과·도기과·금공과·목공과·응용화학과·토목과 등 6개 과로 구성되었다가, 1910년에 토목과는 없어졌다.[10] 이 경성공업전습소는 뒷날 경성공업학교·경성공업전문학교·경성제국대학 공대를 거쳐 서울대학교 공대로 이어지게 된다. 그가 입학했을 것으로 여겨지는 1912년 당시에는 본과(2년), 전공과(1년), 실과(1년) 등 모두 13개 학급으로 구성되었고, 580명이 지원하여 137명이 입학하였으니 4.23:1의 경쟁률을 보인 셈이다.[11]

그가 이 전습소로 진학하게 된 분명한 이유를 알 길이 없다. 다만 그 시기만은

---

8) 이용직(안동향교 사회교육원장)·이동직(이준태 족질) 등 증언.

9) 「졸업장」 참고

10) 『조선총독부통계연보』(1912), 699쪽.

11) 『조선총독부통계연보』(1913), 716쪽.

경성공업전습소

(서울특별시 종로구 동숭동 199-1. 1909년에 완공된 이 건물은 목조 2층으로 르네상스식이며, 건물 벽은 독일식의 비늘판이다. 대한제국 때 지은 목조 건물로는 유일하게 남아 있으며, 현재 한국방송통신대학교 본부로 사용되고 있다)

짐작이 된다. 즉 당시 2년 과정이 정규코스였으므로, 그가 1909년 1월에 안동의 금곡측량학교를 졸업한 뒤, 늦어도 1911년 후반까지는 서울에 도착해 있었다고 추정된다. 여기에서 같은 고향에서 같은 전습소로 진학한 인물이 있어 흥미롭다. 이준태와 마찬가지로 안동의 풍산 출신이자 장차 사회주의운동에서 가장 가까운 동지로서 같은 길을 걷게 되는 김재봉(金在鳳)이 이준태 보다 한 해 앞서 1912년에 경성공업전습소 염직과를 졸업했다는 사실이다.

이처럼 금공과, 즉 금속공학과를 졸업했지만, 그는 전공과는 달리 본래 안동에서 이수한 측량과 인연을 맺었다. 즉 경성공업전습소를 졸업한 뒤 바로 5개월 지난 1914년 5월 31일에 임시토지조사국사무원급기술원양성소(臨時土地調査局事務員及技

術員養成所) 과정을 수료했던 것이다.[12] 그렇다면 경성공업전습소를 졸업하자마자 토지조사국의 사무원 및 기술원 양성소에 입소했다는 말이 되고, 그래서 5월말에 그 과정을 수료하였다는 것이 된다.

이어서 그가 바로 취업했는지 알 수는 없다. 그의 동정을 알려주는 확실한 자료는 그 다음 해인 1915년 12월 31일자로 그가 조선총독부임시토지조사국 기수보(技手補)로 발령되고 월급 13원을 받게 되었다는 사실이다.[13] [표 - 1]을 보면 그의 등급이 '조선인 고원(雇員)'에 해당됨을 알 수 있다. 즉 맨 오른쪽 난에 조선인 고원이 995명이고 연봉이 143,808원이니, 이를 인원수와 12개월로 나누면 평균 12원을 받았음을 알 수 있으므로 이준태가 여기에 속한다는 것을 확인할 수 있다. 그런데 당시 구성원과 연봉을 살펴보면, 일본인과 조선인 사이에 격차가 큰 것을 확인할 수 있다. 1915년의 경우 일본인 고원은 매월 24원을 받음으로써 조선인 월급 12원의 2배였다.

[표-1] 조선총독부임시토지조사국 직원과 연봉

연도	출신 구별	칙임관		주임관		판임관		촉탁		고원	
		인원	연봉	인원	연봉	인원	연봉	인원	연봉	인원	연봉
1915	일본인	1	5,180	45	80,570	714	483,588	2	1,104	296	85,608
	조선인			1	900	2,542	470,592	2		995	143,808
1916	일본인	1	5,180	47	92,330	605	399,180	2	1,620	180	53,700
	조선인			2	1,600	752	170,772			1,038	149,580
1917	일본인			26	54,040	368	245,988	10	1,080	31	10,090
	조선인			1	1,000	260	60,492	1	540	171	33,664

* 『조선총독부통계연보』, 1915년도(908-909쪽); 1916년도(974-975쪽); 1917년도(1060-1061쪽).

기수보(技手補)로 11개월 정도 근무한 뒤, 1916년 11월 15일에 그는 조선총독부임시토지조사국 기수(技手)로 승급하고 8급봉의 월급을 받게 되면서,[14] 동시에 면직

12) 「졸업증서」 203호.
13) 「발령장」.
14) 「발령장」.

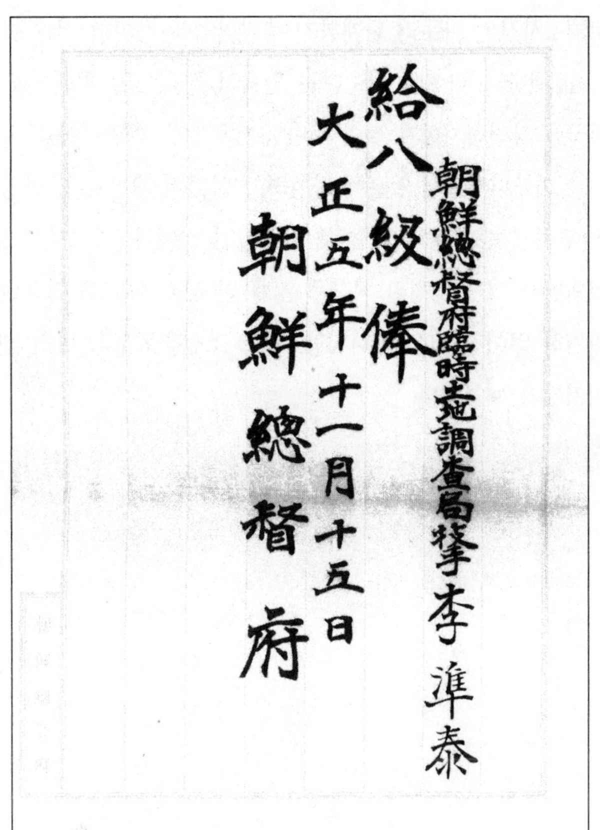
朝鮮總督府臨時土地調査局技手 李準泰
給八級俸
大正五年十一月十五日
朝鮮總督府

토지조사국 기수 「발령장」

되었다.[15] 1917년부터 조선총독부의 임시토지조사국이 직원을 급격하게 감원시키기 시작하였고, 1918년 고등토지조사위원회사무국 인원도 극소화되었다. 이런 차원에서 1918년에 조선총독부는 문관분한령을 발표하였으니, 이로 인하여 그는 면직되었다. 요즘 표현으로 말하자면 구조조정을 한답시고, 한 등급 올려 퇴직시키는 조치에 그가 당한 것이다.

그가 기수로 근무한 시기가 언제까지였을까? 일단 그가 "토지조사국의 기수로서 3년 동안 근무했다"고 밝힌 점으로 미루어 보아, 아마 1917년 혹은 1918년 말, 즉

15) 「사령장」에는 문관분한령(文官分限令)에 따라 면직된 것으로 기록되었다.

토지조사사업 마무리 단계까지 측량작업에 참여한 것이 아닌가 여겨진다. 그렇다면 20대 전반의 나이에 이준태는 일제의 한국통치 최일선에 서 있은 셈이다. 일제가 한국을 강점하자마자 절대 주력 산업인 1차 산업을 근본적으로 장악하기 위해 시작한 토지조사사업의 일선에 참가하고 있었기 때문이다. 안정된 급여를 받으면서 비교적 편하게 생활할 수 있는 세계가 열린 것이다. 그러다가 일단 토지조사사업이 마무리되면서 그는 안정된 직장을 잃게 된 것이 아닌가 짐작된다. 그렇다고 측량업무가 완전히 없어진 것은 아니지만, 일단 조선총독부의 관리 신분에서는 벗어난 것으로 여겨지기 때문이다.

4. 임시정부 자금지원활동에 참가하다

토지조사사업에 측량기사로 활동하다가 직장을 잃은 그가 갑자기 사회운동의 전선에 나타났다. 하지만 도대체 무엇이 그로 하여금 사회운동의 최전선으로 나서게 만들었는지 전혀 알려지지 않고 있다. 그저 추정해본다면, 그가 토지조사사업에 참가하는 과정에서 민족문제에 인식을 가진 것이라거나, 또는 3·1운동이 전환점으로 작용한 것이 아닌가 하는 것이다. 그렇지만 그가 3·1운동 당시 어디에서 어떠한 움직임을 보였는지 전혀 알려지지 않아 막연한 상태이다.

이준태가 독립운동에 발을 내디딘 것을 보여주는 첫 자료는 1919년 음력 8월에 나타났다. 즉 음력 7월에 상해로 대한민국임시정부를 찾아갔던 안동 출신 안상길(安相吉)이 그곳에서 안창호(安昌浩)를 비롯한 요인들을 만나고 임시정부 교통부 산하의 경상북도 교통부장이라는 직책을 맡아 그 다음 달에 귀국하였는데,[16] 서울에 도착하자마자 만난 인물이 동향 출신인 김재봉(金在鳳)과 이준태였던 것이다.

당시 이준태는 김재봉과 함께 서울 청진동 302번지의 진일여관(進一旅館)에서 안상길을 만나게 되고, 그로부터 대한민국임시정부에 다녀 온 이야기를 들었고, 또 안상길이 상해에서 가져온 ≪독립신문(獨立新聞)≫·「대한민국임시정부헌법」·「교통부규칙」·「애국금수합위원사령서(愛國金收合委員辭令書)」·「애국금영수증(愛國金領收證)」 등을 보았다. 그리고 안상길의 활동 목적이 임시정부에 보낼 애국금 모

16) ≪獨立新聞≫ 1921년 2월 17일.

집이라는 것을 확인하였다. 그런데 이들이 애국금 모집을 위해 대구와 안동을 중심으로 활동하다가 체포되고 말았다.[17]

임시정부는 국내를 원격통치하려는 계획을 세우고 실천에 옮기고 있었다. 주요 부서에 국내의 정보와 통치를 장악할 수 있는 통로와 기구를 만들었다. 연통부, 교통부의 교통국, 그리고 군무부의 주비단(籌備團)이 대표적이다. 교통국이 마련한 연결망을 통해 국내의 도와 시·군, 그리고 면까지 관리를 직접 임명하고, 정부의 통치행위를 펼쳐가며, 주비단을 통해 군사동원력을 확보한다는 것이 기본 계획이었다. 그 계획이 상당히 실천에 옮겨져 성과를 올리기도 했지만, 일제에 의해 철저하게 차단되기에 이른다.

금남여관 자리
(조흥은행 안동지점 앞, 아스트라 상회가 대문 자리이다. 안동향교 사회교육원장 이용직 증언)

이들이 체포된 단서는 상해에서 가져온 위의 문서들을 안동에 숨겨두었다가 경찰에 들켜버린 것이다. 당시 안상길은 하성경(河成卿)이란 애첩을 두고 있었는데, 그 하성경이 운영하던 금남여관(錦南旅館)은 비밀 아지트이기도 했다. 이 여관은 이후에도 여러 차례 안동지역 사회주의운동가들의 근거지로 이용되는데, 바로 이곳에 숨겨둔 서류가 발각된 것이다. 지금은 그 여관이 없어졌지만, 안동시내 한복판에 있는 조흥은행 정문에서 남쪽으로 30m 정도 떨어진 서쪽편 골목길에 자리잡은 한옥 기와건물이었다.

17) 「판결문」 大正10 刑公 第117號.

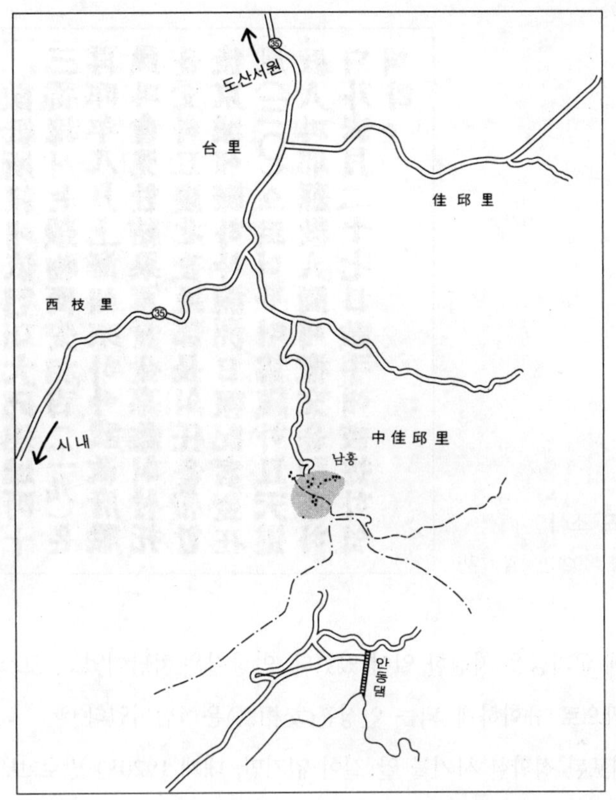

남흥동네 지도

여기에 등장하는 안상길은 안동시 와룡면 중가구동 출신이다. 안동시에서 북쪽으로 도산서원으로 가는 길을 따라 8km 정도 가면 와룡면 소재지 조금 못 미쳐 오른쪽에 안동댐으로 연결되는 1차선 도로가 나온다. 이 길을 따라 1.5km 들어가면 남흥(南興)이라는 마을이 있는데, 이 마을이 순흥안씨들의 집성촌이다. 여기에서 다시 남쪽 사잇길로 조금 더 들어가면 안상길의 생가터가 옛날을 말해주고 있다. 현재 지명으로는 안동시 와룡면 중가구 1리 517번지가 생가터요, 바로 옆 518번지가 안상길이 분가해 살던 집터이다.[18] 상당히 부유한 집안 출신으로 부친 안승국(安承國)이 이미

18) 안상길은 10남 2녀 가운데 둘째이다. 생가는 1949년 음력 3월 11일에 경찰에 의해 방화되었다고

安相吉의 被捉 (京城日報)

敵紙所報에依컨대大邱達城町十三番地사는穀物商安相吉(二九)은再昨年八月上海에來하야我政府職員과會見한結果軍資金募集의付托을受하고慶北交通部長의任을帶한後京城에歸하야滿洲日報記者金在鳳(三〇)으로더부러協議하고天道敎人과耶蘇敎人間에檄文을配布하다가去月二十七日敵手에被捉하엿더라。

안상길 체포 소식
(≪독립신문≫ 1921년 2월 17일)

대한광복회에 군자금을 지원한 일이 있었다. 안상길은 차남이었고, 모스크바 동방노력자공산대학으로 유학하게 되는 안상훈(安相勳)은 4남이었다.[19)]

그들이 체포된 정확한 시기를 알 길이 없지만, 대개 1920년 말로 보인다.[20)] 일제 경찰이 이 거사를 '조선독립단사건(朝鮮獨立團事件)'이라 이름지었지만, 실제로 결사체를 조직하지는 않은 것 같다. 그렇다면 억지로 덮어씌운 것이라 생각된다. 이 활동으로 안상길이 1년, 김재봉이 6개월의 징역형을 치렀다. 안상길이 임시정부 경상북도 교통부장이라는 직책과 역할로서 주역 대우를 받아 1년형을, 그리고 김재봉이 실행에 옮긴 주역으로서 6개월형을 치른 것이다.

여기에서 의문점이 두 가지 나타난다. 하나는 안상길이 상해에 다녀 온 것이 오직

전해진다(안승국의 증손이자 曺孫인 安孝日 증언, 안상길의 종손자, 1935년생).

19) 이 마을 출신으로서 사회주의운동사에 등장하는 안상준·안상윤·안상태(안상경) 등은 모두 가까운 형제들이다.

20) 미결 구류가 시작된 일시가 1921년 3월 초이고, 안상길의 1년형 만기가 1922년 3월 초였다. 그러므로 경찰에 체포된 시기는 1920년 후반이나 말 정도로 추정된다.

안상길

그 만의 단독 계획과 활동인지, 또 안상길이 돌아오자마자 어떻게 진일여관에서 세 사람이 만날 수 있었는지 등이다. 전혀 알 길이 없는데, 다만 추정할 수 있는 점은 1919년 무렵에 이들 세 사람은 이미 서울에서 함께 활동을 벌일 만한 관계를 가졌다는 사실이다. 세 사람이 안동출신이라는 공통점만이 아니라, 김재봉이 안상길의 외족(外族)이다. 게다가 이준태와 김재봉이 같은 풍산출신이기도 하지만, 경성공업전습소 동창이라는 공통점도 갖고 있었다. 따라서 이들 사이에는 3·1운동이 일어난 직후 임시정부 수립 소식을 듣고 이를 파악하고 또 지원하려는 의도를 가지게 되었고, 여기에 이준태도 동참한 것으로 추정된다.

그리고 또 하나의 의문은 이 활동에서 이준태의 역할이 두드러지게 나타나지 않는다는 점이다. 그가 안상길·김재봉과 더불어 진일여관에서 만나서 임시정부의 문서를 보았고, 애국금 모금에 대해 논의하였다는 사실만은 판결문에서 확인된다. 그럼에도 불구하고 이준태가 형벌에 처해지지 않은 사실은 이준태가 안상길과 김재봉을 만나고 ≪독립신문≫을 비롯한 임시정부의 문서를 보았지만, 더 이상의 활동을 하지는 않았기 때문일 것이다. 특히 세 사람 가운데 이준태만이 어떠한 벌칙도 받지 않은 점은 그가 본격적으로 움직임을 보이기 전에 안상길과 김재봉이 체포된 데 따른 현상이거나, 아니면 두 사람이 이준태를 옹호하여 준 것이 아닌가 추정된다. 그렇지만 비록 징역형을 받지 않았다고 하더라도 이준태가 일제 경찰에 의해 상당한 고초를 치렀으리라는 점은 판결문을 통해 알 수 있다. 그러므로 이준태가 독립운동에 발을 내디딘 확실한 계기는 1919년 가을에 대한민국임시정부에 대한 소식을 둘러싸고 안동출신 젊은이들이 모여 논의하는 과정에서 만들어진 것으로 생각된다.

5. 순회강연을 통한 문화운동의 전개

이준태는 '조선독립단사건'으로 일제 경찰에 체포되기 전에 이미 서울에서 두각을 나타내고 있었다. 1920년 7월 17일자 ≪동아일보≫에 「학우회주최순회강연변사제군(學友會主催巡廻講演辯士諸君)」이라는 글을 '학암(鶴巖) 이준태(李準泰)'라는 이름으로 발표하였던 것이다.[21] 그는 이 글에서 홍수를 무릅쓰고 전국 순회강연에 나서는 청년들을 격려하면서 2천만 민족에 대한 사랑을 요구하였다. 그러면서 자신은 병으로 누워 있어 여기에 동참하지 못하는 현실을 사과하였다.

이준태의 그러한 활동은 다음 해인 1921년에도 이어졌다. 즉 「불원(不遠)한 하기휴학과 학생제군」이라는 글이 '일강(一岡) 이준태(李準泰)' 명의로 기고되었던 것이다. 이 글에서 이준태는 여름 방학을 맞은 학생들에게 "강연단을 조직하여 농촌으로 가라"고 요구하고 나섰다.

> 미개(未開)한 동포(同胞)를 찌우라 그네는 말을 ᄒᆞ고 사지(四肢)를 움즉이지마는 제군(諸君)이 ᄋᆞ니면 써ㄱ은 가지가 될 이오 ᄯᅩ는 그네가 ᄋᆞ니면 제군(諸君)은 우익(羽翼) 업는 학(鶴)이 될 것이다 환언(換言)ᄒᆞ면 제군(諸君)과 그네의 생명(生命)은 연쇄적(連鎖的) 관계(關係)가 잇다 엇지 순간(瞬間)인들 등한(等閑)에 부(付)ᄒᆞ랴 그러고 제군(諸君)의 열변(熱辯)이 도(到)ᄒᆞᆯ 쎄는 눈에 서광(曙光)이 빗취고 귀에는 비달족(族)의 세포(細胞) 쒸노는 쇼리가 들릴 것이다 그것만으로도 족(足)히 노고(勞苦)를 망(忘)ᄒᆞ고 쾌락(快樂)을

21) ≪동아일보≫ 1920년 7월 17일.

이준태 기고문 (≪조선일보≫ 1921년 6월 8일)

각(覺)홀 것이 안인가 차(此)는 실(實)노 활극(活劇)이며 희극(喜劇)이다 차(此)로부터 단련(鍛鍊)ᄒᆞ는 기예(技藝)는 가(可)히 출중(出衆)ᄒᆞᆫ 배우(俳優)가 되고야 말지며 우주(宇宙)의 생명(生命)에 합일(合一)ᄒᆞ고야 말리로다 믄득 지구(地球)라는 무대(舞臺)에 각양배우(各樣俳優)가 백중(伯仲)을 다토을 ᄶᅦ **비̇달̇파̇(派)**라는 일행(一行)이 특수(特秀)한 기능(技能)을 발휘(發揮)ᄒᆞ야 적적(嘖嘖)ᄒᆞᆫ 영예(榮譽)를 횡(橫)으로 4만리(四萬哩), 종(縱)으로 천만대(千萬代)에 소개(紹介)ᄒᆞᆯ가 ᄒᆞ노라 학생(學生) 제군(諸君)이여[22]

이준태가 말한 기본 뜻은 '동포가 미개하므로 이를 깨우쳐야 하고, 그를 위해서는 학생들이 농촌으로 가야한다'는 것이다. 농촌의 동포와 학생들의 생명이 상대가 없이는 존재할 수 없는 '연쇄적 관계'로 그가 파악하고 있었다. 따라서 학생들이 나서는 길이 곧 상생(相生)의 길이므로 그 길에 적극 동참해야 하며, 이를 바탕으로 배달민

22) ≪朝鮮日報≫ 1921년 6월 8일.

족의 자긍심을 일깨워야 한다는 뜻을 학생들에게 요구하고 나선 것이다. 특히 그는 '배달파'라는 부분에 글씨를 굵게 처리하여 깨우칠 동포와 특수한 기능을 발휘할 민족을 연결시켰다. 즉 강연운동의 목표가 결국은 미개한 동포를 세계적으로 영광된 민족으로 승화시키는 것임을 밝힌 셈이고, 학생들이 그 길에 나서야 한다는 점을 강조한 것이다.

두 번에 걸친 신문 기고문을 통해 이준태가 1920년과 1921년에 학생들에게 순회강연에 나서기를 요구하고, 또 격려하였다는 사실을 확인했다. 그는 이러한 순회강연을 1920년부터 주창하거나 추진한 것으로 보인다. 왜냐하면 두 번째의 글, 즉 1921년의 글에서 그는 "작년(昨年)에 발발(勃發)ᄒᆞᆫ 제일성(第一聲)을 계속(繼續)ᄒᆞ며"라고 표현했기 때문이다. 그렇다면 그도 여기에 동참한 것은 당연한 일이라 여겨진다. 비록 1920년의 글에서 자신이 병으로 누워 있어 동참하지 못함을 사죄하였지만, 순회강연을 독려하고 있는 점으로 미루어 볼 때, 그가 이미 그 운동에 상당히 깊게 간여하고 또 선도하고 있었음을 알 수 있다. 그렇다면 이준태는 1919년 가을 이후에 임시정부에 애국금을 보내는 일에 연관되어 있기도 했지만, 다른 한편으로는 농촌에 대한 순회강연 사업에 비중을 더 두고 있었다고 판단된다.

6. 노동운동과 사회주의운동에 발을 내딛다

1920년에 들어 서울에서 노동운동과 관련된 중요한 단체가 결성되었다. 조선노동대회와 조선노동공제회가 바로 그것이다. 조선노동대회는 1920년 2월 16일에 서울에서 노동자의 상부상조와 인격적·지적 향상을 목적으로 결성된 노동운동단체이고, 조선노동공제회는 최초의 전국적 조직으로서 민족문제와 노동문제에 대처하기 위해 결성되었으며, 다양한 색깔의 인물들이 여기에 참여하였다. 이준태는 이들 두 단체에 모두 참가하면서 노동운동을 시작하였다. 다시 말하자면 이준태는 한국근대노동운동사의 출발선에서 다른 선각자들과 나란히 내달리기 시작한 것이다.

이와 함께 안동에도 노동운동 단체가 들어섰다. 1920년 9월 23일에 조선노동공제회 안동지회가 결성된 것이다. 주로 유인식(柳寅植)의 제자들이 주역인데, 유동저(柳東著, 파리장서에 참가하게 되는 柳淵博의 둘째 아들), 유준희(柳準熙, 유인식의 아들), 유주희(柳周熙, 유인식의 조카), 김남수(金南洙, 예안 군자리 탁청정 종가 출신) 등이 그들이었다. 여기에 이준태가 영향을 준 사실은 의심할 나위도 없다.

한편 1921년 말에 동향 출신이자 경성공업전습소 동창인 김재봉이 출옥하였다. 나오자마자 김재봉은 10월 24일자로 조선노동대회의 6명 대표 가운데 한 사람으로 선임되어 러시아로 출발하였다. 즉 러시아가 극동노력자대회(극동인민대표회의)를 소집하였고, 여기에 단체별로 대표들이 선발되어 참가하려고 곳곳에서 러시아로 향하고 있었던 것이다. 그 대표들은 국내만이 아니라 국외지역의 운동단체들도 마찬가지였다. 그래서 임시정부 주변의 여러 단체들도 대표들을 대거 파견하였는데, 결과적

극동노력자대회 개회식이 열린 크레믈린 궁전

으로 전체 144명 가운데 52명이나 되는 대표가 참가함에 따라 극동지역에서 가장 많은 파견대표를 기록하였다.

이 회의는 레닌의 혁명확산이라는 전략에서 나온 것이다. 특히 당시 태평양평화회의라는 이름 아래 미국에서 열리던 워싱턴회의(1921.11.12-1922.2.6)를 견제하여 러시아가 개최한 회의가 바로 극동노력자대회였다. 이 회의는 당초 예정했던 이르쿠츠크에서 열리지 못하고 날짜도 연기되어, 결국 1922년 1월 22일부터 2월 2일 사이에 모스크바에서 열렸다. 크레믈린궁에서 개회식을 가졌고, 그리스정교신학교 제3기숙사에서 회의가 이어졌다고 전한다.[23] 여기에 참가하려 떠나는 김재봉과 보내는 이준태 사이에 어떠한 이야기가 오고 갔는지 알 길이 없지만, 서로의 역할 분담이란 것이 논의된 것이 아닌가 짐작된다.

이준태가 사회주의운동에 뛰어든 기점은 1922년이라 생각된다. 이 해 1월 19일에

23) 「여운형 피고인 심문조서(제2회)」, 『夢陽呂運亨全集』 1, 한울, 1991, 563쪽.

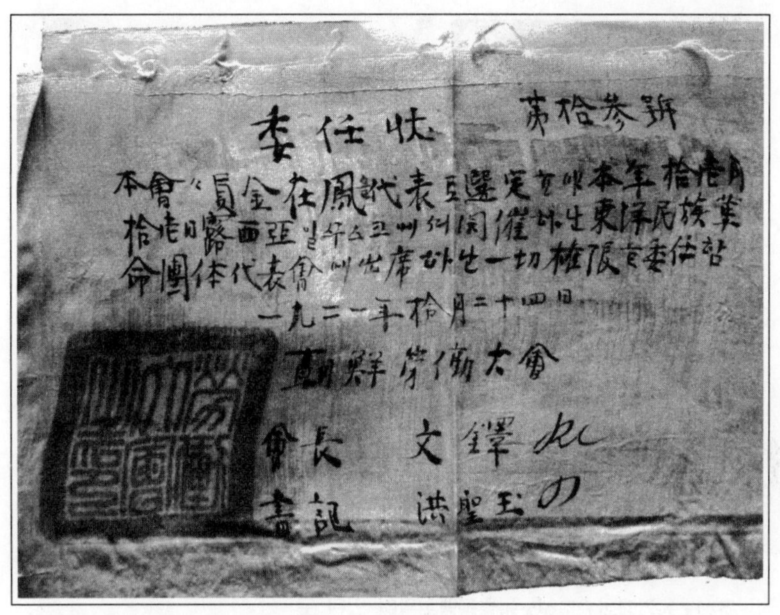
委任狀　第拾參號

本會々員金在鳳을代表로選定함에本年拾壹月拾壹日露西亞일쿠스크에서開催하난東洋民族革命團体代表會에出席하난一切權限을委任함

一九二一年拾月二十四日

朝鮮勞働大會

會長　文鐸

書記　洪聖玉

극동노력자대회에 참가하는 김재봉에게 조선노동대회가 발급한 신임장

결성된 무산자동지회(無產者同志會)가 최초의 사회주의단체로 평가되는데, 시기적으로 보아 러시아에서 소집한 극동노력자대회와 관련이 있을 것 같다. 워싱턴회의가 한국 민족문제를 거들떠보지도 않는 것과는 달리 모스크바회의는 바로 한국문제가 주요 과제의 하나로 다루어진다는 점에서 영향을 주기에 충분하였고, 따라서 러시아 다음으로 가장 많은 참석대표를 기록하게 된 것이다.

이 무렵 국내에서 최초의 사회주의단체인 무산자동지회가 조직되고, 이준태도 여기에 참가하였다. 김재봉을 보낸 뒤에 그는 서울에 남아 사회주의운동의 틀을 만드는 데 힘을 쏟은 것으로 이해된다. 이 무산자동지회는 결성된 직후에 무산자동맹회(無產者同盟會)로 확대 개편되었다. 즉 결성된 지 두 달 반 정도 지난 3월 31일에 무산자동지회와 신인동맹(新人同盟)이 통합하여 무산자동맹회로 발전한 것이다. 이준태가 여기에 참가한 것은 당연하다. 그는 1923년 1월에 김한(金翰)·원우관(元友觀)·김달현(金達鉉) 등과 더불어 무산자동맹회의 상임위원을 맡음으로서,[24] 사회주의운동

조선노동연맹회 / 조선노농총동맹회관이 있던 곳

(견지동 88, 관훈빌딩 뒤 대중음식점 '백학'자리)

의 출발점에서 그의 위치를 확연하게 드러냈다.

1922년 10월에 그는 조선노동연맹회에 참가하였다. 당시 무산자동지회를 거쳐 무산자동맹회에 가담하면서 조선노동공제회에서도 활약하고 있던 그는 조선노동연맹회가 10월 16일에 결성되자 여기에도 적극적으로 뛰어들었다. 이 조선노동연맹회는 본래 1920년 4월에 첫 번째 전국적 노동운동 단체로 결성되었던 조선노동공제회가 두 갈래로 분화되면서 만들어진 한 갈래의 단체였다. 조선노동공제회에서 강성을 지닌, 즉 사회혁명주의를 표방하던 윤덕병(尹德炳) · 김한(金翰) · 신백우(申伯雨) 등이 혁명적 성향의 노동단체를 건설하고 나선 것이다.[25] 그렇다면 이준태도 역시 조선노

---

24) 尖口生, 「까마구의 雌雄」, ≪開闢≫ 34호, 1923년 4월 1일, 52-53쪽.
무산자동맹은 1922년 7월에 峴底洞 南山町 宋伯爵 토지를 빌려 회관과 공장으로 사용하려고 40여 평 지하 건물을 짓다가 자금난으로 중단했다. 1923년 초 사무실은 觀水洞 47번지 100여 칸 되는 한옥의 한 모퉁이 2칸 반을 10원에 세 들고 있었다(尖口生, 「까마구의 雌雄」, ≪開闢≫ 34호, 1923년 4월 1일, 52쪽).

동공제회의 분화 과정에서 강성노선을 걸었다는 사실을 알 수 있다.

조선노동연맹회에는 안동노동공제회도 참가하였다. 여기에 그가 관련되었을 것이라는 점은 더 말할 나위가 없겠다. 안동을 포함하여 12개 단체가 가담하였는데, 진주노동회・대구노동공제회・감포노동공제회・청진노동공제회・양복기공조합(洋服技工組合)・인쇄직공친목회・전차종업원회・이발조합・경성양화직공조합・반도고무직공친목회・경성노우회 등이 그것이다.[26] 조선노동연맹회가 결성되었다는 사실은 한국의 노동운동이 한 걸음 나아간 것임을 의미한다. 노동자의 계급의식 앙양과 투쟁역량의 전국적 집중 및 프롤레타리아의 국제주의 표방 등은 한국 사회운동사에서 중대한 기점이었기 때문이다.[27] 정리하자면, 이준태는 무산자동맹회를 이어 조선노동연맹회에 참가하면서 계급적 노동운동에 발을 내딛었고, 또한 고향에서 김남수(金南洙)가 이끌던 '조선노동공제회 안동지회'에도 관계를 가졌던 것이다.[28]

---

25) 조선노동연맹회의 강령 세 가지는 다음과 같다(尖口生, 「까마구의 雌雄」, ≪開闢≫ 34호, 1923년 4월 1일, 55쪽).

1. 사회역사의 필연한 進化理法에 從하야 신사회 건설을 期圖하고,
2. 공동의 力으로 생활을 개조키 위하야 此에 관한 지식의 계발, 기술의 진보를 期圖하고,
3. 현 사회의 계급적 의식에 의하야 일치단결을 목적함.

26) 尖口生, 「까마구의 雌雄」, ≪開闢≫ 34호, 1923년 4월 1일, 55쪽.

27) 金俊燁・金昌順, 『韓國共産主義運動史』 2, 청계연구소, 1986, 77쪽.

28) 김준엽・김창순, 『한국공산주의운동사』 2, 청계연구소, 1986, 77쪽.

7. 꼬르뷰로 국내부와 신사상연구회 참가

1922년이 이준태가 노동운동에 뛰어든 시기라면, 1923년은 노동운동과 사회주의 운동에서 한 단계 도약한 시기였다. 우선 1923년에 들어 동지들의 결합은 그에게 중요한 변화를 가져다 주었다. 가장 두드러진 변화는 김재봉의 귀국이었다. 이미 말했듯이 같은 고향 출신이자 경성공업전습소 동창인 김재봉이 러시아를 다녀와 5월에 서울에 나타난 것이다.[29] 김재봉은 '조선독립단사건'으로 옥고를 치른 뒤 만주로 떠나 모스크바에서 열린 극동인민대표회의에 참가하고, 다시 블라디보스톡에서 꼬르뷰로의 국내부(혹은 內地部) 결성이라는 임무를 띠고 몰래 국내로 들어온 길이었다. 다시 말해 김재봉은 코민테른의 적자로서 귀국한 것이다.

내지부의 책임자로 귀국했지만, 김재봉은 1921년 출옥하자마자 국내를 떠났기 때문에 국내운동과 그다지 관계를 맺지 못했다. 즉 국내활동에서 공백을 가진 것이다. 이를 메워줄 인물이 바로 이준태였다. 물론 그것은 일방적인 것이 아니라, 상호적인 것이다. 이준태에게는 국제적 정보와 신임을 확인하는 것이고, 김재봉으로서는 이준태가 확보해 둔 서울지역의 활동영역이 중요한 바탕이 되기 때문이었다.

그러한 김재봉이 서울에서 터를 잡는 과정에 이준태가 확실한 도움을 주었을 것으로 짐작된다. 왜냐하면 김재봉과 동향 출신이자 동창인 이준태가 1920년부터 서울에서 활동하면서 터를 잡았을 뿐만 아니라, 김재봉이 귀국하기 직전까지 중립당 지도자

29) 김준엽·김창순, 『한국공산주의운동사』 2, 청계연구소, 1986, 41·200쪽.

김한(金翰)과 절친한 사이로, 1922년 1월부터 무산자동지회에 이어 무산자동맹회에도 함께 참가하면서 노동운동과 계급운동의 텃밭을 확보하고 있었기 때문이다.

김재봉과 김찬(金燦)의 귀국은 조선공산당 창당을 향해 나가는 물꼬를 튼 일이다. 김찬과 신철(辛鐵)이 1923년 4월에, 그리고 김재봉이 그 다음 달에 귀국하였다. 신철과 김재봉이 김찬의 주선으로 신백우(申伯雨)·윤덕병(尹德炳)·원우관(元友觀)·이영(李英)·김유인(金裕寅)·임봉순(任鳳淳) 등 서울에서 활동하던 인물과 접선하여 비밀결사조직에 대해 토의하였다. 이들 가운데 신백우와 윤덕병은 조선노동연맹회, 원우관은 무산자동맹회, 이영·김유인·임봉순은 서울청년회 지도자였다. 그 과정에서 역할이 분명하게 나뉘게 되었으니, 신철은 주로 고려공산청년회 중앙총국, 김재봉은 조선공산당 건설과 관련된 활동에 치중하게 되었다. 논의 결과 첫 결실로 김재봉이 귀국한 직후인 1923년 6월에 꼬르뷰로 내지부가 결성되었으니, 여기에는 서울청년회계를 제외하고 중립당을 중심으로 이르쿠츠크파 등이 참가하였다.

1923년 6월에 뒷날 화요회계가 되는 인물과 북풍회계 간부들이 김찬의 집에 모여 꼬르뷰로 내지부를 조직하고, 조선공산당과 고려공산청년회로 나누었다. 그래서 당은 김재봉을 책임비서로, 이봉수·김약수·신백우·원우관을 간부로 삼아 추진되고, 공청은 신철을 책임비서로, 안병진(安秉珍)과 김찬을 간부로 선임하여 일을 밀고 나갔다. 여기에 이준태와 권오설이 가입한 것은 물론이다.[30)]

꼬르뷰로 내지부를 조직하고 당과 공청조직으로 양분한 김재봉 등은 유능한 당원 획득에 진력하면서 조직투쟁에 힘을 쏟게 되었다. 이에 이준태는 윤덕병·권오설·홍덕유·김단야·임원근과 더불어 ≪시대일보≫(뒤에 ≪중앙일보≫)를 비롯한 8개의 당 야체이카(세포)를 확보하는 데 가담하였다. 당시 지방에는 신의주를 비롯한 10개소에 각각 1개의 당 야체이카가 확보되었다.[31)] 1925년 1월 25일자로 국제공산청년동맹에 보고한 내지부, 즉 화요파 현황을 보면, 표현단체와 사상단체가 있었는

30) 「김찬조서」, 225쪽(김준엽·김창순, 『한국공산주의운동사』 2, 청계연구소, 1986, 202·206·209쪽에서 재인용).

31) 김준엽·김창순, 『한국공산주의운동사』 2, 청계연구소, 1986, 205쪽.

新思想硏究會
새로발긔되엿다
홍수외가치팽배하게몰녀오는신
사상을연구하야 조리잇는 관찰
을 차저보랴는목뎍으로 신사상
연구회가생겨낫다위치는경성락
원동(京城樂園洞一七三)에두고
실행방법으로는 강습과 토론회
하는외에 도서와및잡지를 간행
할터이라하며 발긔인의 씨명은
여좌하더라
洪增植 洪命熹 尹德炳
金炳僖 李載誠 李昇馥
趙奎洙 李準泰 姜相熙
具然欽 洪悳裕 元友觀
朴敦緖 金 燦 朴一秉
金鴻爵

신사상연구회 발기소식(≪동아일보≫ 1923년 7월 11일)

데, 화요회 · 무산자동맹회 · 여성동우회(이상 경성) · 구이동맹(九二同盟, 진주) · 정오회(대구) · 십팔회(十八會, 광주) · 무산자동맹(순천) · 화요회(인천) · 혜성회(마산) · 화성회(안동) · 사회사상연구회(해주) 등이, 농민단체로는 경북지역에 안동 · 풍천 · 대구 · 의성이 소속되었다.[32)]

이준태는 꼬르뷰로 내지부에 참가하는 한편으로 '신사상연구회'를 결성하고 나섰다. 1923년 7월에 발기인으로 참가하였는데, 그 본부는 서울 낙원동 173번지에 두었다. 이 단체는 이름 그대로 '신사상'인 사회주의사상을 연구하자는 것을 목적으로 삼고, 그것을 달성하기 위해 강습회와 토론회를 가지며 도서와 잡지를 발간하자는 활동 방침을 정했다.[33)]

이미 계급적 색채가 가장 강한 무산자동맹회를 운영하던 인물들이 이처럼 신사상

32) 신주백, 「김재봉과 조선공산당」, 『1920년대 안동출신 사회주의운동가』(한국근현대사학회 63회 발표회), 2001, 12쪽.

33) ≪동아일보≫ 1923년 7월 11일.

연구회라는 연구단체를 결성하게 된 바탕에는 한 가지 고민이 있었다. 가장 강성을 보이던 김한이 의열단과 박열의 투쟁에 연좌되어 투옥되는 바람에 무산자동맹회 자체가 탄압을 받고 있었고, 따라서 활동이 사실상 불가능한 상태에 빠졌기 때문이다. 그래서 돌파구를 마련해야 하는 절박한 형편이었으므로 연구단체를 표방한 신사상연구회를 발기하고 나선 것이다. 결국 무산자동맹회가 실행단체인 데 반하여, 신사상연구회는 "당시 새로 수입되고 있던 코뮤니즘의 연구가 그 목적"이었던 것이다.[34] 여기에 발기인으로 나선 인물은 홍증식(洪璔植)·홍명희(洪命熹)·윤덕병(尹德炳)·김병희(金炳僖)·이재성(李載誠)·이승복(李昇馥)·조규수(趙奎洙)·이준태·강상희(姜相熙)·구연흠(具然欽)·홍덕유(洪悳裕)·원우관·박돈서(朴敦緖)·김찬(金燦)·박일병(朴一秉)·김홍작(金鴻爵) 등 16명인데,[35] 대개 무산자동맹회와 조선노동연맹회에 관련된 자들이었다.

신사상연구회가 연구단체라는 이름을 내걸면서도, 사실은 투쟁단체로 변모해 나갔다. 신사상연구회 결성 자체가 전술적인 변화일 뿐, 결코 투쟁노선의 변화를 의미한 것은 아니었기 때문이다. 그러므로 상황이 변하면 자연스럽게 새로운 투쟁단체를 결성하게 마련이다. 그 결과가 화요회(火曜會) 결성으로 나타났다. 이에 대하여 당시 함께 활동을 벌인 김경재(金璟載)가 "김재봉·이준태·김찬·윤덕병 등 실제운동가가 이 회에 가입하면서 단순한 연구기관에서 실제운동 집단으로 재조직하자는 주장이 나왔고, 그 결실이 화요회"라고 기록해 두었다.[36] 즉 신사상연구회가 1924년 11월 19일에 화요회로 바뀌게 되었던 것이다.

그런데 김경재가 말하는 '실제운동가' 네 사람 가운데 김재봉을 제외한 나머지 3명은 발기인으로 참가한 경우이기 때문에, 이들이 참가하면서 성격이 바뀌었다는 표현은 다시 생각해 볼 여지가 있다. 이보다는 오히려 이들 네 사람이 특히 '실제운동가'로서의 성향을 강하게 지녔던 것으로 이해하는 편이 옳을 것 같다. 또한 '실제운

34) 金璟載, 「金燦時代의 火曜會」, ≪삼천리≫ 7권 5호, 1935년 6월 1일, 45쪽.
35) ≪동아일보≫ 1923년 7월 11일.
36) 金璟載, 「金燦時代의 火曜會」, ≪삼천리≫ 7권 5호, 1935년 6월 1일.

동'으로 전환한 것이 사상단체라는 한계를 극복하고 조직적인 운동을 펼치려는 발전적이고도 자연스런 과정이었다.

8. 경성고무공장여자직공파업 지원과 노동문제 강연활동

1923년이 사회주의단체 결성에서 획기적인 시기이기도 하지만, 이준태로서는 노동운동의 현장에 동참하는 것이기도 했다. 3월 24일에서 30일까지 열렸던 전조선청년당대회에도 개인자격으로 참가한 그는 신사상연구회를 창립하던 무렵이자, 조선노동연맹회가 조선노농총동맹을 발기하기 바로 앞선 1923년 7월에 경성고무공장여자직공의 파업문제에 뛰어든 것이다. 1923년 6월에 서울 광희문 밖 남산상회의 경성고무공장 여자직공들이 동맹파업을 벌이자,[37] 다음 달에 이준태는 윤덕병・김남수와 더불어 고무공장 여자직공의 파업투쟁을 지원하고 나섰다. 임금이 삭감된 데 항의하여 고무공장 여자직공들이 동맹파업을 일으켰지만, 그 사실이 사회에 제대로 알려지지 않았다. 그러자 이준태와 윤덕병, 그리고 김남수는 그러한 정황을 각 노동단체에 알려, 이에 대한 공동투쟁을 유도하려고 계획을 세웠다.

이들은 우선 서울 견지동 88번지 조선노동연맹회 사무실에서 이 문제를 논의하였다. 그 결과 노동단체에 이 사실을 두루 알리기로 결의하고, 이준태는 윤덕병의 요구를 받아 같은 회관에서 원고를 기초하였다. 여덟 살이나 위인 윤덕병이 이 운동을 주도한 것으로 여겨지는 대목이다. 이준태는 윤덕병・김남수 등과 함께 자신이 작성한 초고를 바탕으로 「경성고무 여공(女工) 동맹파업에 대한 전말(顚末)」이란 시사보도 문서를 작성하고, 이것을 78개 노동단체에 발송하였다. 그 날이 7월 10일이었다.

37) 《동아일보》 1923년 11월 13일.

그런데 마침 김경묵(金敬默)이 여자고무직공조합을 조선노동연맹회로부터 탈퇴시키려 공작을 벌이고자 하였다. 이 사실을 알게된 김남수·김홍작(金鴻爵)·최완(崔完)·김상진(金商震) 등이 찾아가 조합의 공금을 횡령한 단서를 잡고 추궁하다가 김경묵을 두들겨 팼다. 이로 인해 경찰에 체포된 그는 출판법위반으로 기소되고,[38] 11월에 있은 1심에서 80원의 벌금형을 선고받았다.[39] 이준태와 함께 1심을 거친 네 사람은 모두 항소하여 1924년 2월 7일에 낮은 벌금형을 선고 받았는데,[40] 1심에서

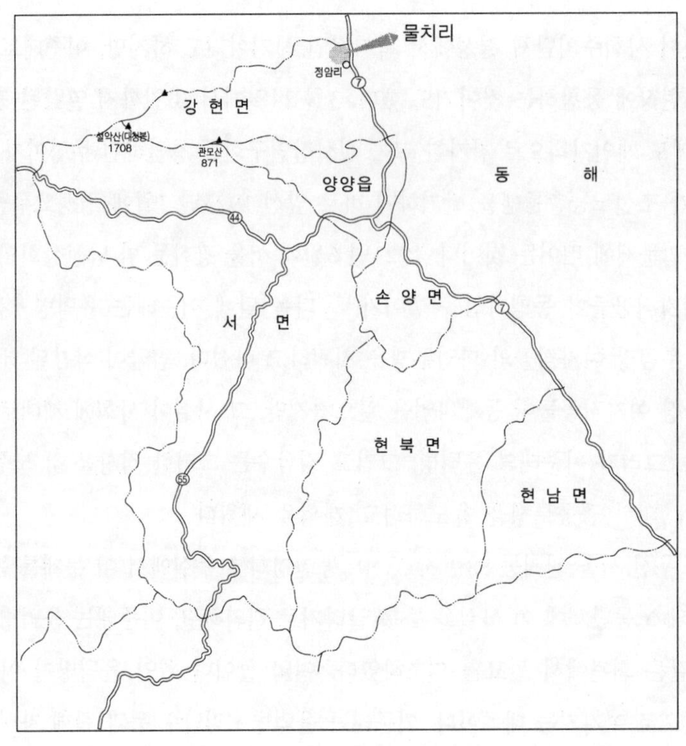

양양군 강현면 물치

38) ≪조선일보≫ 1923년 10월 10일.
39) 「판결문」(경성지방법원, 1923년 11월 14일), 『金南洙자료집』, 집문당, 2002, 41~50쪽.
40) 「판결문」(경성복심법원형사부, 1924년 2월 8일), 『金南洙자료집』, 집문당, 2002, 37~40쪽; 「二月의 世界」, ≪개벽≫ 45호, 1930년 3월 1일.

李準泰氏舌禍
汾淄勞働同盟에서
로동문데로강연하다가
로동문데로강연하다가

무산자동맹회(無産者同盟會)간부 리준태(李準泰)씨는 강원도(江原道) 양양군(襄陽郡)물치로동동맹회(汾淄勞働同盟會)주최로로동문데에대한강연을하든중 무산자(無産者)와유산자(有産者)는형뎨간이라도뎍(敵)이라는 말을하얏다고당디경찰서에 검속되야구류십일의처분을당하얏다더라

이준태가 강원도 양양군 물치에서 강연했다가 구류 처분을 당했다는 보도
(≪조선일보≫ 1923년 9월 3일)

이준태와 윤덕병이 각각 벌금 80원, 김남수는 징역 10월에 벌금 80원, 김홍작은 징역 10개월, 최완과 김상진은 징역 6개월이었다. 이 가운데 이준태와 김상진을 제외한 나머지 5명이 모두 항소하였는데, 윤덕병과 김홍작은 벌금 30원, 김남수는 60원, 최완은 무죄 등으로 낮추어졌다. 이준태가 항소하지 않은 이유를 알 수 없지만, 그로 말미암아 그의 벌금형이 상대적으로 높게 결정된 셈이다.

1923년에 그는 서울지역의 노동운동만이 아니라 전국적으로 노동운동의 활성화를 위해 노력한 것 같다. 7월에 경성고무공장여자직공의 파업을 노동운동단체에 알리다가 검거되어 조사 받던 이준태는 9월에 들자마자 강원도 양양에서 노동운동을 확산시키기 위해 강연활동을 벌인 장면이 확인된다. 9월 3일자 신문에 보도된 점으로 미루어보아, 신사상연구회 창설(1923.7) 직후이자 경성고무공장여자직공파업 지원 활동 직후라는 시점에 터진 사건임을 알 수 있는데, 그가 강원도 양양에서 강연하다가 경찰서에 체포된 일이 발생한 것이다.

이준태가 노동문제에 대해 강연하기 위해 찾아 간 곳이 강원도 양양군의 물치노동동맹회(汾淄勞動同盟會)였고, 그가 강연하던 내용 가운데 일제 경찰이 한 부분을 트집잡아 구금한 것이다. 그 골자는 “무산자(無産者)와 유산자(有産者)는 형제간이

라도 적(敵)이라"는 대목이었고, 그로 인하여 10일의 구류처분을 받았다.[41] 그 날 이준태가 어떤 말을 하다가 이 말을 했는지, 아니면 당일의 주제 자체가 그랬는지 정확하게 알 수는 없지만, 일단 그가 무산자계급운동의 필연성과 중요성을 주장한 것으로 이해된다. 그리고 그가 강연모임을 가진 물치노동동맹회는 안동노동공제회와 마찬가지로 조선노동연맹회가 밀고 나가던 조선노농총동맹준비회에 발기단체로 참가하고,[42] 이어서 조선노농총동맹에 참가한 단체였다. 그러므로 이준태가 조선노동연맹회와 조선노농총동맹을 연결하는 선상에서 지방단체로 출장하여 강연함으로써 결속을 도모하고 파급효과를 드높이는 활동을 벌였음을 알 수 있다.

41) 「李準泰氏 舌禍 沕淄勞働同盟에서」, 《조선일보》 1923년 9월 3일.
42) 김준엽·김창순, 『한국공산주의 운동사』 2, 청계연구소, 1986, 78쪽.

9. 풍산소작인회 결성으로 고향의 노농운동 시작하다

서울에서 노동운동의 선두에 나서서 활동하던 이준태는 고향의 노농운동, 즉 노동운동과 농민운동에도 관심을 갖고 앞장 서 나갔다. 확실한 증거는 없지만, 일단 그가 조선노동공제회 안동지회에도 참여한 것으로 추정된다. 김남수가 그것을 지휘하면서 조선노동연맹회에 참여하고, 서울 중심부에서 그 접점 역할을 맡았던 이준태가 안동지회에 참가하지 않을 수 없기 때문이다. 따라서 서울에서 조선노동공제회에서 조선노동연맹회가 분화되어 나올 때 그 핵심에 자리잡았던 이준태가 조선노동공제회 안동지회를 이끌던 김남수와의 연결선이 바로 서울과 안동의 연결고리였던 셈이다.

그러다가 이준태는 안동지역에 새로운 장을 펼쳤다. 한창 경성고무공장여자직공의 파업사실을 각 사회운동단체에 알리다가 체포되기도 하고, 또 판결이 진행되는 과정에,[43] 그는 노동운동을 전국으로 파급시키기 위해 지방강연에도 앞장서는 한편, 고향으로 돌아와 농민운동을 시작한 것이다. 1923년 11월에 결성한 풍산소작인회가 바로 그것이다. 이 풍산소작인회가 결성된 장소는 권오설이 자신의 고향마을인 가곡마을에서 풍산학술강습회를 열고 있던 노동서사(魯東書社)였고, 그 자리에서 열린 회의에서 임원 및 결의사항이 확정되었다. 이준태는 그곳에서 집행위원으로 선출되었다.[44]

---

43) 1924년 2월 7일 경성복심법원의 판결이 있었다. 그러나 이준태는 항소하지 않아 1심에서 벌금형으로 결정난 상태였다.

44) ≪동아일보≫ 1923년 10월 31일·11월 18일.

가곡마을에 자리잡은 노동서사

풍산소작인회의 조직과 활동에 지대한 영향을 미쳤던 사람은 이준태와 권오설이었다. 풍산소작인회가 다른 지역의 소작인회와 가장 다른 점은 지도부 구성인물의 대부분이 양반가문 출신으로서 자작농이거나 자소작농이었으며, 그 중에는 고등교육을 받은 지식인들도 있었다.[45] 이러한 조직에 소작농·자작농·중소지주·지식인들이 망라될 수 있었던 요인은 이준태를 비롯하여 권오설·김남수·안상길 등이 이 지방에서 영향력 있는 집안 출신이었기 때문이다. 집행위원의 명단을 확인해보면, 예안이씨(풍산 하리)·안동권씨(풍천 佳谷)·풍산김씨(풍산 五美)·안동김씨(풍산 素山)가 다수를 차지하고 있었다. 집행위원들은 양반 후예이며, 또 경제적으로는 중소지주 내지 자작농으로 보이는 계층의 인물들이 소작인회에 참여하고 있었다. 이는 동성마을 중심의 문중사회가 발달한 안동사회에서, 1920년대 전반기 청년운동과 단체 조직이 문중을 기반으로 발생하고 있음을 보여주는 것이라 하겠다.

45) 강정숙, 「일제하 안동지방 농민운동에 관한 연구」, 『한국근대농촌운동사』, 열음사, 1988, 365쪽.

풍산들 전경

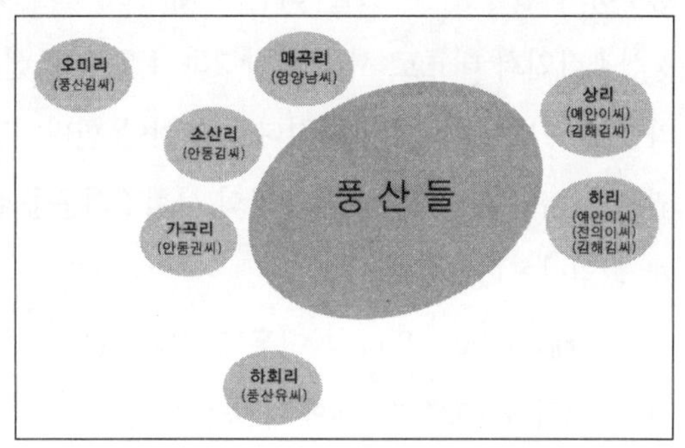

풍산들 중심의 동성마을 분포도

풍산소작인회는 명칭이 소작인조합이었으나, 구성원은 소작농뿐만 아니라 자작농·중소지주 및 진보적인 청년지식인까지 망라되었다. 또 선출된 집행위원이 모두 사회운동에 적극적으로 참여하던 상층 인물로 이루어졌다. 다시 말해 풍산소작인회는 양반 중소지주들이 계몽적으로 농민운동을 선도한 것이고, 일본인 지주와 극소수의 한인 대지주에게 항거한 조직이었다. 따라서 풍산소작인회는 단순한 소작운동단체가 아니라 항일민족운동단체로 평가되는 것이 옳다.

풍산소작인회는 이준태와 권오설의 역할을 뒤바꿔 준 것으로 보인다. 안동과 서울

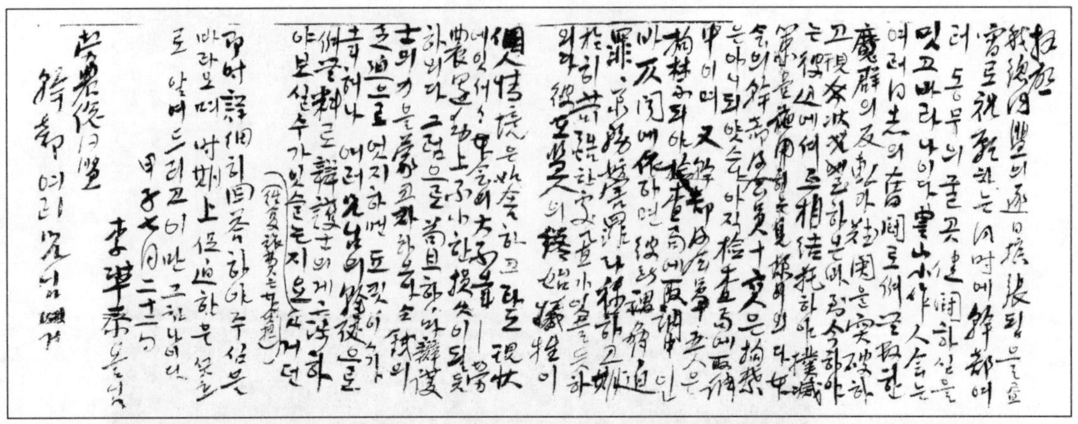

풍산소작인회에 대한 일제의 탄압상을 알리면서 조선노농총동맹의 지원을 요청한 이준태의 서신(1924년 7월 22일)

을 전체적으로 묶어 볼 때, 풍산소작인회의 조직 기반은 서울에서 활약하던 이준태가 귀향하여 활동 근거지를 마련한 것이기도 하지만, 권오설에게는 이와 반대로 서울로 상경하여 활동할 수 있는 터전이 되기도 했기 때문이다. 즉 권오설이 1924년 4월 풍산소작인회 대표로 서울로 상경하여 일약 조선노농총동맹의 중앙집행위원으로 활약할 수 있던 원동력이 되었다고 보아야 한다. 그러면서 김재봉 · 김남수 · 안기성 · 권태석 · 유연화 등과 함께 중앙의 사회주의운동계에 탄탄한 결속력과 응집력을 보이게 되었다.

이준태는 1923년 11월 이후 고향인 안동의 풍산에서 풍산소작인회 일을 도맡았다. 그러다가 1924년 7월에 고통스런 일을 당하게 되었다. 투쟁을 벌이던 과정에서 너무 많은 동지들이 일제 경찰에 체포되고 고초를 겪었기 때문이다. 그러자 그는 얼마 전까지 서울에서 함께 투쟁하던 동지들에게 도움을 요청하고 나섰다. 1924년 7월에 들어 조선노농총동맹 본부에 도움을 청하고 나선 것이 바로 그것이다. 투쟁과정에서 많은 인물이 체포되는 탄압상을 중앙에 알리면서 변호사 지원을 요청한 것이다. 7월 22일에 작성된 그의 편지는 '노농총동맹 간부 여러 형님에게'라는 제목으로 시작하였다. 내용의 골자는 풍산소작인회에 대한 일제의 탄압상을 조선노농총동맹에

豐山小作決議

三千餘名의總會에서

慶北安東郡豐山小作人會에서는 八月一 定期總會가延期되야지 난六日午後一時에豐山市場에서 開하엿는데出席한會員이三千五 百餘名에達하엿스며男女傍聽客 이數千名에達한盛況中에經過報 告와刑務所뒤푸리가잇슨後庶務部 의報告와河回柳氏一門其他多數 惡地主의態度에對한小說어약이 가잇슨調査部의報告와及財務部의 經費報告가잇슨後에아래와가튼 任員改選과決議가잇고新興靑年 會를비롯하야數三人의祝賀文을 朗讀한後豐山小作人會萬歲三唱 으로午後六時半에閉會하엿다고

決議事項

一、小作料는秋期作物은田四割 以內畓四割五分以內春期作物 은田三割以內畓二割以內로하 고畓에對하야春期作物分配 慣習이無한地方에는勿論前例 에依할事

一、朝鮮勞農總同盟에加盟할事

一、執行委員五人을增加할事

一、李宅烈金默垣金根哲權準宗 金永鎬金景洙金麟洙等을[illegible] 할事

一、小作權還收의件과災害對 策의件은執行委員會에一任할 事

一、適宜地方에出張所를設置할 事

執行委員改選

李相龍、申泰雨、權永浩、李會昇、權大亨、金春根、金[illegible]圭、金正東、李守宗、權丙南、李準惠、金斗東、韓漢成、李石順、李萬植、金昌秀、[illegible]、[illegible]、金[illegible]、李準奎、金[illegible]、安相吉、金文洙、李丙昊、金[illegible]、安[illegible]、[illegible]、李[illegible]、李世求、金洛[illegible]、金在[illegible]、[illegible]、金[illegible]、李泰熙、李會[illegible](豐山)

《동아일보》 1924년 10월 14일

알리면서 변호사 지원을 요청하는 것이었다. 그러한 과정에서도 이준태는 오히려 풍산소작인회를 더 강하게 밀고 나갔다. 바로 그 해 10월에 열린 정기총회의 모습은 이준태가 얼마나 강한 의지로 풍산소작인회를 이끌고 나간 것인지 짐작할 수 있게 만든다.

1924년 10월 풍산소작인회 정기총회가 풍산시장에서 열렸다. 이준태가 집행위원으로서 앞장 선 이 날 회의에 무려 3,000여 명이나 참석하였으니, 그 규모가 얼마나 대단했던지 헤아릴 만하다. 이만한 규모의 사람이 운집했다면 풍산읍내를 덮고 상리천 하천까지 뒤덮었을 것이다. 그 자리에서 조선노농총동맹 가입과 소작료율에 대하여 결의안을 채택하였다.[46] 조선노농총동맹 가입이란 결국 이준태가 두 달 남짓 앞

서 변호사 지원을 요청한 바 있는 바로 그 단체요, 자신이 서울에서 활동하던 곳이며, 장차 조선공산당 2차당 시절에는 자신이 야체이카로 소속되는 곳이기도 하다. 따라서 이준태의 의도가 풍산소작인회를 전국적인 노농운동단체 연합체에 가맹시켜 투쟁 강도를 높여 가는 데 있었음을 보여준다.

46) ≪동아일보≫ 1924년 10월 14일; 1924년 10월 21일.

10. 화요회 참가와 화성회 결성

이준태가 안동에 내려와 풍산소작인회에 온 힘을 쏟는 그 순간 김재봉은 서울에서 사회주의세력을 결집하면서 조선공산당 창당을 향해 한 걸음씩 나아가고 있었다. 1924년 2월에는 김재봉이 김찬과 힘을 합쳐 신흥청년동맹을 결성하였고,[47] 11월에 들어 마지막 과정을 거친 조직이 바로 화요회(火曜會)였다. 마르크스가 태어난 그 화요일을 가져다가 단체 이름을 정한 것이니, 이들이 추구한 방향이 무엇인지 다시 말할 필요가 없다. 그 화요회가 결성된 시기가 1924년 11월, 즉 이준태가 풍산소작인회의 집행위원으로 활동하던 무렵이었다. 그렇지만 앞에서 본 김경재의 글을 통해서 이준태도 역시 화요회의 주요 인물임을 확인하였다.

서울에서 1924년 11월에 화요회가 결성되자, 이준태는 안동에서 그 지부격인 조직을 만드는 데 앞장섰다. 즉 두 달 만인 1925년 1월에 화성회(火星會)가 결성된 것이다. 이름에서 당장 그 연관성을 알 수 있듯이, 화성회는 화요회 안동지회와 같은 성격을 가진 조직이었다. 창립위원은 이준태를 비롯하여 권오설 · 권태석 · 김남수 등 4인이었다.[48] 이준태가 서울에서 일찍부터 노동운동의 터를 닦은 인물이라면, 김남수는 조선노동공제회 활동을 통한 서울과 안동의 연결고리였으며, 권오설은 풍산소작인회를 발판으로 노농운동의 핵심부로 진출한 신진 인물이었고, 권태석도 안동에

---

47) 「김찬조서」, 220쪽(김준엽 · 김창순, 『한국공산주의 운동사』 2, 청계천연구소, 1986, 201쪽에서 재인용).

48) 《조선일보》 1925년 1월 11일(석).

화요회 회관터

(낙원동 173, 파고다공원 동문 앞 청우경로당이 있는 4층 건물 자리, 왼편 낙원약국 자리에는 신흥청년동맹이 있었다)

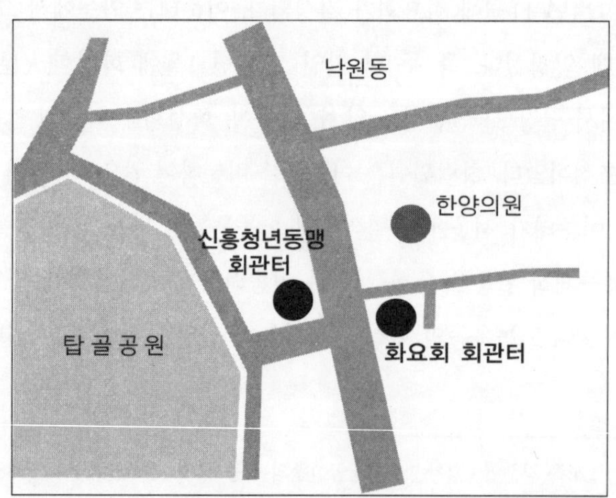

火星會創立

安東郡內各團體及有志諸氏는지난廿七日午後七時에懇親會를開하엿다함은旣報한바어니와同會席上에서權泰錫權五尙外諸氏의發起로火星會를組織하기로決議하엿는데지난廿八日午前十一時에同地錦南旅館內에서二十餘名이모여星火會創立總會를開하엿는데決議事項과被選執行委員氏名은如左하다고(安東)

執行委員

金元鎭 李準泰外七人

決議事項

一、每月月例會開催의件

二、勞農運動의件

三、青年運動의件

四、衡平運動의件

五、勞働共濟會의件

六、圖書部設置의件

≪동아일보≫ 1925년 1월 12일

서 기자로 활동하다가 1920년대 중반에 상경하여 활동하게 되는 인물이었다. 이들이 서울에서 화요회를 결성하자마자, 배경세력이자 후원세력인 고향의 인물들을 모아 화성회를 조직한 것이다.

화성회는 1925년 1월 8일 11시에 안동시내 율세동에 자리잡은 금남여관(錦南旅館)에서 창립되었다. 금남여관은 이미 1920년에 '조선독립단사건'이라는 임시정부 자금모집과 관련된 아지트로 사용된 적이 있어 상당히 알려진 장소였다. 뿐만 아니라 이곳은 안상길의 첩인 하성경이 경영하던 여관이기도 했다. 그곳에 20여 명이 모여 창립총회를 열었다. 그 자리에서 이준태와 김원진 외 7인으로 구성된 집행위원회가 조직되었다.[49]

49) ≪동아일보≫ 1925년 1월 12일.

화성회 간부 조직표

성 명	소 속 단 체	기 타 사 항
이준태	풍산소작인회, 무산자동맹, 조선노농총동맹(중앙집행위원), 화요회	조공2차당(차석비서)으로 피검(1926)
권오설	풍산소작인회, 화요회, 조선노농총동맹(중앙집행위원)	고려공산청년회, 6·10만세운동과 조공2차당으로 피검(1926)
안상길	풍산소작인회, 조선노농총동맹(중앙집행위원)	조공4차당으로 피검(1928)
金如原	풍산소작인회, 와룡청년회	
南東煥	일직청년회	
김원진	안동청년회	동아일보 안동지국 기자
權泰錫	안동기자단	동아일보 안동지국장
李奎鎬	도산구락부, 예안청년회	동아일보 기자
김남수	안동청년회, 안동기자단, 안동노동공제회	동아일보 기자, 조선일보 지국장, 조공3차당으로 피검(1928)
유연건	길안청년회, 안동기우단	朝鮮之光 안동지사 기자

창설 당시 간부들의 면면을 보면, 크게 세 가지 활동성향을 보인다. 대개 풍산소작인회 소속이거나 안동지역 청년회에서 활동하던 인물이요, 또 기자 출신이라는 점이다. 그러면서 서울에서 활동하던 대부분이 조선노농총동맹과 화요회 소속이었다는 점도 눈에 띈다. 따라서 화성회가 화요회로 대변되는 서울중심의 사회주의운동을 그대로 옮겨 놓은 조직이요, 화요회의 세포조직이었으며, 또한 안동지역의 노농운동을 총체적으로 지휘하는 본부의 역할을 맡은 단체였다. 실제 화성회가 다루고자 목표한 내용들을 보면, 노농·청년·형평운동 등 안동지역 사회운동을 모두 담고 있음을 알 수 있고, 프로문고를 설치한다는 점도 지향하는 방향을 분명하게 보여주는데, 그 내용은 다음과 같다.50)

1) 매월 1일 월례회를 개(開)하며, 강연회 및 연극을 임시순회 개최할 사.

---

50) ≪조선일보≫ 1925년 1월 13일.

2) 소작운동과 노동운동에 대하야 그 근본정신을 민중에 이해케하며 적극적으로 응원할 사.
3) 청년운동을 촉진할 사.
4) 적의한 지방에 청년단체를 조직케할 사.
5) 기성청년단체의 내용에 결함이 있을 시에는 차(此)를 개혁케할 사.
6) 청년운동의 통일에 노력할 사.
7) 형평운동에 대하야 그 근본정신을 민중에게 이해케하며 적극적으로 응원할 사.
8) 전(前)안동노동공제회의 사실을 소상히 조사하야 사회에 공개할 사.
9) 프로문고를 설치할 사.

1924년이 풍산소작인회에 몰입한 해라면, 1925년은 역시 그것을 주도해 가면서도 조선공산당 1차당에 참가하고 화성회를 통해 지역 사회주의운동에도 매진하던 시기였다. 일단 1월에 들자마자 화성회를 조직하는 데 앞장 선 그는 동지들과 함께 강연회를 열어 안동지역 청년들을 지도하였다. 창립하자마자 화성회가 개최한 강연회에서 이준태는 김남수·권오설·김원진 등과 함께 강연하였고, 이준태의 강연 주제는 '노농운동(勞農運動)의 의의'였다.[51]

---

51) 강연자와 주제는 다음과 같다.
金南洙 : 社會運動의 本流
李準泰 : 勞農運動의 意義
權五卨 : 『리부크네히트』와 『룩센부르크』
金元鎭 : 無產階級의 活動(≪조선일보≫ 1925년 1월 13일).

11. 조선공산당 1차당 입당과 안동지역 노농운동 주도

화성회가 본격적으로 가동되던 무렵인 1925년 4월 17일에 조선공산당(1차당)이 창당되었다. 그리고 다음 날 고려공산청년회가 서울에서 결성되었다. 이준태는 5월에 여기에 입당하였다. 창당과정에서 이준태가 중심에 있지는 않았고, 따라서 그의 입당 시기도 조금 늦었던 것이다. 비록 그가 김재봉의 활동터전 마련에 기여하였지만, 창당 논의과정에는 주변부에 있다가, 김찬의 권유에 따라 입당하였다.[52] 아마 그 이유는 그가 안동지역의 노농운동에 힘을 집중시키고 있던 때문이라 생각된다. 1차당의 창당과 초기 활동기에 이준태는 풍산소작인회와 화성회를 통하여 안동지역의 노농운동에 힘을 집중시키고 있었다.

그렇다면 이준태가 1차당 창당과 활동기에 안동지역에서 활약한 이유가 무엇일까? 자료가 없어 분명하게 단정하기는 힘들지만, 일단 다음 두 가지를 상정해 볼 수 있다. 하나는 서울의 활동을 지원할 지방 기초조직 마련이라는 것이다. 풍산소작인회와 화성회를 통해 안동지역 대중운동을 확고하게 만들면서, 그 과정에서 새 인물을 서울로 진출시켜 세력을 강화시키는 것이 그가 맡은 역할이 아닌가 여겨진다. 또 하나는 1차당이 위험에 빠질 경우, 이를 이어나갈 예비간부를 중앙에서 격리시킨 것이 아닌가 추정되기도 한다. 이렇게 추정하도록 만드는 근거는 서울의 상황이 격변함에도 불구하고 그가 1차당이 무너질 때까지 철저하게 안동지역의 노농운동에 전념

52) 「김찬 신문조서」(12회), 1926년 11월 16일, 서대문형무소.

권오설이 가곡마을에서 문을 연 풍산학술강습회의 청강생 명부

한 사실이다.

1925년 초반에 이준태는 화성회와 풍산소작인회 활동에 부지런히 움직이고 있었다. 1월에 화성회를 결성한 뒤, 2월에는 화요회가 주최하는 전조선민중운동자대회의 준비위원으로서 활동하였고,[53] 4월에 조선공산당 1차당이 결성되자 5월에 김찬의 권유에 따라 입당하였고, 바로 이어 5월 6일에 열린 화성회 총회에서 집행위원으로 선출되기도 하였다.[54] 안동과 서울에서 그의 활동이 대단히 활발하였음을 알 수 있다.

1925년 8월에 그가 힘을 기울인 풍산소작인회에 커다란 결실이 나타났다. 즉 8월 28일에 안동 풍산의 안교동(현재 안동시 풍산읍 안교동, 읍소재지)에 풍산소작인회관을 준공하고 낙성식을 가졌던 것이다. 학술강습회가 열리던 자리에 회관을 건축한

53) ≪조선일보≫ 1925년 2월 18일.
54) ≪동아일보≫ 1925년 5월 21일.

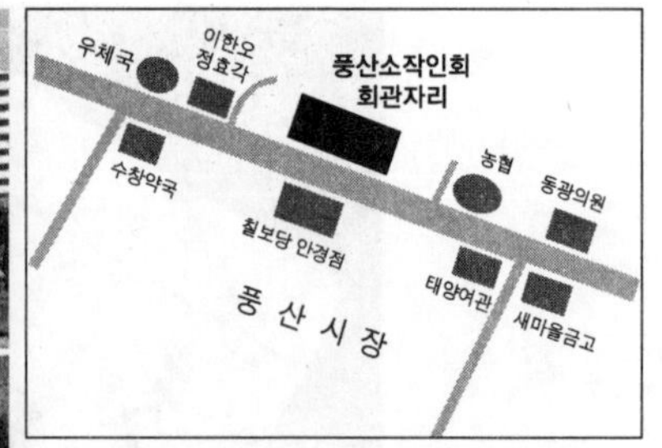

풍산소작인회 회관 자리
(길 건너 교동막창 간판이 있는 기와집 전체가 그 자리다)

것으로 전해진다.[55] 그렇다면 권오설이 풍산학술강습회를 열고 있을 때 뒤를 이어 풍산읍내에서 개설된 학술강습회에 찬조한 기록이 있는데, 바로 그 강습회인 셈이다.

풍산소작인회관 준공식에 참석한 인원은 5천여 명이었다. 한 해 전에 총회에 참석한 인원이 3천명이었으니, 대성황을 이룬 것을 알 수 있다. 이준태의 위상은 상무집행위원이란 이름만이 아니라 그 날을 전해주는 신문 기사에서 두드러지게 확인된다. 즉 준공식이 시작되자마자 식사(式辭)를 맡은 인물이 바로 이준태였다. 그 자리에 이회승(李會昇)·권오설·이준덕(李準悳)의 감상담이 있은 후 여러 단체의 대표가 축사를 맡았는데, 안동청년동맹의 김우전(金雨田, 김남수), 화성회의 김원진, 형평사 경북제2지사 김도천 등이 눈에 띈다. 그리고 수천 군중이 적색기와 악대를 선두로 시가지를 누비며 만세시위를 벌였다는 점이 특이하다.[56] 적색기와 악대의 존재가 홍미롭다.

화성회가 1925년 중·후반에 들어 두 가지 큰 사건과 마주치면서 이준태의 발걸

55) 이동직 증언.

56) 《동아일보》 1925년 8월 28일 ; 《조선일보》 1925년 9월 1일.

醴泉事件으로
安東各團體奮起
십이단톄련합회의개최

경북안동군(慶北安東郡)화성회
(火星會)에서례천사건됴사회를
조직하기로 준비위원까지 선거
하얏다함은 이미 보도한바어니
와 예뎡과가티 이십일일에안동
청년회관(安東靑年會館)에서안
동에잇는 십이개단톄가련합하
야 례천시민대형평사 폭행사건
됴사회(醴泉市民對衡平社暴行
事件調査會)를조직하는데 림시
의장 리준태(李準泰)씨의 사건
개황보고가잇슨후 각대표자사
이에 의견을교환한후 집행위원
십오인을 선거하야 대책준비와
됴사책임을 일임하기로한바 당
일 참가단톄와 당선위원은 나음
과갓다더라

火星會 豐山小作人會 安東
靑年會 一直靑年會 臨河靑
年會 吉安靑年會 豐安靑年
會 豐山新興靑年會 綱山俱
樂部 志湖同友俱樂部 ...
靑年會 ...

◇執行委員
朴永詰 權[illegible] 金元鎭 李
準泰 李會升 安承喆 李[illegible]
[illegible] 李準文 南東煥 李源洛
[illegible] 柳淵建 金晋潤 安
相吉 金明燮(안동)

委員을派送
됴사하기위하야

경북안동군(慶北安東郡)례천시
민대형평사 폭행사건됴사회(醴
泉市民對衡平社暴行事件調査
會)에서는이십일일 오후구시에
집행위원회를 화성회(火星會)
관내에서열고 대책에대한 토의
가잇슨후 자세한내막을 됴사
하기위하야 류연건(柳淵健) 김
원진(金元鎭)량씨를 피해ㄴ에
파송하기로하고 다음 총회는이
십구일에열기로 결뎡하얏다더
라(안동)

예천사건에 대한 안동지역 사회단체의 대응

(≪조선일보≫ 1925년 8월 25일)

음도 분주해졌다. 하나는 8월에 발생한 '예천사건'이고, 다른 하나는 11월에 터진 '도산서원 소작인 태형사건'이었다.

'예천사건'은 백정의 신분해방운동을 목적으로 삼은 단체인 형평사(衡平社) 예천분사에 대한 예천면민들의 탄압사건이다. 이것은 형평사 예천분사가 창립 2주년을 기념하여 읍내 강변에서 강연회를 열었는데, 축사를 맡은 예천청년회장 김석희(金碩熙)가 형평사원들을 격분시키는 발언을 한 데 대하여 일부 형평사원들이 반박하였고, 이에 이틀에 걸쳐 예천청년회와 예천노농회가 형평사원들을 기습하여 사상자를 발생시킨 사건이었다. 그 자리에 서울에서 파견된 이소(而笑)와 장지필(張志弼) 등 형평사중앙본부 대표가 예천면민들의 공격에 중상을 입었고, 김남수가 이들을 안동으로 급히 후송하여 입원시킴으로써 생명을 구할 수 있었다. 이에 김남수는 ≪조선일보≫ 기사를 통하여 전국에 상세하게 사건 전말을 알렸고, 예천청년회에 대하여 응징하는 분위기를 끌어냈다.

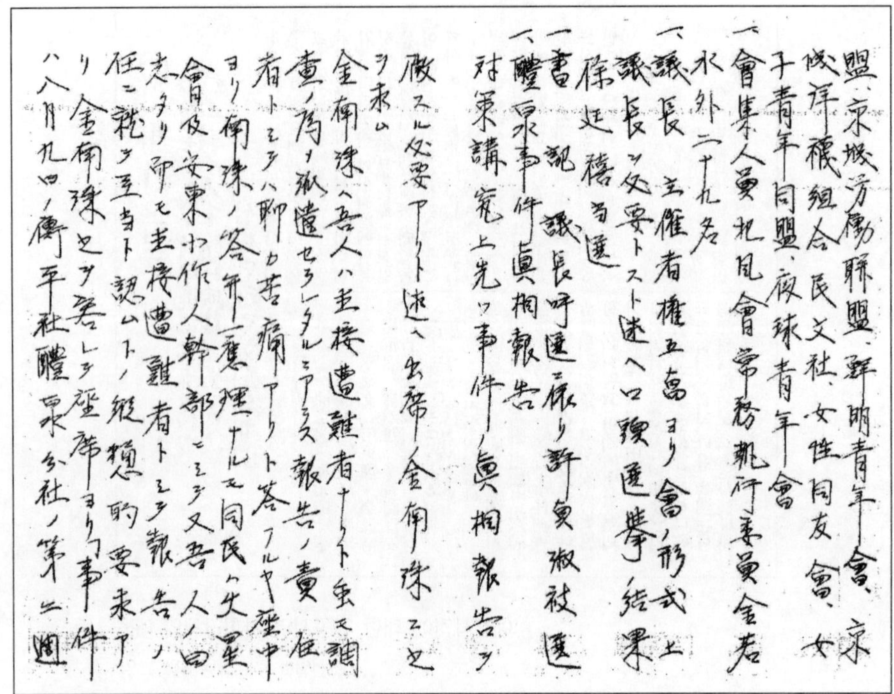

盟、京城労働聯盟、鮮明青年会、京
城洋襪組合、民文社、女性同友会、女
子青年同盟、衡平青年会
一、会集人員 札見会常務執行委員金若
水外二十九名
一、議長 主催者権五高ヨリ会ノ形式上
議長ノ必要トスト述ヘ口頭選挙ノ結果
徐廷禧当選
一、書記 議長ノ呼選ニ依リ許貞淑被選
一、醴泉事件真相報告
対策講究上先ツ事件ノ真相報告ヲ
徴スル必要アリト述ヘ出席ノ金南洙ニ之
ヲ求ム
金南洙ハ吾人ハ主様遭難者ナリト云フ調
査ノ為ノ派遣セラレタルニアラズ報告ノ責任
者トシテハ聊カ苦痛アリト答フルヤ座中
ヨリ南洙ノ答弁ニ無理ナルモ同氏ハ火星
会及安東ノ作人幹部ニシテ又吾人ノ同
志タリ即モ主様遭難者トシテ報告ノ
任ニ就クヲ至当ト認ムトノ[illegible]要求ア
リ金南洙ヒラ起シテ座席ヨリ事件
ハ八月九日ノ衡平社醴泉分社ノ第二週

예천형평사사건 대책집회에 관한 경찰보고 (1925년 8월 20일)

이런 과정에서 이준태도 활약하였다. 그는 예천사건이 일어나던 그 날 이소 · 장지필 · 김남수 등과 함께 참석했다가, 형평사원들과 예천면민 사이에 충돌이 일어나는 것을 보고, 이를 중재하고자 애를 썼다. 특히 예천청년회와 예천노농회가 형평사원을 공격하려고 400명이나 집결하자, 여기에 나서서 그들을 진정시키려고 노력하였다. 그렇지만 끝내 선동에 넘어간 예천면민들이 공격하는 바람에 형평사원들이 크게 피해를 입었다. 이러한 정황은 1925년 8월 19일에 김남수가 보고한 내용을 통해 확인된다. 즉 서울 제동(齊洞) 84번지에 있던 경성청년회에서 조선노농총동맹 외 14개 단체 대표가 모여 '경북예천형평분사원 對 지방민의 충돌사건에 관한 대책회의'가 열렸을 때 김남수가 현장의 상황을 보고했던 것이다.[57]

안동으로 돌아온 이준태는 이 사건에 대응하기 위해 12단체연합회에 참가하고,

집행위원 15인 가운데 한 사람으로 활동하였다. 8월 22일에 안동청년회관에서 열린 회의에서 이준태는 임시의장을 맡아 사건 개황을 보고하고 대책논의를 주도하였다. 그리고 화성회관에서 열린 대책회의에서 유연건과 김원진을 현장에 파견하여 내막을 조사하도록 결정하였다. 이 회의에 참가한 12개 단체와 그 집행위원을 살펴보면, 당시 안동 사회운동 주체의 면면을 확인할 수 있다.[58)]

12개 단체 : 화성회 · 풍산소작인회 · 안동청년회 · 일직청년회 · 와룡청년회 · 길안청년회 · 예안청년회 · 풍산신흥청년회 · 도산구락부 · 지호동우구락부(志湖同友俱樂部) · 면려청년회 · 장학단

15인 집행위원 : 박영수(朴永壽) · 최태석(崔泰錫, 권태석이 옳을 듯) · 김원진 · 이준태 · 이회승 · 안승철(安承喆) · 이운호 · 이준문(李準文) · 남동환 · 이원락(李源洛) · 권중렬(權重烈) · 유연건 · 김진윤(金晉潤) · 안상길 · 김명섭(金明燮)

이후 안동의 사회운동단체는 이 문제를 집요하게 추적하고 이를 전국에 알려 대응하는 중심축이 되었다. 그 핵심에 김남수가 서 있었고, 이를 지원하는 위치에 이준태가 자리잡았다.

57) 「醴泉衡平社事件對策執行に關する件」, 京鍾警高秘 제9307호의 1, 1925년 8월 20일.

58) ≪조선일보≫ 1925년 8월 25일; 기사 가운데 李雲湖는 李雲鎬의 잘못이다.

12. 도산서원 철폐운동과 소작투쟁

1925년 11월에 풍산소작인회를 비롯한 안동의 사회운동단체는 '도산서원 소작인 태형사건'이란 커다란 문제에 마주쳤다. 도산서원의 토지를 소작하던 소작인 가운데 몇 명이 소작료를 제때에 납부하지 않고 거듭된 독촉에도 응하지 않는 일이 생겼다. 그러자 도산서원의 유사들이 그 소작인들을 도산서원에 불러 태형을 집행한 사건이 발생하였다. 이 사건은 당시 안동지역에서 노농운동을 벌이고 있던 인물들에게 충격을 주기에 충분하였다. 그것을 치고 나온 대응이 바로 도산서원 철폐운동이었고, 안동지역 사회단체들이 모두 여기에 동참하였다.

이 사건은 소작투쟁과 관련된 것이므로 이준태가 이끌던 풍산소작인회가 앞장을 서는 것은 당연하였다. 그래서 최대규모의 풍산소작인회와 안동사회의 사회운동과 사회주의운동을 지휘하던 화성회를 비롯하여 거의 모든 사회운동단체가 결속하여 대항하였다. 그들의 투쟁방향이 바로 도산서원철폐운동이었다. 이것은 단순히 서원 철폐가 아니라 전통적인 지배질서에 대한 도전이었다.

풍산소작인회는 사건 소식을 듣자마자 경고문을 발송하였다. 그러나 아무런 답이 없자, 11월 10일 풍산소작인회관에서 긴급집행위원회를 열고, 별도로 전문위원회를 구성하여 이 문제를 엄중하게 처리한다고 결의하였다. 이준태는 13명으로 구성된 전문위원 명단 가운데 맨 앞에 기록되었다.[59]

---

59) 이 날 회의에서 전라남도 신안군 都草島에서 발생한 소작쟁의에 대해서도 토의한 결과, 격문을 발송하고 위로금을 보내기로 결의하였다(≪조선일보≫ 1925년 11월 14일).

陶山書院事件으로
專門委員會組織
豊山小作人會의緊急會에서
都草事件까지討議決定

慶北安東郡陶山書院에서時代의如何함도不拘하고無理히小作人에게笞刑을加함에對하야同郡豊山小作人會에서는 聲討文을發送하얏다함은이미報道한바어니와退溪書院側을은그자들은조금도改悛의希望이업고要求期限이발서지냇스나何等의謝過도업슴으로豊山小作人會에서는더욱憤慨하야지난十日同會館內에서緊急執行委員會를열고積極的手段을取하기爲하야專門委員會를別로組織하야嚴重히處理하기로한後都草島小作爭議에對하야도李會映氏의事實顚末報告가잇슨後長時間討議한結果聲文을發送하는同時에同情의피눈물대신으로慰籍金을付送하기로하얏는대彼選된專門委員氏名은如左하다더라

◇專門委員

李準泰 權大亨 李用萬 韓漢成 權寧昊 金胄燮 金洛漢 李惟泰 李相鳳 姜鳳碩 全炳琮 黃克鍊 劉準 (陶山)

도산서원사건 기사(≪조선일보≫ 1925년 11월 14일)

이준태 · 권대형(權大亨) · 이용만(李用萬) · 한한성(韓漢成) · 권영호(權寧昊) · 김주섭(金胄燮) · 김락한(金洛漢) · 이유태(李惟泰) · 이상봉(李相鳳) · 강봉석(姜鳳碩) · 전병종(全炳琮) · 황극련(黃克鍊) · 유준(劉準)

이와 함께 바로 그 달 11월에 이준태는 또한 풍산소작인회 상무집행위원이 되어 조직을 이끌어 갔던 대목에서도 그의 위상을 확인할 수 있다. 11월 11일 제4회 정기총회를 마치고 14일에 집행위원회를 개최하였다. 이준태는 임시의장으로서 사회를 맡았고, 그 자리에서 선출된 9명의 상무집행위원 가운데 한 사람으로 선출되었다. 이준태는 서무부와 재무부 및 조사부로 구성된 상무집행위원회에서 이회승과 함께

서무부를 담당함으로써 사실상 대표직을 맡은 것으로 이해된다.[60]

서무부 : **이준태** · 이회승
재무부 : 이창직(李昌稙) · 권대형 · 황극련
조사부 : 이회원(李會源) · 조용성(趙鏞聲) · 이용만 · 이상봉

도산서원철폐운동에 김남수와 더불어 그도 앞장서고 있었음을 알 수 있다. 11월 23일에는 화성회를 비롯한 6개 단체가 연합회의를 열었다. 신문기사에서 확인되는 단체가 화성회와 안동청년동맹이지만, 풍산소작인회가 들어간 것은 당연한 일이다. 이들은 도산서원을 민중의 방해물이라 정의하고 철폐할 것과, 직접 폭행자와 이를 두둔하는 반동세력의 명부를 작성하여 공개하며, 애매한 구실로 '도산서원성토강연회'를 금지한 일제 경찰을 탄핵하기로 결의하기도 했다.[61] 여기에 참가한 연합위원 25명의 명단은 다음과 같다.

김진윤 · 이회승 · 權鼎甲 · 朴錫圭 · 유연건 · 김남수 · 안상길 · 裵世杓 · 유준 · 李基賢 · 李錦卿 · 劉福童 · 柳淵逑 · 金慶漢 · **이준태** · 吳成武 · 김원진 · 남동환 · 이여원 · 金石東 · 金世魯 · 이창직 · 조용성 · 李鎬允 · 金璉漢.

60) 《조선일보》 1925년 11월 18일.
61) 《조선일보》 1925년 11월 26일.

13. 조선공산당 2차당과 조선노농총동맹을 책임지다

안동지역에서 사회운동에 전력을 쏟던 이준태는 1925년 11월 중순경에 상경하였다.[62] 조선공산당 1차당이 붕괴되면서 김재봉이 그를 후계자로 지목하여 상경시켰기 때문이다. 당시 김재봉은 쫓기고 있었고, 윤덕병과 진병기(陳秉基) 등이 신의주경찰서에 검거되면서 1차당의 존재가 발각되는 것은 시간문제이던 순간이었다. 12월 10일경에 김재봉은 김찬과 피신문제 및 당을 맡아 나갈 후계자에 대해 논의하였다. 그 결과 이준태는 1차당을 계승하여 2차당을 이끌어 가는 핵심인물이 되었다. 김재봉이 이준태에게 후사를 맡겼기 때문이다.

이준태가 일을 맡는 과정은 크게 세 단계로 나뉜다. 첫 단계는 이준태가 강달영과 함께 김재봉을 만나 그와 김찬의 의논 결과를 들은 것이다. 즉 김재봉은 김찬과 후계자에 대해 의논한 결과, 책임비서 강달영을 비롯하여 이준태·홍남표·이봉수·김철수 등 5명을 선정한 사실을 설명하고 "홍남표와 김철수 및 이봉수를 만나 일동이 간부가 되어 상호협력하여 공산당을 위하여 진력해 달라"고 부탁하였다.[63]

둘째 단계는 구체적으로 5명이 모이고 역할을 분담하는 과정이다. 여기에서 이준태는 조직과정의 중추역할을 맡았다. 김재봉은 강달영에게 후임되기를 요구하여 승낙 받은 뒤, 상세한 것은 이준태와 협의하라고 개괄적으로 인계하였고, 강달영은 그 뜻을 이준태에게 말하고 함께 협력할 것을 약속하고서 일단 진주로 귀향하였다.[64]

---

62) 「신문조서」(5회), 1927년 8월 4일, 종로경찰서.

63) 「김재봉외 19인조서」(3), 1091-1094쪽 김재봉진술; 「김찬조서」, 54-55쪽(김준엽·김창순, 『한국공산주의 운동사』 2, 청계연구소, 1986, 378쪽에서 재인용).

이준태는 강달영이 귀향한 그 사이에 김재봉과 김찬이 지명한 인물들과 교섭을 벌였다.[65] 그리고서 강달영이 서울로 돌아오자 조직을 완료했고,[66] 또 이준태는 김재봉의 이야기대로 조선공산당의 인장을 홍덕유가 보관하고 있다는 사실을 강달영에게 전하기도 했다.[67] 이것이 대개 1925년 12월 중순 이후 다음 해 1・2월 사이에 벌어진 내역이다.

한편 이준태는 1926년 1・2월에 거듭 경찰에 소환되기도 하고 벌금형을 받는 일을 당하기도 했다. 전자의 경우 구체적으로 어떤 사건인지 확인되지 않는데, 조선노농총동맹 상무위원이라는 신분으로 이준태가 서울 종로경찰서에 소환된 일이 발생하였던 것이다.[68] 그렇다고 하더라도 이 당시 그가 2차당을 결성하고 있다는 사실은 전혀 드러나지 않았다. 그리고 후자의 경우는 2월 6일 대구복심법원 안동지청에서 명예훼손죄로 벌금 50원에 처해지고, 또 완납한 일이 생겼다.[69] 도산서원철폐운동과 관련이 된 것인지, 아니면 풍산소작인회나 화성회의 또 다른 활동과 관계된 것인지 알 길이 없다.

세 번째 단계는 이준태가 차석비서로서 활동한 것이다. 2차당은 1926년 2월 중순 부서조직을 결정하였다. 중앙집행위원 5인이 참석하여 비서부・조직부・선전부 등 3개 부를 두기로 결정하고, 비서부에 강달영・이준태, 조직부에 김철수・홍남표, 선전부에 이봉수 등으로 편제하였다.[70] 비서부에서는 강달영이 책임비서요, 이준태가

---

64) 경성지방법원검사국, 「第2次朝鮮共產黨事件檢擧に關する報告綴」, 1926, 143-144쪽(김준엽・김창순, 『한국공산주의 운동사』 2, 청계연구소, 1986, 380쪽에서 재인용).

65) "작년(1925년) 12월 중순경에 부내 관훈동 29번지 具然欽의 집에 집합하였다. 그 집합방법은 내가 홍남표 및 이봉수에게 통지하고, 이봉수는 김철수를 대동하였다. 강달영은 시골에서 귀경하였던가 그 여부는 잘 모르겠다"(「강달영외 48인조서」, 354-355쪽, 김준엽・김창순, 『한국공산주의 운동사』 2, 청계연구소, 1986, 383쪽에서 재인용).

66) 「이준태 신문조서」 (5회), 1927년 8월 4일, 종로경찰서.

67) 이준태 진술, 「강달영외 48인조서」, 353-354쪽(김준엽・김창순, 『한국공산주의 운동사』 2, 청계연구소, 1986, 381쪽에서 재인용).

68) 《조선일보》 1926년 1월 15일.

69) 「신문조서」, 1926년 11월 15일, 서대문형무소, 경성지법 판사.

70) 「강달영외 48인조서」, 21-34・355쪽(김준엽・김창순, 『한국공산주의 운동사』 2, 청계연구소, 1986,

차석비서를 맡았다. 이어서 3월에 열린 6회 중앙집행위원회에서는 북풍회·화요회·조선노동당·무산자동맹 등 4단체가 해체하여 통합하기로 결의하면서, 고려공산청년회 간부 1명을 조선공산당의 중앙집행위원으로 정하는 당규대로 권오설을 간부로 보선하였다. 곧 이어서 1차당 시절부터 당원으로서 활동하던 권오설과 전정관(全政琯, 全德) 등 2명을 중앙집행위원으로 추가 선정하여 모두 7명으로 늘어났다.[71] 이들의 신분을 한 마디로 요약하면 화요회계와 조선노농총동맹의 간부 및 언론계 중견이라고 정리할 수 있다.[72] 이 무렵 안동출신 인물이 추가로 입당하게 되었는데, 1926년 2월에 유연화(柳淵和)가 2차당에, 권오설의 가까운 친척이자 같은 마을 출신인 권오상(權五尙)이 4월에 고려공산청년회에 입당하였다. 당시 조선공산당의 조직을 보면 다음 표와 같다.

조선공산당 조직[73]

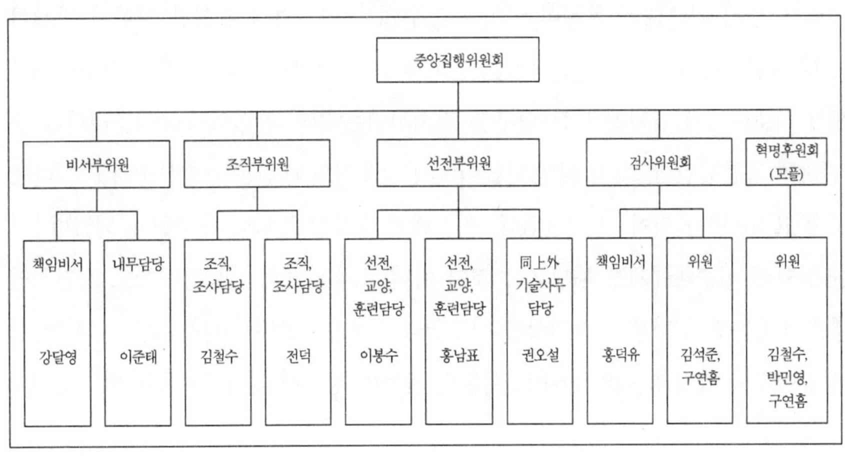

382쪽에서 재인용).

71) 김준엽·김창순, 『한국공산주의 운동사』 2, 청계연구소, 1986, 383-384쪽.

72) 이준태·강달영·권오설 : 화요회와 조선노농총동맹 중앙집행위원, 1차당
이봉수 : 동아일보 경제부장, 꼬르뷰로 국내부 간부
김철수·이봉수 : 국내대표로 상해 고려공산당결당대회 참가
전정관 : 1차당, 권오설과 밀접

73) 1926년 7월 강달영 체포 당시의 조직이다(김준엽·김창순, 『한국공산주의운동사』 2, 청계연구소, 1986, 384-385쪽).

이준태는 2차당의 진행과정에서 권오설과 함께 중추적인 역할을 수행하였다. 9회 중앙집행위원회에서 이준태는 권오설과 함께 조선노농총동맹 상무집행위원회 개최건을 위임받았다. 그리고 이준태와 권오설의 결속도 강했던 것으로 짐작된다. 서울콤그룹과의 합동문제에 대해 조직부장이던 김철수가 이를 찬성했음에도 불구하고, 이준태와 권오설이 당대당(黨對黨)의 통합에 반대함에 따라 그것이 이루어지지 않았던 사례에서도 그러한 면을 엿볼 수 있다.[74] 그렇게 보면, 2차당의 세력판도는 해외로 망명한 김찬·김단야 등과 연결된 이준태·권오설 등이 조선공산당과 고려공산청년회를 장악하고 있었던 것을 확인할 수 있다. 권오설은 상해에 자리잡은 조선공산당 임시상해부에서 들어오는 자금을 관리하고 있었으며, 이준태는 조선공산당의 조직을 장악하고 있었다.[75] 결국 이 두 사람이 2차당을 사실상 완전히 장악하고 있던 셈이다.

그런데 당시 이준태의 활동이 안팎으로 널리 알려지면서 위험한 상황이 발생한 것 같다. 4월 1일에 계동 123번지 권오설이 머물던 집에서 열린 11회 중앙집행위원회에서 이준태에게 맡겨진 모든 당무를 정지시키는 결의가 있었다. "이준태의 행동에 관하여 북풍회원 및 그 밖의 사람들이 공산당조직의 내면운동에 분주하고 있다는 설이 돌고 있다"는 것이 그 이유였다. 이준태의 직무는 전덕이 대행하게 되었다. 그러한 상황이 이준태에게만 해당되는 것이 아니라, 홍남표와 강달영에게도 개인적인 여행을 허용하면서 당무를 정지시킬 정도였다.[76] 1차당 이후 일제경찰의 감시가 심한 상황이기도 했지만, 이와 반대로 이들의 활동이 상당히 진척되었음을 의미하기도 했다.

한편 2차당은 분야별·지역별로 야체이카를 설치하여 1차당에 비해 조직적인 면모를 보였다. 이준태는 서울지역에 설치된 9개 야체이카 가운데 조선노농총동맹 담

---

74) 김철수 인터뷰(김준엽·김창순, 『한국공산주의 운동사』 2, 청계연구소, 1986, 439-440쪽).

75) 장석흥, 「권오설의 민족운동 노선과 성격」, ≪한국근현대사연구≫ 19, 한국근현대사학회, 2001, 221쪽.

76) 김준엽·김창순, 『한국공산주의 운동사』 2, 청계연구소, 1986, 390-391쪽.

당인 제5야체이카에 소속되어 활동하였다.

서울 야체이카 부서표[77]

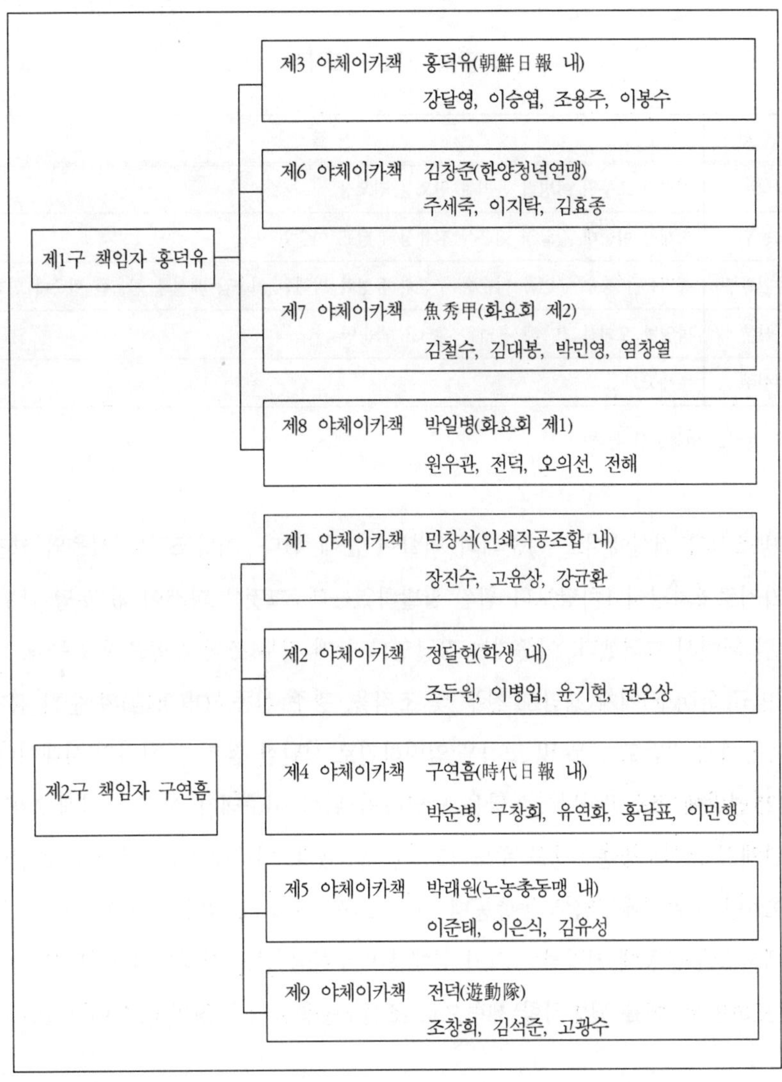

77) 김준엽 · 김창순, 『한국공산주의 운동사』 2, 청계연구소, 1986, 401쪽.

그리고 2차당은 5종의 프락치 조직을 두고 있었다. 학생·노농·언론기관·사상·여성 등 다섯 가지의 직업·신분에 따라 나뉜 것이다. 이준태는 이 가운데 노농부와 언론기관부 두 곳에 소속되어 있었다.

2차당의 프락치 조직[78]

부 서	인 물
학생부	정달헌 조두원 이병립 윤기현 **권오설 권오상**
노농부	박래원 **이준태** 강달영 이은식 김유성 홍남표 이승엽
언론기관부	홍덕유 이봉수 구연흠 박순병 구창회 **유연화** 박래원 어수갑 배성룡 원우관 **이준태** 염창렬
사상부	박일병 오의선 전 해 홍덕유 홍남표 박순병
여성부	주세죽

* 굵은 글씨는 안동출신 인물

지방조직의 건설에서도 이준태의 역할이 눈에 띈다. 지방조직도 서울의 그것과 마찬가지로 2차당이 1차당보다 훨씬 활발하였는데, 그것은 파쟁이 없고 당 간부 규합이 잘 되어서 그러했다. 이준태는 강달영과 함께 지부 조직에 힘을 쏟았는데, 마산의 김명규(金明奎)에게 경남도 간부 및 조직을, 광주 신동호(申東浩)와 순천 김기수(金基洙)에게 전남도 간부 및 조직을 임명하기로 시달한 점은 그 하나의 사례이다.[79]

1925년말에 조선공산당 2차당을 담당하기 위해 이준태가 상경한 이래 2차당의 표면단체인 조선노농총동맹을 주도하고 있기도 했다. 이준태는 2차당 활동에 전념하던 1926년 전반기에 조선노농총동맹 활동도 주도하고 있었다. 1925년 한 해 동안 안동에서 노농운동에 진력하던 그가 김재봉의 부름을 받고 상경하여 2차당을 결성하고 주도하면서, 이를 뒷받침할 세력으로 조선노농총동맹을 장악하고 이끌었던 것이

78) 김준엽·김창순, 『한국공산주의 운동사』 2, 청계연구소, 1986, 404쪽.

79) 김준엽·김창순, 『한국공산주의 운동사』 2, 청계연구소, 1986, 398쪽.

다. 1926년 3월 30일 견지동 시천교회당(侍天教會堂)에서 24명의 중앙집행위원이 모인 간담회에서 사회를 맡았고, 박래원 · 이충모 · 김기완 · 김기주 등과 더불어 5인의 집행부를 구성하였다. 그리고 그는 21개 내용의 경과사항을 보고하였다. 그 가운데에는 안동에서 벌이다가 상경하는 바람에 중단한 '도산서원에 대한 결의문'이 들어 있고, 또 예천사건 때문에 그가 1925년 12월 20일과 24일에 안동으로 출장 다녀온 내용도 포함되었다. 그리고 3월 5일에 소집했던 회의가 사전에 경찰에 알려지지 않았다는 이유로 이준태가 종로경찰서에 호출되어 취조 받은 사실도 보고되었다.[80] 따라서 2차당 활동 기간 동안 이준태가 조선노농총동맹과 안동의 도산서원철폐운동 및 예천사건에 대해 투쟁을 계속하고 있었던 사실을 확인할 수 있다.

80) 「朝鮮勞農總同盟第七回中央執行委員懇談會に關する件」, 京鍾警高秘 제3202호의 1(1926년 3월 30일).

14. 6·10만세운동과 안동 사람들

이준태가 1차당의 붕괴과정에서 김재봉의 부름을 받아 서울에 도착한 사실을 이미 앞에서도 이야기하였다. 1925년 12월에 서울에서 김재봉을 만난 이준태는 2차당 결성의 책임을 맡았고, 다음 해 1월부터 당을 결성하고 조직을 확산시켜 갔다. 그 과정에서 권오설도 중앙집행위원이 되고 고려공산청년회 책임비서를 맡았다.

이들은 당초 메이데이 기념일에 대규모의 시위운동을 기획하였다. 그러다가 순종황제가 세상을 떠나자, 이를 이용하여 민중봉기로 투쟁방향을 바꾸었다. 마침 상해부에서 김찬이 전덕과 권오설을 중앙간부로 보충하라는 지시를 내리면서, 또 순종의 국장일에 만세시위를 일으킬 것을 요구하였다.[81] 이에 따라 이 문제를 논의한 주체가 2차당 중앙집행위원회이었다.

시위를 이끌고 가는 주역으로 2차당보다는 공청이 그 역할을 맡기로 하였다는 것이 정설이다. 왜냐하면 2차당 중앙집행위원회가 당시 당 차원에서 시위를 끌고 갈 경우 뿌리가 약한 당 자체가 무너질 것이라고 판단하여, 권오설이 고려공산청년회 차원에서 이 문제를 진행시켜 나가기로 했다고 전해지기 때문이다. 이러한 견해는 “1926년 5월 중순경 조공 중앙집행위원회에서 권오설이 국장(國葬) 당시 조선독립에 관한 불온문서를 인쇄·살포하고 독립운동을 일으킬 계획 발의했으나 찬동 얻지 못하자, 권오설이 단독으로 결행하기로 했다”는 신문조서에 바탕을 둔 것이다.[82] 한

81) 강달영 진술, 「강달영외 48인조서」, 395쪽 ; 이준태 진술, 「강달영외 48인조서」, 365쪽(김준엽·김창순, 『한국공산주의 운동사』 2, 청계연구소, 1986, 418쪽에서 재인용).

1926년 6월 10일 순종장례행렬

편으로는 그럴 듯하게 여겨지기도 한다.

이에 반해 그렇지 않다는 주장도 만만치 않다. 즉 권오설이 심문을 받는 과정에서 관련자의 범위를 좁히려고 노력한 의도에서 일부러 허위로 진술했을 가능성도 짙다는 설명이다. 왜냐하면 이와 다른 기록들도 전해지기 때문이다. 예를 들자면, 상해에 망명한 공산당 중앙위원 구연흠이 "당과 공청이 6·10만세운동을 지도했다"고 한

82) 당시 참석자는 강달영·이봉수·홍남표·전정관·권오설·김철·이준태 7명이었다(「신문조서」(12회), 1926년 11월 16일, 서대문형무소).

이선호 ■ 유면희
■ 권오상 | 권오운

발언도 전해지기 때문이다. 즉 이것은 조선공산당 신 중앙위원회가 6·10만세운동을 지도할 투쟁지도특별위원회를 조직하고, 그 책임자 직위에 당 중앙집행위원이자 공청 책임비서인 권오설을 선임했다는 사실을 의미한다.[83] 그러므로 당시 이들이 국장을 사회주의운동의 선전에 절호의 기회로 포착하고 있었다거나, 사회주의 운동이 대중에 뿌리를 내리기 위해서는 민족운동의 선봉에 서야한다는 것이 그들의 의도였음을 헤아릴 수 있다.[84]

이러한 두 가지 견해를 살펴보면, 결국 6·10만세운동을 결정하는 데에는 이준태와 권오설의 책임이 결정적임을 알 수 있다. 권오설 책임 아래 추진하라는 명령이 전달된 것도 그러하고, 당시 책임비서인 강달영이 지방으로 출장 가서 서울에 없었으므로 결정권자가 이준태였던 상황이었다. 더구나 1926년 5월에 당대당 통합논의과정에서 강달영이 서울파를 넣으려 하였으나 이준태와 권오설이 반대함으로써 뜻을 이루지 못한 이후로 김단야·김찬과 강달영 사이에 관계는 그리 매끄럽지 못했다. 이런 상황을 고려한다면, 비록 판결문 내용에는 없지만, 이준태의 결정과 권오설의 실행으로 해석하는 것이 옳을 것이다. 게다가 안동출신 학생들인 유면희(柳冕熙)와 이선호(李宣鎬), 특히 권오설의

83) 구연흠, 「조선공산당과 고려공산청년회 대옥기」, 梶村秀樹·姜德相 共編, 『現代史資料』 29, 425쪽; 이석태 편, 『사회과학대사전』, 486쪽.
84) 지중세, 『조선사상범검거실화집』, 돌베개, 1984, 40쪽.

집안 동생들인 권오상과 권오운(權五雲, 권오상의 사촌) 등이 이를 뒷받침하면서 실제 활동과정에서도 주역을 담당한 것을 헤아려 볼 필요가 있다.

15. 6·10만세운동으로 체포되다

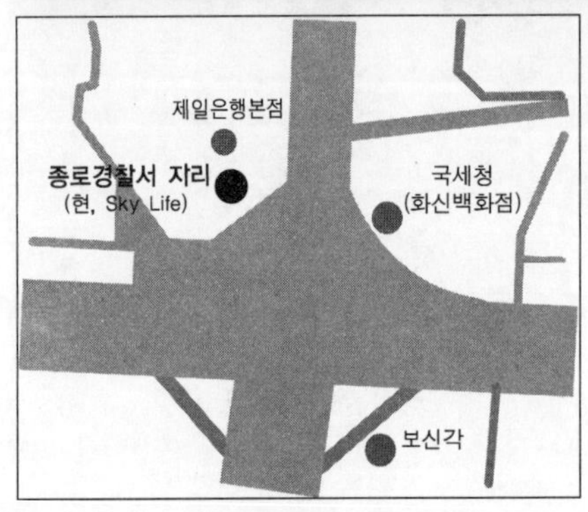

종로경찰서 자리

6·10만세운동이 준비되던 가운데 권오설이 6월 6일에 경기도 경찰부에 검거되었다. 이와 관련하여 이준태도 일단 검거되었다. 그렇지만 처음에는 아무런 혐의점이 드러나지 않아 이준태가 6월 13일에 석방되었다. 그러나 그것은 오래가지 않았다. 8일 뒤인 그 달 21일 오후에 종로경찰서에 다시 검거되었는데, 신문기사도 이것이 권오설과 관계가 있을 것이라고 추측하였다.[85] 당시 종로경찰서는 화신백화점 건너편 신신백화점 자리에 있었는데, 현재의 제일은행 본점 자리가 그곳이다.[86]

85) 《조선일보》 1926년 6월 22일 ; 이준태가 검거된 21일에 신흥청년동맹 위원 金昌俊, 여자청년동맹 위원 趙元淑, 그리고 간도에서 입국한 李秀燁(본명 金之澤) 등 3명도 체포되었다.

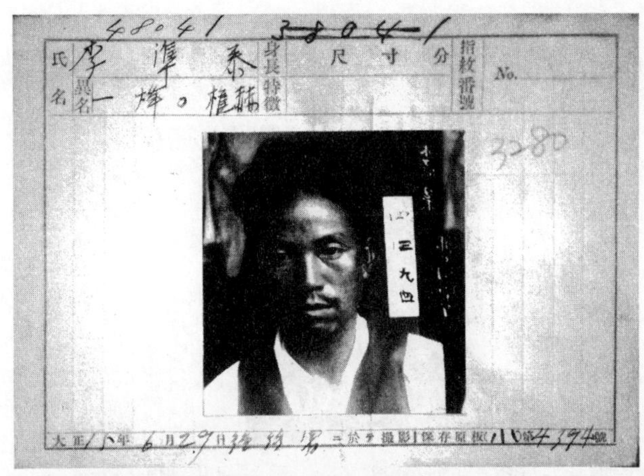

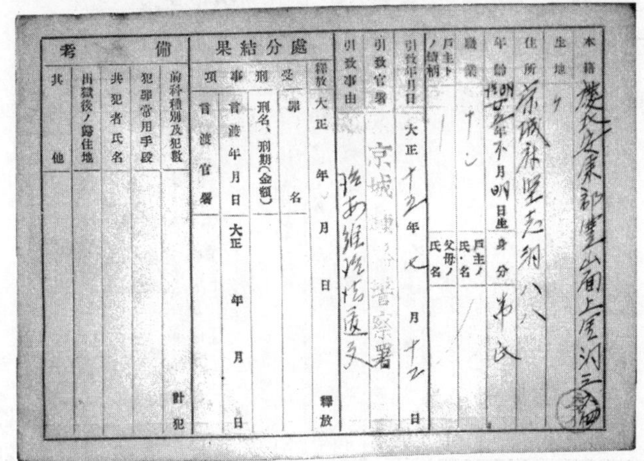

1926년 6월 종로경찰서에 구속되어 작성된 신원카드

체포된 지 만 9개월이 지난 1927년 3월 31일자로 경성지방법원에서 이준태를 비롯한 103명에 대한 예심결정이 있었다. '치안유지법 위반'이라는 죄명으로 다음 해까지 기나긴 공판이 이어졌다. 그러는 가운데 희귀한 사건이 발생하였다. 이준태와 권오설 등 5명의 피고인이 '폭행능학독직죄(暴行陵虐瀆職罪)'라는 죄명으로 일제

86) 종로경찰서는 1915년에 장안빌딩(YMCA 근처)에 있다가, 1926년에 화신 건너 신신백화점 자리, 즉 현재의 제일은행 본점 자리로 옮겼다. 그리고 1948년(혹은 일제 말기) 태화관 자리로 이동했다가, 1957년에 다시 경운동 현 위치로 이동하였다.

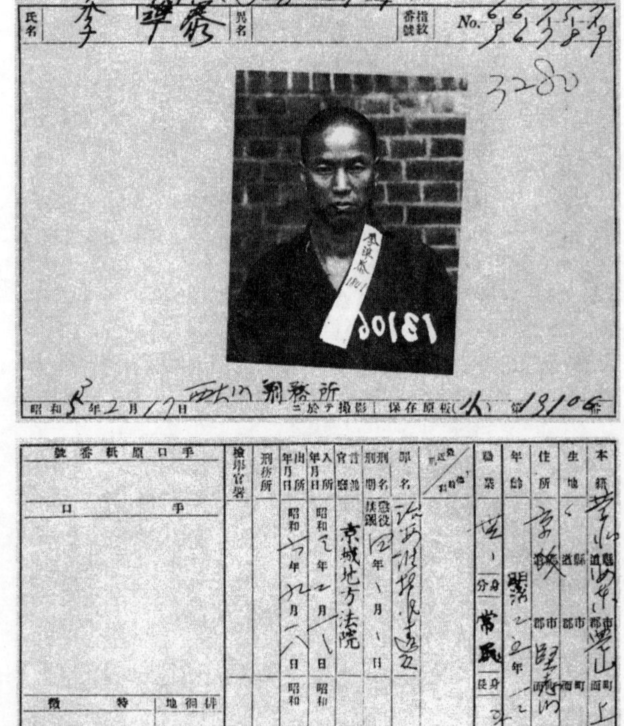

서대문형무소 신원카드
(1928년 2월)

경찰을 고소한 것이다.[87] 고소한 죄명에서 이들이 당한 고통을 알 수 있다. 일제 경찰이 이들을 두들겨 패고(폭행), 수치심을 주면서 학대하고(능학), 직권을 남용(독직)하였던 것이다. 그러자 이들은 고문에 맞서 싸우고자 일제 경찰을 고소하고 나선 것이다. 일제법에 따라 일제 경찰을 고소하고 나선 것이니, 이것도 옥중에서 벌일 수 있는 투쟁방법의 하나임을 드러낸 거사였다.

조선공산당과 6·10만세운동에 관한 공판이 1927년 9월 13일 이래 48회나 진행

87) 《동아일보》 1927년 10월 17일.

되었다. 그 결과 이준태는 5년 구형에 4년형으로 결정되었고, 김재봉과 강달영은 7년 구형에 6년형, 권오설 7년 구형에 5년형이 각각 언도되었다. 이준태는 1928년 2월 14일자로 서대문형무소 기결감방에 입소하고, 2월 17일에 사진을 촬영하였다.[88] 기결수로서의 옥살이가 새로 시작된 것이다.

이준태의 옥중생활을 보여주는 자료는 거의 남아 있지 않다. 겨우 한 가지 전하는 것이 ≪별건곤(別乾坤)≫ 32호에 옥고를 치르는 여러 인물을 다룬 「옥중소식(獄中消息)」에 다음과 같이 간단하게 적혀있다.

> 평소에도 침묵과언(沉默寡言)한 그는 재감중(在監中)에도 역시일양(亦是一樣)인 까닭에 누구와 무슨 이야기하는 일도 별로 없다고 한다. 독서도 별로 하는 것이 없고 일은 예의 그물뜨기라는데, 형기 5년에 미결기 6개월 통산을 하고 사(賜; 사면-필자주)까지 먹고 보니 출감기는 명년 5월 중순경인 듯.[89]

이 글은 평소 말 없던 그의 성품을 전해주고 있다. 그저 그물을 뜨면서 말 없이 세월을 엮어 가고 있던 그의 모습이 눈에 선하다. 1929년 3월 6일에 모친상을 당했다. 바로 서대문형무소에서 옥고를 치르던 그 시기였으니, 비감한 그의 심정을 짐작할 만하다.

---

88) 「서대문형무소 신원카드」 참조(이준태의 신원카드는 두 장이 있는데, 하나는 종로경찰서에 체포된 직후에 작성된 것이고, 다른 하나는 서대문형무소에 들어가면서 작성된 것이다. 전자의 것에는 한복을 입고 머리카락이 정상인 경우이고, 후자는 죄수복에 삭발한 모습이다).

89) ≪별건곤≫ 32호, 1930년 9월.

16. 출옥과 귀향

그의 출소 예정일에 대한 기록들은 약간의 차이를 보인다. 신원카드에는 1931년 9월 18일로 예정된 것이라 적혀있고, 앞에서 본 「옥중소식」에서는 명년 5월, 즉 1931년 5월로 예측하였다. 하지만 그는 실제로 1930년 10월 28일에 출소하였고, 이것은 10개월 20일 정도 빠른 시기였다. 이것은 얼마간 감형되었기 때문일 것이지만, 그가 검거된 때가 1926년 6월이므로, 실제로는 만 4년 4개월 동안 구금되고 투옥된 것이다. 서대문형무소를 출감한 뒤 인사동의 낙세여관(樂世旅館)에 투숙하였고,[90] 열흘 뒤인 11월 8일에 예천을 거쳐 귀향하였다.[91]

안동의 풍산 고향마을로 돌아온 뒤 그는 조용한 생활을 보냈다. 일제 경찰의 감시도 당연히 심했다. 나들이조차 자유롭지 못한 상황이었으므로 그는 침잠의 자세를 보였다. 그는 1940년을 전후하여 풍산소작인회 회관 맞은편에서 동쪽, 즉 안동방향으로 20m 정도 떨어진 길 가 기와집에 동일상회(東一商會)라는 잡화가게를 열었다. 안동에서 '東'이라는 글자를 썼다면, '一'은 그의 호 일강(一岡)이나 일봉(一烽)에서 따왔으리라 짐작된다. 정확하게 언제 경영에 나선 것인지 알 수 없으나, 이 고장 집안 사람들에 따르면 일단 1940년 전후가 될 것이라고 전해지고 있다. 풍상읍내에서 그리 멀지 않은 곳에 살던 경성공업전습소 선배요 혁명동지인 김재봉이 더러 장터로 나와 이준태를 만났다. 그러던 모습의 한 자락이 김재봉의 손자 김윤(金潤)의 증언을

---

90) 《조선일보》 1930년 10월 29일.

91) 《조선일보》 1930월 11일 13일.

풍상읍내 동일상회 자리 (현재 한성토건과 풍산모터전기 상점)

통해 전해진다.

> 내가 상경하기 바로 전(1942년경)에 할아버지 손잡고 풍산시장에 나왔는데, 할아버지께서 어떤 가게에 들러 어른께 '이준태선생님'이라면서 인사를 시켰다. 그 당시 가게는 지물포로 기억된다.[92]

1944년에 김재봉이 작고하였으니, 바로 두 해 전에 김윤이 할아버지 손에 이끌려 이준태에게 인사한 대목이다.[93] 그렇다면 동일상회(東一商會)가 오직 지물, 즉 종이류만 전문으로 삼는 가게였는지 확실하지 않다. 왜냐하면 해방 무렵에는 어물과 석유

---

92) 김윤(김재봉 장손, 서울시 송파구 신천동 거주) 증언.

93) 한국정신문화연구원 현대사연구소, 『遲耘 金錣洙』(1999)에 김효명이란 인물이 김재봉의 아들로 자신을 드러내고 있다. 김효명이 1947년생이라는데, 김재봉은 이미 1944년에 작고하였으니 앞뒤가 맞지 않다. 더구나 안동 풍산의 오미동에 김재봉의 생가가 있고, 그를 잇는 장손(김윤)이 묘소를 안동에 모시고 있으며, 제적등본이나 족보를 모두 갖추고 있다. 그럼에도 불구하고 안동과는 아무런 관계가 없는 김효명이란 인물이 어떻게 김재봉의 아들로 자임하고 나선 것인지 도무지 알지 못하겠다.

같은 물품도 취급하였다고 집안 후손들이 전해주기 때문이다.[94] 그렇다면 처음에는 지물포였다가 다양한 상품을 다루는 가게로 바뀌었거나, 아예 처음부터 잡화점으로 출발하였을 두 가지 가능성이 모두 있다고 생각된다.

94) 집안 조카 이동직·이용직, 손자 이헌봉 등.

17. 해방후 그의 길과 남은 가족들

해방의 소식은 이준태에게도 새로운 삶을 가져왔다. 그는 해방 직후에 셋째 아들에게 동일상회를 맡기고서 서울로 거처를 옮겼다. 둘째 해직과 셋째 경직이 1946년 8월에 풍산면 안교동(安郊洞) 56번지와 56의 3으로 분적하였다는 기록을 보면, 아마 동일상회를 넘기고 정리한 것이 아닌가 여겨진다. 동일상회 자리가 바로 이 번지와 겹쳐있기 때문이다.

당시 집안에서 전해지기로는 이준태가 도지사에 발령난다는 소문이 돌았고, 그 대신에 우렁골 강변의 모래밭을 받았다는 이야기다. "할아버지(이준태)보다 더 높은 분이 감애에 계신다고 할머니(이준태 부인)가 말씀하셨다"라는 손자 이헌붕의 이야기를 듣자니, 감애의 어른이 의열투쟁사를 장식한 김시현일 것 같고, 당시에 서로 내왕이 있은 것으로 여겨진다.

그런데 그가 서울에서 구체적으로 무슨 일을 맡았던지 알 길이 없다. 다만 그는 당시에 '각심절(恪心寺가 있던 곳)의 안골'이라 불리던 경기도 양주군 노회면 월계리 755번지(현재 서울시 노원구 월계동)에 머물렀다. 현재 이곳에는 각심재(恪心齋)라는 재사도 들어서고 아직 5만평이 넘는 묘소도 남아있다.[95)]

---

95) 현재의 재실 각심재는 1994년에 경운동에 있던 한옥을 옮겨와 간판을 붙인 것이다. 본래에는 안채와 행랑채 두 건물만 있었다. 안채는 1년에 두 번 제사드릴 때 손님들이 사용하였고, 묘를 지키던 부부는 행랑채에 거주하였다. 안채의 규모는 마루 2칸 반, 방 1칸 반 2개, 1칸 부엌 등 모두 7칸 정도였다.

각심재 (서울시 노원구 월계동 소재)

당시 이준태의 삶을 말해주는 인물이 생존하고 있다. 해방되던 1945년에 경신중학교 1학년이던 박청산(朴青山)이 그 주인공이다.[96] 그는 예안이씨 문중 산소 재실을 7대째 지키고 살아왔는데, 당시 이준태가 재실로 와서 지내게 되면서 그를 가까이서 모시게 되었다. 당시 재실에는 산소 아래에 기와집인 안채가 있고, 초가인 행랑채가 있었다. 박청산의 부모는 행랑채에 기거하고, 이준태는 안채에서 지냈다. 그런데 박청산은 매일 이준태와 같은 방에서 잠을 잤고, 잔심부름을 하였다. 박청산의 아버지(朴大成)는 이준태를 안동어른이라 불렀고, 자신은 그냥 할아버지로 호칭하였다.

박청산이 본 이준태의 성품은 엄숙하고 점잖은 선비였다. 단 한 번도 술 취한 모습을 본 적이 없었고, 마을 사람들이 모두 그를 존경하였으며, 행여나 동네사람들이 풀지 못하는 문제가 생기면 모아 두었다가 가르침을 받아 해결하곤 했다.

96) 1932년생, 서울시 노원구 월계동 대우아파트 거주(2003년 4월 5일에 이준태의 딸 이영직, 손자 이헌봉과 함께 방문하여 면담).

이준태 부인과 맏며느리, 그리고 손녀
(1960년대 집 마당에서)

이준태는 매일 서울 시내로 나들이하였다. 미아리 삼거리까지 '시오리'(6km)를 걸어 나가서 의정부나 우이동에서 오는 버스를 타고 시내로 다녔다. 걸음걸이가 무척 빨랐고, 늘 서류가방을 들고 다녔으며, 신문을 꼭 가져왔다. 방문객은 별로 없고, 경찰관도 방문하지 않았다. 그래서 마을 사람들도 그를 단순히 문중 대표자가 방문하고 있다는 정도로 알고 지냈다.[97]

집안에서 다니러 온 사람은 둘째 아들이 간혹 와서 양식 값을 주고 갔고, 이회승이 가장 많이 방문한 사람이었다. 또 이용만이 무엇인가 탄로 나서 지게를 지고 피신해 온 적이 있었는데, 하루 밤 자고 떠났다. 박청산은 이용만이 북으로 간 것이라 짐작하였다.

97) 땅의 소유자는 이준태를 포함하여 "이준학 외 5인"으로 기록되어 있다고 한다.

이준태의 막내딸 이영직과 장손 이헌붕(2003)

서울에서 지내던 이준태가 다시 고향으로 향한 것은 1950년 6월에 전쟁이 일어난 직후였다. 안동에서 국군이 남쪽으로 철수한 시기가 1950년 8월 1일이고, 서울 수복 직후 다시 북상함에 따라 인민군이 안동을 장악한 기간은 겨우 한 달 반 남짓하였으니, 이준태가 고향에 얼굴을 드러낸 기간이 그 무렵일 것이다.[98] 그러다가 그는 국군이 북진하는 상황에서 다시 북상길에 올랐다. 9월 어느 날 자신의 집 뒤편 툇마루에 앉아 며느리 정정숙(鄭貞淑)이 마련한 인절미 떡 한 접시를 먹고 맏손자를 데리고 집을 나섰다. 그 길이 마지막이었고, 경북 산악지대를 지나는 중에 공습으로 사망했다는 이야기가 전해져 온다.

이어서 이준태의 아내는 파출소에 불려가 고초를 치러야 했다. 그리고 맏아들 춘직(완이)은 전쟁이 막바지에 다다른 1953년 1월 10일에 고개 너머 마을인 수동쪽에

98) 박청산의 부모는 전쟁기간 동안 이준태의 집에서 피난살이를 했다. 그 동안 박청산의 아버지는 좌익분자를 숨겨준 사람이라는 이유로 풍산지서에 잡혀가 3일 동안 고초를 치르기도 하였다(박청산 증언).

서 우파세력에 의해 총살되었고, 시신이 전해지자 이준태의 아내는 손가락을 깨물어 피를 입에 흘려 넣기도 했지만 효과가 없었다. 또 둘째 아들 해직(海稙)은 서울에서 살다가 남하하던 중 한강폭파로 몰사한 것으로 전해진다. 그리고 동일상회를 경영하던 셋째 아들 경직(慶稙)은 김석암이란 인물에 의해 신고되어 곤욕을 치른 뒤 가게를 잃고서는 집을 나갔다. 뿐만 아니라 셋째 며느리는 파출소에서 손가락 사이에 펜을 끼워 밟히는 고통도 치러야 했다. 암울한 날들이었다. 그런 괴로움과 아픔을 견디면서 살던 며느리와 손자는 1974년에 와서 이준태가 1959년에 사망한 것으로 신고하였다. 미련이 없을 수 없지만, 현실로 받아들인 것이다.

18. 마무리

양반 가문에서 태어났지만 그의 집은 가난하였다. 그래서 일찍 측량학교를 다닌 그는 서울로 상경하여 경성공업전습소를 졸업한 뒤에도 측량기사로서 토지조사사업에 참가하였다. 결국 조선총독부의 사업에 참여한 것이다. 토지조사사업이 마무리되면서 그 자리를 잃게된 그는 3·1운동을 겪으면서 민족문제에 눈을 뜬 것 같다.

이후 그의 활동은 1920년대에 집중되었다. 1930년에 출옥한 뒤로는 일제의 감시를 받으며 고향에서 동일상회라는 잡화점을 운영하면서 조용하게 세월을 보냈다. 그래서 일단 1920년대에 보여준 그의 활동을 정리하면서 글을 마무리하려 한다.

첫째, 그의 민족운동은 임시정부를 지원하기 위한 자금 모집운동으로 시작되었다. '조선독립단사건'이 바로 그것이다. 둘째, 전위운동으로 나타난 그의 활동이다. 맨 먼저 그는 문화운동을 벌였는데, 활동의 핵심은 농촌에 대한 계몽강연운동이었다. 신문에 글을 기고하여 청년학생들로 하여금 농촌계몽운동에 뛰어 들 것을 요구하였고, 그도 역시 농촌강연에 나선 것으로 이해된다. 또 그는 크게 보아 화요계 인물로서 무산자동지회(무산자동맹회)·신사상연구회·화요회·화성회 등에 참가하였고, 제1차 조선공산당에 참가하였으며, 제2차 조선공산당 결성의 주역이 되었다. 셋째, 대중운동 가운데 노동운동 분야에서 그는 먼저 서울에서 조선노동연맹회와 조선노농총동맹으로 이어지는 노동운동에 참가하였고, 특히 경성고무공장여공파업을 지원하기도 했다. 또 농민운동으로서는 풍산소작인회를 결성하고, 특히 양반 중소지주층이 주역으로 대거 참가하도록 만들어 민족운동으로서의 성향을 끌어내는 데 기여하였다. 또

형평운동에 참가한 점도 그러한 차원에서 이해된다.

이준태의 활동에서 드러나는 특징은 두 가지이다. 하나는 한국사회주의운동사에서 안동출신이 서울에서 핵심부에 자리잡을 수 있는 터전을 마련했다는 점이다. 김재봉이 러시아에서 귀국하였을 때, 이준태가 확보해 둔 터전을 바탕으로 주도권을 장악할 수 있었고, 또 조선노동공제회 안동지회의 김남수를 연결시키거나, 풍산소작인회를 결성하여 권오설을 서울의 조선노농총동맹 중앙집행위원으로 상륙시킨 것도 그러한 차원에서 평가할 수 있다. 이러한 활동을 바탕으로 조선공산당 제1차당과 제2차당의 주도권을 안동출신들이 장악한 것이다.

다른 하나는 안동지역의 사회주의운동을 총괄적으로 지도해 나간 점이다. 풍산소작인회 운영에 진력한 점은 안동지역만이 아니라 경북북부지역 전체의 농민운동에 크게 영향을 미쳤다. 또한 화성회를 결성한 것은 화요회 안동지회의 성격을 지닌 것으로 안동지역 사회주의운동의 총지휘부를 만들었다는 사실을 말해주며, 그래서 안동의 정신적 대표기관인 도산서원에 대하여 철폐운동까지 끌어낼 수 있었던 것이다.

이준태는 1920년대에 서울에서나 안동에서나 노농운동, 사회주의운동을 이끌어 나간 대표적인 인물이었다. 그의 활동은 결코 이념운동에 그친 것이 아니었다. 농민운동이나 노동운동이 모두 민족운동의 차원에서 전개된 것이었다. 풍산소작인회를 이끌었다고 해서 그가 소작인으로서 소작투쟁을 벌인 것이 아니라 민족운동의 바탕이 되는 농민운동을 전개한 것이었고, 노동운동도 그와 마찬가지였다. 간혹 계급투쟁을 최고의 목표로 삼은 표현도 있지만, 결코 계급혁명 지상주의나 국제주의 노선을 선택하지 않았고, 전반적으로 일제타도라는 노선 위에 서 있었다고 평가된다. 결국 그의 투쟁성향이 대한민국임시정부 지원활동은 말할 것도 없고, 농민운동과 노동운동을 통하여 일제에 대항하고, 궁극적으로는 일제로부터 독립을 성취해 내는 데 목적을 둔 것으로 이해된다.

이준태 자료

Ⅰ. 측량기사로 토지조사사업 참가

私立金谷測量學校 졸업증서

朝鮮總督府工業傳習所 金工科 졸업증서

臨時土地調査局事務員及技術員養成所 졸업증서

朝鮮總督府臨時土地調査局 技手補 給月俸

朝鮮總督府臨時土地調査局 技手 발령

자료 1 私立金谷測量學校 졸업증서

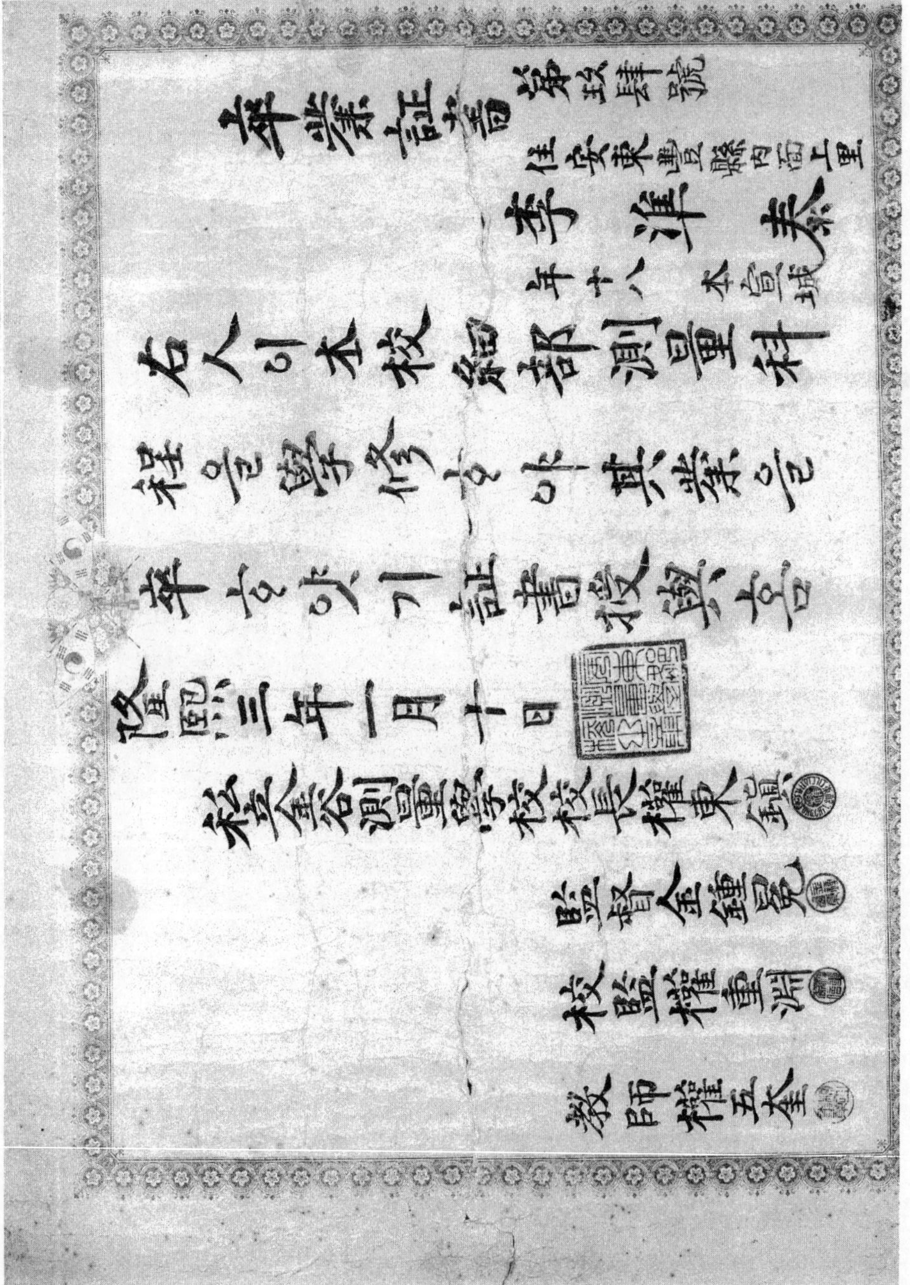

卒業證書　第玖肆號

住安東豐縣內面上里

李準泰

年十八　本宣城

右人이本校細部測量科課程을學修ᄒᆞ야其業을卒ᄒᆞ얏기證書授與ᄒᆞᆷ

隆熙三年一月十日

私立金谷測量學校校長權東鎭

監督金鍾冕

校監權重淵

教師權五奎

자료 2 朝鮮總督府工業傳習所 金工科 졸업증서

卒業證書

李準泰

右者本所金工科ノ課程ヲ

卒業セリ依テ之ヲ證ス

大正二年十二月二十日

朝鮮總督府工業傳習所長従五位勳五等豊永眞里

자료 3 臨時土地調査局事務員及技術員養成所 졸업증서

卒業證書

李準泰
開國五百一年十二月廿九日生

右者臨時土地調査局事務員及技術員養成所所定ノ科目ヲ修了セリ仍テ之ヲ證ス

大正三年五月三十一日

朝鮮總督府臨時土地調査局長正五位勳四等[illegible]

第二〇三號

자료 4 朝鮮總督府臨時土地調査局 技手補 給月俸

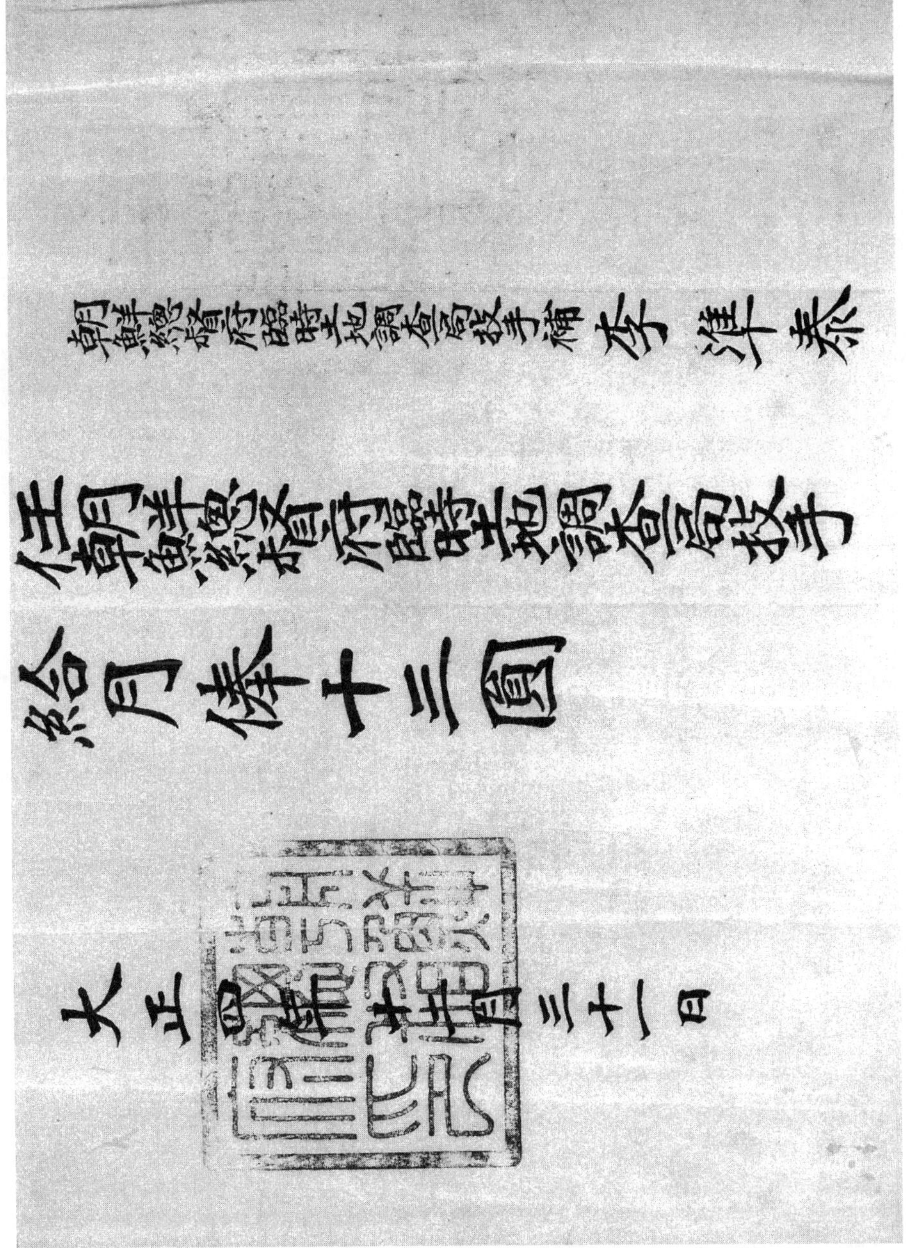

朝鮮總督府臨時土地調査局技手補 李準泰

任朝鮮總督府臨時土地調査局技手

給月俸十三圓

大正四年三月三十一日

자료 5 朝鮮總督府臨時土地調査局 技手 발령

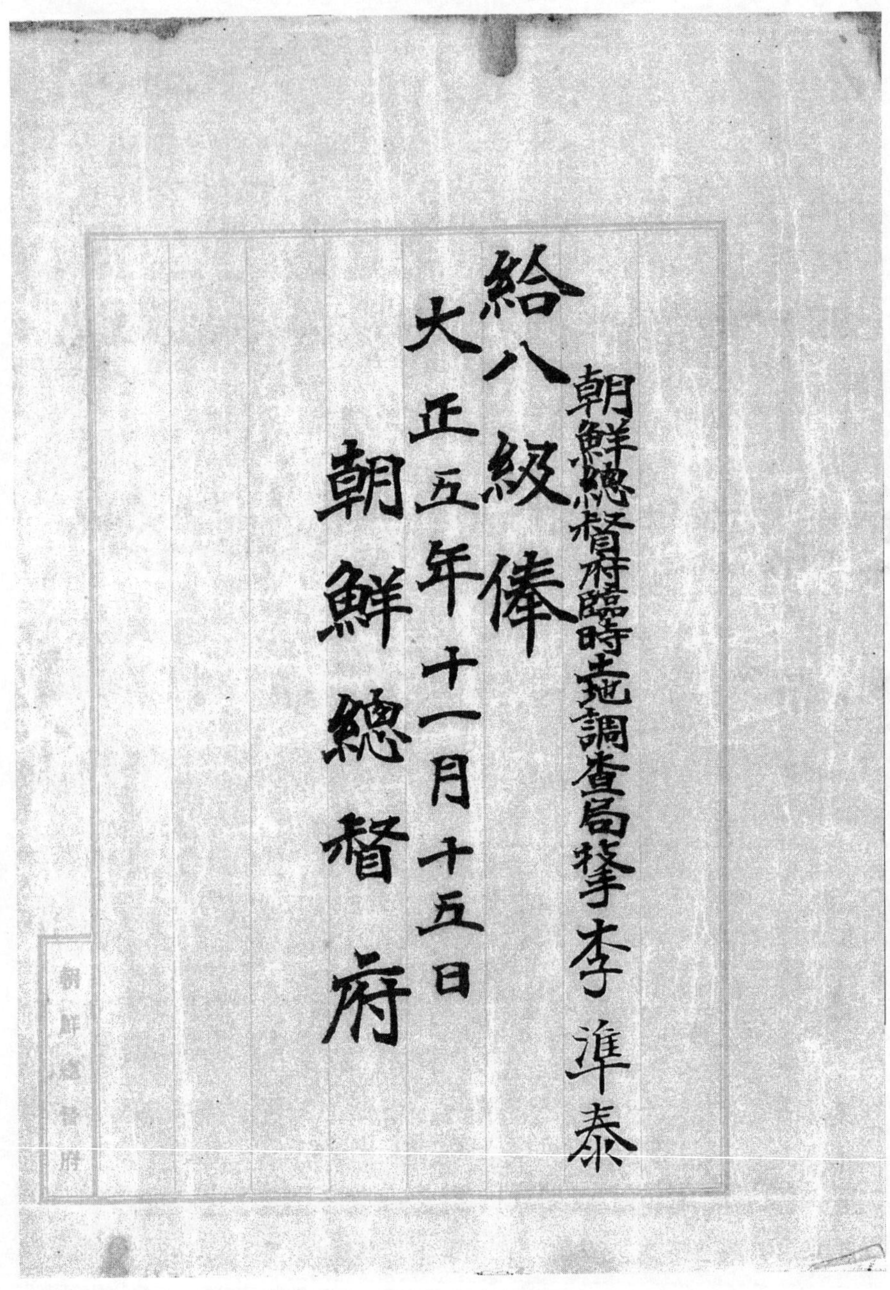

朝鮮總督府臨時土地調査局技手 李準泰

給八級俸

大正五年十一月十五日

朝鮮總督府

朝鮮總督府

Ⅱ. 임시정부자금지원 활동

「판결문」(대정 10년, 刑公 제117호)

판결문 (대정 10년, 刑公 제117호)

【1】

대정 10년 刑公 제117호

判 決

경상북도 안동군 臥龍面
中佳邱里 518번지 在籍
대구부 達城町 13번지 거주, 미곡상
安相吉
당 30세

경상북도 안동군 豊北面
五美洞 248번지 재적
경성부 清進洞 302번지
進一旅館에 거주
만주일보 경성지사 기자
金在鳳
당 31세

이상의 사람에 대한 대정 8년 제령

【2】

제7호 위반 피고 사건에 대하여 조선총독부검사 水野重功 입회·심리 결과 다음과 같이 판결한다.

主 文

피고 안상길을 징역 1년, 피고 김재봉을 징역 6월에 처한다.
미결 구류일수 90일을 위 피고 두 사람의 각 本刑에 算入한다.
압수물건은 差出人에게 이를 돌려준다.

理 由

피고 안상길은 대정 8년 음력 7월 상순, 중국 上海에 도착했다. 약 10일간 상해에 체제 중, 조선의 독

【3】

립을 企圖하는 임시정부 수뇌자인 노동총판 安昌浩·국무총리 李東輝·재무차장 尹顯振·교통부장 金澈 등과 회견하고 조선 내에 있어서의 독립운동의 상황을 보고한 후, 임시정부 운동상황을 청취하고, 조선 내 각지와 임시정부와 서로 연락해서 서로의 상황을 보고하고, 독립운동 방법을 전달하고 독립운동 자금을 모집해서 독립을 速進시키기 위해 조선 내 각지에 교통부라는 기관을 설치할 계획이 있음을 들었다. 이에 찬성하여 피고 안상길은 경상북도교통부장에

【4】

임명한다는 내용의 辭令書, 임시정부의 이른바 대한민국임시헌법 교통부규칙, 交通

部員辭令書, 애국금영수증철 등 각 1부, 독립신문 9매, 임시정부로부터 조선 내 耶蘇교회당·천도교구실 앞으로 보내는 통지서 수 통을 받아, 이들 문서를 이용해서 '애국금'이라는 명의 하에 조선독립운동 자금을 모집할 것을 약속한 뒤 상해를 출발했다. 이상의 여러 종류의 문서를 물통에 넣어 휴대하고 대정 8년 음력 8월 安東縣을 경유, 경성부 내에 이르러

【5】

청진동 302번지 진일여관에 투숙했다. 동향인인 김재봉·이준태 등에게 위의 각 문서를 보여주고, 상해임시정부원과의 회견 상황 및 독립운동자금 모집을 위해 위 문서를 가지고 왔다는 것을 알렸다. 그 후 일단 향리로 돌아가 독립운동자금 모집을 하려고 했지만 관헌의 경계가 엄중하여 일이 발각될 것을 두려워 해 아직 모집에 착수하지 못하고, 前記의 각 문서는 경상북도 안동군 안동면 栗世洞에 거주하는 피고의 妾 河成卿의 집 천정 속에 숨겨 두었다. 그 사이 대정 9년 10월 말경

【6】

피고 김재봉이 요청하자 김재봉이 독립운동자금 모집을 위해 사용할 것을 알면서, 前記의 애국금영수증 용지 10수매를 김재봉에게 교부한 것으로써, 피고 안상길의 이상의 행동은 조선의 정치변혁을 목적으로 상해임시정부 조직원 다수와 함께 치안을 방해하려고 한 것이다.

피고 김재봉은 대정 8년 음력 8월 중, 앞서 언급한 진일여관에서 전부터 친하게 된 피고 안상길로부터 안상길이 상해임시정부에서 받아 온 前記의 각종 서류를 보여주어 안상길이 조선

【7】

독립을 이룩하는 데 필요한 자금모집에 종사하는 자라는 것을 알고 독립신문 1매를 받았다. 그 후 대정 9년 10월 말경 안동군에 이르러 피고도 또한 상해임시정부 조직원 다수 및 피고 안상길과 함께 조선독립을 도모하기 위해 '애국금'의 명목으로 독립운동자금을 모집해 임시정부원에게 송부할 것을 결의하고, 앞서 언급한 河成卿의 집에서 피고 안상길이 일찍이 보여준 '애국금영수서' 용지를 나누어 받을 것을 요청해 안상길로부터 위의 용지 10수매를 받은 후,

【8】

대구부 내에 숨어들어 온 자로, 아직 그 모집에 착수하지 못하였다. 피고 김재봉의 이상의 행동도 또한 조선의 정치혁명을 목적으로 다수와 함께 치안을 방해하려고 한 것이다.

법률에 비추어 피고들의 행동은 대정 8년 제령 제7호 제1조 제1항에 각 해당하므로 징역형을 선택한다. 미결 구류일수의 일부 算入은 형법 제21조에 의거한다. 압수물건은 형사소송법 제202조에 따라 처분하는 것으로 한다.

이에 주문과 같이 판결한다.

【9】

대정 10년 6월 2일

경성지방법원

조선총독부판사　　古宰肥

조선총독부재판□□ 成田□□

大正十刑公第一一七号

判決

慶尚北道安東郡臥龍面
中佳邱里五百十八番地在籍
大邱府達城町十三番地
居住米穀商

安相吉

當三十七年

慶尚北道安東郡豊北面
五美洞二百四十八番地在籍
京城府清進洞三百二番地
進一旅館方居住
満洲日報京城支局社記者

金在鳳

當三十二年

右者ニ對スル大正八年制令第
七号違反被告事件ニ付朝
鮮總督府検事水野重功
干與審理ノ上判決スルコト
左ノ如シ

主文

被告安相吉ヲ懲役七年、
被告金在鳳ヲ仝六月ニ處ス
未決勾留日数九十日ヲ右

被告両名ノ各本刑ニ算
入ス
押収物件ハ差出人ニ之ヲ
還付ス

理由

被告安相吉ハ大正八年陰七
月上旬支那上海ニ赴キ約十
日間同地ニ滞在中朝鮮ノ獨

立ヲ企図セル仮政府首脳
者タル労働総弁安昌浩國
務総理李東輝財務次長
尹顯振交通部長金澈等
ト會見シ朝鮮内ニ於ケル獨
立運動ノ状況ヲ報告シタル
上仮政府ノ運動状況ヲ聽
取シ鮮内各地ト同政府ト相

聯絡シテ互ニ状況ノ報告
獨立運動方法ノ傳達ヲ
為シ獨立運動資金ヲ募集
シテ獨立ヲ速進セシメンカ為
鮮内各地ニ交通部ナル機
関ヲ設置スル計画アルヲ聽
キ之ニ賛同シテ被告安相
吉ヲ慶尚北道交通部長

ニ任命スル旨ノ辞令書仮政
府ノ所謂大韓民國臨時憲
法交通部規則、交通部
員辞令書、愛國金収合
委員辞令書、愛國金領
収証綴等各一部、獨立新聞
九枚仮政府ヨリ鮮内耶蘇
教會堂天道教区室ニ宛

テタル通知書数通ヲ受取
リ此等ノ文書ヲ利用シテ愛
國金名義ノ下ニ朝鮮ノ獨立
運動資金ヲ募集スルコト
ヲ約諾シタル上上海ヲ出発
シ右諸種ノ文書ヲ氷箱ニ入
レテ携帯シ同年陰八月安
東縣ヲ経由京城府内ニ来

リ清進洞三百二番地進一旅
館ニ投宿シ同郷人タル金在
鳳李準秦等ニ對シ右各文
書ヲ示シ上海假政府員ト
會見ノ状況並獨立運動資
金募集ノ爲右各文書ヲ受
取リ來リタル旨ヲ告ケ其後一
旦郷里ニ立歸リ其募集ヲ
爲サントシタルモ官憲ノ警
戒嚴ニシテ事ノ發覺センコ
トヲ怖レ未タ募集ニ着手
スルニ至ラス前記各文書ハ
慶尚北道安東郡安東面
栗世洞居住被告ノ立妾河成
郷居宅ノ天井裏ニ隱匿シ
置キ其間大正九年十月末

頃相被告金在鳳ノ申出ニ
ヨリ同人カ獨立運動資金募
集ノ爲使用スルコトヲ認識シ
ナカラ前記愛國金領收證
用紙十數枚ヲ同人ニ交付シ
タルモノニシテ被告安相吉ノ如
上ノ所爲ハ朝鮮ノ政治變革
ヲ目的トシ上海假政府組織
員多數ト共同シテ治安ヲ
妨害セントシタルモノナリ
被告金在鳳ハ大正八年陰
八月中前記進一旅館ニ於テ
豫テ懇意ナル被告安相
吉ヨリ同人カ上海假政府ヨ
リ受取リ來レル前記各種ノ
文書ヲ示サレ同被告カ朝鮮

獨立運動ヲ爲スニ必要ナル
資金募集ニ從事セントスル
ル者ナルコトヲ認識シ獨立新
聞一枚ヲ受取リ其後大正九
年十月末頃安東郡ニ赴キ
被告モ亦上海仮政府組織
職員多衆及相被告安相吉
ト共同シテ朝鮮獨立ヲ計ラ

ンカ爲愛國金ノ名ノ下ニ獨立
運動資金ヲ募集シ同政府
員ニ送付センコトヲ決意シ前
記河成卿方ニ於テ被告安
相吉ニ對シ曾テ示サレタル
愛國金領收書用紙ヲ合與
セラレタキ旨申出テ同人ヨリ右
用紙十數枚ヲ受取リタル上

大邱府内ニ入リ込ミタルモ
未タ其募集ニ着手スルニ至
ラサリシカ被告金在鳳ハ右所
爲モ亦朝鮮ノ政治変革ヲ
目的トシ多衆ト共同シテ治
安ヲ妨害セントシタルモノナ
リ
法律ニ照スニ被告等ノ所

爲ハ大正八年制令第七號第
一條第一項ニ各該當スルヲ以テ
懲役刑ヲ選擇シ未決勾留
日數ノ一部算入ハ刑法第二
十一條ニ則リ押收物件ハ刑
事訴訟法第二百二條ニ從ヒ
還付スヘキモノトス
仍テ主文ノ如ク判決ス

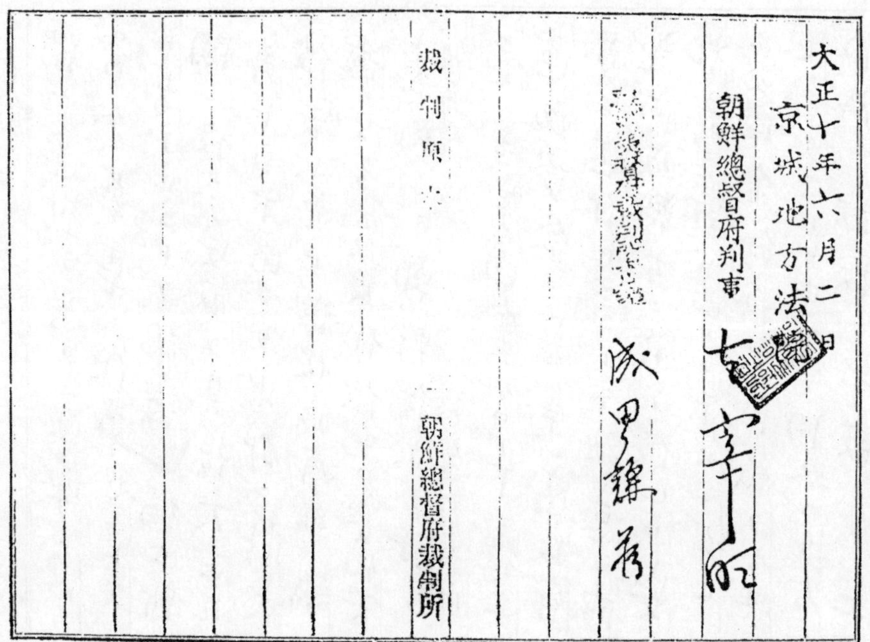

大正十年六月二日
京城地方法院
朝鮮總督府判事
朝鮮總督府裁判所書記
裁判原本
朝鮮總督府裁判所

Ⅲ. 농촌강연을 통한 문화운동

「學友會主催巡回講演辯士諸君」, ≪동아일보≫ 1920년 7월 17일자

「不遠혼 夏期休學과 學生諸君」, ≪조선일보≫ 1921년 6월 8일자

자료 1 「學友會主催巡回講演辯士諸君」, 《동아일보》 1920년 7월 17일자

「學友會主催巡回講演辯士諸君」

鶴岩 李準泰

諸君은 勇敢이 잇고 勝算이 잇도다 健康하라 健康하라 余는 다만 諸君에게 健康을 빌 뿐인줄로 思하노라 그러면 重言復言이 무엇이 要하랴마는 한갓 熱狂的 歡喜를 禁치 못하면 今回 利用된 夏期를 엇지 人工으로 認할 바리오 皇天이 特히 寄與하신 機會라 認함이 妥當하도다 諸君이여 諸君의 行하는 바는 人道니라 孤獨하나마 넘어질가 念慮말고 뛰여라 諸君의 뛰는 곳에는 東亞日報 아니 적어도 二千萬民族의 後援이 잇다 諸君의 標榜하는 바는 正義니라 凄凉하나마 부르지져라 반드시 十六億 人類의 和答이 잇스리라 諸君의 다니는 길이 暗黑할지나 文化의 曙光이 뒤에 빗칠지며 諸君의 이르는 곳에는 惡魔의 障碍가 잇슬지나 希望의 慰藉가 自足하리로다 아- 사랑 만은 諸君? 責任 만은 諸君? 그 사랑 큼이 무엇만 하던가 二千萬 民族의 가삼에 넘처 모여든 한 덩어리? 그 責任 重함이 무엇만 하던가 적고 크고 三千里 江山 무거움 그대로?

그러나 諸君이 新到에 巡回에 不利한 洪水는 무삼일고 두렵건대 蒼天이 同情이 적음으로 各處에 交通을 放害코자 하심인가? 아닐 것이다 推想컨대 蒼天이 諸君의 勇敢을 鍛鍊키 爲하야 物質上 怒濤狂亂을 試하심이 아니던가 아- 諸君이여 跋涉의 艱苦를 避치말어라 崩堤壞途와 怒濤狂亂이 비록 不便하나마 可愛로운 故國江山이 아닌가

그런대 筆者는 諸君에게 容恕를 바라노라 무엇인고? 余가 滿空의 誠意를 다하야 諸君을 사랑하는 內幕을 스사로 살펴보자 想像컨대 諸君을 사랑함은 곳 二千萬 同胞를 사랑함이오 同胞를 사랑함은 곳 (나)라는 者를 사랑함이니 (나)란 者를 사랑

하라는 내가 무엇을 하고 잇나 정말 良心에 붓그러워 默然이 諸君을 向하야 一條의 謝過가 업슬 수 업다 아- 諸君이여 容恕하라 余는 不幸히 疾病에 捕虜되야 積日 旅窓에 호을노 누어 가진 생각을 다할 때에 大抵 나의 몸과 나의 社會가 아울나 若痛 만음을 悲觀하며 無情한 빈대벼록과 싸홈하야 支離한 장마를 보낼 뿐이엿다 그러나 若痛 마는 나의 社會를 慰藉하며 暗黑한 나의 社會를 깨트리는 諸君의 부르지짐이 귀에 들니고 이마살을 찌푸리던 장마 끗남에 鮮明한 힛빗이 諸君의 運動하는 文化曙光과 함께 視線에 부듸친다 이로조차 病든 나는 취한듯 밋친듯 快感이 容出하야 얼마나 蘇生된 氣分을 機會하야 두어 말노 諸君에게 衷情을 表하며 兼하야 健康을 祝하노라

學友會主催巡回
講演辯士諸君

자료 2 「不遠ᄒᆞᆫ 夏期休學과 學生諸君」, ≪조선일보≫ 1921년 6월 8일자

「不遠ᄒᆞᆫ 夏期休學과 學生諸君」
一岡 李準泰

綠陰이 욱어지고 鶯語 – 滑ᄒᆞ니 깁무듸 宇宙의 흐르는 生命은 ᄋᆞ모듸나 볼 수가 잇다 그러나 花事의 渺然과 光陰의 倏忽은 人生으로 ᄒᆞ여금 嘲弄이 ᄋᆞ니면 威脅이다 모름즉이 人事의 忽忙은 自然의 歸趣다 ᄒᆞ리로다 人生世間이 實노 演劇이니라 或去或來와 或喜或悲와 或優或劣이 무엇이 演劇이 ᄋᆞ니리오 吾人은 一動一靜을 俳優資格에 止ᄒᆞ는도다 그러면 吾人은 賢愚와 榮辱을 論ᄒᆞ기보다 俳優의 技藝如何로써 宇宙에 合一ᄒᆞ며 協調ᄒᆞᆷ과 밋 그려치 못ᄒᆞᆷ에 基ᄒᆞ야 人生의 萬般現像을 豫測ᄒᆞᆯ 것이다

그런듸 此 所謂 演劇은 宇宙가 脚本이 되며 混屯ᄭᆞ지 演期가 되는 동안에 吾人은 죱알 粟粒 갓흔 一身으로셔 百年未滿ᄒᆞᆫ ᄋᆞ조 보잘 것 업는 一生을 仮借ᄒᆞ엿스니 一笑ᄒᆞᆷ도 怪異치 안커니와 一奮ᄒᆞᆷ이 一層快味가 잇슬 것 갓다 말ᄒᆞ자면 웨 나는 挾泰山ᄒᆞ고 以超北海할 體質과 與天地同體ᄒᆞᆯ 壽命을 가지지 못ᄒᆞ엿던가? 나는 웨 風雨를 能禦ᄒᆞ고 造化를 任意ᄒᆞᆯ 理想을 享受치 못ᄒᆞ엿던가? ᄒᆞᆷ이 是다 엇지 그ᄲᅮᆫ이랴 降一層ᄒᆞ야 率直ᄒᆞ게 말ᄒᆞᆯ진듸 나도 宇宙間에 堂堂한 一個 俳優者라 슬퍼도 놈과 갓치 슬퍼야 ᄒᆞ며 깁버도 놈과 갓치 깁버야 될 것은 犬賊好生의 大義가 ᄋᆞ닌가...... 그러나 人生이 天然을 無視ᄒᆞᆫ 一大矛盾이 잇나니 卽 先天을 ᄯᅥ나고 人世에 나타날 ᄯᅢ 비롯ᄒᆞ야 優勝劣敗로 錯誤를 演ᄒᆞᆷ이 是라 그럼으로 차라리 優勝 안이 – 誇張ᄒᆞᆯ지언졍 劣敗者로셔 誰를 怨ᄒᆞ며 咎ᄒᆞ지 못ᄒᆞ리로다 要컨듸 自家의 優勝과 劣敗 – 何者가 他를 由ᄒᆞ리오 오즉 自家에 由ᄒᆞᆯ ᄲᅮᆫ이라 ᄒᆞ노라

然則 學生 더구나 朝鮮人 學生 諸君의 勉學ᄒᆞ는 本意가 專혀 此에 在ᄒᆞ지 아니한가 大抵 自家란 一自家에 止치 안코 小ᄒᆞ야도 自家의 民族과 自家의 社會를

抱容홀 것이 다 아니라 民族의 社會가 無코 一自家가 存在홀 理 ー無ᄒᆞ도다 그런디 諸君은 自家 狀態를 如何히 自認ᄒᆞ는가 劣敗이뇨? 그럿커든 快復을 期ᄒᆞ라 優勝이뇨 ー그럿커든 繼續을 圖ᄒᆞ라 모든 것이 諸君의 使命이 ᄋᆞ닌가

슬푸다 諸君의 入學이니 進級이니 써들든 時期는 언으듯 石火갓치 지나가고 이제는 夏期休學이 在邇ᄒᆞ니 光陰이란 人間萬事를 催促홈을 可히 斷的ᄒᆞ겟도다 그런디 休學ᄒᆞ는 期間에는 무엇을 홀터인가 ー諸君 ー諸君은 逐日 修學에 腦가 惱ᄒᆞ고 身이 疲홀지니 勿論 休學이라는 字意와 如히 學을 休홈이라 風乎 舞雩ᄒᆞ야 心身의 상快를 圖홈도 常事이며 鄕關을 訪問홈도 常事이라 그 行止를 敢히 問홀 바 아니며 ᄯᅩ한 諸君이 躊躇할 바 ᄋᆞ니라 그러나 我半島의 狀態를 回顧컨디 例外에 무슨 緊觀이 잇지 ᄋᆞ니홀가

諸君아 余는 諸君을 사랑ᄒᆞ노라 사랑ᄒᆞ는 者 ー그 慰勞를 遂치 못ᄒᆞ고 도리혀 責任과 煩惱를 案出홈은 넘어나 無廉ᄒᆞ지 ᄋᆞ니혼가 於心에 □괴 ᄒᆞ노라 그러나 余 ー諸君의 同族이 아니면 엇지 如斯히 冒廉을 敢行ᄒᆞ리오 余의 同族인 諸君이 ᄯᅩ한 容恕홀 줄을 斷的ᄒᆞ노라 否라 勝算이 旣定ᄒᆞ고 筆者의 贅說을 嘲笑ᄒᆞ리라

이만ᄒᆞ여도 諸君의 머리에 往來, 巡廻講演 問題이다 昨年에 勃發혼 第一聲을 繼續ᄒᆞ며 未盡한 것은 發興ᄒᆞ라 吾族의 一線陽脈이 諸君에 在ᄒᆞ니 諸君은 暑濕을 避치 말며 勞苦도 計치말나 一生을 圖홀량으로 九死를 冒홈도 進取者의 홀일이며 甘泉을 得코져 沙漠을 橫斷홈도 分內의 事이라 苦를 種ᄒᆞ지 ᄋᆞ니ᄒᆞ면 樂의 果를 何로셔 得ᄒᆞ리오 諸君이여 자超말고 講演團을 組織ᄒᆞ며 次第로 鄕村에 가라 未開한 同胞를 ᄭᅵ우라 그네는 말을 ᄒᆞ고 四肢를 움즉이지마는 諸君이 ᄋᆞ니면 써ㄱ은 가지가 될이오 ᄯᅩ는 그네가 ᄋᆞ니면 諸君은 羽翼 업는 鶴이 될 것이다 換言ᄒᆞ면 諸君과 그네의 生命은 連鎖的 關係가 잇다 엇지 瞬間인들 等閑에 付ᄒᆞ랴 그러고 諸君의 熱辯이 到홀 ᄯᅢ는 눈에 曙光이 빗취고 귀에는 비달族의 細胞 ᄲᅱ노는 쇼리가 들릴 것이다 그것만으로도 足히 勞苦를 忘ᄒᆞ고 快樂을 覺홀 것이 안인가 此는 實노 活劇이며 喜劇이다 此로부터 鍛鍊ᄒᆞ는 技藝는 可히 出衆혼 俳優가 되고야 말지며 宇宙의 生命에 合一ᄒᆞ고야 말리로다 믄득 地球라는 舞臺에 各樣俳優가 伯仲을 다

토을 써 비달派라는 一行이 特秀한 技能을 發揮하야 嘖嘖한 榮譽를 橫으로 四萬哩, 縱으로 千萬代에 紹介할가 하노라 學生 諸君이여(쯧)

不遠한 夏期休學과 學生諸君

一岡 李準泰

Ⅳ. 대중운동

1. 노동운동

1) 잡지게재 및 강연

尖口生, 「까마구의 雌雄」, 《開闢》 34호, 1923년 4월 1일

「李準泰氏 舌禍 沕淄勞働同盟에셔」, 《조선일보》 1923년 9월 3일자

2) 경성고무공장여자직공파업 지도

「尹李金 三人의 판결언도는 명 십사일에」, 《동아일보》 1923년 11월 13일자

「판결문」, 대정 13년, 경성지방법원검사국

3) 조선노농총동맹 활동

조선노농총동맹집행위원 개선에 관한 건 (京鍾警高秘 제12349호의 2, 대정 14년 11월 2일)

조선노농총동맹 통문의 건 (京鍾警高秘 제13071호의 1, 대정 14년 11월 18일)

조선노농총동맹 제6회 중앙집행위원회 간담회의 건

(京鍾警高秘 제13066호의 3, 대정 14년 11월 20일)

조선노농총동맹 제6회 중앙집행위원 간담회에 관한 건 (京高秘 제5632호, 대정 14년 11월 25일

조선노농총동맹의 통문 발송의 건 (京鍾警高秘 제13542호의 1, 대정 14년 11월 30일)

조선노농총동맹의 동정에 관한 건 (京鍾警高秘 제998호, 대정 15년 1월 29일)

조선노농총동맹 제7회 중앙집행위원 간담회에 관한 건

(京鍾警高秘 제3202호의 1, 대정 15년 3월 30일)

「三重縣事件 調査會突然禁止」, 《조선일보》 1926년 1월 15일자

2. 풍산소작인회를 통한 농민운동

「小作人會創立 安東郡 豊山에서」, 《동아일보》 1923년 11월 18일자

이준태가 조선노농총동맹 간부에게 보낸 편지 「勞農總同盟 幹部 여러 兄님에게」, 1924년 7월 22일

「豊山小作決議 三千餘名의 總會에서」, 《동아일보》 1924년 10월 21일자
「落成式에 示威行列」, 《조선일보》 1925년 9월 1일자
「豊山小作人會 定總」, 《동아일보》 1925년 11월 18일자
「豊山小作委員會」, 《조선일보》 1925년 11월 18일자(석)
경상북도경찰부, 『고등경찰요사』, 소화 9년, 61쪽
「陶山書院事件으로 專門委員會組織」, 《조선일보》 1925년 11월 14일자(석)
「陶山書院問題로 安東 六團體 決議」, 《조선일보》 1925년 11월 26일자(석)

3. 형평운동

「醴泉事件으로 安東各團體 奮起」, 《조선일보》 1925년 8월 25일자
예천형평사사건 대책집회에 관한 건 (京鍾警高秘 제9307호의 1, 대정 14년 8월 20일)

4. 청년운동

「安東青年聯盟과 國際青年日」, 《조선일보》 1925년 9월 7일자

자료 1 尖口生, 「까마구의 雌雄」, ≪開闢≫ 34호, 1923년 4월 1일

잡지(호수) 개벽(제34호)
발행년월일 1923년 4월 1일
필 자 尖口生
기사 제목 까마구의 雌雄
기사 형태 소식

본문

(朝鮮小作人相助會 - 無產者同盟會 - 朝鮮教育協會 - 朝鮮協會 - 朝鮮勞働聯盟會)

까마구의 雌雄 이것을 바로 아라맛칠 者가 그 누구이랴. 그런대 지방에 잇는 여러 형제들은 기어코 그것을 아러달나고 한다. 우리는 몃번이나 그것의 불가능을 말하엿다. 그러나 그것의 대체 윤곽만이라도 보여 달나 하는 것이 그들의 再請三請이엿다. 그것은 엇더한 개인이나 일간신문에 의뢰할 수는 업고 반듯시 우리 잡지라야 조켓다 한다. 생각건대 서울 안에 간판을 부치고 문패를 부친 幾多의 단체이며 名士이라는 그것은 지방에 잇는 幾多 형제의 주시의 초점이 된 듯 십다. 그래서 그네는 매우 眩惑하는 중에 잇는 듯 십다. 그러나 이것은 누구라도 분명히 알 수가 업고 또 엇더케 말하면 별로 더 알 것도 업는 바이다. 여긔에서 다못 주의할 한 가지는 엇던 단체나 개인을 물론하고 그 提言하는 바 표방과 그 쭈믈거리는 내용은 반듯이 갓지는 아니한 그것이다. 번쩍한 표방 밋헤서 은은한 일을 짓는 者가 업지 아니한 代에 흐릿한 간판 밋헤서 성의껏 일하는 者도 업지 아니한 그것이다. 요컨대 이 문제는 민중 자신의 상식상 판단에 일임하는 것이 가장 맛당하다. 이제 이 欄을 배프러 逐號 혹은

隔號로 적고저 하는 것은 서울 안에 잇는 각 단체나 내지 그 주인공의 윤곽을 보히려 함에 지내지 아니함이며 여긔에 대한 평판의 여하는 독자의 자유에 맛기려 하는 바이다.<50>

朝鮮小作人相助會

부인의 운동은 부인계급에서 起하여야 진정한 부인의 자각운동이라 할 것이오 노동자의 운동은 노동계급에서 起하여야 또한 진정한 노동자의 자각운동이라 할 것이다. 조선에 在하야 제일 중대한 소작인 자체에 起치 안이하고 自來 야심이 충만하고 횡포가 特甚한 굴지의 대지주 편에서 起한 것은 기괴한 事이다. 과연 此를 발기한 대지주 등은 양심으로 자기의 이익을 희생에 供하고 실제로 소작인을 爲코저 함인지 혹은 老猾奸猾의 수단으로 일시의 民心趨向을 관찰하고 逆襲的으로 此 운동을 先히 야기하야 外面으로는 소작인의 이익을 위한다 하고 內面으로는 自家의 야욕을 充하야 未遠에 起할 진정한 소작인의 운동까지도 방해코자 함인지 抑 朝鮮의 소작인이 지식 정도가 低劣하고 세력이 미약하야 自振할 능력이 無함으로 마치 남자가 부인해방론을 주창하고 장년이나 노년이 소년해방문제를 主論함과 如한 것인지 世에는 疑雲이 甚多하다. 北村의 一富豪가 자기의 안전책으로 교육을 하는니 孝烈을 표창하느니 고학생을 구조하느니 암만 하야도 無産者의 원성이 의연이 존재하고 일본인이 조선인의 행복을 증진케 하는니 지식을 계발하는니 하야도 실제 조선인의 이권을 박탈하야 불평과 불만을 절규케 함을 見하면 吾人은 宋씨의 경영하는 小作人相助會도 如斯한 결과가 生치 안이할가 하는 疑가 또한 不無하다. 하여간 朝鮮小作人相助會는 작년(壬戌) 2월 17일에 창립되야 伊來 근 1개년에 지방으로 순회강연도 하고 宋씨의 기관지 朝鮮日報로도 선전하야 支會가 100여 처에 달하고 회원도 명부상으로는 근 30만이라 한다. 同會에서는 現今 着手하는 문제는 小作料均平, 소작권보장, 地稅의 지주부담문제인 듯 하다. 此筴□ 문제는 일반소작인이 직접으로 고통을 感하는 者인즉 何人이 발기한 會이던지 그다지 불환영하지는 안이할 것이오

지방관청에서도 시국과 민심을 鑑하야 다소 양해가 有할 듯하다. 그러나 매사를 자기가 실행치 안이하고 타인더러 실행하라 하는 것은 무성의하고 불철저한 일이다. 그 會의 거두인 宋씨와 부거두인 閔씨는 조선의 유수한 대지주인데 자기가 先히 小作人相助會의 취지를 관철할만한 실행이 有하얏는지 뭇고 십다. 올치 宋씨는 실제로 소작인을 위하야 地稅도 다소 자기가 부담하고 龍仁 지방에서는 매년 자기의 주최로 소작인의 농산물 품평회를 開하야 성적이 우량한 소작인에게는 송아지匹이나 곡식 말을 준다. 그러나 地稅를 지주가 부담하는 것은 自來 타지주도 만이 잇는 일인즉 宋씨가 특히 혼자 하는 일이 안이오<51> 농산물 품평회는 소작인을 위하는니 보다 자기의 수익을 위하야 사탕발림하는 것이 안인가. 또한 宋씨의 토지가 각지에 산재하얏슨즉 何特 龍仁 소작인만 보호하는가. 却說 그 會舘은 京城府 舘洞 69번지 이름 조흔 獨立舘이오 이사는 蔡基斗, 李昌煥, 張文煥, 朴炳哲, 李啓浩, 尹益善 諸氏인데 其中에 異彩를 放하는 이는 尹益善씨다. 氏는 前韓國時代 軍部理事로 금일 小作人相助會의 이사가 되고 기미년 민족운동시 獨立新聞社長으로 금일 獨立舘 내(小作人相助會의 사무실은 前獨立舘 내에 在하다.)에 在하야 宋씨와 악수하니 이사의 지위와 독립사상은 영구불변인 듯.

無產者同盟會

壬戌之春 1월 19일에 呱呱의 聲을 發한 無產者同盟會는 그의 主義와 그의 理想은 과연 크고도 좃타만은 내용의 실력은 아즉까지 너무도 빈약하다. 無產者가 가장 만흔 우리 조선에서 창립된 지 만 1개 星霜에 그의 회원이 불과 40여 인인 것을 見하야도 가히 짐작할 것이다. 觀水洞 47번지에 잇는 그 회관을 보면 100여 間되는 조선건축물에 대문 東便에 당당히 無產者同盟會라는 간판을 부치엿는데 外面으로 츠음 보는 사람은 無產者同盟會가 아니고 有產者同盟會인가 보다 하는 感이 不無하다. 그러나 그 중간을 통과하야 실제 사용하는 사무실을 본즉 한 모퉁이에 陜窄한 2間 半을 겨우 10여 원 賃金을 주고 비러쓴다. 지난 겨울과 가튼 엄동설한에 불도

잘 때지 못하야 들어서면 찬 바람에 휘불고 조막만한 土火爐에 깜박깜박 다 꺼저가는 반등걸의 숫불을 되작되작하며 다 떠러진 담요쪽이를 무릅에 두루고 돈 5전이 업서서 그 흔한 현미빵 한 개도 잘 사먹지 못하고 창백한 안색으로 안저잇는 그의 상임위원을 보면 참 가련하고 矜惻하야 無算(預算)者凍盟會인 듯도 하다. 원래 無産者의 회합이니까 역시 無怪한 일이다만은 외국의 無產階級團體를 보고 우리 無産階級의 단체를 보면 무엇보다도 더 한심하다. 이와 가티 세력이 미약함으로 그의 사업도 아즉까지 별로 업다. 작년 7월경에 峴底洞에 잇는 南山町 宋伯爵의 토지를 貸借하야 회관과 공장으로 쓰랴고 40여 평의 지하실을 건축하다가 경비의 부족과 기타사정에 인하야 그 공사 중지하얏다. 근일에는 鐘路署 投彈事件에 관계하야 그 간부가 경찰서 출입에 눈코 뜰 새가 업슴으로 1월 19일 창립기념일에 강연회 한번도 헐 용기가 업섯다. 縱覽하는 신문잡지는 수십종이나 되는데 다 무료로 보고 다만 東亞日報와 每日申報만 대금을 주는데 이것도 지출이 곤란하다 한다. 會規는<52> 별로 제정한 것이 업고 體는 現今 유행의 委員制를 用하는데 상임위원은 金翰·李準泰·元友規·金達鉉 諸氏라 한다.

朝鮮教育協會

己未年 春에 우리의 민족운동이 이러난 이후로 사람마다 우리도 남과 가티 살어보아야 하겟다는 생각으로 혹은 언론기관 혹은 경제기관 혹은 교육기관 등을 조직하야 半島의 천지에는 日 改造이니 日 改善이니 하는 聲이 遍滿하게 되얏다. 其中에 純然이 「朝鮮教育에 관한 조사연구를 행하야 교육의 보급 발달을 圖함으로 목적한 단체는 朝鮮教育協會 女子教育協會이라 하겟다.」(京城標準) 朝鮮教育協會는 庚申 6월 19일에 兪鎭泰·韓圭卨·李商在·金□炳 기타교육관계자 80여 인이 발기하야 당시에는 朝鮮教育會라는 명의로 당국에 認可願을 제출하얏스나 당국에서는 그 규약의 내용을 다소 수정케 하고 또한 명의도 朝鮮教育協會로 개정케 하야 수속을 행하는 중 於焉間 시일이 遷延되야 壬戌 1월 24일에 겨우 認可를 受하얏다.

水標町 42번지에 잇는 수백간의 회관은 현재 그 會의 顧向인 韓圭卨씨가 기부한 것인데 同會에서는 역시 교육을 장려하는 의미로 고학생에게 무료대여하고 수도 전등까지도 무료사용케 하야 朝夕으로 100여 명의 고학생이 와글와글하는데 一見하면 第二 苦學生갈돕會와 如한 感이 有하다. 현재 회원수는 2천여 인이나 되고 간부로는 회장 李商在, 이사장 兪鎭泰, 상무이사 李時晥·申明均씨요 기타이사가 14인 평의원이 30인이나 된다. 그의 기관지로 발행하랴던 「新教育」은 例套의 事로 당국에서 不認可하고 말엇다. 그 會가 설립된 이후로 직접간접으로 교육상에 多大한 이익을 준 것은 물론이다. 그러나 그 會의 목적을 달하기 위하야 실행하엿다는(1. 교육에 관한 조사연구. 2. 교육에 關□한 잡지발행. 3. 교육공로자의 표창. 4. 도서관의 경영. 5. 기타 교육의 보급상 필요한 사항.)(同會規則 제3조) 諸事項은 과연 此를 실행하얏는지 의문이다. (실행하기 곤란한 사정이 無함은 안이나) 세간에서는 現今 발기하야 각 지방으로 선전하는 民立大學期成會도 그 사업으로 知하는 人이 多한 듯 하나 그 會와는 직접 관계가 無하고 但히 그 회관 내에서 사무를 취급할 뿐이다. 우리는 安樂 窩中에서 世事를 不關하고 부귀를 安享하며 日月을 閑送하는 顧問에게 기부를 좀더 하야 영구한 顧問이 되고 두 귀 축 처진 흔들방이 방한모를 쓰고 贊美歌에 열심만 하는 회장님과 흔들흔들하는 큰 키에 구부정한 허리로 긴 長竹을 빼물고 돌아단이며 或 심심하면<53> 南山町 野心貴族門에 출입하는 이사장에게 힘을 좀더 써서 그 會의 목적을 달하도록 注意하기를 바란다.

朝鮮協會

조선에서 조선인이 발기한 무슨 會나 일본인이 발기한 무슨 會에 고문이 안이면 회장을 專賣特許로 마튼 예의 朴泳孝씨를 고문으로 하고 前京城高等商業學教 강사로 조선 사정을 深知한다 자칭하는 板橋菊松군을 회장으로 하야 소위 「人의 개성을 존중하며 人의 권리를 옹호하고 조선을 개조하야 신조선을 실현함으로써 목적하는」 朝鮮協會는 원래 中央經濟會(朝鮮銀行 총재 美濃군이 고문이고 板橋군은 其

理事)를 合併打成하야 작년(壬戌) 5월 分에 창설된 것이다. 同年 7월 27일에 第一聲으로 일본에서 來한 福田박사와 板橋군이 鍾路中央基督敎靑年會舘에서 소위 朝鮮協會社會政策講演會를 開한 후로는 소식이 적적하더니 작년 11월에 비로소 그 기관지 「朝鮮問題硏究」를 발행하야 회원에게 배부하엿다. 조선인 측에서는 신용이 有하던지 否하던지 白大鎭군을 이사로 선정하고 유명무실의 幾個의 조선인 客員을 추천하야 世眼을 현혹케 하다가 白군이 新天地筆禍事件으로 入監한 후로는 그나마 조선인의 연락이 끈어진 것 갓다. 板橋군이 공판시에는 특별변호원으로 변론을 한 것은 역시 그 會의 목적한 바 인권옹호라 할가. 그 會의 표방하는 강령과 사업은 아모리 조선을 위한다 할지라도 이것은 과연 조선인을 위하야 조선을 개조코자 함인지 일본인을 위하야 조선을 개조코자 함인지 의문이다. 板橋군이 근일에는 조선에 의회설치운동을 하는니 무슨 운동을 하느니 하야 당국에서도 별로 신통이 녁이지 안흘 뿐 안이라 특별히 주목하는 듯 하다. 그 會가 세력이 미약한 중 조선인에게 동정을 엇지 못하고 당국에도 환영을 밧지 못하면 과연 그 운명이 장구할 지 京城 大和町 一丁目 그 사무소에는 요새 이 門前이 冷落하야 鞍馬가 희소하고 飢寒을 익기지 못하야 求職에 분주하는 白衣 조선인이 무엇이나 어더 먹겟다고 잇다감 왓다 갓다 한다. 「회원이 몃 사람이나 되느냐」고 무럿더니 대답도 이상은 하겟지. 「그것은 비밀이니 말할 수가 업다」고. 「회원 열 명 이상이 되면 끔즉하겟다.」는 것이 이 會의 全容을 짐작하는 모씨의 말.

朝鮮勞働聯盟會

「朝鮮人勞働共濟會」라는 藝題를 놉히 걸고 주인공되는 진정한 노동자는 아즉 수면 중에 在하야 출연도 하기 전에 幾個의 仮粧한 노동자들이 어리광대격으로 무대에 돌출하야<54> 排擠技와 拳鬪術로 장구한 시간에 一場活劇을 演하다가 壬戌 10월경에 西北으로부터 드는 상쾌한 秋風이 주인공의 수면을 각성케 하야 주인공이 점차 무대에 上할 준비를 하매 어리광대들은 낙엽과 가티 산산이 헤여지고 「朝鮮勞

働共濟會」라는 藝題까지 파열되는 동시에 「朝鮮勞働聯盟會」라는 新藝題가 서풍에 高揭하게 되얏다. 즉 노동단결의 主義와 목적을 망각하고 暗鬪와 肉鬪를 是事하던 문제의 朝鮮勞働共濟會는 해체되고 진정한 노동자로써 조성한 단체를 기초로 하야 10월 16일에 朝鮮勞働聯盟會를 조직하고 선언서와 3개조의 강령(1. 사회역사의 필연한 進化理法에 從하야 신사회 건설을 期圖하고 2. 공동의 力으로 생활을 개조키 위하야 此에 관한 지식의 계발, 기술의 진보를 期圖하고 3. 현 사회의 계급적 의식에 의하야 일치단결을 목적함)을 발포하고 중앙집행위원 20인과 상무위원 3인(金商震, 金容琯, 白光欽)을 선정하얏다. 此를 조성한 단체는 晉州勞働會・大邱勞働共濟會・安東勞働共濟會・甘浦勞働共濟會・淸津勞働共濟會・洋服技工組合・印刷職工親睦會・電車從業員會・理髮組合・京城洋靴職工組合・半島고무職工親睦會・京城勞友會 등 凡 12개의 노동단체오 회원수는 약 2만에 달한다. 그 사업으로 말하면 창설이 日淺함으로 아즉 구체적 계획이 無하나 잘만하면 장래 활약할 가망이 多하다. 그의 機機誌로 「勞働」이라는 잡지를 발행하랴고 작년 11월경에 당국에 出願하얏스나 조선인의 언론을 존중히 한다는 표어만 持한 당국에서는 何를 고려함인지 不許可 三字로 회답을 하고 말앗다. 그의 회관을 堅志洞(88번지)에 둔 것은 그의 회원이 有始有終하게 志를 견고히 하야 타민족의 노동단체와 如히 분투노력하기로 연맹하얏다는 것을 의미한 듯 하다. 우리는 또한 同會의 諸氏들 이 극력협동하고 극력분투하야 前日 勞働共濟會와 如한 현상이 無케 하기만 희망.

(1월 上旬 稿)<55>

<50-55>

자료 2 「李準泰氏 舌禍 沕淄勞働同盟에서」, 《조선일보》 1923년 9월 3일자

「李準泰氏 舌禍 沕淄勞働同盟에서」
로동문뎨로강연하다가

무산자동밍회(無產者同盟會) 간부 리준틱(李準泰)씨는 강원도(江原道) 양양군(襄陽郡) 물치로동동밍회(沕淄勞働同盟會) 주최로 로동문뎨에 디한 강연을 하든 중 무산자(無產者)와 유산자(有產者)는 형뎨간이라도 뎍(敵)이라는 말을 하얏다고 당디 경찰서에 검속되야 구류 십일의 쳐분을 당하얏다더라

李準泰氏舌禍
沕淄勞働同盟에서
로동문뎨로강연하다가
로동문뎨로강연하다가

무산자동맹회(無產者同盟會)간부 리준틱(李準泰)씨는 강원도(江原道)양양군(襄陽郡)물치로동동맹회(沕淄勞働同盟會)주최로로동문뎨에디한강연을하든중 무산자(無產者)와유산자(有產者)는형뎨간이라도뎍(敵)이라는 말을하얏다고당디경찰서에 검속되야구류십일의쳐분을당하얏다더라

자료 3 「尹李金 三人의 판결언도는 명 십사일에」, 《동아일보》 1923년 11월 13일자

「尹李金 三人의 판결언도는 명 십사일에」

지나간 여름에 고무직공들이 동맹파업을 하엿슬 때에 경찰의 허가를 맛지 아니하고 그 동맹 파업의 뎐말을 등사판에 인쇄하야 각 로동단톄에 배부코저 한 사건으로 긔소된 윤덕병(尹德炳) 김남수(金南洙) 리준태(李俊泰)에 대한 사건은 작 십이일 오전 열두시경에 경성디방법원에서 그 공판이 열니엇다 택목(澤木)판사와 평산(平山) 검사가 림석하야 사실을 심문하엿는대 피고중 리준태 한 사람은 출뎡치 못하고 그 외 두 사람만 출뎡하야 심문을 밧엇스며 판사로부터 심문이 끗난 후 평산검사는 피고 세 사람에게 각각 벌금 백원 청구의 구형이 잇스며 그 판결언도는 오는 십사일로 뎡하고 동 열두시 반에 폐뎡하엿더라

尹李金三人의
판결언도는
명십사일에

지나간여름에 고무직공들이 동맹파업을하엿슬때에경찰의허가를 맛지아니하고 그동맹파업의뎐말을 등사판에인쇄하야 각로동단톄에 배부코저한사 건으로긔소된 윤덕병(尹德炳) 김남수(金南洙) 리준태(李俊泰)에 대한사건은 작십이일 오전열두시경에 경성디방법원에서 그공판이열니엇다 택목(澤木) 판사와평산(平山)검사가 림석하야 사실을심문하엿는대 피고중 리준태한사람은출뎡치못하고그외두사람만출뎡하야심문을밧엇스며판사로부터심문이끗난후평산검사는 피고세사람에게 각々벌금백원청구의 구형이잇스며 그판결언도는 오는십사일로 뎡하고동열두시반에폐뎡하엿더라

자료 4 「판결문」, 대정 13년, 경성지방법원검사국

대정 13년 형사판결원본 제1
경성지방법원검사국

【1】

대정 12년 刑公 제703호
대정 12년 刑公 제747호

判決

본적지 京城府 水標町 13번지
주 소 경성부 堅志洞 88번지
무직, 尹德炳, 당 40세

본적지 경상북도 안동군 풍산면 상동리 364번지
주 소 경성부 견지동 88번지
무직, 李準泰, 당 32세

본적지 경상북도 안동군 예안면 오천리 117번지
주 소 경성부 견지동 88번지

【2】

조선노동연맹회 집행위원

金南洙, 당 26세

본적지　황해도 殷栗郡 長連面 西部里 65번지

주　소　경성부 견지동 88번지

노동잡지사 이사

金鴻爵, 당 39세

본적지　함경북도 清津府 新岩洞 83번지

주　소　경성부 견지동 88번지

무직, 崔完, 당 21세

본적지　충청남도 保寧郡 珠山面 堅龍里 318번지

【3】

주　소　경성부 敦義洞 147번지

□□公司 사무원

金商震, 당 34세

이상의 윤덕병·이준태에 대한 출판법 위반, 김남수에 대한 출판법 위반 및 상해, 김홍작·최완·김상진에 대한 상해, 피고사건에 대하여 조선총독부 검사 平山正祥 입회 하에 피고 이준태 闕席 상태에서, 심리 판결한 것이 다음과 같다.

主文

피고 윤덕병 · 이준태를 각 벌금 80원에, 피고 김남수를 징역 10월 · 벌금 80원에, 피고 김홍작을 징역 10월에, 피고

【4】

최완 · 김상진을 각 징역 6월에 처한다. 피고 윤덕병 · 이준태 · 김남수가 위의 벌금을 완납할 수 없을 때에는 각 40일간 勞役場에 유치한다.

압수물건 중 대정 12년 領 제1117호는 피고 윤덕병 · 이준태 · 김남수에게서 이를 몰수하고 그 이외에는 각 差出人에게 되돌려준다.

理由

제 1. 피고 윤덕병 · 이준태 · 김남수는 경성부 光熙門 밖 南山商會 고무 공장의 여공들이 대정 12년 6월경 임금 삭감문제에 대해 동맹파업을 일으킨 진상이 사회에 알려지지 않은 것을 유감으로 여겨, 출판물을 간행하고 그 진상을 기록해, 이를 각 노동단

【5】

체에 배포 보도시킬 것을 공모했다. 대정 12년 7월 10일경 피고 이준태가 경성부 견지동 88번지, 노동연맹회 내에서 작성한 원고(대정 12년 領 제1117호의 2)에 기초해 同所 내에서 「경성고무여공동맹파업에 대한 전말」이라는 제목의 시사보도문서(同號의 1)를 官의 허가를 받지 않고 출판해, 同年 7월 17일 노동동맹회가 비치한

서류(同號의 3)에 의거해, 거기에 기재된 각 노동단체들 앞으로 78개소에 배포 발행하였다.

제 2. 피고 김홍작 · 김남수 · 최완 · 김상진은 앞에 기술한 고무공장여공들의 동맹파업의 때에 이에 관계하였다. 피고 김홍작은

【6】

「경성여자고무직공조합」의 고문으로 추대되어 있었는데, 대정 12년 9월 16일 오후 1시경부터 경성부 崇仁洞 李準容의 집에서, 위의 여자고무직공조합이 위원회를 개최해 金敬默을 이사로 추대하고, 피고 김홍작 · 김남수 등이 조직한 노동연맹회로부터 탈퇴할 일을 의논하고 있었음을 알아차린 피고들은 오후 5시경 上記 이준용 집에 이르러 김경묵에게 위의 여공조합의 돈을 횡령했다고 추궁한 후, 함께 김경묵을 구타하여 同人의 오른쪽 무릎관절, 기타 治療日數 3일간을 요하는 상해를 입혔다.
이상의 사실은

【7】

判示 제1에 대해서는
一. 피고인 이준태에 대한 사법경찰관의 신문조서 중의
자신이 윤덕병에게 의지해 경성부 견지동 88번지 조선노동연맹회에 체재 중, 경성고무여공동맹파업에 대한 전말을 각 노동단체에 통지할 필요가 있으니, 원고를 쓰도록 윤덕병이 命하여 대정 12년 7월 10일에 작성했다는 내용의 供述記載

一. 피고인 윤덕병에 대한 사법경찰관의 신문조서 중의
나는 경성고무여공의 동맹파업의 진상이 신문지에서도

【8】

발표되지 않음으로서 그 전말을 보도할 필요가 있다고 여겨, 김남수의 상담을 받아 이준태에게 그 원고를 쓰게 한 후, 官의 허가를 받지 않고 45매 정도 인쇄해 聯盟會가 비치한 장부에 의거해 노동단체들에게 발송한 것으로서, 김남수는 그 발송을 담당했다는 내용의 供述記載
一. 피고인 김남수에 대한 사법경찰관의 신문조서 중의
「경성고무여공의 동맹파업에 대한 전말」이라는 인쇄물은 경성고무 직공의 불행한 처지를 각 노동단체에 통지하기 위해 윤덕병・이준태와 자신이 상담한 후, 실행했다는 내용의 供述記載

【9】

判示 제2에 대해서는
一. 김경묵에 대한 사법경찰관의 告訴調書 중의
자신은 경성고무직공조합의 이사인데, 대정 12년 9월 16일 오후 1시경 京城府 崇仁洞의 이준용 집에서 同조합위원 20여명을 소집해 회의를 개최하고 있을 때, 김남수가 와서 발언권을 구해 그대들은 어찌 노동연맹회를 배제하고 함부로 회의를 개최하느냐고 하면서 서류들을 보여준 뒤 물러갔다. 오후 5시경 김남수・김홍작・김상진 외 2명이 와서 會場에 불쑥 들어와 나에게 조합의 돈을

【10】

꺼냈다고 하면서, 5명이 자신을 구타해 상해를 입혔다는 내용의 供述記載

一. 피고인 김남수에 대한 사법경찰관의 신문조서 중의
자신은 대정 12년 9월 16일 경성여자고무직공조합의 위원회가 열린다는 것을 알고, 崇仁洞 이준용 집의 同위원회에 갔더니, 김경묵 및 고무직공들 20여명이 회의를 열고있었으므로 발언권을 구했지만 거절당했다. 경묵과 입씨름 중의 직공이 '경묵이 조합돈을 소비했다'고 하는 것을 듣고 장부들을 조사한 후 나는 김홍작에게 이를 보고

【11】

하니, 同人은 불합리하다고 했다. 이에 자신 및 최완·李允植·김상진과 함께 上記의 위원회에 가서, 홍작은 경묵에게 자금 횡령에 대해 힐책했다. 그러나 경묵이 한결같이 농담을 하자, 홍작은 경묵에게 도둑놈이라고 하면서 同人의 빰을 때리므로 자신도 또한 同人을 구타했다는 내용의 供述記載

一. 피고인 김홍작의 當 公廷에서
자신은 이준용의 집에 이르러 김경묵을 구타한 적이 있다는 내용의 供述

一. 피고인 최완에 대한 사법경찰관의 신문조서중의

【12】

김남수가 9월 16일 오후 경성고무직공조합은 위원회를 개최해, 김모라는 자가 이사가 되었으며, 김모는 조합금도 소비하고 있다고 말해 자신은 위원회에 갔다. 김홍작은 김모에게 조합금을 횡령한 것은 불합리하다고 하면서 同人을 끌어냈다는 내용의 供述記載

一. 피고인 김상진에 대한 사법경찰관의 신문조서 중의
자신은 16일 경성부내 창경원 앞에서 최완을 만났는데, 최완은 갑자기 화가 난 모습으로 내가 알지 못하는 남자를 붙잡고, 나에게 동행할 것을 요구했다.

【13】

나도 함께 그 집에 이르렀는데 그 집에는 고무여공이 모였고, 김홍작 · 김남수도 있었다는 내용의 공술기재

一. 증인 鄭敬淑에 대한 사법경찰관의 청취서 중의
우리들의 경성여자고무직공조합은 이제까지 조선노동연맹회에 가입해 있었지만 同연맹회는 사회운동에 몰두하고 있는 관계상, 우리조합은 항상 관헌의 주목을 받았다. 또 연맹회가 사회운동에 참가하려고 한다면 우리 조합 본래의 목적을 달성하는 것은 어렵다. 지난번 동맹파업의 때에 우리조합에 대한 多額의 동정금을 연맹

【14】

회에서 不正하게 사용해 사복을 채운 것을 알고, 同동맹회로부터 탈퇴할 것을 계획해, 9월 16일 오후 1시경부터 경성부 숭인동 75번지 조합사무소에서 위원회를 개최했다. 김경묵을 이사로 선임해 의사 진행 중, 오후 2시경, 갑자기 연맹회의 김남수가 회의장에 와서 발언권을 구했지만 거절당하자, 김경묵에게 어째서 無學인 여자들을 희롱해 본 조합을 연맹회로부터 탈퇴시키려고 하는가 라고 욕설을 하며 조합의 중요 서류를 빼앗은 후 돌아갔다. 얼마 후 김남수 · 김홍작 · 김상진 외

【15】

2~3명이 회장에 왔다. 홍작은 이 會는 무슨 會인가라고 물으며 회원들의 변명도 듣지 않고 김경묵을 구타했다. 다른 사람도 모두 함께 김경묵을 구타하면서 욕설을 해 중한 상해를 同人에게 입혔다는 내용의 供述記載

一. 의사 戶川武의 진단서 중의
김경묵의 신체를 검사하니 오른쪽 膝關節部에 찰과상, 구타로 인한 오른쪽 고막 충혈로 치료 일수 약 3일간을 요한다는 내용의 記載

등을 종합해 이를 인정한다.
법률에 비추어
피고 윤덕병 · 이준태 · 김남수의 판시 제1의

【16】

행위 중 문서를 작성한 점은 저작자로서, 문서를 배포한 점은 발행자로서 모두 융희 3년 법률 제6호 출판법 제11조 제1항 제4호에 해당, 형법 제45조 前段의 竝合罪(경합범)가 됨으로 同法 제48조 제2항에 준거해, 벌금 200원의 범위 내에서 각 피고를 각각 벌금 80원에 처한다. 피고 김홍작 · 김남수 · 최완 · 김상진의 判示 제2의 행위는 同法 제204조 제207조에 해당함으로 同法 제204조 소정의 유기징역형을 선택해 그 刑期 범위 내에서 피고 김홍작 · 김남수를 각 징역 10월에, 피고 최완 · 김상진을 각 징역 6월에 처한다. 피고 김남수의 출판법 위반과 상해죄는 同法 제45조 前段의 竝合罪가 됨으로

【17】

同法 제48조 제1항에 준거한다. 위의 징역 10월과 벌금 80원은 이를 併科 해야 한다. 피고 윤덕병 · 이준태 · 김남수가 각 해당벌금을 완납하지 못할 때에는 同法 제18에 의거 각 피고를 각각 40일간 노역장에 유치할 것이다. 압수물건 중 대정 12년 領 제1117호의 제1 · 제2는 判示 제1의 저작행위로부터 생긴 물건, 同 제3은 同발행행위의 공용물건으로서 범인 이외의 자에게 속하는 것으로서 同法 제19조에 의거 피고 윤덕병 · 이준태 · 김남수에 대해서 이를 몰수하고, 기타는 몰수에 해당되지 않음으로 형법소송법 제202조에 의거해 각 差出人에게 반환하는 것으로 한다.
이에 주문과 같이 판결한다.

【18】

피고 이준태의 이 판결에 대한 공소제기의 기간은 送達일로부터 3일 이내로 한다.

대정 12년 11월 14일
경성지방법원
조선총독부판사 澤木國□

【19】

대정 12년 刑控 제673호·674호

判 決
본적 경성부 水標町 13번지
주소 同府 견지동 88번지
무직 尹德炳, 당 40세

본적 경상북도 안동군 예안면 오천리 117번지
주소 경성부 견지동 88번지
조선노동연맹회 집행위원
金南洙, 당 27세

본적 황해도 殷栗郡 長連面 西部里 65번지
주소 경성부 견지동 88번지

노동잡지사 이사

金鴻爵, 당 40세

본적 함경북도 清津府 新岩洞 83번지

【20】

무직 崔完, 당 22세

이상의 사람에 대한 출판법 위반 상해 피고사건에 부쳐 대정 12년 11월 14일 경성지방법원이 언도한 유죄판결에 대해 피고들로부터 공소 제기가 있어, 당 법원은 조선총독부 검사 岩城義三郎의 입회하에 다시 심리 판결한 결과 다음과 같다.

주 문

피고 윤덕병 · 김홍작을 각 벌금 30원에, 피고 김남수를 벌금 60원에 처한다. 피고들이 위 벌금을 완납하지 못할 때는 피고 윤덕병 · 김홍작을 각 50일간, 피고 김남수를 30일간 각각 노역장에 留置한다.

압수 물건 중 대정 12년 領 제1117호의

【21】

1 · 2는 피고 윤덕병 · 김남수에 대해 이를 몰수한다.

피고 최완은 무죄로 한다.

이유

범죄사실에 부쳐 원심판결 중 피고들에 관한 부분을 인용한다.

증거를 살핌에 判示사실 중 피고 윤덕병・김남수가 원심피고 이준태와 공모해서 관청의 허가 없이 判示 인쇄물을 저작 발행한 사실은, 김남수가 위 모의에 참여했다는 점을 제외하고 피고 윤덕병이 당 공판정에서 자백한 것으로 인정할 수 있다. 피고 김남수가 前示 피고 등과 공모해서 前示 범행을 행했다는 점은 사법경찰관의 피고 윤덕병에 대한 신문조서(출판법 위반 제11항 이하) 및 사법경찰관의 피고 김남수에 대한 신문조서(同기록 제26항 이하)에 있어서는

【22】

각각 윤덕병・김남수의 공술기재를 종합해 이를 인정할 수 있다.

다음으로 피고 김남수・김홍작이 判示 연월일에 判示장소에서 김경묵에 대해 폭행을 가한 점에 대해서는 피고 양인의 當 공판정에서의 공술 및 피고자 김경묵에 대한 사법경찰관의 고소조서 중 同人의 공술로서, 자신은 경성여자고무직공조합의 이사장으로 대정 12년 9월 16일 오후 1시경 경성부 崇仁洞 이준용의 집에서 同조합위원 20여명을 소집해 회의를 열고 있을 때, 김남수가 와서 발언권을 구해 너희들은 어찌해 노동연맹을 배제하고 함부로 회의를 개최하느냐고 하면서 서류를 보고 물러났다. 오후 5시경 피고 김남수・김홍작・김상진 외 2명이 와서 회장에 불쑥 들어와 자기에게 조합의 돈을 내라고

【23】

하면서 위의 자들은 자신을 구타하는 등의 폭행을 가해 자신은 이 때문에 귀가 아프다는 내용의 기재를 종합해 이를 인정한다. 피해자 김경묵이 위 피고들의 폭행으로

인해 오른쪽 膝關節部의 타박상, 타박에 의한 오른쪽 鼓膜 충혈을 야기해 치료일수 3일을 요하기에 이르렀던 사실은 의사 戶川武 작성의 진단서로부터 이를 인정할 수 있다.

피고 윤덕병은 當 공판정에서 判示와 같이 인쇄물의 간행배포에 대해서는 何等 위험사상을 포함하고 있지 않아서 특별히 관의 허가를 받을 필요가 없다고 생각하게 된 것이라고 변명하고 있다. 무릇 법률의 不知는 범죄의 성립을 棄却하는 것으로 論함에 따라 위 피고의 변소를 채용한다.

법률에 비추어 피고 윤덕병 · 김남수

【24】

는 判示 출판법위반의 행위 중 허가를 받지 않고 출판할 문서를 작성한 점은 저작자로서, 위 문서를 배포한 점은 발행자로서 모두 隆熙 3년 법률 제6호 출판법 제11조 제1항 제4호에 해당하는 것으로서, 조선형사령 제42조에 則한다. 지금 所定의 刑名으로 이를 변경해, 피고 김남수 · 김홍작의 判示 상해의 행위는 형법 제204조에 해당하는 것으로 同條 소정의 벌금형을 선택하고, 피고 윤덕병의 所謂는 저작자로서 및 발행자로서의 두 가지 죄를 함께 발한다. 피고 김남수의 所謂는 저작자로서, 발행자로서 및 상해자의 3가지 죄를 併發해 처함으로서 각각 형법 제15조 · 제48조 제2항에 준거해, 정한 벌금액의 범위 내에서 또 피고 김홍작에 대해서는 앞에 기술한 상해죄에 대해 정했던 科刑金額의

【25】

범위 내에서 각각 主文記載의 벌금형에 처한다. 피고들로부터 각 당해 벌금을 완납받지 못할 때에는 형법 제18조에 준거해 각 피고를 각각 主文記載의 日數間 노역장에 유치한다. 압수 물건 중 主文 特記의 물건은 判示 출판위반 저작행위로부터 생긴 물건으로서 同法 제19조에 준거해 이를 몰수하는 것으로 한다.

피고 최완이 대정 12년 9월 16일 김경묵을 피고 김남수·김홍작과 함께 구타 상해했다는 내용의 公訴사실은 그 증거가 없음으로서 형사소송법 제362조에 준거해 무죄의 언도를 하는 것으로 한다.

그렇다면 피고들의 공소는 모두 그 이유가 있다.

이에 주문과 같이 판결한다.

대정 13년 2월 8일

【26】

경성복심법원형사부

吉田平治郎

藤村 英

川島 晋

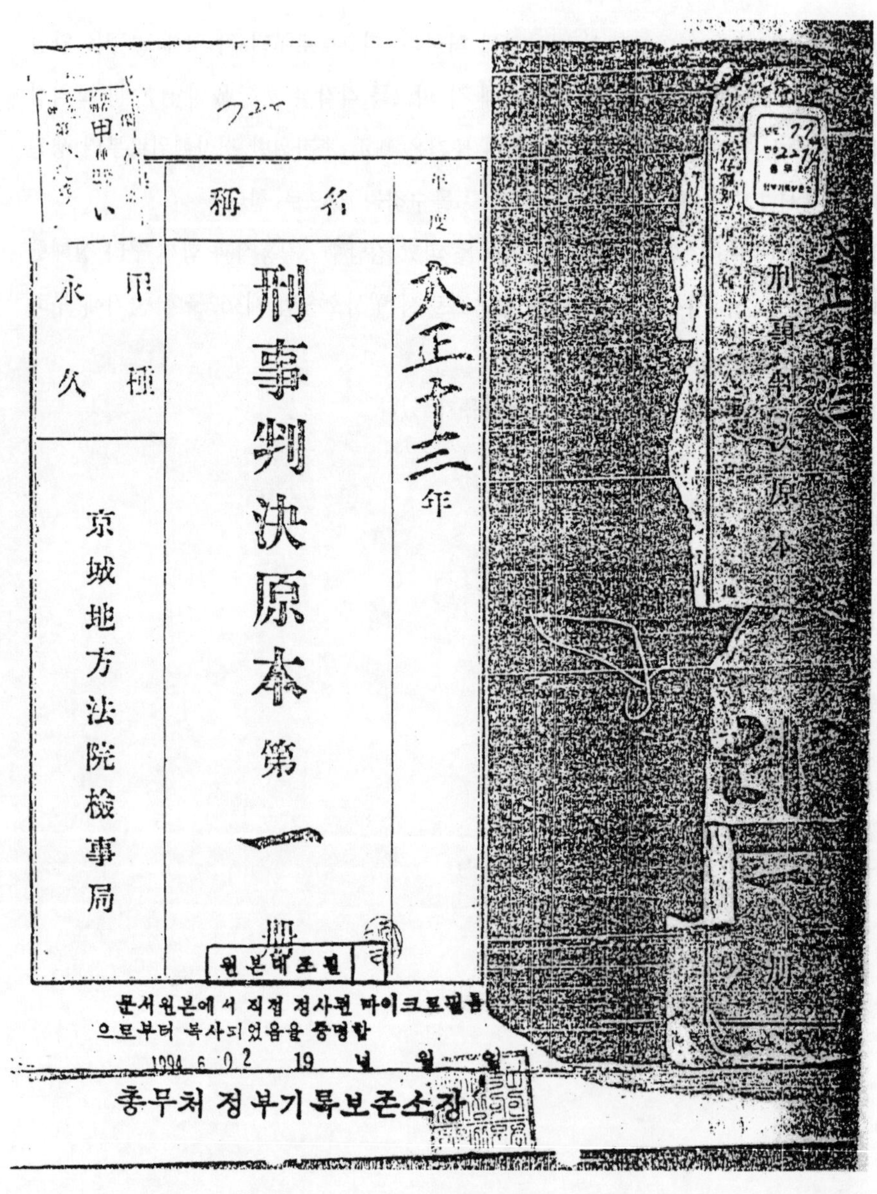

大正十三年度

名稱 刑事判決原本 第一冊

甲種 永久

京城地方法院檢事局

원본대조필

문서원본에서 직접 정사된 마이크로필름으로부터 복사되었음을 증명함

1994. 6. 02 19 년 월 일

총무처 정부기록보존소장

二五九

大正十二年刑公第七〇三號
大正十二年刑公第七〇七號

判決

本籍地 京城府水標町十三番地
住所 同府堅志洞八十八番地
無職 尹德炳 當四十年

本籍地 慶尙北道安東郡豐山面
上洞里三百六十四番地
住所 京城府堅志洞八十八番地
無職 李準泰 當三十二年

本籍地 慶尙北道安東郡禮安面
烏川里百十七番地
住所 京城府堅志洞八十八番地

裁判原本 ―朝鮮總督府裁判所

二六〇

朝鮮勞働聯盟會執行委員 金南洙 當二十六年

本籍地 黃海道殷栗郡長連面
西部里六十五番地
住所 京城府堅志洞八十八番地
勞働[illegible]誌社理事 金鴻爵 當二十九年

本籍地 咸鏡北道淸津府新岩洞
八十三番地
住所 京城府堅志洞八十八番地
無職 崔完 當二十一年

本籍地 忠淸南道保寧郡珠山面

裁判原本 ―朝鮮總督府裁判所

堅龍里三百十八番地
住所　京城府敦義洞百四十
七番地
護謨公司事務員
金　商震　當三十四年

右尹德炳李準泰ニ對スル出版法違反
金南洙ニ對スル出版法違反並傷害、金

裁判原本　朝鮮總督府裁判所

鴻爵、省完金商震ニ對スル傷害被告事
件ニ付朝鮮總督府検事平山正祥干與
被告李準泰闕席ノ儘審理判決スルコ
ト左ノ如シ

主　文

被告尹德炳李準泰ヲ各罰金八十圓
ニ被告金南洙ヲ懲役十月罰金八十
圓ニ被告金鴻爵ヲ懲役十月ニ被告
省完金商震ヲ各懲役六月ニ處ス
被告尹德炳李準泰金南洙ハ右罰金
ヲ完納スルコト能ハサルトキハ各
四十日間労役場ニ留置ス
押收物件中大正十二年領第一一
七號ハ被告尹德炳李準泰金南洙ニ
對シ之ヲ没收シ其ノ他ハ各差出人
ニ還付ス

裁判原本　朝鮮總督府裁判所

理　由

第一、被告尹德炳李準泰金南洙ハ京
城府光熙町外南山商會ゴム工場
ノ女工等カ大正十二年六月頃賃
金値下問題ニ關シ同盟罷業ヲ爲
シタル眞相カ社會ニ發表セラレ
サルヲ遺憾トシ出版物ヲ刊行シ
テ此ノ眞相ヲ録シ之ヲ各労働團

刋字

貳六参

體ニ頒布報導セントコトヲ共謀シ大正十二年七月十日頃被告李準泰カ同府堅志洞八十八番地勞働聯盟會内ニ於テ作成セル原稿（大正十二年領第一一一七號ノ二）ニ基キ同所内ニ於テ「京城ゴム女工同盟罷業ニ對スル顛末」ト題スル時事報導ノ文書（同號ノ二）ヲ官ノ許可ヲ受ケス輪轉出版シ同年七月十七日之ヲ右勞働聯盟會備付ノ書類（同號ノ三）ニ依リ之ニ記載シアル各勞動團體等ニ宛テ七十八個所ニ頒布發行シタルモノナリ

第二　被告金鴻爵金南洙崔完金商震ハ前記ゴム工場女工等ノ同盟罷業ノ際之ニ關係シ被告金鴻爵ハ

貳六四

「京城女子ゴム職工組合」ノ顧問ニ推サレ居リシカ大正十二年九月十六日午後一時頃ヨリ京城府崇仁洞李準泰方ニ於テ右女子ゴム職工組合カ委員會ヲ開催シ金数點ヲ理事ニ推シテ被告金鴻爵金南洙等ノ組織セル勞働聯盟會ヨリ脱退セン事ヲ議シ居タルヲ聞知シタル被告等ハ同日午後五時頃上記李準泰方ニ到リ金数點ニ對シ右女工組合ノ金ヲ横領セリト詰リタル上共ニ同人ヲ毆打シ因テ同人ノ左膝關節部其ノ他ニ治療日数三日間ヲ要スル傷害ヲ蒙ムラシメタルモノナリ

以上ノ事實ハ

貳六五

判示第一ニ付テハ
一 被告人李準泰ニ對スル司法
警察官ノ訊問調書中ノ
自分カ尹德炳ヲ賴リテ京城府
堅志洞八十八番地朝鮮勞働聯
盟會ニ滯在中京城ゴム女工同
盟罷業ニ對スル顛末ヲ各勞働
團體ニ通知スル必要アルヲ以
テ其ノ原稿ヲ書ク様尹德炳ヨ
リ命セラレタルヲ以テ大正十
二年七月十日ニ其ノ原稿ヲ作
成シタル旨ノ供述記載
一 被告人尹德炳ニ對スル司法
警察官ノ訊問調書中ノ
自分ハ京城ゴム女工ノ同盟罷
業ノ眞相カ新聞紙ニ於テモ發

裁判原本　朝鮮總督府裁判所

貳六六

表セラレサルヲ以テ其ノ眞相
ヲ報導スル必要アリト謂フ理
由ニテ金南洙ノ相談ヲ受ケ李
準泰ニ其ノ原稿ヲ書カシメタ
ル上（官ノ許可ヲ受ケス）四五十枚程印刷ニ附シ聯
盟會備付ノ帳簿等ニ依リ勞働
團體等ニ發送シタルモノニシ
テ金南洙ハ其ノ發送ヲ擔任シ
タル旨ノ供述記載
一 被告人金南洙ニ對スル司法
警察官ノ訊問調書中ノ
「京城ゴム女工ノ同盟罷業ニ對
スル顛末」ナル印刷物ハ京城ゴ
ム職工ノ悲境ヲ各勞働團體
通知スル爲尹德炳李準泰ト自
分トカ相談ノ上爲シタル旨ノ

裁判原本　朝鮮總督府裁判所

貳六七

供述記載

判示第二ニ付テハ

金欽點ニ對スル司法警察官ノ訊問調書中ノ

自分ハ京城ゴム職工組合ノ理事ナルカ大正十二年九月十六日午後一時頃京城府崇仁洞ノ李準容方ニ同組合委員二十餘

裁判原本

朝鮮總督府裁判所

名ヲ召集シ會議ヲ開キ居ル際金南洙カ來リテ發言權ヲ求メ汝等ハ何故ニ勞働聯盟會ヲ排シテ擅ニ會議ヲ開クヤト謂ヒテ書類等ヲ見タル上立去リタルカ午後五時頃金南洙金鴻爵金尚根外二名カ來リテ會場ニ闖入シ自分ニ對シ組合ノ金ヲ

貳六八

私セト謂ヒナカラ五名ニテ自分ヲ毆打シ傷害ヲ加ヘタル旨ノ供述記載

被告人金南洙ニ對スル司法警察官ノ訊問調書中ノ

自分ハ大正十二年九月十六日京城女子ゴム職工組合ノ委員會カ開催サルルヲ知リ崇仁洞

裁判原本

朝鮮總督府裁判所

ノ李準容方ノ同委員會ニ行キタルニ金欽點始ゴム職工等二十餘名居テ會議ヲ開キ居タル故發言權ヲ求メタルモ拒絶セラレタレハ欽點ト押問答中職工カ欽點ハ組合金ヲ費消セリト謂フヲ聞キ帳簿等ヲ調ヘタル上自分ハ金鴻爵ニ之ヲ報告

シタルニ同人ハ不都合ナリト
シテ自分及崔完李允植金商震
ト共ニ上記委員會ニ赴キ鴻爵
ハ敬熙ニ金子横領ヲ詰責セシ
モ敬熙カ專ラ遁辞ヲ弄スルヲ
以テ鴻爵ハ敬熙ニ對シ泥棒ナ
リト謂ヒナカラ同人ノ頬ヲ毆
打シタルヲ以テ自分モ亦同人
ヲ毆打セル旨ノ供述記載
一、被告人金鴻爵ノ當公廷ニ於
ケル
自分ハ李準容方ニ赴キ金敬熙
ヲ毆打シタルコトアル旨ノ供
述
一、被告人崔完ニ對スル司法警
察官ノ訊問調書中ノ

裁判原本　朝鮮総督府裁判所

貳七〇

金南洙カ九月十六日午後京城
ゴム職工組合ハ委員會ヲ開キ
金某ナルモノ理事トナリ金某
ハ組合金ヲ費消シ居レリト謂
ヒシカハ自分ハ委員會ニ行キ
タリ金鴻爵ハ金某ニ對シ組合
金ヲ横領セシハ不都合ナリト
謂ヒテ同人ヲ引出シタル旨ノ
供述記載
一、被告人金商震ニ對スル司法
警察官ノ訊問調書中ノ
自分ハ十六日京城府内昌慶苑
前ニ於テ崔完ニ逢ヒタルニ同
人ハ非常ニ立腹シタル様子ニ
テ自分ノ見知ラヌ男ヲ捕ヘ居
テ自分ニ同道ヲ求メタレハ自

裁判原本　朝鮮総督府裁判所

弐七壱

分モ共ニ某家ニ到リタルニ其
ノ家ニハゴム女工カ集マリ金
鴻爵金南洙モ居タル旨ノ供述

一、證人鄭敬淑ニ對スル司法警察
官ノ聽取書中ノ
自分達ノ京城女子ゴム職工組
合ハ是迄朝鮮勞働聯盟會ニ加
裁判原本　朝鮮總督府裁判所
入シ居タルモ同聯盟會ハ社會
運動ニ没頭シ居ル關係上我組
合ハ常ニ官憲ノ注目ヲ受ケ且
聯盟會ヨリ社會運動ニ参加セ
シメラルルコトアリテ我組合
ノ本來ノ目的ヲ達スルコト難
ク且先般同盟罷業ノ際我組合
ニ對スル多額ノ同情金ヲ聯盟

弐七弐

會ニ於テ不正ニ使用シ私腹ヲ
肥サントスルヲ見テ同聯盟會
ヨリ脱退スルコトヲ得策トシ
九月十六日午後一時頃ヨリ京
城府崇仁洞七十五番地ノ組合
事務所ニ於テ委員會ヲ開キ金
敬熙ヲ理事ニ選任シテ議事進
行中午後二時頃突然聯盟會ノ
裁判原本　朝鮮總督府裁判所
金南洙カ會場ニ來リ發言權ヲ
求メタルカ拒絶セラレ金敬熙
ニ對シ何故ニ無學ナル女子達
ヲ弄絡シテ本組合ヲ聯盟會ヨ
リ脱退セシメントスルヤトテ
惡口ヲ謂ヒ組合ノ重要書類等
ヲ引出シタル後立歸リシカ後
刻金南洙金鴻爵金南商震外二

貳七三

三名カ會場ニ來リ鴻爵ハ此會
ハ如何ナル會ナルヤト問ヒ會
長等ノ辯明モ聽カス金敬熙ノ
頬ヲ毆打シタレハ他ノ者全部
モ齊シク同人ヲ毆打シ殊ニ
シナカラ悪口ヲ謂ヒ重キ傷害
ヲ同人ニ加ヘタル旨ノ供述記
載

裁判原本　朝鮮總督府裁判所

一、醫師戸川武ノ診斷書中ノ
金敬熙ノ身體ヲ検スルニ右膝
關節部ニ擦過傷打撲ニ因ル右
鼓膜充血アリテ治療日數約三
日間ヲ要スル旨ノ記載
等ヲ綜合シテ之ヲ認定ス
法律ニ照スニ
被告尹德炳李準泰金南洙ノ判示第一

貳七四

ノ所爲中文書ヲ作成シタル點ハ著作
者トシテ文書ヲ頒布シタル點ハ發行
者トシテ孰レモ隆熙三年法律第六號
出版法第十一條第一項第四號ニ該當
刑法第四十五條前段ノ併合罪ナル
ヲ以テ同法第四十八條第二項ニ則リ
罰金二百圓ノ範圍内ニ於テ各被告ヲ
夫々罰金八十圓ニ處シ被告金鴻爵金
南洙崔完金商震ノ判示第二ノ所爲ハ

裁判原本　朝鮮總督府裁判所

同法第二百四條第二百七條ニ該當ス
ルヲ以テ同法第二百四條所定ノ有期
懲役刑ヲ選擇シ其ノ刑期範圍内ニ於
テ被告金鴻爵金南洙ヲ各懲役十月ニ
被告崔完金商震ヲ各懲役六月ニ處シ
被告金南洙ノ出版法違反ト傷害罪ト
ハ同法第四十五條前段ノ併合罪ナル

貳七五

ヲ以テ同法第四十八條第一項ニ則リ
右懲役十月ト罰金八十圓ハ之ヲ併科
ス一各被告尹德炳李準泰金南洙カ各
當該罰金ヲ完納スルコト能ハサルト
キハ同法第十八條ニ依リ各被告ヲ夫
夫四十日間勞役場ニ留置スヘク押收
物件中大正十二年領第一一一七號ノ
第一第二ハ判示第一ノ著作行爲ヨリ
裁判原本　朝鮮總督府裁判所
生シタル物件同第三ハ同發行行爲ノ
供用物件ニシテ犯人以外ノ者ニ屬セ
サルヲ以テ同法第十九條ニ依リ被告
尹德炳李準泰金南洙ニ對シテ之ヲ沒
收シ其ノ他ハ沒收ニ係ラサルヲ以テ
刑事訴訟法第二百二條ニ依リ各差出
人ニ還付スヘキモノトス
仍テ主文ノ如ク判決ス

貳七六

被告李準泰ノ此ノ判決ニ對スル故
障申立ノ期間ハ送達ノ日ヨリ三日
以内トス
大正十二年十一月十四日
京城地方法院
朝鮮總督府判事　澤木國[印]
裁判原本　朝鮮總督府裁判所
朝鮮總督府裁判所書記　山悠一[印]

貳七七

大正十二刑控第六七三号 六七四号

判決

本籍 京城府水標町十三番地
住所 同府堅志洞八十八番地
無職 尹徳炳
當四十年

本籍 慶尚北道安東郡禮安面
鮮川里百十七番地
住所 京城府堅志洞八十八番地
朝鮮労働聯盟會
執行委員 金南洙
當二十七年

本籍 黄海道殷栗郡長連面
西部里六十五番地
住所 京城府堅志洞八十八番地
労働雑誌社理事 金鴻爵
當四十年

本籍 咸鏡北道清津府新岩洞

朝鮮總督府裁判所

貳七八

八十八番地
無職 崔完
當二十二年

右者ニ對スル出版法違反傷害被告事件ニ付大正十二年十一月十四日京城地方法院カ言渡シタル有罪判決ニ對シ被告等ヨリ控訴ノ申立アリタルニ因リ當法院ハ朝鮮總督府檢事岩城義三郎干與更ニ審理ヲ遂ケ判決スルコト左ノ如シ

主文

被告尹徳炳金鴻爵ヲ各罰金三十圓ニ被告金南洙ヲ罰金六十圓ニ處ス

被告等ニ於テ右罰金ヲ完納スルコト能ハサルトキハ被告尹徳炳金鴻爵ヲ各十五日間被告金南洙ヲ三十日間夫々労役場ニ留置ス

押収物件中大正十二年領第一

朝鮮總督府裁判所

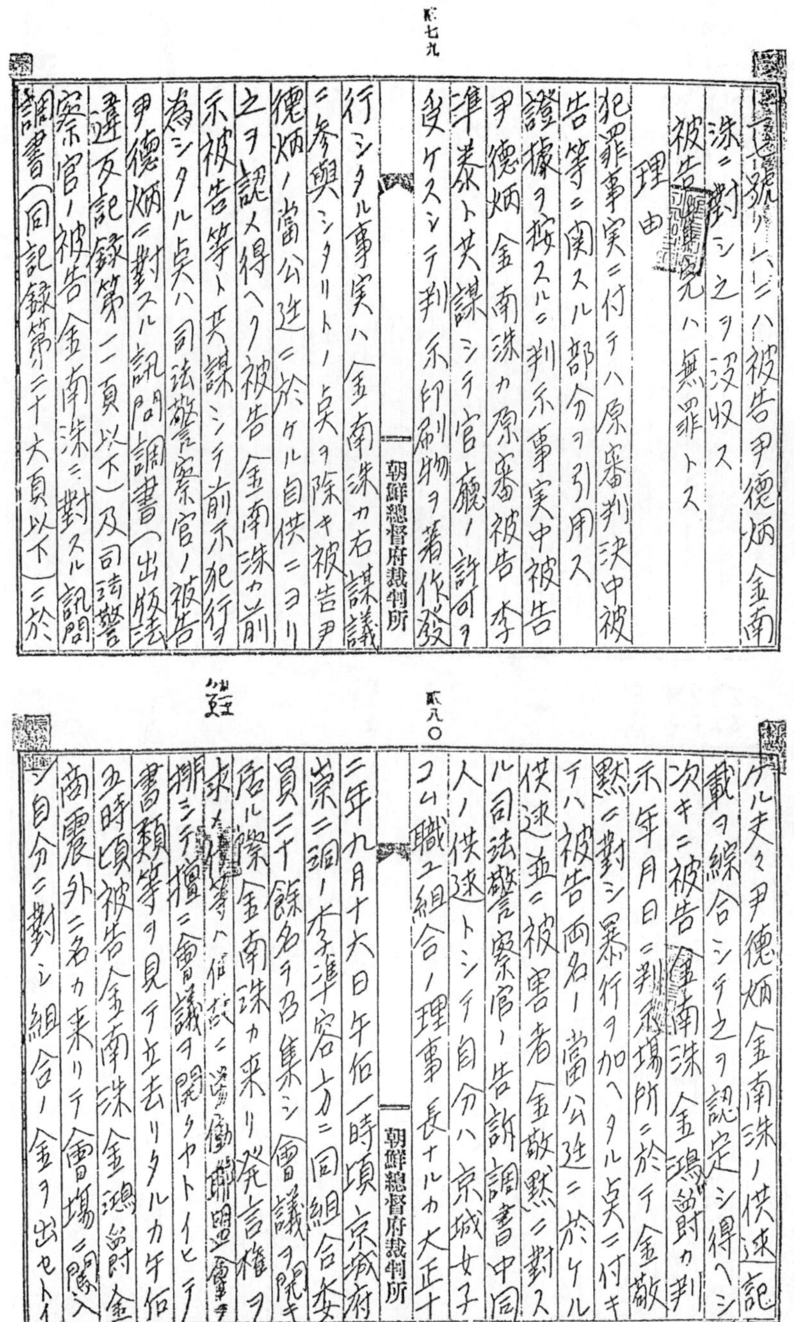

貳七九

七號ノ六、二八被告尹德炳金南洙ニ對シ之ヲ沒收ス

被告[印]先ハ無罪トス

理由

犯罪事實ニ付テハ原審判決中被告等ニ關スル部分ヲ引用ス

證據ヲ按スルニ判示事實中被告尹德炳金南洙カ原審被告李準泰ト共謀シテ官廳ノ許可ヲ受ケスシテ判示印刷物ヲ著作發行シタル事實ハ金南洙カ右謀議ニ參與シタリトノ点ヲ除キ被告尹德炳ノ當公廷ニ於ケル自供ニヨリ之ヲ認メ得ヘク被告金南洙カ前示被告等ト共謀シテ前示犯行為シタル点ハ司法警察官ノ被告尹德炳ニ對スル訊問調書（出版法違反記錄第一頁以下）及司法警察官ノ被告金南洙ニ對スル訊問調書（同記錄第二十六頁以下）ニ於

朝鮮總督府裁判所

貳八〇

ケル夫々尹德炳金南洙ノ供述記載ヲ綜合シテ之ヲ認定シ得ヘシ

次キニ被告金南洙金鴻爵カ判示年月日ニ判示場所ニ於テ金敬默ニ對シ暴行ヲ加ヘタル点ニ付キテハ被告両名ノ當公廷ニ於ケル供述並ニ被害者金敬默ニ對スル司法警察官ノ告訴調書中同人ノ供述トシテ自分ハ京城女子ゴム職工組合ノ理事長ナルカ大正十二年九月十六日午后一時頃京城府崇二洞ノ李準容方ニ同組合委員二十餘名ヲ召集シ會議ヲ開キ居ル際金南洙カ來リ發言權ヲ求メ夫等ハ低級ニ[illegible]勞働[illegible]ヲ排シテ擅ニ會議ヲ開クヤトイヒテ書類等ヲ見テ立去リタルカ午后五時頃被告金南洙金鴻爵金商震外二名カ來リテ會場ニ闖入シ自分ニ對シ組合ノ金ヲ出セトイ

朝鮮總督府裁判所

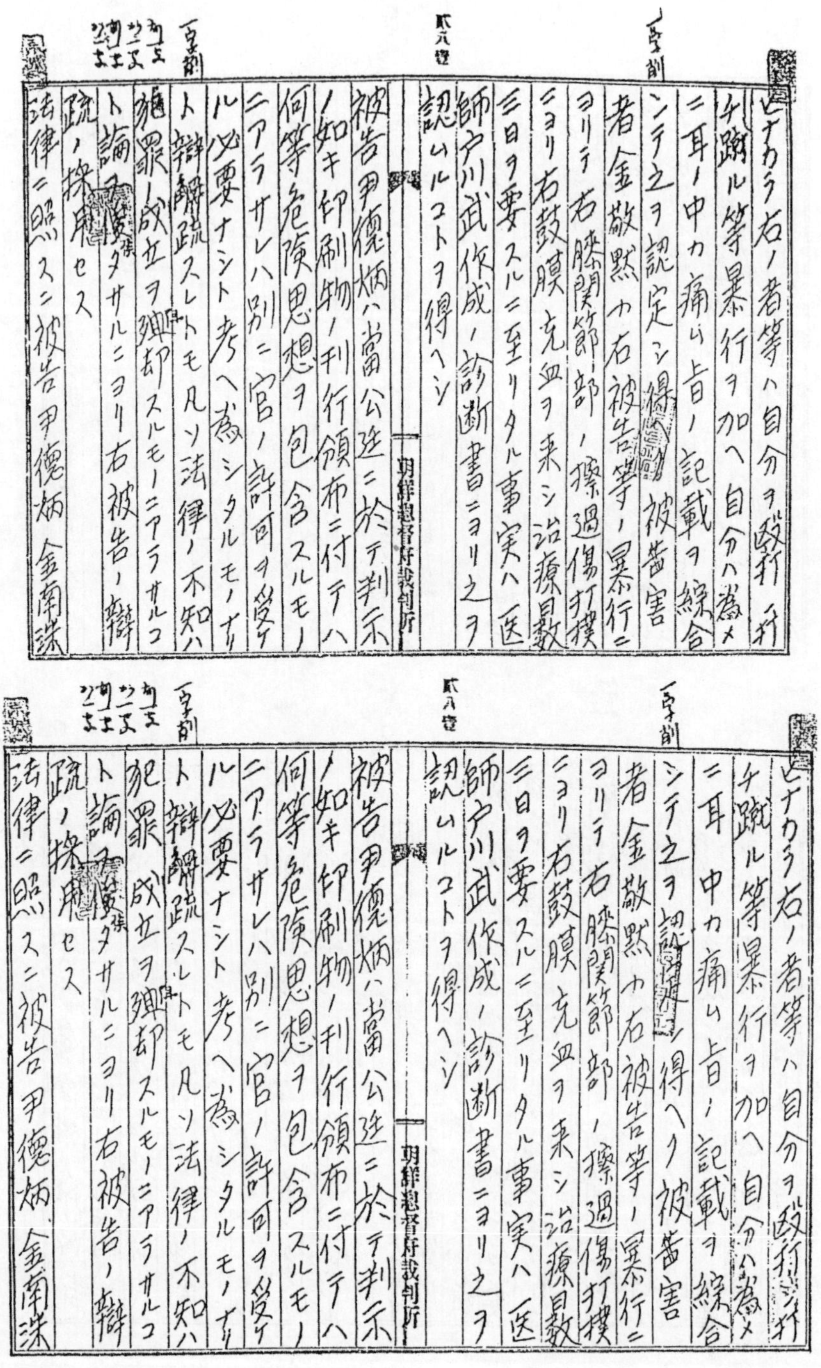

一字削

貳八壹

ヒナカラ右ノ者等ハ自分ヲ殴打シ
チ蹴ル等暴行ヲ加ヘ自分ハ為メ
ニ耳ノ中カ痛ム旨ノ記載ヲ綜合
シテ之ヲ認定シ得ヘク被害
者金敬默カ右被告等ノ暴行ニ
ヨリテ右膝関節部ノ擦過傷打撲
ニヨリ右鼓膜充血ヲ来シ治療数
三日ヲ要スルニ至リタル事実ハ医
師戸川武作成ノ診断書ニヨリ之ヲ
認ムルコトヲ得ヘシ

朝鮮總督府裁判所

被告尹徳炳ハ當公廷ニ於テ判示
ノ如キ印刷物ノ刊行頒布ニ付テハ
何等危険思想ヲ包含スルモノ
ニアラサレハ別ニ官ノ許可ヲ受ケ
ル必要ナシト考ヘ為シタルモノナ
ト辯解スレトモ凡ソ法律ノ不知ハ
犯罪ノ成立ヲ阻却スルモノニアラサルコ
ト論ヲ俟タサルニヨリ右被告ノ辯
疏ハ採用セス
法律ニ照スニ被告尹徳炳金南洙

一字削

一字削

貳八壹

ヒナカラ右ノ者等ハ自分ヲ殴打シ
チ蹴ル等暴行ヲ加ヘ自分ハ為メ
ニ耳ノ中カ痛ム旨ノ記載ヲ綜合
シテ之ヲ認定シ得ヘク被害
者金敬默カ右被告等ノ暴行ニ
ヨリテ右膝関節部ノ擦過傷打撲
ニヨリ右鼓膜充血ヲ来シ治療数
三日ヲ要スルニ至リタル事実ハ医
師戸川武作成ノ診断書ニヨリ之ヲ
認ムルコトヲ得ヘシ

朝鮮總督府裁判所

被告尹徳炳ハ當公廷ニ於テ判示
ノ如キ印刷物ノ刊行頒布ニ付テハ
何等危険思想ヲ包含スルモノ
ニアラサレハ別ニ官ノ許可ヲ受ケ
ル必要ナシト考ヘ為シタルモノナ
ト辯解スレトモ凡ソ法律ノ不知ハ
犯罪ノ成立ヲ阻却スルモノニアラサルコ
ト論ヲ俟タサルニヨリ右被告ノ辯
疏ハ採用セス
法律ニ照スニ被告尹徳炳金南洙

一字削

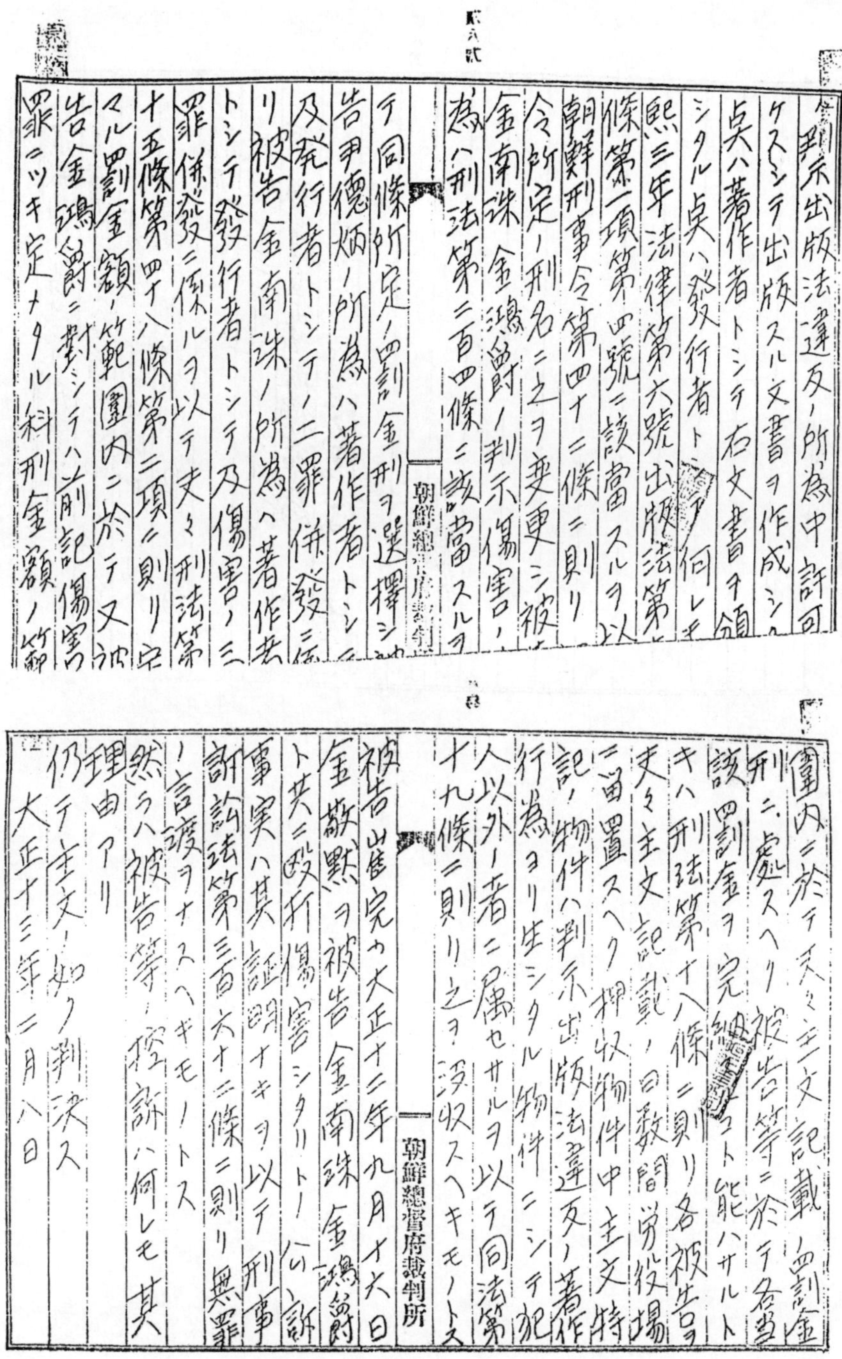

判示出版法違反ノ所為中許可ケスシテ出版スル文書ヲ作成シ点ハ著作者トシテ右文書ヲ頒シタル点ハ発行者トシテ何レモ熙三年法律第六號出版法第條第一項第四號ニ該當スルヲ以朝鮮刑事令第四十二條ニ則リ令所定ノ刑名ニ之ヲ変更シ被金南洙金鴻爵ノ判示傷害ノ為ハ刑法第二百四條ニ該當スルヲ

朝鮮總督府裁判所

テ同條所定ノ罰金刑ヲ選擇シ被告尹徳炳ノ所為ハ著作者トシテ及発行者トシテノ二罪併發ニ係リ被告金南洙ノ所為ハ著作者トシテ発行者トシテ及傷害ノ三罪併発ニ係ルヲ以テ夫々刑法第十五條第四十八條第二項ニ則リ定マル罰金額ノ範圍内ニ於テ又被告金鴻爵ニ對シテハ前記傷害罪ニツキ定メタル科刑金額ノ範

圍内ニ於テ夫々主文記載ノ罰金刑ニ處スヘク被告等ニ於テ各當該罰金ヲ完納スルコト能ハサルトキハ刑法第十八條ニ則リ各被告ヲ夫々主文記載ノ日数間労役場ニ留置スヘク押収物件中主文特記ノ物件ハ判示出版法違反ノ著作行為ヨリ生シタル物件ニシテ犯人以外ノ者ニ属セサルヲ以テ同法第十九條ニ則リ之ヲ没収スヘキモノトス

朝鮮總督府裁判所

被告崔完ヵ大正十二年九月十六日金敬默ヲ被告金南洙金鴻爵ト共ニ殴打傷害シタリトノ公訴事實ハ其証明ナキヲ以テ刑事訴訟法第三百六十二條ニ則リ無罪ノ言渡ヲナスヘキモノトス

然ラハ被告等ノ控訴ハ何レモ其理由アリ

仍テ主文ノ如ク判決ス

大正十三年二月八日

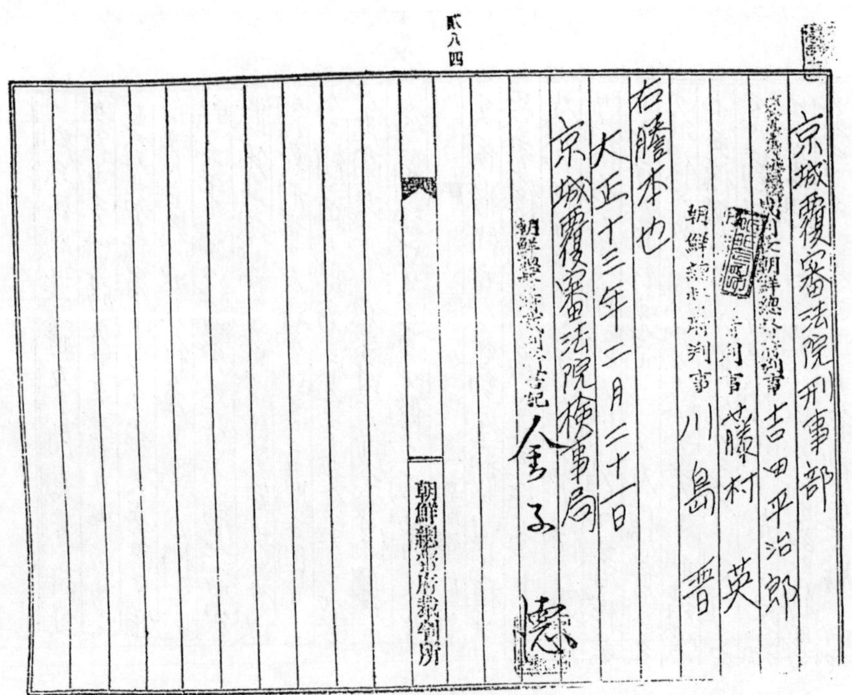

貳八四

京城覆審法院刑事部

裁判長朝鮮總督府判事 吉田平治郎

[illegible]判官 藤村英

朝鮮總督府判事 川島晉

右謄本也

大正十三年二月二十一日

京城覆審法院検事局

朝鮮總督府裁判所書記 金子

朝鮮總督府裁判所

자료 5 조선노농총동맹집행위원 개선에 관한 건 (京鍾警高秘 제12349호의 2, 대정 14년 11월 2일)

京鍾警高秘 제12349호의 2

대정 14년 11월 2일

경성종로경찰서장

경성지방법원 검사정 殿

조선노농총동맹집행위원 개선에 관한 건

표제단체의 중앙집행위원 개선 투표에 관해서는 미리 細胞단체에 용지를 배부해 청구 중인 바, 마감기일을 경과했기 때문에 지난달 31일 오전 11시부터 이 달 1일 오후 1시까지 양일에 걸쳐 개표위원 徐廷禧・尹德柄・權五高 3명이 입회하여 개표 결과 연인원수 3,473명 피투표 인원 226명으로서 최고 득표 89標點, 이하 29점으로서 당선자로 결정되었다. 그 인명은 다음의 기록과 같음을 보고합니다.

추가로 오는 11월 18일 新집행위원 간담회를 개최하려고 통문 및 세포단체에게 경과통보문을 기안 중입니다.

左 記

新중앙집행위원회

번호	이름	연령	직업	가담 단체명
1	徐廷禧	49	無職	光州勞働聯盟, 北風會執行委員, 光州小作人會執行委員
2	馬 鳴	28	無職	泰仁勞農會, 北風會員
3	權五卨	28	無職	豊山小作人會, 火曜會, 新興青年同盟, 漢陽青年聯盟
4	尹德炳	38	無職	勞友會, 無産者同盟, 火曜會
5	鄭雲海	37	無職	大邱勞働共濟會, 北風會, 大邱農村雜誌社
6	申東浩	30	農	光州勞働共濟會
7	金基洙	-	農	順天農民聯合會
8	金富坤	26	農	泰仁勞農會執行委員, 北風會
9	鄭仁漢	38	農	灵光勞農聯合會 執行委員長
10	朴禎淳	-	農	灵光勞農聯合會 執行委員長
11	李昌洙	34	農	順天農民聯合會 執行委員
12	金裕昌	30	寫眞師	平壤勞働聯合會 執行委員
13	金完根	-	-	光陽勞農會
14	辛命俊	-	-	光陽勞農會
15	李益兼	40	農	井邑勞働共濟會 執行委員
16	姜達永	38	?	晉州勞働共濟會
17	金大鳳	27	?	沕淄勞働會
*18	車今奉	25	?	京城新聞配達組合
19	權泰容	42	農	三鎭勞働共濟會
20	金明奎	33	農	馬山勞農同友會
21	趙佑濟	42	동아지국장	晉州勞働共濟會
22	李承燁	24	인천일보 지국이사	仁川勞働總同盟會 執行委員
23	安基成	28	〃	仁川勞働總同盟會 執行委員
24	李殷植	32	洋襪職工	京城洋襪職工組合, 新興青年同盟, 京城勞働聯盟
25	曹景敍	29	?	稜州勞農會 執行委員
26	裵德秀	29	無職	金海勞農研究會, 北風會
27	李相薰	31	?	大邱勞働共濟會

번호	이름	연령	직업	가담 단체명
28	崔允鈺	33	?	平壤勞働聯盟
29	陳秉基	32	農	無產者聯盟
30	申鏞俊	-	農	才寧勞働會 執行委員, 北風會
*31	蔡奎恒	29	記者	洪原勞働組合執行委員, 서울青年會
32	劉斗熙	24	-	仁川勞働總同盟
33	朴秉源	25	無職	京城印刷職工組合, 京城勞動聯盟, 京城青年會
34	徐丙冀	40	農	全南宝城筏橋勞動會
35	金有聲	-	農	光州勞働共濟會
36	朴楠權	-	-	慶南陜川勞働會
37	李準泰	33	農	豊山小作人會 執行委員, 無產者同盟, 火曜會
38	金泰植	34	洋靴職工	京城양화職工組合, 京城勞働聯盟
39	金智浩	38	給水夫	京城給水夫組合, 勞働黨
40	吳學允	-	?	□山勞農同友會 執行委員
41	李忠模	31	無職	京城勞友會, 勞働黨
42	朴福永	-	農	岩泰小作人會, 서울青年會
43	金淇完	-	農	河東勞農聯合會
44	印東哲	34	?	金海勞農聯合會 執行委員
45	鄭泰重	-	-	求禮農民相助會 執行委員
46	殷在基	34	?	京城勞友會 執行委員
47	李圭庚	24	農	蔚山勞農會
48	鄭亨澤	-	-	忠南唐津小作人組合, 서울青年會
*49	車周相	-	-	群山勞働會
*50	李起洪	-	-	麗水小作人會

비고 : 글위에 丸印(*)은 서울파로서 총원 4명이지만 이들은 서울파 중 세력이 미약한 자이다.

京鍾警高秘第一二三四九號ノ二

大正十四年十一月二日 京城鍾路警察署長

京城地方法院検事正殿

朝鮮労農総同盟執行委員改選ノ件

首題団体ノ中央執行委員改選投票開票ハ予テ[illegible]細胞団体ニ用紙配附シ請求中ノ処締切期日ヲ経過シタル為メ客月三十一日午前十一時ヨリ本月一日午后一時迄ノ両日ニ渉リ開票委員徐廷禧、尹徳炳、権五卨立会ノ上開票ノ結果延人員数三、四七三名被投票人員二二六名ニシテ最高得票八九票以下二九票マテヲ当選者ト決定シタルカ其人名左記ノ通ニ有之及報告候也

而シテ来ル十一月十八日新執行委員懇談会ヲ催スヘク之カ通文及細胞団体ニ経過通報文起案中ナリ

左記

新中央執行委員

順序	氏名	得票	職業
1	徐廷禧	四九	無職
2	馬鳴	二八	〃
3	権五卨	二八	無職
4	尹徳炳	二八	〃
4	鄭雲海	二七	〃
6	申秉浩	三〇	農
7	金基珠		〃
8	金富伸	二六	〃
9	鄭仁瑛	三八	〃
10	朴禎淳	[illegible]	〃
11	李昌珠	[illegible]	〃
12	金裕昌	三〇	[illegible]
13	金完根		
14	辛命俊	四〇	農
15	李益兼	三八	[illegible]
16	姜達永	二七	〃
17	金大鳳	二七	[illegible]
18	車今奉	二五	[illegible]
19	権泰容	四二	農
20	金明奎	三五	〃
21	趙佑済	四二	[illegible]
22	李承燁	二四	[illegible]
23	安基成	二八	〃
24	李殷植	三二	職工

○

番號	氏名	年齢	職業	所属團體
25	曹景叙	二九	新聞記者	晋州労農会執行委員
26	裵徳秀	二九	無職	全南労農聯合会、北風会
27	李相薫	三一	教員	大邱労働共済会
28	崔允鈺	三三	新聞記者	平壌労働聯盟
29	陳秉基	三二	農	ク 無産者同盟 火曜会
30	申明俊		ク	京城労働会執行委員、北風会
31	蔡奎恒	二九	記者	京東労働親睦会執行委員、村是青年会
32	劉斗煕	二四		仁川労働総同盟
33	朴来源	二五	無職	京城印刷職工組合、京城労働聯盟、京城青年会
34	徐丙寅	四〇	農	全南宝城筏橋労働会
35	金有声		ク	光州労働共済会
36	朴柳権			慶南陝川労働会
37	李準泰	三三	農	黄山小作人会執行委員、無産者同盟 火曜会
38	金恭植	三四	洋靴職工	京城洋靴職工組合 京城労働聯盟
39	金智浩	三八	給水夫	京城給水夫組合、労働党
40	呉学允		写真業	迎日労農自友会執行委員
41	李忠模	三一	無職	京城労友会 労働党
42	朴福永		農	東萊小作人会 村是青年会
43	金琪冕		ク	行東労農聯合会
44	印東哲	三四	新聞記者	全南労農聯合会執行委員
45	鄭泰重			木浦農民相助会執行委員
46	殷在基	三四	鉄工	京城労友会執行委員

○○

番號	氏名	年齢	職業	所属團體
47	李圭庚	二四	農	蔚山労農合成会
48	鄭亨澤			[illegible]小作人組合
49	陳周相			村是青年会 群山労働会
50	李起洪			麗水小作人会

備考 顕書ニ丸印アルハ火曜派ニシテ総員四名ナルカ之等ハ火曜派中勢力微弱ナルモノノミ

자료 6 조선노농총동맹 통문의 건

(京鍾警高秘 제13071호의 1, 대정 14년 11월 18일)

京鍾警高秘 제13071호의 1

대정 14년 11월 18일

경성종로경찰서장

경성지방법원 검사정 殿

조선노농총동맹 통문의 건

府內 堅志洞 88번지 소재, 표제단체에서는 過般집행인 중앙집행위원 개선과 아울러 금년 3월 이후 반대파인 林宗恒 일파와의 사이에 있었던 사건의 전말 등은 그 때마다 謄寫版刷해서 각 세포단체 및 관계자에게 배포해 왔다. 이번에 일괄해서 別紙와 같이 통문 두 장을 각 1,000부씩 인쇄해 금번 出京하는 중앙집행위원 및 지방 세포단체에 발송하려고 현재 준비 중이다. 그 배포의 동기를 內査하니 위원개선에 대해 李丙儀 · 鄭鶴源 등의 서울파에 속한 舊幹部들이 크게 반대운동을 일으켜 조선노농총동맹 분과정리회의 발기회를 개최해, 북풍회 一派의 전횡의 조치에 대해 해후책을 강구한다고 한다. 권오설 일파에서도 이에 대항해 상대편의 부정행위를 지적하고 自派의 옹호운동에 힘쓰고 있다고 한다. 9월 중순 중에 성명서를 발표해 서울파의 운동을 억압할 계획을 세웠으나, 서울파의 운동은 비교적 미약해서 여기에 대항할 필요가 없음으로 약 1개월 동안 잠시 인쇄를 중지해 두었던 바, 지난달 15일 조선일보의 解禁에 따라 화요회계와 북풍회계의 主義者 사이에 의견의 충돌이 있어 내분이 상당 확대되었다는 것을 察知한 서울파에서는 이를 좋은 기회로 여기고, 북풍회와 손잡고 회요회의 소멸을 기대하기 위해 종종 활동을 시도하였다. 이에 권오설 등은 북풍회 對 서울청년회 일파의 제휴를 저지하기 위해 일시 중지하고 있던 別紙

인쇄물을 배포해 양파의 관계를 舊來와 같이 하려는데 있는 것으로 여겨집니다. 이상 보고드립니다.

보고처 局, 部, 檢事正

별 지

조선노농총동맹 각 가맹단체 귀중

중앙집행위원개선의 경과 및 개표 결과 [별지 원자료 참조]

京鍾警高秘第一三〇七一號ノ一
大正十四年十一月十八日　京城鍾路警察署長

京城地方法院検事正殿

朝鮮労農総同盟通文ノ件

府内堅志洞八八所在首題同盟ニ於テハ過
般執行シタル中央執行委員改選ニ於テ本年
二月以降ニ於ケル反対派タル朴宋恒一派トノ
間ニ在リタル事件ハ類不等ハ其都度謄
写版刷トシ各細胞団体ニ干係者ニ配
布シ来リタルモノヲ今回一括シテ別紙ノ如
キ通文二葉ヲ各一千部完印刷シ今回出
京セル中央執行委員及地方細胞団体
ニ発送スベク目下準備中ナルガ之カ配布
ノ動機ナリ述スルニ
委員改選ニ付キ李丙儀鄭鶴源等ノ
小党派ニ属スル旧幹部等カ大ニ反対運
動ヲ起シ朝鮮労農総同盟移轉整理會
議発起會ヲ開催シ北風會一派ノ専横
ナル措置ニ対シ善後策ヲ講セムトシタル
処権五卨一派ニ於テモ之ニ対抗シ相手
方ノ不正行動ヲ指摘シ自派ノ擁護運動

ニ努メムトシ九月中旬聲明書ヲ発表シ小党
派ノ運動ヲ抑圧計画ヲ為シタルモ一方小党
派ノ運動比較的微弱ニシテ是ニ対抗ノ要無
キモノトシテ約一ケ月余ノ間是カ印刷ヲ
中止シ置キタル処客月十五日朝鮮日
報ノ解禁ニ伴ヒ火曜會系並ニ北風
會系ノ左翼者間ニ意見ノ衝突アリ内
訌相當横大ヤムトシタルヲ察知シタル小
党派ニ於テハ好季ヲ逸スベカラストシ従来
犬猿モ只ナラサル北風會ト握手シ火
曜會ノ壊滅ヲ期スベク種々活動ヲ試
ミタルヲ以テ火曜會ノ権五卨等ニ於テハ
北風會対小党青年會ノ一派ノ握手ヲ
阻止スベク一時中止シ居タル別紙印刷
物ヲ配布シ両派ノ間柄ヲ旧来ノ如ク
ヤントスルニ在ルモノヽ如ク認メラル
右及報告候也

報告先　局、部、検事正

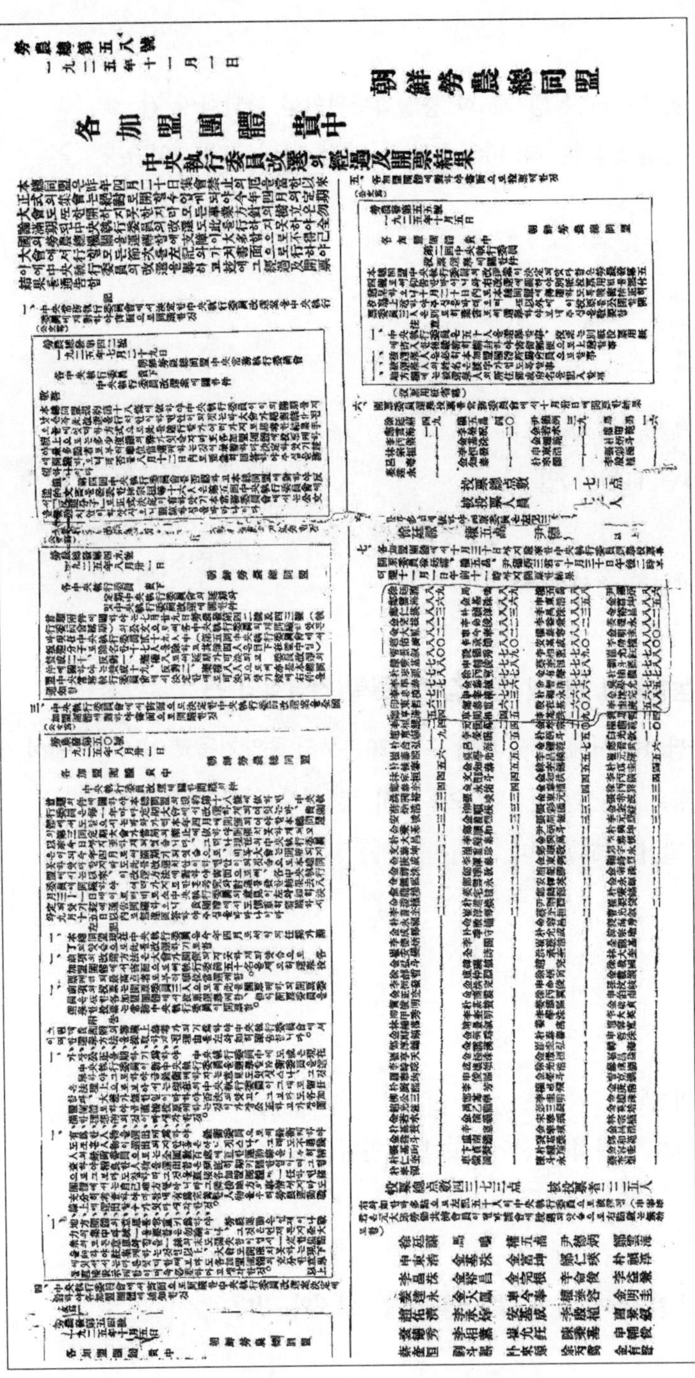

勞農總第五八號
一九二五年十一月一日

朝鮮勞農總同盟

各加盟團體 貴中

中央執行委員改選의 經過及開票結果

자료 7 조선노농총동맹 제6회 중앙집행위원회 간담회의 건
(京鍾警高秘 제13066호의 3, 대정 14년 11월 20일)

【1】

京鍾警高秘 제13066호의 3

대정 14년 11월 20일

경성종로경찰서장

경성지방법원 검사정 殿

조선노농총동맹 제6회 중앙집행위원회 간담회의 건

표제 간담회는 어제 19일 오전 11시 20분부터 중앙기독교 청년회관에서 개최되었다. 그 상황은 左記와 같으며 오후 6시 별 이상 없이 폐회했습니다.

다음과 같이 보고합니다.

左 記

一. 개회선언

서정희가 개회를 선언하고 방청인의 정리를 한다.

一. 点 名

点名의 결과 25명, 출석인명부는 별지와 같다.

一. 집행부선거

印東哲 의장에 의해 선거위원 安基成・李忠摸・李昌洙 3명으로서 선거발표의 결과 徐廷禧・鄭雲海・權五卨・姜達永・李準泰 5명이 선출되고 의장에 서정희, 서기에 강달영・권오설, 査察에 정운해와 이준태가 당선되었다.

【2】

一. 前회록 낭독

권오설이 제5회 중앙집행위원간담회 회록을 낭독, 이상없이 통과하다.

一. 경과보고

권오설이 별지 첨부의 경과보고를 낭독, 이상 없이 통과하다.

1. 각 부 보고는 前項 보고에 포함한다.
2. 지방상황보고

군산노동공제회 대표 車周相이 군산에는 趙容寬 파와 우리공제회와의 사이에 쟁의가 계속되고 있어 기회 있을 때마다 조용관이 우리 회를 침해한다는 사실을 상세히 보고한다. 안동군풍산소작회 대표 이준태가 안동군에 있는 도산서원 有司 李元珏 외 1명이 同院 소유지 소작인 趙喆洙라는 자에게 소작료 不納을 이유로 태형을 감행한 사실이 있었는데, 이것은 양반 對 상민, 지주 對 소작인 兩方에게 중대한 문제라는 내용을 보고한다.

서정희가 都草島에서의 쟁의의 상황을 간단하게 보고한다.

김해군 인동철이 금년도 김해에서의 수해상황을 보고한다.

구례군 鄭泰重이 구례는 교통이 불편하기 때문에 뜻대로 운동은 진척되지

【3】

않지만 이미 노동운동자 柳聖煥 對 지주의 쟁의가 일어나고 있음을 보고한다.

인천 李承燁이 인천노동총맹은 舊간부의 부정행위로 인해, 회의 기본금 3,000円 모두를 소비했기 때문에 회의 상황은 비참하다는 내용을 보고한다.

함흥의 蔡圭恒이 咸南의 대회는 정지되었기 때문에 준비위원회를 진행중이지만 朴泰善 일파의 반대자가 있기 때문에 지장이 있다는 내용을 보고한다.

一. 오후 1시 35분 휴회

一. 오후 2시 30분 속행, 点名의 결과 출석자는 오전과 같으므로 계속 지방상황 보고에 들어갔다.

평양 陳秉基가 평양에서의 동맹파업상황을 보고한다.

전남 金有聲 나주군 羅州·羅新 兩面에서의 소작인 對지주의 쟁의사건을 보고한다.

용산철공조합 殷在基가 自會의 발전상황을 보고한다.

경성노동연맹 朴來源이 同연맹은 집합시간의 문제로 경찰당국으로부터 정지 당해 이미 解禁운동 중인 내용을 보고하고 회계보고로서 권오설이 수입 지출 모두 366円 90錢인 것을 보고한다.

【4】

一. 상무집행위원선거에 관한 건

인동철의 제의에 의해 투표의 형식으로 상무집행위원 선거의 결과 高点의 순서에 따라 다음 9명이 당선됨

1. 권오설 22점　2. 서정희 31점
3. 윤덕병 20점　4. 마 명 27점

5. 진병기 25점　6. 이준태 24점
7. 이충모 24점　8. 박래원 23점
9. 김유성 22점

一. 토의사항

인동철의 提議 案으로서
노동총동맹과 농민총동맹 분립에 관한 건

1. 조선노농총동맹의 가맹단체 중에서 농민단체는 별도로 조선농민총동맹을 조직하고, 노동단체는 또 조선노동총동맹을 조직할 것
2. 농민·노동 兩총동맹이 완성되면 조선노농총동맹은 해체하고 농민·노동 兩 동맹 연합위원회를 조직할 것
3. 중앙집행위원회 간담회에서 이상의 두 항목이 결의되면 가맹단체의 가결을 구함
4. 가맹단체의 가결을 구하는 방법은 서면대회의 방법을 취할 것

【5】

5. 가맹단체의 가결을 얻을 때까지 일체의 사무를 상무집행위원에게 일임한다.

이상 5개 항목을 제출하고 수차 토의의 결과 원안대로 채용한다.

一. 축전

전남 筏橋로부터의 축전 2통을 낭독한다.
서정희가 농촌·도시를 불문하고 노동자의 생산조합 및 소비조합을 설치하는데 노력해야 한다는 의견을 진술해 이를 채용했다.

一. 가맹단체에 대해

충남 瑞山勞働共濟會・平康 遠北面勞働會・黃州勞農會의 3개 단체로부터의 가맹원서를 소개한다.

정운해의 提議 案으로서 안동군 도산서원에서의 태형사건은 봉건시대의 폐습을 오늘날의 문화정치 하에서 감행한 것으로서 우리들은 同서원에 경고문을 발송하고, 시정되지 않을 경우에는 同서원 철폐운동을 일으키자고 주장해 채용하게 됨

서정희가 군산에서와 같은 쟁의문제는 우리 동맹으로서는 최선의 노력으로서 조사 해결해야한다는 의견을 진술해, 본 건은 상무위원회에 일임하기로 함

一. 예산안에 관한 건

【6】

권오설이 예산안은 새삼스럽게 제정 할 필요가 없다고 생각하며, 다만 세포단체의 부담금 미납금이 1,750여 円이기 때문에 이것을 틀림없이 出金해야 한다고 진술함

지출로서는 新 상무집행위원의 임기를 내년 3월말까지로 한다면 그간의 分으로서

상무위원의 식대 一人 매월	20円
여비 매월	200円
통신비 매월	50円
인쇄비	160円
비품대	150円

잡 비 60円

이상과 같이 제안하고 만약 부족할 경우는 각 단체에서 금년도 부담금으로 每 단체로부터 1円 50錢을 징수하자고 진술해 가결 됨

一. 기타

서정희가 今後의 세포단체에서의 쟁의는 그 단체가 본 총동맹에 보고하고, 또 동맹에서는 각 세포단체에 통지하자고 진술해 채용 됨

정운해가 우리 총동맹의 解禁운동은 新幹部들도 최선의 노력을 하자고 진술함

【7】

오후 6시 폐회 후 서정희의 발의에 의해 일인당 회비 1円씩을 지출해, 食道園에서 친목회를 개최하기로 하고 함께 食道園으로 향했다.

以 上

추가로 별지 경과보고는 경무국으로

【별지】

一. 点名

출석자

서정희 권오설 윤덕병 정운해 신동호 김기수 김부곤 이창수 김완근 신명준

이익겸 강달영 차금봉 조우제 이승엽 안기성 이은식 조경서 배덕수 이상훈 진병기 채규항 박래원 유두희 서병기 김유성 이준태 오학윤 이충모 인동철 정태중 은재기 이규경 차주상 최윤현

외 유고결석 2명, 무고결석 13명

京鍾警高秘第一三六六號ノ三
大正十四年十一月十九日
京城鍾路警察署長
京城地方法院検事正殿
朝鮮労農総同盟第六回中央執行委員會
懇談會ノ件
首題懇談會ハ昨十八日午前十一時二十分ヨリ中央基督
教青年會館ニ於テ開催シタルカ其状況左記ノ通ニシ
テ午後六時別ニ異状ナク閉會セリ
右及報告候也

左記

一、司會 孫廷龍ナリ司會ハ直ニ傍聴人ノ整理
ヲ為ス
一、委員名 委員ノ総数十五名出席ハ人名別紙ノ通リ
一、執行部選挙
ハ前委員ノ辞職ニ依リ選挙委員安基成、李忠模
ハ十四名ハ欠ナレテ五名ヲ選挙参加表ノ結果孫廷
龍、鄭雲海、権五卨、安達永、李準泰五名
当選ニ議長ニ孫廷龍書記ニ安達永、権五卨査
察ニ鄭雲海、李準泰トナル
一、前回會録朗読
権五卨ヨリ前第五回中央執行委員會懇談會

會録ヲ朗読異議ナク通過ス
一、経過報告
権五卨ヨリ別紙添付ノ経過報告書ヲ朗読異議
ナク通過ス
1、各部報告ハ前項報告ニ包含ス
2、地方状況報告
群山労働共済會代表車周相ヨリ現ニ群山ニハ
趙容寛派ト我共済會トノ間ニ争議ガ継續シ
居リ機會アル毎ニ趙容寛ハ我會ヲ侵害セ
ル事実ヲ詳細報告
安東郡豊山小作人會代表李準泰ヨリ安東
郡ニ在ル陶山書院有司李元珏外一名カ今
院所有地小作人趙喆珠ナル者ニ対シ小作料
不納ノ理由ヲ以テ告訴ヲ敢行シタル事実アリ
是ハ両班対常民並ニ地主対小作人ノ両方面
ヨリ見テ重大ナル問題ナル旨ヲ報告ス
孫廷龍ヨリ郡草島ニ於ケル争議ノ状況ヲ
簡単ニ報告ス
金海郡邱東煥ヨリ本年度ノ金海ニ於ケル水
害状況ヲ報告ス
永礼郡鄭泰重ヨリ永礼ハ交通不便ナル故意
ノ如ク運動ハ進捗セサルモ現ニ労農運動者

一 柳瑩煥対地主ノ争議ヲ起シテ居ルコトヲ報告

仁川李秉烽ヨリ仁川労働総同盟ハ旧幹部ノ不正行為ニ依リ會ノ基本金三十余円ヲ消費シタル為メ會ノ現状ハ悲惨ナル旨ヲ報告ス

咸興蔡圭恒ヨリ咸南ノ大會ハ禁止セラレタル為メ準備委員會トシテ進行中ナルモ朴秉善一派ノ反対者アル為メ支障アル旨ヲ報告ス

午后一時三十五分休會

午后二時三十分續行点名ノ結果出席者ハ午前ノ通リニシテ継續地方状況報告ニ入レリ

平壌陳宋基ヨリ平壌ニ於ケル同盟罷業状況ヲ報告ス

全南金有聲ヨリ羅州郡羅州、羅新面ニ於ケル作人対地主ノ争議事件ヲ報告ス

竜山鉄工組合殷在基ヨリ同會ノ発展状況ヲ報告ス

京城労働聯盟朴来源ヨリ今聯盟ハ集會時間ノ問題デ警察当局ヨリ禁止サレタノデ現ニ解禁運動中ナル旨ヲ報告ス會計報告トシテ權五高ヨリ

収入支出共ニ三百七十六円九十銭也ナルコトヲ報告ス

一、常務執行委員選挙ニ関スル件

印東哲ノ提議ニ依リ投票ノ形式ヲ以テ常務執行委員候補者ノ結果高点順ニ依リ左ノ九名ヲ選ス

1. 權五高 二十二点　2. 徐廷禧 三十一点
3. 尹徳炳 三十点　4. 馬鳴 二十七点
5. 陳宋基 二十五点　6. 李準泰 二十四点
7. 李英[illegible] 二十四点　8. 朴来源 二十三点
9. 金有聲 二十一点

討議事項

印東哲ヨリ提議案トシテ

労働総同盟ト農民総同盟分立ニ関スル件

1. 朝鮮労農総同盟ノ加盟団体中ニ農民団体ハ別ニ朝鮮農民総同盟ヲ組織シ労働団体ハ又朝鮮労働総同盟ヲ組織スル事
2. 農民労働両総同盟ガ完成スルトキハ朝鮮労農総同盟ハ解体シ農民労働両総同盟聯合委員會ヲ組織スル事
3. 中央執行委員會懇談會ニ於テ右両項ガ決議トナルトキハ加盟団体ノ可決ヲ要ス
4. 加盟団体ノ可決ヲ要スル方法ハ書面大會ノ方法ヲ取ル事

ハ加盟団体ノ可決ヲ得ル迄ノ一切ノ事務ハ常務執行委員ニ一任ス

以上五項ノ提出シ種々討議ノ結果原案通リ採用ス

一、祝電 全南筏橋ヨリノ祝電二通ヲ朗讀ス

一、徐廷禧ヨリ農村都市ヲ問ハズ労働者ハ生産組合若ハ消費組合ヲ設置スルコトニ努力スベシトノ意見ヲ述ベヘタルカ之ヲ採用ス

一、加盟団体トシテ
忠南瑞山労働共済會、平康遠北面労働會黄州労農會ノ三団体ヨリノ加盟願書ヲ紹介ス

一、鄭雲海ヨリ提議案トシテ安東郡陶山書院ニ於ケル笞刑事件ノ封建時代ノ弊習ヲ今日ノ文化政治下ニ於テ敢行スルモノナレハ我々ハ全書院ニ對シ警告文ヲ送リ膺懲セサルトキハ全書院撤廢運動ヲ起スベシト主張シ採納トナル

一、徐廷禧ヨリ群山ニ於ケル如キ争議問題ハ我同盟トシテハ最善ノ努力ヲシテ調査解決スベシト意見ヲ述ベ本件ハ常務委員ニ一任スルコトトナル

一、予算案ニ関スル件

權五卨ヨリ予算案ハ今更ニ制定スル必要ガナイト思フ只細胞団体ノ負担金未納分トシテ千七百五十余円アルカラ之レヲ相違ナク出金スベシト述ベ支出トシテハ新ニ常務執行委員ノ任期ハ来年三月末迄ナレバ其間ノ分トシテ

常務委員ノ食代 一人毎月 二十円
旅費毎月 二百円
通信費毎月 五十円
印刷費 百六十円
備品代 百五十円
雜費 六十円

以上ノ通リ提案シ若シ不足ノ場合ハ各団体ヨリ左年度ノ負担金トシテ毎団体ヨリ一円五十銭ツゝ徴収スベシト述ベ可決トナル

一、其他
徐廷禧ヨリ今后ノ細胞団体ニ於ケル争議ハ其団体ヨリ本總同盟ニ報告セシメ更ニ同盟ヨリハ各細胞団体ニ通知スベシト述ベ採納トナル
鄭雲海ヨリ我總同盟ノ解禁運動ハ新幹部ニ於テモ最善ノ努力ヲ為スベシト述ベ

午后六時閉會、後徐廷禧ノ發意ニ依リ一人
會費ニ円宛ヲ支出シテ食道園ニ於テ親睦
會ヲ開クコトトシ一同食道園ニ向ヘリ

以上

追テ別紙經過報告ハ要務ニ有之

一、員名

出席者

徐廷禧 權五卨 尹德炳 鄭雲海
申東浩 金基洙 金富坤 李昌洙
金完根 辛命俊 李益兼 姜達永
車今奉 趙佑濟 李承燁 安基成
李殷植 曹景敍 裵德秀 李相薰
陳秉基 蔡奎恒 朴來源 劉斗熙
徐丙贊 金有聲 李準泰 吳學允
李忠模 印東哲 鄭泰重 殷在基
李圭庚 車周相 崔允鉉

外有故欠席二名
無故欠席十三名

자료 8 조선노농총동맹 제6회 중앙집행위원 간담회에 관한 건
(京高秘 제5632호, 대정 14년 11월 25일)

【1】

대정 14년 11월 25일 京高秘 제5632호 경기도

조선노농총동맹 제6회 중앙집행위원 간담회에 관한 건
(11월 6일 京高秘 제4827호의 1 참조)

조선노농총동맹에 있어서는 이미 보고한 바와 같이, 이미 임기가 만료된 중앙집행위원의 개선을 마침으로서 新집행위원에게 제6회 중앙집행위원간담회를 개최하기 위해 각각 통지를 보내 위원의 出京을 재촉했다. 예정대로 10월 18일 개최하기로 했으나 준비가 갖추어지지 않아 다음날인 19일로 연기해, 同日 오전 11시 20분부터 경성종로 중앙기독청년회관에서 개최했다. 출석자는 別紙 명부와 같이 35명이며 徐廷禧가 개회를 선언한 후 방청자를 정리・퇴장시키고, 재차 役員선거에 들어갔다. 서정희를 의장으로, 姜達永・權五卨을 서기로, 鄭雲海・李準泰를 査察로 선정하고, 계속해서 보고에 들어갔다. 권오설이 前회록(제5회 중앙집행위원 간담회록) 및 경과보고서(別紙 첨부)를 낭독, 모두 異議없이 통과했다. 다음으로 오전 오후에 걸쳐 출석위원으로부터 각 지방의 상황에 관해 각각 보고가 있었으며, 이어 회계보고로서 권오설이 수입・지출이 모두 금 366원 90전이라는 내용을 보고했다. 마지막으로 상무집행위원의 선거 및 토의사항으로 들어갔다. 상황은 左記와 같이 서면대회의 방법에 의해 본총동

【2】

맹을 노동총동맹 및 농민총동맹으로 분리시켜 陳容을 새롭게 해서 국면타개를 강구하자는 것 이외 예산안 · 개인제안 · 新가맹단체 등에 관해 각각 토의 결정하였다. 오후 6시 무사히 종료, 폐회 후 서정희의 발의에 따라 일인당 회비 1원으로 京城 南大門通 1丁目 食道園에서 친목회를 개최하고 회산했다.

앞서 서울파에 있어서는 노농총동맹측의 중앙집행위원회에 대항할 경성청년운동자대회 개최 계획을 발표하기에 이르렀다. 내정을 탐지하니 원래 노농총동맹에서는 서울파의 세력이 미약한 것에 반해서 북풍 · 화요계의 세력이 우세했기 때문에 서울파의 반대주장은 거의 일축당했다. 항상 북풍 · 화요계가 專行하는 상태였기 때문에 이번의 집행위원선거에 있어서도 조금이라도 그들이 頹勢를 만회해보려고 적극적으로 견제운동에 나섰으나 결국 50명 중 겨우 자파위원 4명만이 당선되었기 때문에 이번의 집행위원간담회에서도 서울파의 주장은 一顧의 여지가 없이, 각자 일정한 형식을 밟아서 그들의 주장대로 실현시켰다. 서울파에게는 그들의 발언에 개입할 여지가 주어지지 않았기 때문에 역시 어쩔 수가 없었다. 또 서울파는 올 여름 북풍계가 수재구제사업에 몰두하고 있는 틈을 타 재빨리 경기도청년회 연합대회 개최계획을 발표함으로서, 청년운동의 기수를 잡았지만 경비 및 기타관계상

【3】

거의 진전을 보지못했다. 겨우 진전되어가고 있는 상황에서 여기에 노농총동맹에서 새롭게 진용을 정비해, 서울중앙집행위원회를 개최하니 서울파는 도저히 수수방관할 수 밖에 없었다. 이 때문에 기습적으로 서울청년회 車勳貞으로 하여금 경성청년운동자대회의 조직을 계획시켜, 갑자기 11월 19일자 東亞日報 지면에 발표하게 했다.

그 목적은 오로지 조선운동전선의 정리라고 주장하고, 청년운동·일반사회운동·일반사회현상 등에 관해 다수의 항목을 나열하고 있다. 그러나 현 상황에서 이를 고찰하면, 사실상 이와같은 대회가 조직될지 어떨지는 의심스러운 바로서, 거의 근거있는 구체적 계획은 없다. 요구하는 바와 같이 노농총동맹 중앙집행위원 간담회에 대항할 허세를 드러낸 것에 불과하며, 시위적 신문선전에 지나지 않는다고 생각된다.

또 한편 북풍회계 최고기관인 소위 4단체 합동위원회에서도 이미 노동당의 탈퇴사건이 있었던 것 이외, 북풍회 對 화요회의 사이에 점차 乖離의 조짐이 있다. 10월 15일 조선일보의 解停에 따라 同社 기자 중 주의자 해고문제에 연루된 당시 북풍회 소속 해고자가 주장하는 조선일보사 성토계획에 대해 화요회 소속의 해고기자는 반대행동을 표명하고 이에 가담하지 않았기 때문에 한층 결별의 조짐이 역력하다. 그 후 북풍회 간부 중에는 종래의 감정을 버리고 서울파와 제휴해서 화요회에 대항할 계책을 세우는 사람도 있고, 혹은 종전의

【4】

합동을 유지하자고 주장하는 사람도 있다. 또 서울파에 있어서도 혹은 북풍파와의 제휴설, 혹은 화요회와의 제휴설, 혹은 현상유지설 등, 각기 주장을 달리하고 있다. 각파의 관계는 뒤섞여 완전히 종래의 전선에 일대 동요를 초래할 상태에 이르렀기 때문에 각 지도자들은 밤낮 고심하기에 이르렀다. 간부 중에는 지방 출장자들도 있기 때문에 신속한 진전을 보지 못한 채 서로 암중모색, 다른 조직을 제압하는 것에만 관심을 쏟고 있는 사이, 今回의 노농총동맹 중앙위원회가 개최되었다. 앞서 기술한 바와 같이 11월 9일 위원회는 무사히 종료되었지만, 그날 밤 화요회 간부들은 조선일보 간부와 비밀히 회합했다. 노농총동맹집행위원 선거결과가 예정계획과 같이 화요회계에서 과반수를 차지함으로서 이때 同社에서 이들 집행위원을 초대해서 밀접한 연락을 취해두면 잠시나마 同社의 지반을 공고하게 할 기초가 되므로 다음날 11월

20일 오후 6시부터 경성 瑞麟洞 明月館 지점에서 만찬회를 개최하기로 결정했다. 그러나 본 계획을 눈치챈 북풍회에서는 좋은 기회를 놓치지 않으려고 그 연회장에서 조선일보사 간부 申錫雨·洪增植 등에게 폭행을 가함으로서 복수를 하고 함께 큰 기세를 떨치기로 결정하고, 그날 밤 경성청년회원 金平山·李敏行·李文煥·李平主·鄭雄 등으로 하여금 명월관 지점을 습격하려고 준비 중이었다. 조선일보사 측에서도 북풍회의 본 계획을 탐지하고 비밀히 장소를

【5】

敦義洞 명월관 본점으로 변경했다. 아울러 집행위원의 대부분을 同社 지국 관계자만으로 하고, 명의도 지국원 초대회로 변경했다. 또 신석우·홍증식 두 사람은 만일을 고려해 미리 출석을 피했다. 앞서 언급한 회원들은 이러한 사실을 알지 못했기 때문에 시간에 맞추어 명월관 지점에 도착했으나 아무것도 개최되지 않았다. 첫 장소를 변경한 것을 알고 사방으로 탐지한 결과 드디어 돈의동 본점이라는 것을 알고 즉시 그 집으로 갔으나, 첫 번째 계획은 실행할 수 없었을 뿐만 아니라 연회장에서는 주인 측으로서 安在鴻 등 6-7명, 초대자 측 12-3명이 출석해 있었고, 목표로 한 申·洪 두 사람은 없었기 때문에 예상대로 하등 폭력을 사용할 수 없었다. 다만 조선일보사의 횡포에 대해서만 공격을 했다. 이는 북풍·화요 兩會의 결렬 이후에 있었던 투쟁 개시의 서막으로 보여진다. 반대로 북풍·서울회계의 제휴는 급속히 진전되어 감으로서 이후 제휴파 對 화요회와의 알력은 더욱 격렬해 질 것이므로 경과를 지켜보고 있습니다.

左 記

一. 조선노농총동맹 상무집행위원 선거

印東哲의 제의에 따라 투표선거의 결과 다음과 같이 당선

1. 權五卨　2. 徐廷禧　3. 尹德炳
4. 馬 鳴　5. 陳秉基　6. 李準泰
7. 李忠模　8. 朴來源　9. 金有聲

【6】

一. 토의사항

(イ) 노동총동맹 및 농민총동맹 분립에 관한 건(인동철 제안)

1. 조선노농총동맹의 가맹단체 중에서 농민단체는 별도로 조선농민총동맹을 조직하고, 노동단체는 또 조선노동총동맹을 조직할 것

2. 농민·노동 兩총동맹이 완성되면 조선노농총동맹은 해체하고 농민·노동 兩총동맹연합위원회를 조직할 것

3. 중앙집행위원회 간담회에서 이상의 두 항목이 결의되면 가맹단체의 가결을 구한다.

4. 가맹단체의 가결을 구하는 방법은 서면대회의 방법을 취할 것

5. 가맹단체의 가결을 얻을 때까지 일체의 사무를 상무집행위원에게 일임한다.

이상 5개 항목을 제출하고 수차 토의의 결과 원안대로 채용한다.

(ロ) 서정희 제안으로서 농촌·도시를 불문하고 노동자의 생산조합 및 소비조합 설치에 노력할 것과 또 군산에서와 같은 쟁의문제는 우리 동맹이 최선의 노력으로서 조사 해결해야 한다는 의견을 진술했다. 전자는 채용, 후자는 상무위원이 일임하기로 함

다음 정운해의 제안으로서 안동군 도산서원에서의 태형사건은 봉건시대의

폐습을 현재의 통치 하에서 감행한 것이므로, 우리들은 同서원에

【7】

경고문을 발송하고, 응하지 않을 경우에는 同서원 철폐운동을 일으키자고 주장해 채용하게 됨

(ハ) 가맹단체에 관한 건

충남 論山 勞働共濟會 · 平康 遠北面勞働會 · 黃州勞農會의 3단체 가맹을 소개한다.

(ニ) 예산안에 관한 건

권오설이 예산안으로서 특별히 制定할 필요가 없다고 생각하며, 다만 세포단체의 부담금 미납금이 1,750여圓이니, 이것을 틀림없이 出金해야 한다고 진술하였다. 또 지출로서는 新상무집행위원의 임기를 내년 3월말까지로 한다면 그간의 경비로서

상무위원의 식대 一人 매월 20원, 여비 매월 200원, 통신비 매월 50원,
인쇄비 160원, 비품대 150원, 잡비 60원

을 필요로 한다고 진술하고, 부족할 경우는 금년도 부담금으로 各 단체로부터 1원 50전을 징수하자고 해 可決함

以 上

本書 발송처

경무국장, 각 도지사, 管下일반
경성지방법원 검사정

【8】

출석자 명부

徐廷禧 申東浩 金完根 車今奉 李殷植 陳秉基 徐丙冀 李忠模 李圭庚
權五卨 金基洙 辛命俊 趙佑濟 曹景敍 蔡奎恒 金有聲 印東哲 車周相
尹德炳 金富坤 李益兼 李承燁 裵德秀 朴來源 李準泰 鄭泰重 崔允鉉
鄭雲海 李昌洙 姜達永 安基成 李相薰 劉斗熙 吳學允 殷在基
외 유고결석 2명
무고결석 13명

【9】

별지(譯文)

1925년 11월 19일
조선노농총동맹 상무집행위원회
제6회 중앙집행위원회 귀중

경과보고

본 총동맹은 집회금지의 위험에 처한 이후 정식대회를 개최하는 것이 불가능함에 따라 사업진행에 대한 지장은 또 커지게 되었다. 이미 만기가 된 위원의 개선도 시행할 수 없기 때문에 갖가지 고통을 견디며 書面으로 대회의 형식을 밟아 드디어 중앙집행위원의 개선을 마쳤다. 이에 新舊집행위원의 교체를 보기에 이르러 오늘 본 총동맹의 창립이후 10개월 간의 경과를 아래와 같이 열거 보고한다.

左 記

一. 총무부

1. 일반적 경과개요

1924. 4. 20 본 총동맹창립
제1회 중앙집행위원회 개최
본 총동맹임시대회에서 중대문제를 토의 중 집회금지를 명받음
종로경찰서 앞에 대회에 출석하러 온, 대의원 및 방청자 (趙燦奎 朴泰善 姜大禧 李正洙 宋金相 安浚 洪毅植 趙東爀 徐載國 金永輝 徐廷禧 李憲 朴珥圭 宋乃浩 崔安燮 鄭南局 崔亨天 姜泰元 鄭鶴源 朴勝億

【10】

韓海 鄭雲海 朴興坤 南潤九 白光欽) 등 25명을 종로경찰서에서 검거

23 제2회 중앙집행위원회를 개최함

24 중앙집행위원 權五卨 金炳濟 張彩極 姜宅鎭 등 4명이 종로경찰서에 검거됨(상무 6명이 모여 사무분장에 대한 건을 이

야기)

30 중앙집행위원 朴炳斗군이 또 검거됨

1924. 5. 3 검속된 중앙상무집행위원 權五卨 金炳濟 姜宅鎭 朴炳斗 4명이 석방됨

本 총동맹창립일에 검거된 趙燦奎 朴泰善 李正洙 군 등이 서대문형무소에서 석방됨

1924. 5. 5 또 安浚 洪毅植 趙東爀 姜大禧 宋金相 徐載國 등 6인이 석방됨

7 또 金永輝 徐廷禧 李憲 朴珥圭 宋乃浩 崔安燮 군 등이 석방

8 또 張彩極 鄭南局 崔亨天 姜泰元 鄭鶴源 朴勝億 군 등 6명이 석방됨

9 상무 朴炳斗 군이 암태소작쟁의 소식을 듣고 응원 겸 조사를 위해 출장감

11 湧金樓에서 출옥 동지 및 기타 여러 동지와 함께 유쾌히 즐김

23 회록과 규약을 압수 당함

29 徐廷禧 權五卨 두 사람이 경기도경찰부와 교섭결과

【11】

調領書 외 압수가 解除됨

31 부산 부두에서 방황하는 수천 노동자에 대해 보고 연설회를 개최하고자 함

6. 1 위 강연회 금지

4 언론집회·압박에 관한 건에 대한 공문발송

14 암태소작쟁의 격렬
18 소작쟁의 상황을 다음과 같이 조사하게 함
1. 경상남북도 및 충북일부 權五卨
2. 전라북도 및 충남일부 朴炳斗
3. 전라남도 徐廷禧
20 언론집회·압박 탄핵사건으로 徐廷禧 군이 검거됨
1924. 6. 22 徐廷禧 군이 석방됨
7. 5 제3회 중앙집행위원회 금지
이상 질문
9 同 간담회를 개최 토의 함
14 암태소작쟁의 동정연설회를 개최함
24 조선인쇄주식회사 文選科 직공 30명이 本 총동맹에 와서 전술을 강구함
9. 2. 旱災 피해 조사대책 강구
7 국제청년데이 기념
10. 27 閔大植에게 泰仁 小作地分作制 철폐를 촉구함
11. 6 러시아혁명 기념강연 금지
許一擅 폭행

【12】

12. 27 在京사회운동자 신년간담회를 개최함
대동인쇄주식회사 文選科 직공 30명이 파업을 단행하고 본 총동맹에 와서 성벽을 고수해 일주일 간 집에도 가지 않고, 파업에 대해 회사측의 승인을 기대한 바, 서로 양보해서 해

결 함

1925. 1. 3 在京사회운동자 간친회를 悅賓樓에서 개최함

3. 24 제4회 중앙집행위원회를 개최함

전조선민중운동자대회를 성원하기로 함

본 집행위원회를 불법이라고 하는 사람이 있음, 상세 내용은 별지와 같음

4. 19 제5회 중앙집행위원회를 개최함

본 회에서 林宗植 외 16명은 반역분자로 결의함

1925. 5. 1 메이데이기념 일체의 집회금지

7월 이후 1개월간 수해이재민을 구제하기 위해 조선기근구제회를 원조하고 최선의 노력을 함

10. 3 일본농민조합주사 行政長藏 군의 환영회를 개최함

行政長藏氏가 농민문제 대강연회를 개최하고자 함, 금지당함

7 러시아勞動 대표 레프세 일행을 조선에 초청하기 위해 權五卨 군을 일본에 파견했으나 도중에 어긋남

11. 7 러시아혁명기념에 관한 일체의 집회는 금지당함

러시아 영사관을 방문해 축문으로서 祝意를 표함

以 上

【13】

2. 文書受發

受	發
548件	73件

3. 가맹단체일람표, 규약, 회원명부접수

一覽表	規約	名簿
53	14	31

三. 노동부 및 소작부

1. 조선노농총동맹 내용표

道別	創立當時				新加盟				合計
	勞	農	勞農	計	勞	農	勞農	計	
京畿	10	1	·	11	3	·	·	3	14
忠北	1	2	1	4	·	·	·	·	4
忠南	1	1	·	2	·	·	·	·	2
全北	15	3	5	23	3	·	·	3	26
全南	12	47	9	68	·	4	1	5	73
慶北	6	5	1	12	·	·	·	·	12
慶南	10	11	12	33	·	1	4	5	38
江原	2	·	1	3	·	·	1	1	4
黃海	2	1	1	4	·	1	·	1	5
平南	8	·	·	8	·	·	·	·	8
平北	·	·	·	·	·	·	·	·	·
咸南	5	·	·	5	·	·	·	·	5
咸北	1	·	·	1	·	·	·	·	1
計	73	71	30	174	6	6	6	18	192

【14】

2. 쟁의 및 파업상황

道 別	小作爭議	同盟罷業	計
京畿	1	13	14
忠北	1	·	1
忠南	·	·	·
全北	4	4	8
全南	15	·	15
慶北	2	·	2
慶南	3	5	8
江原	1	·	1
黃海	2	5	7
平南	·	8	8
平北	·	4	4
咸南	·	1	1
咸北	·	1	1
計	29	41	70

四. 조사부 (작년 4월 이후 新조직단체수)

道別	勞働	農民	勞農	計
京畿	4	·	·	4
忠北	·	·	·	·
忠南	2	·	·	2
全北	2	3	·	5
全南	8	5	10	23
慶北	7	·	·	7
慶南	3	2	2	7
江原	1	·	·	1
黃海	3	3	·	6
平南	5	·	1	6
平北	·	·	·	·
咸南	·	·	·	·
咸南	·	·	·	·
計	35	13	13	61

【15】

五. **편집부 및 교양부**

1. 편집부 사업은 경비문제로 인해 계획되지 않아 보고사항 없음
2. 교양부 사업은 전국 가맹단체에서 노동야학을 경영하고 있음으로 이에 대한 구체적 조사를 하지 않아 아직 보고할 수 없음

以上

大正十四年十一月二十五日　京高秘第五、六三二號　京畿道

朝鮮勞農總同盟第六回中央執行委員懇談會ニ關スル件

(十一月六日京高秘第四八〇七號ノ二参照)

朝鮮勞農總同盟ニ在リテハ既報ノ如ク曩ニ任期滿了トナリタル中央執行委員ノ改選ヲ了シタルヲ以テ新執行委員ニ依リ第六回中央執行委員懇談會ヲ開催スヘク夫々通知状ヲ發シテ委員ノ出京ヲ促シ豫定ノ通リ十一月十八日開催セムトシタルモ準備整ハサリシヲ以テ翌十九日ニ延期シ同日午前十一時二十分ヨリ京城鐘路中央基督教青年會館ニ於テ開催シタルカ出席者別紙名簿ノ通リ三十五名ニシテ徐廷禧開會ヲ宣シタル後傍聴者ヲ整理退場セシメ更ニ役員選擧ニ移リ徐廷禧ヲ議長ニ姜達永權五卨ヲ書記ニ鄭雲海、李準泰ヲ査察ニ選定シ引續キ諸報告ニ入リ權五卨ヨリ前會録(第五回中央執行委員懇談會録)及経過報告書(別紙添付)ヲ朗讀何レモ異議ナク通過シ次テ午前午後ニ亘リ出席委員ヨリ各地方ノ状況ニ關シ夫々報告スル處アリ尚會計報告トシテ權五卨ヨリ收入支出共ニ金三百六十六圓九十錢ナル旨報告セリ終リテ常務執行委員ノ選擧並ニ討議事項ニ移リタルカ状況左記ノ如クニシテ書面大會ノ方法ニ依リ本總同盟ヲ勞働總同盟及農民總同盟ニ分立セシメ陣容ヲ新タニシテ以テ局面打開策ヲ講セムトシタル外豫算案、個人提案、新加盟團体等ニ關シ夫々討議決定スル處アリ午後六時無事終了閉會後徐廷禧ノ發議ニ依リ一人會費一圓ニテ京城南大門通一丁目食道園ニ於テ親睦會ヲ催シ散會セリ

先之ソウル派ニ在リテハ勞農總同盟側ノ中央執行委員懇談會ニ對抗スヘク京城青年運動者大會ノ開催計劃ヲ發表スルニ至リタルカ之カ内情ヲ探ルニ由來勞農總同盟内ニ於テハソウル派ノ勢力毫モ振ハサルニ反シ北風、火曜系ノ勢力優勢ナル為ソウル派ノ反對主張ハ忽チ一蹴セラレ常ニ其ノ專擅的行動ニ委スルノ外ナキ状態ニ在リ從テ今回ノ執行委員改選ニ當リテモソウル派ハ多少ニテモ之カ頽勢ヲ挽回スヘク極力牽制運動ニ出テシト雖結局五十名中僅カニ自派委員四名ノ當選ヲ見タルニ過キス為ニ今回ノ執行委員懇談會ノ如キモ總同盟側ハソウル派ノ主張ニハ一顧ヲモ與ヘス夫々一定ノ形式ヲ踏ミテ堂々其ノ主張ノ通リ實現セシメソウル派ニ此ノ言辭ヲ夾マシムヘキ餘地ヲ與ヘサルヲ以テ亦如何トモナス能ハス且ツソウル派ニ在リテハ本夏北風系ノ水災救濟事業ニ沒頭シ居リタル間隙ニ乗シ急速ニ京畿道青年會聯合大會ノ開催計劃ヲ發表シ以テ青年運動ニ先鞭ヲ着ケシカ經費其ノ他ノ關係上

毫モ進捗ヲ見ス荏苒経過シツヽアルノ状態ニ在リ茲ニ
勞農總同盟側ニ於テ新タニ陣容ヲ整ヘ中央執行
委員會ノ開催ヲ見ルヘシソウル派ノ到底袖手傍観
スル能ハサル處ニシテ之カ為俄ニソウル青年會幹部
與ソシテ京城青年運動者大會ノ組織ヲ計劃セシ
メ突如十一月十九日附東亜日報紙上ニ發表シタルカ其ハ
ノ目的專ラ朝鮮運動戰線ノ整理ヲ主眼トシ青年
運動、一般社會運動、一般社會現状等ニ関シ多数ノ
項目ヲ羅列シアルモ現況ヨリ之ヲ考察シテ事實上
如斯大會ノ組織セラレ得ヘキヤ否ヤハ頗ル疑問トスル
處ニシテ何等根底アル具体的計劃ニアラサルカ如ク
要スルニ勞農總同盟中央執行委員懇談會ニ對
抗スヘク機勢ヲ示シタルニ過キスシテ所謂渠等一流ノ示
3
威的新聞宣傳ニ外ナラスト認メラル
尚一方北風會系最高機関タル所謂四團体合同委
員會ニ於テモ曩ニ勞働黨ノ脱退事件アリタル外
北風會對火曜會ノ間漸ク乖離ノ兆アリシカ十月
十五日朝鮮日報解停ニ伴フ仝社記者中ノ主義者
馘首問題ニ端ヲ發シ當時北風會所属馘首者
ノ主唱セル朝鮮日報社聲討計劃ニ對シ火曜會所
属ノ馘首記者ハ反對行動ニ出テ、之ニ加ハサリシ為
一層両者決裂ノ兆歴然タルニ至リ爾来北風會幹
部中從来ノ感情ヲ棄テソウル派ト提携シ以テ
火曜會ニ對抗スヘク劃策スルアリ或ハ飽迄從前ノ儘

ノ合同ヲ維持スヘシト主張スルモノアリ又ソウル派ニ於テモ
或ハ北風會トノ提携説、或ハ火曜會トノ握手説、或ハ
現状維持説等各其ノ主張ヲ異ニシ各派ノ関係ハ
錯綜シテ全ク從来ノ戰線ニ一大動搖ヲ来スヘキ状
ヲ呈スルニ至リ為ニ各首脳者等ハ日夜懊悩焦慮ノ
状態ニ在リシカ幹部中地方出張者等アリシ為急速
ナル進展ヲ見サル儘互ニ暗中模索他ヲ制セムコトニノミ
苦慮シツヽアリシ際今回ノ勞農總同盟中央執行委
員懇談會開催セラレ上述ノ如ク十一月十九日委員會
ハ無事終了ヲ告ケタルモ同夜火曜會幹部等ハ
朝鮮日報幹部ト密カニ會合シ勞農總同盟執行
委員選挙ノ結果豫定計劃ノ如ク火曜會系ニ於テ
4
過半数ヲ制シタルヲ以テ此際仝社ニ於テ之等執行委
員ヲ招待シ以テ密接ナル連絡ヲ遂ケ置クハ軈テ仝社
ノ地盤ヲ鞏固ナラシムヘキ基礎トナルヘシトナシ翌十一月二
十日午後六時ヨリ京城瑞麟洞明月館支店ニ於テ
晩餐會ヲ開催スヘク決定セリ然ルニ本計劃ヲ諜
知シタル北風會ニ在リテハ好機逸スヘカラストナシ該宴
會場ニ於テ朝鮮日報社幹部申錫雨、洪増植以下
ニ對シ面罵暴行ヲ加ヘ以テ復讐ヲナスト共ニ大ニ氣
勢ヲ挙クヘク決定シ仝夜京城青年會員金平山、
李敏行、李文煥、李平主、鄭雄等ヲシテ前記支
店ヲ襲ハシムルコトヽシ準備中ナリシカ朝鮮日報社側ニ
於テモ北風會ノ本計劃ヲ探知シタル為密カニ場所ヲ

敦義洞明月館本店ニ変更シ併セテ執行委員ノ多
数カ同社支局関係者ノミナルヲ以テ名義ソモ支局員
招待会ト変更シ且ツ申錫雨、洪増植ノ両名ハ万一ノ危
険ヲ慮リ予メ出席ヲ避ケシメタリ前記ノ会員等ハ斯
カル事実ヲ知ラサル為時刻ヲ計リテ明月館支店ニ赴キ
タルニ何等ノ準備ナク初メテ場所ヲ変更シタルヲ知リ八方
探査ノ結果漸クニシテ敦義洞本店ナルコト判明シ直ニ
仝家ニ赴キタルモ第一計画ノ齟齬ヲ来シタルノミナラス
宴会場ニハ主人側トシテ安在鴻等六、七名招待者側十
二、三名出席シ居リシモ目的トセル申、洪両名ノ在ラサレ為
全ク予期ニ反シ何等暴行ニ出ツルコトナク単ニ朝鮮日報
社ノ処置横暴ナリトシテ之ヲ攻撃シ其ノ旨申錫雨ニ
伝フヘク放言シタル儘ニテ引取リタルカ之北風、火曜両会
決裂後ニ於ケル闘争開始ノ序幕トモ見ラルヘク従テ
反対ニ北風、ソウル両会ノ提携ノ急速ニ進展セムトシツツ
アルノ状況アルヲ以テ今後提携派対火曜会ノ軋轢
ハ益々激烈ヲ加フルニ至ルヘク経過注意中ニ属ス

記

一、朝鮮労農総同盟常務執行委員選挙
印東哲ノ提議ニ依リ投票選挙ノ結果左ノ通リ
当選ス
1、権五卨、 2、徐廷禧、 3、尹徳炳、
4、馬鳴、 5、陳秉基、 6、李準泰、
7、李忠模、 8、朴来源、 9、金有聲

二、討議事項
(イ)労働総同盟及農民総同盟分立ニ関スル件
（印東哲提案）
1、朝鮮労農総同盟加盟団体中農民団体ハ別ニ
朝鮮農民総同盟ヲ組織シ労働団体ハ又朝鮮
労働総同盟ヲ組織スル事」
2、農民、労働両総同盟完成スルトキハ朝鮮労農
総同盟ハ解体シ農民、労働両総同盟聯合委
員会ヲ組織スル事」
3、中央執行委員会懇談会ニ於テ右両項決議サ
レタルトキハ加盟団体ノ可決ヲ要ス
4、加盟団体ノ可決ヲ要スル方法ハ書面大会ノ方法
ヲ取ル事
5、加盟団体ノ可決ヲ得ル迄ノ一切ノ事務ハ常務
執行委員ニ一任ス
以上五項ニ関シ種々討議ノ結果原案ノ通採用ス
(ロ)徐廷禧提案トシテ農村都市ヲ問ハス労働者ノ
生産組合並ニ消費組合ヲ設置スルコトニ努力スルコ
ト又群山ニ於ケルカ如キ争議問題ハ我同盟トシテ
最善ノ努力ヲナシ調査解決スヘシト意見ヲ述ヘ
前者ハ採用後者ハ常務委員ニ一任トナル
次テ鄭雲海提案トシテ慶北安東郡陶山書院
ニ於ケル笞刑事件ハ全ク旧時代ノ弊習ヲ現治
下ニ於テ敢行スルモノナレハ吾人ハ仝書院ニ対シ警

告文ヲ發送シ若シ應セサルニ於テハ全書院ノ撤廢運
動ヲ起スヘシト主張シ採納トナル

(一)、加盟團体ニ関スル件

忠南論山勞働共済會、平康遠北面勞働會
黄州勞農會ノ三團体加盟ヲ紹介ス

(二)、豫算案ニ関スル件

權五高ヨリ豫算案トシテ特ニ制定スルノ必要ナク
只細胞團体ノ負担金未納一千七百五十餘圓アリ
速ニ出金スレハ可ナリト述ヘ且ツ支出トシテハ新常務
執行委員任期ハ明年一三月末迄ナルヲ以テ其ノ間
ノ経費トシテ

常務委員ノ食料	一人一ヶ月	二十圓
旅費	一ヶ月	二百圓
通信費	一ヶ月	五十圓
印刷費		百六十圓
備品費		百五十圓
雜費		六十圓

ヲ要スト述ヘ不足ノ場合ハ更ニ本年度負担金トシ
テ各團体ヨリ一圓五十錢宛ヲ徴收スルコトヽシ可決ス

以上

本書發送先
警務局長、各道知事、管下一般、
京城地方法院検事正、

出席者名簿

徐廷禧　申東浩　金完根　車今奉　李暇植　陳粲基　徐丙冀　李忠模　李圭庚

權五高　金基洙　辛命俊　趙佑済　曹景叙　蔡奎恒　金有聲　印東哲　車周相

尹德炳　金富坤　李益兼　李義燁　裵德秀　朴來源　李準烝　鄭系重　崔允鉉

鄭雲海　李昌洙　姜達永　安基成　李相薰　劉斗烈　呉學允　殷在基

外有故缺席二名、
無故缺席十三名、

別紙（譯文）

一九二五年十一月十九日

朝鮮勞農總同盟常務執行委員会

第六回中央執行委員會 貴中

經過報告

本總同盟ハ集会禁止ノ厄ニ遭ヒ以来正式ノ大會ヲ開クコトカ出来ス従テ事業進行ニ對スル支障ハ更ニ大ナルモノカアリコス既ニ満期ニナツタ委員ノ改選モ行フコトカ出来ナクナリマシタカラ種々ノ苦痛ヲ忍ンテ書面ヲ以テ大会ノ形式ヲ踏ミ漸ク中央執行委員ノ改選ヲ畢リ茲ニ新舊執行委員ノ交代ヲ見ル様ニ成ツタ今日本總同盟ノ創立以来二十個月間ノ經過ヲ左記ノ如ク列挙報告ス

記

一、總務部

イ、一般的經過概要

一九二四、四、二〇 本總同盟創立

〃 第一回中央執行委員會ヲ開催ス

〃 本總同盟臨時大會ニ於テ重大問題ヲ討議中集會禁止ヲ命セラル

〃 鍾路警察署前ニ於テ大會ニ出席セントシタ末代議員及傍聴者（趙燦奎、朴泰善、姜大禧、李正洙、宋金桐、安浚、洪懿植、趙東燐、徐載國、金永輝、徐廷禧、李憲、朴珥圭、宋乃浩、崔安燮、鄭南局、崔亨天、姜泰元、鄭鶴源、朴勝俊、韓海、鄭雲海、朴興坤、南潤九、尹光欽）等二十五名カ鍾路警察署ニ検挙セラレリ

二三、第二回中央執行委員會ヲ開催ス

二四、中央執行委員権五高、金炳璘、張彩極、姜宅鎮等四人カ鍾路警察署ニ検挙セラレタ（常務六人カ集リ事務分掌ニ對スル件ヲ話シタルニ此ヲ無届出集會ト云フ理由デ）

三〇 中央執行委員朴炳斗君カ又ヲ検挙セラレリ

五、三、検束セラレタル中央常務執行委員権五高、金炳璘、姜宅鎮、朴炳斗四君カ釋放サレリ

〃 本總同盟創立日ニ検挙セラレタル趙燦奎、朴泰善、李正洙君等ヲ西大門刑務所ヨリ釋放サレリ 又

一九二五、五 又安浚、洪懿植、趙東燐、姜大禧、宋金桐、徐載國等六人カ釋放サレリ

〃 七、又ヲ金永輝、徐廷禧、李憲、朴珥圭、宋乃浩、崔安燮君等カ釋放サレリ

〃 八、又張彩極、鄭南局、崔亨天、姜泰元、鄭鶴源、朴勝俊君等六人カ釋放サレリ

〃 九、常務朴炳斗君カ岩泰小作爭議消息ヲ聞キ應援調査ノ為ニ出張ス

〃 一一、通金禧ニテ出獄同志及其ノ他諸同志ト共ニ愉快ニ遊

ヲ

〃 二三、會錄ト規約ヲ押収サレリ

〃 二九、徐廷禧、権五高兩君カ京畿道警察部ニ交渉ノ

〃 一二、二七	在京社會運動者新年懇談會ヲ開キタリ
〃 一三、一	大同印刷株式會社文選科職工三十名ガ罷業ヲ断行シ本從同盟ニ來リ城壁ヲ固守シ一週日間家ニモ歸ラズ罷業ニ對シテ會社側ノ承認セヾ苦待シタル處互相讓歩テ落着ス
一九二五、一、三	在京社會運動者懇親會ヲ悦賓樓ニ開ク
〃 三、面	第四回中央執行委員會ヲ開ク
〃	全朝民衆運動者大會ヲ聲援セントス
〃	本執行委員會ヲ不法ナリト云フ者ガ有リ詳細ハ別紙ノ如シ
〃 四、九	第三回中央執行委員會ヲ開ク
〃	本會ヨリ林宗植外十六人ハ反逆分子ト決議ス
一九二五、五、一	メーデー紀念一切集會禁止
〃 七月以後一個月間	水害罹災民ヲ救濟センガ爲メ朝鮮饑饉救濟会ヲ援助シ最善ノ努力ヲ爲シタ
〃 一〇、三	日本農民組合主事行政長藏君ノ歡迎會ヲ開ク 行政長藏氏、渡鮮ヲ期シテ小民問題大講演會ヲ開カントセリ左禁止サレタ
〃 七、	赤露勞働代表「レプセ」一行ヲ朝鮮ニ招請センガ爲メ權五高君ヲ日本ニ派遣シタルモ途中ニテ行違ニナッタ
〃 二、七	赤露革命紀念ニ關スル一切集會ハ禁止サレタ
〃	赤露領事館ヲ訪レ祝文ヲ以テ祝意ヲ表ス

以上

〃 一二、二七	在京社會運動者新年懇談會ヲ開キタリ
〃 一三、一	大同印刷株式會社文選科職工三十名ガ罷業ヲ断行シ本從同盟ニ來リ城壁ヲ固守シ一週日間家ニモ歸ラズ罷業ニ對シテ會社側ノ承認セヾ苦待シタル處互相讓歩テ落着ス
一九二五、一、三	在京社會運動者懇親會ヲ悦賓樓ニ開ク
〃 三、面	第四回中央執行委員會ヲ開ク
〃	全朝民衆運動者大會ヲ聲援セントス
〃	本執行委員會ヲ不法ナリト云フ者ガ有リ詳細ハ別紙ノ如シ
〃 四、九	第三回中央執行委員會ヲ開ク
〃	本會ヨリ林宗植外十六人ハ反逆分子ト決議ス
一九二五、五、一	メーデー紀念一切集會禁止
〃 七月以後一個月間	水害罹災民ヲ救濟センガ爲メ朝鮮饑饉救濟会ヲ援助シ最善ノ努力ヲ爲シタ
〃 一〇、三	日本農民組合主事行政長藏君ノ歡迎會ヲ開ク 行政長藏氏、渡鮮ヲ期シテ小民問題大講演會ヲ開カントセリ左禁止サレタ
〃 七、	赤露勞働代表「レプセ」一行ヲ朝鮮ニ招請センガ爲メ權五高君ヲ日本ニ派遣シタルモ途中ニテ行違ニナッタ
〃 二、七	赤露革命紀念ニ關スル一切集會ハ禁止サレタ
〃	赤露領事館ヲ訪レ祝文ヲ以テ祝意ヲ表ス

以上

2. 文書受發

受	發
五四八件	七三件

3. 加盟團体一覧表、規約、會員名簿棲受

一覧表	規約	名簿
五三	一四	三一

三、勞働部及小作部

1. 朝鮮勞農總同盟内容表

道別	創立當時 勞	農	勞農	計	新加盟 勞	農	勞農	計	合計
京畿	一〇	一	、	一一	三	、	、	三	一四
忠北	一	二	一	四	、	、	、	、	四
忠南	一	一	、	二	、	、	、	、	二
全北	一五	三	五	二三	三	、	、	三	二六
全南	一二	四七	九	六八	、	四	一	五	七三
慶北	六	五	一	一二	、	、	、	、	一二
慶南	一〇	一一	一二	三三	、	一	四	五	三八
江原	二	、	一	三	、	、	一	一	四
黃海	二	一	一	四	、	一	、	一	五
平南	八	、	、	八	、	、	、	、	八
平北	、	、	、	、	、	、	、	、	、
咸南	五	、	、	五	、	、	、	、	五
咸北	一	、	、	一	、	、	、	、	一
計	七三	七一	三〇	一七四	六	六	六	一八	一九二

2. 爭議及罷業状況

道別	小作爭議	同盟罷業	計
京畿	一	一三	一四
忠北	一	、	一
忠南	、	、	、
全北	四	四	八
全南	一五	、	一五
慶北	二	、	二
慶南	三	五	八
江原	一	、	一
黃海	二	五	七
平南	、	八	八
平北	、	四	四
咸南	、	一	一
咸北	、	一	一
計	二九	四一	七〇

四、調査部(昨年四月以降新組織団体数)

道別	勞働	農民	勞農	計
京畿	四	、	、	四
忠北	、	、	、	、
忠南	二	、	、	二
全北	二	三	、	五
全南	八	五	一〇	二三

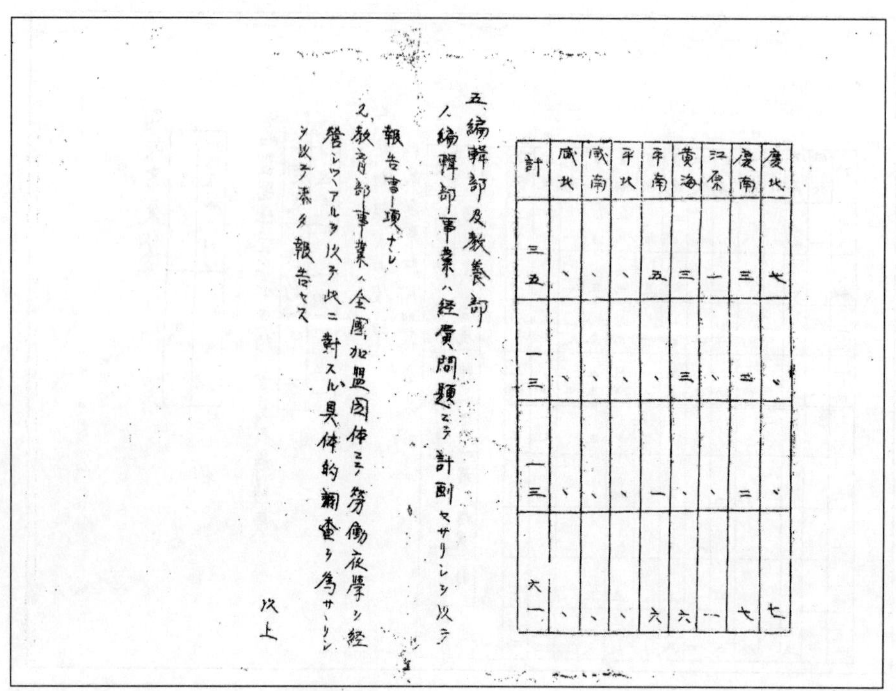

慶北	慶南	江原	黄海	平南	平北	咸南	咸北	計
七	三	一	三	五	、	、	、	三五
、	廿	、	三	、	、	、	、	一三
、	二	、	、	一	、	、	、	一三
七	七	一	六	六	、	、	、	六一

五、編輯部及教養部

イ、編輯部事業ハ經費問題ニテ計劃セサリシヲ以テ報告事項ナシ

ロ、教育部事業ハ全國加盟團体ニテ勞働夜學ヲ經營シツヽアルヲ以テ此ニ對スル具体的調査ヲ爲サヽリシヲ以テ茲ニ報告セス

以上

자료 9 조선노농총동맹의 통문 발송의 건

(京鍾警高秘 제13542호의 1, 대정 14년 11월 30일)

【1】

京鍾警高秘 제13542호의 1

대정 14년 11월 30일

경성종로경찰서장

경성지방법원 검사정 殿

조선노농총동맹의 통문 발송의 건

堅志洞 88번지 소재, 표제 단체에서는 지난 19일 종로 중앙기독교청년회관에서 개최한 제6회 중앙집행간담회의 會錄을 別紙와 같이 작성하여 오늘 전 조선 190여의 지방세포단체로 발송했습니다. 이상 보고합니다.

보고처 局長, 部長, 檢事局

【2】

別紙

勞農總發 제61호

1925년 11월 20일

조선노농총동맹

각 가맹단체 귀중

제6회 중앙집행위원간담회 회록 送付의 件

敬啓

귀 단체의 분투를 축앙합니다. 就 본 총동맹 제6회 중앙집행위원 간담회 회록을 참고에 供하기 爲하야 別紙 送呈함.

【3】

제6회 중앙집행위원간담회 회록

1925년 11월 19일 上午 10시 반에 제6회 중앙집행위원회를 간담회의 形式으로 종로中央青年會舘에서 開하니 會順이 如左하다.

회순

一. 開會

一. 出席者 点名

一. 執行部選擧

一. 前會錄朗讀

一. 經過報告

一. 常務執行委員選擧

一. 豫算案에 關한 件

一. 討議事項

一. 其他

一. 閉會

서정희 군의 사회로 출석위원을 点名하니 出席員이 35인, 유고불참 4인, 무고불

참 11人이러라.

金有聲 尹德炳 李準泰 鄭雲海 鄭泰重 金完根 安基成 趙佑濟 殷在基 金基洙
李相薰 車今奉 裵德秀 金富坤 辛命俊 李承燁 李忠模 姜達永 李昌洙 陣秉基
蔡奎恒 申東浩 李益兼 印東哲 劉斗熙 李殷植 權五卨 徐廷禧 徐丙冀 曹景敍
李圭庚 車周相 崔允鈺 吳學允 朴來源

【4】

유고 屆出한 委員
馬鳴 金泰植 金大鳳 金裕昌

前例에 依하야 1/3 이상이 출석하얏음으로 正式開會를 선언하다. 臨席한 警官으로 붙어 신문기자 以外의 傍聽을 絶對不許한다는 條件 下에서 50餘 人의 傍聽人은 더구나 멀니 地方으로붙어 傍聽하기 爲하야 來參한 加盟團體會員까지도 섭섭하게 퇴장하다.

의사진행은 임시집행부를 선거 一任하기로, 선거방법은 신중을 도모하기 爲하야 執行部 選擧委員 3인을 口頭呼薦하야 집행부 5인을 선거하기로 可決되야 집행부 선거위원을 口頭呼薦하니 安基成・李忠模・李昌洙 3인이 선거되야 집행부를 선거한 바 다음과 같다.

李準泰 鄭雲海 徐廷禧 姜達永 權五卨

의장, 서기, 사찰 등의 임무는 집행부에서 편의 한대로 輪廻分掌하기로 하다.

前회록 낭독은 착오 無히 可納되다. 그 다음 本總同盟 창립 이래의 各部 경과보고가 有한 後 地方狀況은

群山 車周相　安東 李準泰　金海 印東哲　求禮 鄭泰重　仁川 李承燁
咸興 蔡奎恒　平壤 陣秉基　龍山 殷在基　京城 朴來源

諸君의 보고가 있은 후, 下午 1시 반 휴회하다.

오후 2시 계속 개회하다.

【5】

순서에 따라 中央常務執行委員을 選擧할제 그 方法은 無記名投票로 하기로 可決되야 投票한 結果는 右와 如하다.

權五卨(32)	徐廷禧(31)	尹德炳(30)	馬　鳴(27)
陣秉基(25)	李準泰(24)	李忠模(24)	朴來源(23)
金有聲(22)	鄭雲海(10)	裵德秀(6)	姜達永(5)
申東浩(5)	印東哲(5)	蔡奎恒(4)	車今奉(4)
李殷植(4)	金富坤(3)	辛命俊(3)	李昌洙(3)
殷在基(3)	曹景敍(2)	李承燁(2)	崔允鈺(2)
金裕昌(2)	金完根(2)	車周相(2)	劉斗熙(1)
尹德秀(1)	申東浩(1)	趙佑濟(1)	安基成(1)
鄭泰重(1)	金基洙(1)	金明奎(1)	金智浩(1)

피투표원 36인 투표점수 314
(출석원 35인 中 34인 9점式 1인 8점 투표)

따라서 多点에 의하여 다음 9인이 中央執行委員으로 被選되다.

권오설 서정희 윤덕병 마명 진병기 이준태 이충모 박래원 김유성

그 다음 豫算案은 뒤로 미루고 먼저 중대사항을 토의할 제 印東喆 君으로부터 다음과 같은 建議가 있다.

건의안

노동총동맹과 농민총동맹분립에 關한 件

1. 조선노농총동맹의 가맹단체 中에 농민단체는 따로히 조선농민총동맹을 조직하고 노동단체는 또한 조선노동총동맹을 조직할 일.
2. 농민·노동 兩총동맹이 완성되는 때에는 조선노농총동맹은 해체하고 농민·노동 兩총동맹연합위원회를 조직할 일.
3. 중앙집행위원간담회에 이상의 兩項이 결의된 時는 가맹단체의 可決을 要함.
4. 가맹단체의 可決을 要求하는 방법은 서면대회의 方法을 取할 일.

【6】

5. 가맹단체의 可決을 得하기까지의 一切事務는 常務執行委員에게 一任할 일.

이상에 대하여 장시간 토의가 있은 후 원안을 採納하기로 가결되다.

그 다음

一. 경제상황 조사의 件

前창립대회 결의에 基하야 가맹단체와 함께 各地 경제상황 조사를 시급히 行할 일.

一. 생산소비조합에 관한 件

일반 노농 민중의 이익을 도모하기 爲하야 형편이 허락되는 地帶에는 위 조합의 設置에 努力할 것.

一. 군산·함남지방의 노동운동의 분규내용을 신속히 조사하야 처리할 일.

一. 각 지방노농단체 中에서 분규로 말미암아 서로 성명서를 발표하고 있는 바, 이로부터 본 총동맹 가맹단체는 이러한 경우에 단독성명서를 발표치 말고 그 분규의 내용을 상세히 본 총동맹에 보고하야 총동맹에서 이를 公開하기로 함.

一. 안동 도산서원태형사건에 관한 件

安東陶山書院笞刑事件에 대하야는 지주가 소작인에게 대한 폭행을 論하고 右 書院에 對하야 警告文을 發送함과 함께 본 총동맹 가맹단체를 총 결속하야 右 서원 撤廢運動을 發起할 일.

等의 決議가 有한 後 豫算案은 右와 如히 通過되고 閉會하니 오후 七時러라.

【7】

예산안(1925년 12월에서 1926년 3월까지)

收入之部

일금 1,177圓 24錢

內譯

항 목	금 액(円)	적 요
미납 부담금	1,750.000	창립당시 가맹단체 174, 지금 192, 합 366 中 既納 16, 350단체 每 5円式.
부가 부담금	288.000	매단체 1원 50전 式 新配定 192 團體分
창립비	139.240	창립당시 가맹단체 174中 56入, 28團體 1원 18전 式
계	2,177.240	

支出之部

일금 2,177圓 24錢

內譯

항 목	금 액(円)	적 요
수당	720.000	수당 1인 매월 20원式, 4개월분
여비	800.000	1개월 20원式, 4개월분
통신	200.000	가맹단체 1차통신 5원, 월 10회 4개월분
인쇄	160.000	1개월 40원式 4개월분
비품	150.000	
소모품	80.000	월 20원式 4개월분
잡비	67.000	
계	2,177.240	

京鍾警高秘第一三五四二號ノ

大正十四年十二月二十日

京城鍾路警察署長

京城地方法院檢事正殿

朝鮮勞農總同盟ノ通文発送ノ件

堅志洞八八番地所在揚題団体ニ於テハ去ル十九日鍾路中央基督教青年會館ニ於テ開催セル第六回中央執行委員懇談會ノ會録ヲ別紙ノ如ク作成シ本日全鮮一九〇余ノ地方細胞団体ニ向ケ発送セリ

右及報告候也

報告先 局長、部長、検事局

勞農總發第六一号

一九二五年 十二月二十日

朝鮮勞農總同盟

各加盟團體 貴中

第六回中央執行委員懇談會 録送付의件

敬啓

貴團體의奮鬪를祝作합니다 就 本總同盟第六回中央執行委員懇談會 録을参考에供하기 為하야 別紙送呈함.

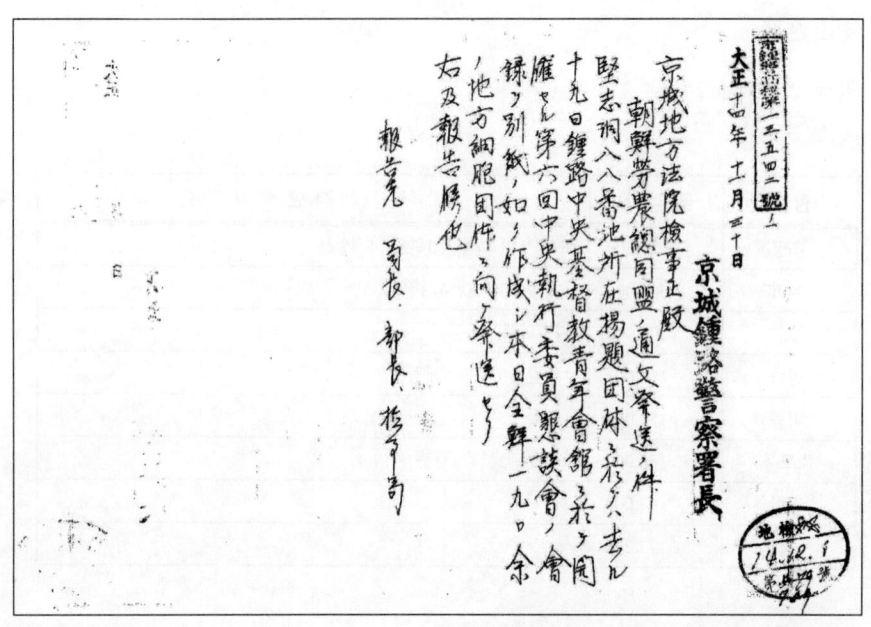

第六回中央執行委員懇談會錄

一九二五年十一月廿九日上午十時半에第六回中央執行委員會를懇談會의形式으로鍾路中央青年會館에서開하니會順이如左하다.

會順

一、開會
一、出席者点名
一、執行部選擧
一、前會錄朗讀
一、經過報告
一、常務執行委員選擧
一、議案作成에關한件
一、討議事項
一、其他
一、閉會

徐廷禧君이司會로出席委員을点名하니出席員이三十五人、有故不參四人、無故不參十一人이러라

金有聲　金基洙　李昌洙　徐廷禧
尹德炳　李相薰　陳秉基　徐丙寅
李準泰　車今奉　蔡奎恒　曺景叙
鄭雲海　裴德秀　申東浩　李圭庚
鄭泰重　金富坤　李益兼　車周相
全光根　辛命俊　印東哲　崔允鈺
安基成　李承燁　劉斗熙　吳澤允
趙佑濟　李忠模　李殷植　朴來源
殷在基　姜達永　權五卨

有故屈出한委員
馬鳴　金泰植　金大鳳　金裕昌.

前例에依하야三分一以上이出席하얏음으로正式開會를宣言하다. 臨席한警官으로붙어新聞記者以外의傍聽을絶對不許한다는條件下에서五十餘人의傍聽人은더구나멀니地方으로붙어傍聽하기爲하야來參한加盟團体會員까지도섭섭하게退場하다.

議事進行은臨時執行部를選擧一任하기로、選擧方法은愼重을圖하기爲하야執行部選擧委員三人을口頭呼薦하야執行部五人을選擧하기로可決되야執行部選擧委員을口頭呼薦하니安基成、李忠模、李昌洙三人이選擧되야執行部를選擧한바左와如하다.

李準泰、鄭雲海、徐廷禧、姜達永、權五卨

議長、書記、查察等의任務는執行部에서便宜한대로輪廻分掌하기로하다.

前會錄朗讀은錯誤無하야可納되다. 그다음本總同盟創立以來의各部經過報告가有한後地方狀況은

群山　車周相、
安東　李準泰
金海　印東哲
求禮　鄭泰重
仁川　李承燁
咸興　蔡奎恒
平壤　陳秉基
龍山　殷在基
京城　朴來源

諸君의報告가있은後下午一時半休會하다.

午後二時繼續開會하다.

順序에 따라 中央常務執行委員을 選擧할 제 그 方法은 無記名投票로
하기로 可決되야 投票한 結果는 左와 如하다.

權五卨 三二、徐廷禧 三一、尹德炳 三〇、馬鳴 二七、
陳秉基 二五、李準泰 二四、李忠模 二四、朴來源 二三、
金有聲 二三、鄭雲海 一〇、裵德秀 六、姜達永 五、
申東浩 五、印東哲 五、蔡奎恒 四、申命奉 四、
李鍾植 四、金富坤 三、辛命俊 三、李昌洙 三、
殷在基 二、曺景叙 二、李承燁 二、崔允鈺 二、
金裕昌 二、金完根 二、車國相 二、劉斗熙 一、
尹德秀 一、申東植 一、趙佑濟 一、安基成 一、
鄭泰重 一、金基洙 一、金明奎 一、金智浩 一

被投票員 三六人、投票員數 三一四、
(出席員 三五人 中 三四人 九員式 一人 八員 投票)

딸아 票点에 依하야 左記 九人이 中央執行委員으로 被選되다.
權五卨、徐廷禧、尹德炳、馬鳴、陳秉基、李準泰、李忠模、
朴來源、金有聲、

그다음 豫算案은 뒤로 미루고 몬저 重大事項을 討議할 제 印東哲君
으로부터 左와 如한 建議가 有하다.

建議案

勞働總同盟과 農民總同盟 分立에 關한 件

一、朝鮮勞農總同盟의 加盟團体中에 農民團体는 따로히 朝鮮農民總同盟을 組織하고 勞働團体는 또한 朝鮮勞働總同盟을 組織할 일.
二、農民、勞働兩總同盟이 完成되는 때에는 朝鮮勞農總同盟은 解体하고 農民、勞働兩總同盟聯合委員會를 組織할 일.
三、中央執行委員懇談會에 右兩項이 決議된 時는 加盟團体의 可決을 要함.
四、加盟團体의 可決을 要求하는 方法은 書面大會의 方法을 取할 일.
五、加盟團体의 可決을 待하기까지의 一切事務는 常務執行委員의게 一任할 일.

右에 對하야 長時間 討議가 있은 後 原案을 採納하기로 可決되다.

그다음

一、經濟狀況調査의 件.
前創立大會決議에 基하야 加盟團体와 함께 各地經濟狀況調査를 時急히 行할 일.
一、生産消費組合에 關한 件.
一般勞農民衆의 利益을 圖하기 爲하야 形便이 許諾되는 地帶에는 右組合의 設置에 努力할 일.
一、群山咸南地方의 勞働運動의 紛糾內容을 迅速히 調査하야 處理할 事.
一、各地方勞農團体中에서 紛糾로 말미암아 서로 聲明書를 發表하야 [illegible] 있는바 이로부터 本總同盟 加盟團体는 如此한 境遇에 單獨聲明書를 發表치 말고 그 紛糾의 內容을 詳細히 本總同盟에 報告하야 [illegible]에서 此를 公開하기로 함.
一、安東陶山書院笞刑事件에 關한 件.
安東陶山書院笞刑事件에 對하야는 地主가 小作人에게 對한 [illegible]行을 [illegible]하고 右書院에 對하야 警告文을 發送함과 함께 本總同盟加盟團[illegible]를 總結束하야 右書院撤廢運動을 發起할 일.

等의 決議가 有한 後 豫算案은 左와 如히 通過되고 閉會하니 午后七時러라.

豫算案（自一九二五年十二月 至一九二六年三月）

一金貳千壹百七拾七系貳拾四錢也 收入之部

內譯

項目	金額	摘要
未納負担金	一七五〇、〇〇〇円	創立當時加盟團体一七四、只今一九二、合三六六中既納一六、三五〇團体每五円式
附加負担金	二八八、〇〇〇	每團体壹系五拾錢式新配定 百九十二團体分
創立費	一三九、二四〇	創立當時加盟團体一七四中五六入、一一八團体壹系拾八錢式
計	二一七七、二四〇	

一金貳千壹百七拾七系貳拾四錢也 支出之部

內譯

項目	金額	摘要
手當	七二〇、〇〇〇円	手當一人每月三〇系式四個月分
旅費	八〇〇、〇〇〇	壹個月貳百系式四個月分
通信	二〇〇、〇〇〇	加盟團体一次通信五円月拾個四個
印刷	一六〇、〇〇〇	一個月四拾系式四個月分
備品	一五〇、〇〇〇	
消耗品	八〇、〇〇〇	月貳拾系式四個月分
雜費	六七、〇〇〇	
計	二一七七、二四〇	

자료 10 조선노농총동맹의 동정에 관한 건
(京鍾警高秘 제998호, 대정 15년 1월 29일)

【1】

京鍾警高秘 제998호
대정 15년 1월 29일

경성종로경찰서장

경성지방법원 검사정 殿

조선노농총동맹의 동정에 관한 건

府內 堅志洞 88번지 소재, 표제단체에서는 작년 11월 중앙집행위원회에서 노농총동맹을 노동총동맹・농민총동맹으로 분립시키기로 결의했다. 이것의 可否를 書面大會의 형식으로 각 加盟團體에 자문하였지만 回答이 없다. 그 후에 다시 통보해 독촉한 결과 오늘까지 87개 단체의 회답을 접했지만, 아직 半數에 달하지 않음으로서 다음달 하순까지 회답기간을 연기해 늦어도 오는 4월에는 양 총동맹의 분립대회를 개최하려고 현재 준비중이지만 상무위원 중 尹德柄・徐廷禧・陳秉基 등은 조선공산당사건으로 신의주 署에 구금되고, 權五卨・馬鳴은 同사건 관계자로서 도주 중에 있고, 李準泰・金有聲 등은 모두 향리에 있다. 오로지 李忠模・朴來源 2명이 사무소에 근무하는 상태로 금후의 동정 여하에 변화를 가져올 만한 도모가 없다. 계속해서 경계중이다. 저들은 조직체운동이라 칭하면서 다음과 같은 형식에 이르고자 계획하고 있다.

【2】

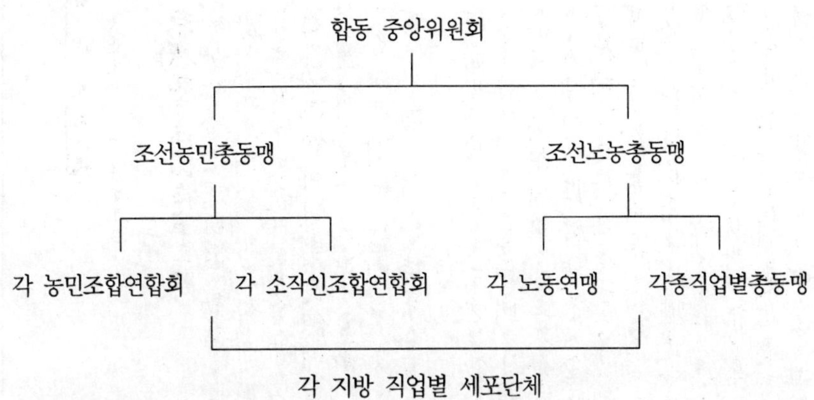

이상 보고합니다.

보고처 국장, 부장, 검사정

京秘 第九九八號
大正十五年 一月廿九日
京[illegible]

京城地方法院検事正殿

朝鮮勞農總同盟ノ動静ニ関スル件

府内堅志洞八八所在首題団体ニ於テハ客年十一月中央執行委員會ニ於テ勞農總同盟ヲ勞働總同盟農民總同盟ニ分立セシムベク決議シ是レガ可否ヲ書面大會ノ形式ヲ以テ各加盟団体ニ諮問シタルガ回答数ナク其后二回ニ渉リ督促ノ結果今日迄ニ八十七個団体ノ回答ニ接シタルモ未ダ半数ニ達セザルヲ以テ来月下旬迄回答期間ヲ延期シ遅クトモ来ル四月ニハ両總同盟ノ分立大會ヲ開催スルニ至ラシムベク目下準備中ナルガ常務委員中ノ尹徳炳徐廷禧陳秉基等ハ朝鮮共産党事件ニテ新義州署ニ拘禁サレ権五卨馬鳴ハ今事件関係者トシテ逃走中ニ在リ李準泰金有聲ハ共ニ郷里ニ在リ僅ニ李忠模朴來源ノ二名ノミ事務所ニ詰メ居ル状態ナルヲ以テ今後ノ動静如何ニ変化スルヤモ計ラレズ引續キ注意中ナルモ彼等ノ言ヲ組織体運動ト

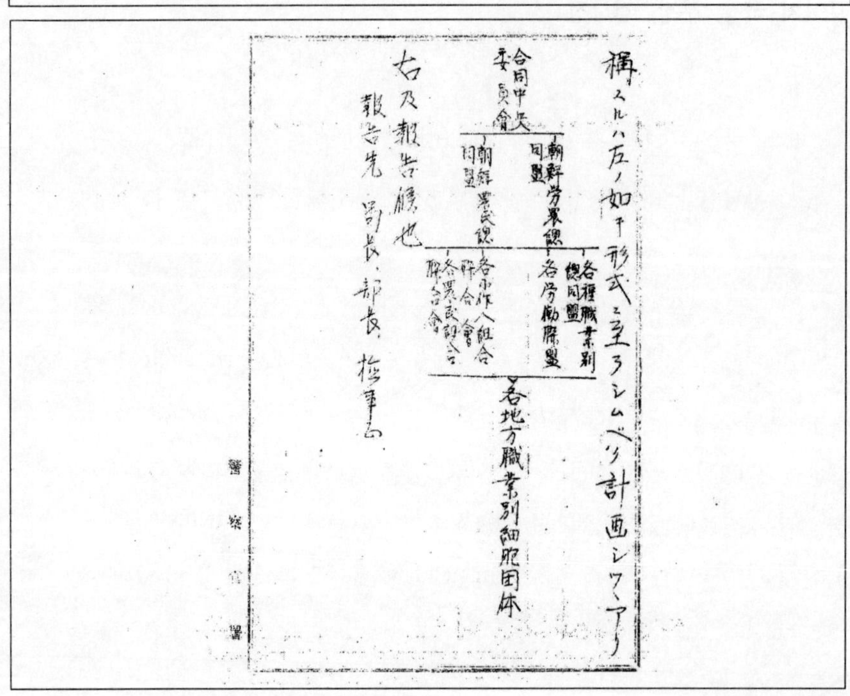
稱スルハ左ノ如キ形式ニ至ラシムベク計画シツヽアリ

右及報告候也
報告先 局長、部長、檢事正

警察官署

자료 11 조선노농총동맹 제7회 중앙집행위원 간담회에 관한 건 (京鍾警高秘 제3202호의 1, 대정 15년 3월 30일)

【1】

京鍾警高秘 제3202호의 1

대정 15년 3월 30일

경성종로경찰서장

경성지방법원 검사정 殿

조선노농총동맹 제7회 중앙집행위원 간담회에 관한 건

府內 堅志洞 88번지 소재, 표제단체에서는 본일 午前 10시 40분부터 견지동 侍天敎會堂에서 제7회 중앙집행위원 간담회를 개최 이준태 사회아래 다음 사항을 협의하고 오후 0시 55분 폐회했다.

(안건)

一. 노농총동맹 창립에 관한 건

一. 양 총동맹 집행위원수에 관한 건

一. 선언강령규약 및 의안기초 위원에 관한 건

【2】

一. 개 회 【이준태】

一. 点名

각자 지면에 자기의 성명을 기입 제출함에 다음과 같이 출석했다.

대구 李相薰 · 평양 金裕昌 · 김해 申東浩 · 광주 裵德秀

【3】

광주 曺景馭 · 광주 金有聲 · 마산 姜達永 · 순천 金基洙 · 진주 趙佑濟 · 진도 李昌洙 · 마산 金明奎 · 광양 辛命俊 · 하동 金琪完 · 당진 鄭亨澤 · 인천 劉斗熙 · 인천 安基成 · 인천 李承燁 · 용산 殷在基 · 경광 鄭仁瑛 · 경성 李忠模 · 경성 李準泰 · 경성 李殷植 · 경성 朴來源 · 경성 金泰植

一. 임시집행부 선거

구두 呼薦에 의해 전형위원 3명을 선출해 집행부를 선정하는 것으로 결정하여, 口頭呼薦의 결과 신동호 · 이은식 · 이승엽이 전형원위이 되었다. 집행부로서 박래원 · 이준태 · 이충모 · 김기완 · 김기주 5명을 선정 발표하였다.

一. 前回회록 낭독 【이충모】

작년 11월 19일, 중앙기독교청년회관에서 개최한 제6회 중앙집행위원 간담회의 회록을 낭독함에 이의 없이 통과하였으며, 내용의 특이한 점은 발견하지 못했다.

一. 경과보고 【이준태】

【4】

제6회 위원간담회로부터 오늘까지의 경과를 보고한 개황이 다음과 같다.

1. 작년 11월 28일 제6회 회록을 각 세포단체에 발송
2. 11월 29일 동경의 無産政黨 결당식 방청을 위해 상무위원 李忠模를 동경에 파견
3. 12월 20일 종로서로부터 사무실 가택압수를 받아 약간의 장부를 차압 당함
4. 12월 4일 각 가동맹체에 도산서원에 대한 결의부담금 청구 및 노동·농민 兩총동맹 분립 問議 등의 서류를 발송함
5. 12월 9일 동경에 파견한 이충모가 歸來 상무위원들에게 보고
6. 12월 12일 오후 8시 상무위원 진병기가 종로서에 체포된 것은 신의주 사건과 관련함
7. 12월 14일, 상무위원 徐廷禧가 종로서에 체포된 것은 신의주 사건과 관련함
8. 12월 17일, 상무위원 윤덕병이 종로서에 체포된 것은 신의주 사건과 관련함
9. 12월 20일 상무위원 이준태 예천사건 공판 때문에 안동에 출장
10. 대정 15년 1월 8일, 노농분립 회답을 독촉

【5】

11. 1월 14일 광주노동공제회와 광주청년회의 분규사건의 전말을 인쇄해 각 세포단체에 발송

12. 1월 15일 三重縣사건 대책회를 개최했지만 종로서로부터 금지 당함. 작성한 통문까지 압수되고 일체 행동을 금지 당했기 때문에 유감스럽게도 아무것도 할 수 없었음

13. 1926년 1월 15일 상무위원 박래원이 광주사건 조사를 위해 동지에 출장

14. 1월 21일 祝文을 작성해 勞農露國영사관에 발송

15. 1월 22일 상무위원 박래원이 광주사건 조사보고

16. 1월 24일 예천사건 판결언도를 위해 이준태 안동 출장

17. 3월 3일 상무위원회에서 각 지방에 지방노농대회를 개최한다고 각 신문지상에 발표

18. 3월 5일 상무위원 이준태 종로서에 호출되어 無届集會에 대해 취조를 받음

19. 3월 21일 상무 박래원은 조선인쇄직공조합 총동맹창립으로 분주

20. 기타 각지의 同盟罷工·소작쟁의들에 격려 전보문을 발송한 것,

【6】

신년벽두 조직적으로 장래를 이끌 방침을 각 신문지상에 발표한 것, 신년 간친회를 개최한 것, 前進會로부터 사회단체 중앙협의회 개최의 동의를 받아 회답한 것 등으로 본 기간 내에 同盟罷工·소작쟁의는 노동쟁의 14개소 4,000명, 소작쟁의 3개소 2,500호로서 아직 해결되지 않은 것이 수건이다.

21. 본 기간 중 加盟한 것은 다음과 같으며, 이는 상무위원에서 심사가결하고 있음으로 보고한다.

평양면옥노동조합	평양
안동노우회	안동
원산노동연합회	원산
풍산농민회	안동
익산노동연맹	익산
조선인쇄직공조합총연맹	경성

一. 회계보고

1925년 12월부터 1926년 3월까지

수입부분	총수입	68円 22錢	
	내 역	金51円	부담금
		金17円 22錢	부가금
	계	68円 22錢	

【7】

지출부분	총지출	金68円 22錢	
	내 역	金15円	인쇄비
		金16円	통신비
		金17円 50錢	출장비
		金19円 72錢	薪炭費
	계	68円 22錢	

一. 지방상황보고

보고자 없음

一. 상무집행위원 보선에 관한 건

상무집행위원 9명중 徐廷禧·陳秉基·尹德炳 3명은 현재 신의주형무소에 복역 중, 權五卨은 行衛 불명, 馬鳴은 취임 후 1회도 出務하지 않았다. 그러므로 5명을 보선하기로 하고, 무기명 투표의 결과 다음과 같이 표를 얻은 裵德秀 외 4명 당선

裵德秀 金琪洙 李殷植 安基成 殷在基

一. 노농 양총동맹 분립에 관한 건

본 건은 개최에 앞서 당국으로부터 내용 언급이 금지 당하고 또 순서 중 3항목을 삭제 당했다. 대략 이준태·박래원 등이 서로 보고하고 여러 가지 논의

【8】

끝에 결의하려고 했으나, 검찰관이 결의를 금지했기 때문에 분리에 관한 일체의 준비책임을 중앙상무집행위원에게 일임하기로 했다. 이 때 경성노동회 상무 李恒發·李珖 두 명이 원산(甲) 朴泰善·재령(甲) 崔永昌 등을 동반하고 입장해, 중앙집행위원회에 서면 질의서를 제출했다. 그 내용은 '조선노농총동맹의 가맹단체 受理는 어떻게 하는가'라는 질문서였다. 그러나 본 건은 중앙위원회에 제출할 성질의 것도 아니고, 그렇다고 상무위원회에서 처리한다는 것에 대해서도 확답할 수 없어서, 분쟁은 없었지만 질문자 측은 그대로 장내에 있었다.

一. 混成단체 정리에 관한 건

현재의 가맹단체는 노동단체 80, 농민단체 78, 혼성단체 37로서 약간은 정리하고 있으나, 약 30개 단체는 정리해도 문제라고 이준태가 보고했다. 安基成의 제의에 의해 지역적으로 볼 때 도시에 존재하는 혼성단체는 노동단체로 하고, 농촌에 존재하면 반대로 勞協者라도 농민단체로 간주하기로 하고, 각

단체에 서면문의 후에 이의가 없으면 가결하기로 결정했다.

一. 기타사항

【9】

(1) 예산안

4월 1일부터 4월 말일(兩총동맹 분립완성 시까지)

一. 수입부문 총액 2,164円 42錢

내　역	창립비미납금	140円	42錢
	부담금 미납	1,745円	
	부가금	279円	

一. 지출부문　총액 1,239円

내　역	수당금(9명의 상무집행위원)	184円
	출장비	150円
	인쇄비	90円
	소모품비	30円
	잡비	15円
	수당 미지불금	720円

一. 잔액 925円 42錢

본 잔액은 농민노동 兩총동맹이 창립한 후 分給할 것이라고 편성위원이 안을 내놓자, 덧붙여서 一同 토의함에 이의 없이 통과했다.

(2) 각 동맹 罷工・소작쟁의에 대해 그 지방에서 출석한 위원은 각자 사건마다 보고하기로 하고 안기성(仁川)이 인천정미직공 同盟罷工에 대한 보고를 처음부터(이때 바로 임석경찰관이 사회자에게 이 보고의 금지를 명한다)

【10】

一. 폐 회

오후 0시 55분 이준태가 폐회를 선언한다.

추가로 출석자는 29일 저녁 및 30일 아침, 경성역 도착열차로 入京할 예정이므로, 행동경계 중에 있으며, 本書로서 入京 보고(통보)를 대신하고 별도로 발송하지 않습니다.

발송처

국장 부장 검사정 府內各署

대구 평양 김해 광주 마산 순천 진주 인천 경광 진도 광양 하동 당진 원산 재령 나주 各署

136

京鍾警高秘第[illegible]號ノ二

大正十五年三月三十一日

京城鍾路警察署長

朝鮮労農総同盟第七回中央

執行委員懇談會ニ関スル件

府内楽園洞八六番地所在首題団体ニ於テハ本月[illegible]

午前十一時四十分ヨリ堅志洞侍天教會堂ニ於テ第七

回中央執行委員懇談會ヲ開催李準泰司會

下ニ左記事項ヲ協議シ午后零時五十五分閉會セリ

開會ニ先チ懇談會ノ形式ヲ以テ開催方当署ニ届[illegible]

出タルヲ以テ其ノ順序ヲ見ルニ

一、労農総同盟創立ニ関スル件

一、同総同盟執行委員数ニ関スル件

一、[illegible]規約及議案起草委員ニ関スル件

[illegible]ヲ以テ[illegible]本総同盟ガ発起シタル[illegible]

[illegible]組織スルハ集會禁止中ノ労農総同盟ノ延

[illegible]以テ本総同盟集會解禁ニナラザ

ル間ハ大會並ニ未成団体ノ内容ヲ論議スルハ不穏ト

認メ此ノ條項ノ削除セシメタリ　而シテ開會中本件

ニ論及セントシタルヲ以テ臨検警官ニ於テ直チニ中止

137

命シタリ　次テ其他ノ事項ニ入リ各地ノ[illegible]

争議ニ関シ各出席者ヨリ其ノ真相ニ[illegible]

所ノ如キハ既ニ解決セシ事件ヲ再起[illegible]

[illegible]ノ禁止セリ

[illegible]會ニ対シテハ傍聴禁止ノ條件ヲ附シ[illegible]

以テ會議ニ対シ何等ノ妨害モナク[illegible]

[illegible]ニテ一瀉千里ニ議事進行セリ

右及報告（通報）候也

左記

一、開會　李準泰

毎年四月ハ本総同盟ノ大會期ナルニ拘ラズ依然集

會解禁セラレズ且ツ執行委員ノ會合モ意ニ任セズ[illegible]

[illegible]ナルモ当局ニ於テ許諾セザルヲ以テ之レ[illegible]

[illegible]ニ代ヘ中央執行委員會ヲ召集セルモノナル[illegible]

本會ハ目下準備中ナル労農両総同盟ノ創立準

備ノ基礎ヲ為スモノニ付慎重ニ審議サレタシ云々

一、点名

各自紙片ニ自己ノ姓名ヲ記入提出シタルニ左ノ如[illegible]

出席ス

出席者

平壌　金裕昌　　光州　[illegible]

大邱　李相薫　　金海　[illegible]

光州 曺景馭　仁川 劉斗照
〃 金有声　〃 安基成
馬山 姜達永　〃 李承燁
順天 金基洙　亀山 殷在基
晋州 趙佑済　昊光 鄭仁琁
珍島 李昌洙　京城 李忠模
馬山 金朋奎　李準泰
光陽 辛命俊　李殷植
河東 金琪完　朴来源
唐津 鄭亨澤　金泰植

一 臨時執行部選挙

口頭呼薦ニ依リ詮衡委員三名ヲ選ミ執行部ヲ選任セルコトニ決定シ口頭呼薦ノ結果、申東浩、李殷植、李承燁ノ三名詮衡委員トナリ執行部トシテ、朴来源、李準泰、李忠模、金琪完、金基洙ノ五名ヲ選定発表ス

一 前回会録朗読　李忠模

昨年十二月十九日中央基督教青年会館内ニ於テ開催セル第六回中央執行委員懇談会ノ会録ヲ朗読シタルニ異議ナク通過シタリ内容特異ノ点ヲ認メス

一 経過報告　李準泰

第六回委員懇談会ヨリ今日ニ至ル一期間ノ経過ヲ報告ス概況左ノ如シ

一 昨年十二月二十八日第六回会録ヲ各細胞団体ニ発送ス

一 本月二十九日東京ニ於ケル無産政党結党式傍聴ノ為メ常務委員李忠模ヲ東京ニ派遣ス

一 十二月二十日鍾路署ヨリ事務室ノ家宅捜索ヲ受ケ若干ノ帳簿ヲ差押ヘラル

一 本月四日各加盟団体ニ関山書院ニ対スル決議ト目的金ノ請求並ニ労働農民両総同盟合立問題等ニ関スル書類ヲ発送ス

一 本月九日東京ニ派遣シアル李忠模帰来シ各種ノ状況ヲ報告ス

一 本月十二日午後八時頃常務委員陳秉基鍾路署ニ検挙サレ一昼夜ノ後釈放サル内容ハ新義州事件関係ナリ

一 本月十四日常務委員徐廷禧鍾路署ニ逮捕サレ翌日新義州署ニ押送サル

一 本月十七日常務委員尹徳炳鍾路署ニ逮捕サレ翌日新義州署ニ押送サル

一 本月二十日常務李準泰醴泉事件公判ノ為メ安東ニ出張ス

一 本月二十五日労農総同盟合立問題ヲ督促ス

14

11. 仝月十四日光州労働共濟會対光州青年會ノ紛糾事件ノ顛末ヲ印刷シ各細胞団体ニ送附ス

12. 仝月十五日三重縣事件対策會ヲ開催セントシタルモ鍾路署ヨリ禁止サレ作成セシ通文迄モ押収サレ一切ノ行動ヲ禁止サレタル為メ遺憾乍ラ何事モ出来ザリキ

13. 仝日常務委員朴来源光州事件調査ノ為メ仝地ヘ出張ス

14. 仝月二十一日祝文ヲ作成シ労農露國領事館ニ送附ス

15. 仝月二十二日常務委員朴来源光州事件調査報告ヲ為ス

16. 仝月二十四日醴泉事件判決言渡ノ為メ李準泰安東ニ出張ス

17. 三月三日常務委員會ニ於テ各地方ニ地方労農大會ヲ開催スベク各新聞紙上ニ発表ス

18. 三月五日常務ニ委員李準泰鍾路署ニ呼出サレ無届集會ニ付キ取調ヲ受ク

19. 仝月二十一日常務朴来源ハ朝鮮印刷職工組合総同盟創立ニ付キ奔走ス

20. 其他各地ノ同盟罷工小作争議等ニ対シ激励電

15

文ヲ発送シタルコト 新年劈頭組織的ニ將来ヲ進ムル方針ヲ各新聞紙上ニ発表シタルコト、新年懇親會ヲ開催シタルコト、前進會ヨリ社會団体中央協議會開催ノ同議ヲ受ケ回答シタルコト等アリ 本期間内ニ於ケル同盟罷工、小作争議ハ

労働争議 十四ヶ所、四千名

小作争議 三ヶ所 二千五百戸

ニシテ未ダ解決セザルモノ数件アリ

21. 本期間中加盟セルモノ左ノ通ニシテ之ハ常務委員ニ於テ審査可決シ居レリ以テ報告ス

平壌麺屋労働組合	平壌
安東労友會	安東
元山労働联合會	元山
豊山農民會	安東
益山労働联盟	益山
朝鮮印刷職工組合総联盟	京城

一、会計報告

(自 一九二五、十二月
至 一九二六、三月)

収入ノ部

総収入 六十八円二十二銭

内訳 金五十一円也 負担金

金十七円二十二銭 附加金

145

末決議セントスルヲ以テ臨検警官ニ於テ決議ヲ禁
止シタル為メ分立ニ関スル一切ノ準備責任ヲ中央常
務執行委員ニ一任スト決議ス
此ノ時京城労働會常務李恒発 李暁ノ両名
ハ此(甲)朴來善、載寧(甲)崔永昌等ヲ伴ヒ
入場シ中央執行委員會ニ質疑ナリトテ書面ヲ
提出シタルガ其ノ内容ハ朝鮮労農総同盟ノ加盟団
体受理方法ハ如何ニスルヤトノ質問書ナリシヲ
以テ本件ハ中央委員會ニ提出スベキ性質ノモノ
ニアラズ常務委員會ニ於テ処理スベキモノニ有
回答ノ限リニ非ズトテ取合ハザリシモ質問者側
ハ其ノ侭場内ニアリタリ
「混成団体整理ニ関スル件」
目下ノ加盟団体ハ
労働団体 八〇、 農民団体 七八、
混成団体 三七
ニシテ内若干ハ整理シアルモ約三十ヶ団体ガ整理スベキ問
題ハモノチリト李準泰報告シ安基成ノ提議ニ依リ地
域的ニ見都市ニ存在スル混成団体ハ労働団体トシ農村
ニ存在スルハ仮リニ労働者多キモ農民団体ト看做サントシ
各団体ニ書面問議ノ末異議ナクバ可決スルコトト決ス
一、其他ノ事項

145

末決議セントスルヲ以テ臨検警官ニ於テ決議ヲ禁
止シタル為メ分立ニ関スル一切ノ準備責任ヲ中央常
務執行委員ニ一任スト決議ス
此ノ時京城労働會常務李恒発 李暁ノ両名
ハ此(甲)朴來善、載寧(甲)崔永昌等ヲ伴ヒ
入場シ中央執行委員會ニ質疑ナリトテ書面ヲ
提出シタルガ其ノ内容ハ朝鮮労農総同盟ノ加盟団
体受理方法ハ如何ニスルヤトノ質問書ナリシヲ
以テ本件ハ中央委員會ニ提出スベキ性質ノモノ
ニアラズ常務委員會ニ於テ処理スベキモノニ有
回答ノ限リニ非ズトテ取合ハザリシモ質問者側
ハ其ノ侭場内ニアリタリ
「混成団体整理ニ関スル件」
目下ノ加盟団体ハ
労働団体 八〇、 農民団体 七八、
混成団体 三七
ニシテ内若干ハ整理シアルモ約三十ヶ団体ガ整理スベキ問
題ハモノチリト李準泰報告シ安基成ノ提議ニ依リ地
域的ニ見都市ニ存在スル混成団体ハ労働団体トシ農村
ニ存在スルハ仮リニ労働者多キモ農民団体ト看做サントシ
各団体ニ書面問議ノ末異議ナクバ可決スルコトト決ス
一、其他ノ事項

144

一、豫算案

自四月一日至四月末日（兩總同盟分立完成期迄）

一、收入之部　總額　二千百六十四円四十二銭

内譯

創立費未納金　一百四十円四十二銭

負担金未納　一千七百四十五円

附加金　二百七十九円

一、支出之部　總額　一千二百三十九円

内譯

手當金（九人ノ常務執行委員）一百八十四円

出張費　一百五十円

通信費　五十円

印刷費　九十円

消耗品費　三十円

雜費　十五円

手當未支拂金　七百二十円

一、殘額　九百二十五円四十二銭

本殘額ハ農民労働兩總同盟ガ創立セラレタル後、分給スヘク編成委員ノ案ナリシト附加ハ一同ニ許リタルニ

異議無ク通過ス

(ヘ)各同盟羅工小作争議ニ対シ其地方ヨリノ出席委員ハ各自事件毎ニ報告スル事トシ　安基成

145

（仁川）ガ仁川精米職工同盟羅工ニ対スル報告ヲ初メヨリ（此際直ニ臨席警察官ニ於テ同會者ニ対シ之ガ報告ノ禁止ヲ命ス）

一、閉會

午后零時五十五分李準泰閉會ヲ宣ス

以上

追而出席者ハ廿九日夕及三十日朝京城驛着列車ニテ入京セルモノニシテ行動注意中ニアリ

本書ヲ以テ入京報告（通報）ニ代ヘ別ニ発送セズ

発送先

局長、部長、検事正、府内各署

大邱、平壌、金海、光州、馬山、順天、晋州

仁川、[illegible]、珍島、光陽、河東、唐津、元山

載寧、羅州　各署

자료 12 「三重縣事件 調査會突然禁止」, 《조선일보》 1926년 1월 15일자

「三重縣事件 調査會突然禁止」
리유는 대단히 불온하다는 것
서류까지 압수하고 금지선언

조선로농총동맹(朝鮮勞農總同盟)에서 일본 삼중현(日本 三重縣)사건의 진상을 됴사하기 위하야 각 사회단톄와 협의한 후 됴사회를 조직하리라 함은 이미 보도한 바와 갓거니와 동총동맹에서는 이미 서류를 인쇄하야 각 단톄에 발송하랴 하얏는데 소관 종로서에서 일톄 서류를 압수하야 가는 동시에 상무집행위원 리준태(李準泰)씨를 소환하야 금지선언을 하얏다는데 금지리유는 「불온」하다는 것이라더라

三重縣事件‖
調査會突然禁止
리유는대단히불온하다는것
서류까지압수하고금지선언

조선로농총동맹(朝鮮勞農總同盟)에서 일본삼중현(日本三重縣)사건의 진상을됴사하기위하야각사회단톄와 협의한후 됴사회를 조직하리라 함은이미보도한바와 갓거니와 동총동맹에서는이미서류를 인쇄하야 각단톄에발송하랴 하엿는데 소관종로서에서 일톄서류를 압수하야가는동시에 상무 집행위원리준태(李準泰)씨를 소환하야 금지선언을하얏다는데 금지리유는「불온」하다는것 이라더라

자료 13 「小作人會創立 安東郡 豊山에서」, ≪동아일보≫ 1923년 11월 18일자

「小作人會創立 安東郡 豊山에서」

慶北 安東郡 豊山 等地 小作人 約 二百名은 去十一日에 豊山學術講習會 內에 會合하야 小作人會를 組織한 바 會則 及 決議와 執行委員 氏名은 左와 如하더라

一. 執行委員

申泰雨・李昌稙・李準文・李會昇・權丙南・李用萬・李準悳・權永浩・李守宗・權寧昊・權大亨・權準杓・權五愼・權五禹・李用醫・金善圭・金重東・金斗成・趙鳳碩・金春根・韓漢成・李會春・金朝東・李承烈・李會源

一. 決議事項

一. 小作料는 五割로 할 事
一. 地稅는 地主의게 負擔케 할 事
一. 賦役에 不服할 事
一. 舍音料, 看坪接待는 廢止할 事
一. 堤防工事費는 各 地主의게 負擔케 할 事
一. 小作權은 五年 以上으로 할 事
一. 小作料運搬은 二里 以內는 小作人이 此를 行하되 二里 以上은 地主의게 負擔케 할 事
一. 金肥施用에 對하야 半分만 負擔할 事

一. 會 則

第一條 本會는 豊山小作人會라 稱하고 事務所를 豊山市場에 置함

第二條 本會는 小作人 及 準小作人으로써 組織함

第三條 本會는 小作人 及 準小作人의 相互扶助와 生活向上을 目的함

第四條 本會는 總會를 最高機關으로 하되 定期總會는 每年 三月一日, 八月一日 二回로 定하고 臨時總會는 緊急한 時에 開함

第五條 總會는 出席人 五十人 以上으로써 此를 開함

第六條 本會는 執行委員 二十五人을 置하되 總會에서 選定함

但 緊急을 要할 時는 執行委員會에서 責任을 負하고 執行委員의 增加 或은 補缺을 行하야 次會總會의 承認을 要함이 無妨하나 承認을 得치 못한 境遇에는 將來를 향하야 그 効力이 無함

第七條 執行委員은 執行委員會를 組織하고 總會 開會時로부터 本會를 代表하야 一切事務를 處理 執行함

第八條 執行委員會는 出席人 半數 以上으로 此를 開함

第九條 執行委員會는 常務委員 九人을 互相選定하야 委員會의 閉會時부터 執行委員會를 代表하야 常務를 擔當케 함

第十條 本會는 事務를 分掌키 爲하야 左의 各部를 置함

一, 庶務部

二, 財務部

三, 調査部

第十一條 本會의 經費는 入會金 月捐金 及 義捐金으로써 此를 充하되 入會金은 十錢, 月捐金 參錢, 義捐金 隨意케 함

第十二條 本會에 入會코저 하는 者에 對하야는 會員 一人의 保證을 要함

第十三條 本會 任員의 任期는 滿 一個年으로 定하되 滿期 再選도 無妨함

第十四條 本會는 會則을 服從치 아니하며 或은 會體를 汚損케하는 會員에게 對하야 黜會 又는 停權의 處分을 行함

第十五條 前條의 處分을 行할 時는 常務委員의 報告로써 執行委員會에 經由하야 總會에서 必히 此를 行함

第十六條 會則 變更할 時는 必히 總會에서 此를 行함 (豊山)

小作人會創立
安東郡豊山에서

慶北安東郡豊山等地小作人約二百名은去十一日에豊山學術講習會內에會合하야小作人會를組織한바會則及決議와執行委員氏名은左와如하더라

一、執行委員

申泰雨、李昌植、李準文、李會昇、權丙南、李用萬、李準憲、權永浩、李守宗、權寧奐、權大亨、權準杓、權五儁、權五高、李用晋、金善圭、金直東、金斗成、趙鳳碩、金春根、韓淡成、李會春、金朝東、李承烈、李會源

一、決議事項

一、小作料는五割로할事
一、地稅는地主의게負擔케할事
一、賦役에不服할事
一、舍音料、舍音接待는廢止할事
一、堤防工事費는各地主의게負擔케할事
一、小作權은五年以上으로할事
一、小作料運搬은二里以內는小作人이此를行하되二里以上은地主의게負擔케할事
一、金肥施用에對하야半分만負擔할事

一、會則

第一條 本會는豊山小作人會라稱하고事務所를豊山市場에置함
第二條 本會는小作人及準小作人으로써組織함
第三條 本會는小作人及準小作人의互相扶助와生活向上을目的함
第四條 本會는總會를最高機關으로하되定期總會는每年三月一日、八月一日 二回로定하고臨時總會는緊急한時에開함
第五條 總會는出席人五十人以上으로써此를開함
第六條 本會는執行委員二十五人을置하되此를總會에서選定함
但緊急을要할時는執行委員會에서責任을負하고執行委員의增加或은補缺을行하야次回總會의承認을要함이無妨하나承認을得치못한境遇에는將來를向하야그效力이無함
第七條 執行委員은執行委員會를組織하고總會開會時로부터本會를代表하야一切事務를處理執行함
第八條 執行委員會는出席人半數以上으로此를開함
第九條 執行委員會는常務委員九人을互相選定하야委員會와閉會時부터執行委員會를代表하야常務를擔當케함
第十條 本會는事務를分掌키爲하야左의各部를置함
一、庶務部
二、財務部
三、調査部
第十一條 本會의經費는入會金月捐金及義捐金으로써此를充하되入會金은十錢、月捐金參錢、義捐金隨意케함
第十二條 本會에入會코저하는者에對하야는會員一人의紹介를要함
第十三條 本會役員의任期는滿一個年으로定하되滿期再選도無妨함
第十四條 本會는會則을服從치아니하며或은會體를汚損케하는會員에게對하야는黜會又는停權의處分을行함
第十五條 前條의處分을行할時는常務委員의報告로써執行委員會에經由하야總會에서必히此를行함
第十六條 會則變更할時는必히總會에서此를行함(豊山)

자료 14 이준태가 조선노농총동맹 간부에게 보낸 편지

「勞農總同盟 幹部 여러 兄님에게」, 1924년 7월 22일

我總同盟의 逐日擴張됨을 晝宵로 祝願하는 同時에 幹部 여러 동무의 줄곳 健鬪하심을 밋고 바라나이다. 豊山小作人會는 여러 同志의 奮鬪로써 無數한 魔群의 反動과 難關을 突破하고 現狀 至하온바 至今하야는 彼邊에셔 互相結託하야 撲滅策을 施用하는 OO이외다. 本會의 幹部級會員 十六人은 拘禁은 아니 되얏스나 아직 檢査局에 取調中이며 又幹部級會員 五人은 拘禁되야 檢査局에 取調中인 바 O聞에 依하면 彼卽稱脅迫罪 業務妨害罪라 稱하고 期於히 苛酷한 處置가 잇슬 듯 하외다. 彼O盟人의 終始犧牲이 個人情境은 如舍하고라도 現狀에 잇서서 本會의 大不幸 -- 勞農運動上 不小한 損失 될 듯 하외다. 그럼으로 苟且하나마 辯護士의 力을 蒙코자 하오나 金錢의 貶薄으로 엇지하면 됴켓나잇가. 幸혀나 여러 兄님의 幹旋으로써 無料로 辯護士의게 交涉하야보실 수가 잇슬는지요.(往復旅費는 本會負擔) O거던 卽時 詳細히 回答하야 주심을 바라오며 時期上 促迫함을 끝흐로 알여드리고 이만 그칩니다.

甲子 七月 二十二日

李準泰 올림

勞農總同盟 幹部 여러 兄님에게

拜啓
我總同盟의 巡回擴張됨을 益
富로 祝賀하는 同時에 幹部여
러 동무의 굴곳 健鬪하심을
밋고 바라나이다 雲山小作人會는
여러 同志의 奮鬪로 偶然한
魔群의 反動的 結社를 突破하
고 現今 狀況에 至하는바 爲今하야
는 彼等에 對하야 相結托하야 撲滅
策을 施用하는 見解에 다 如
會의 幹部 會員 十數人은 拘禁,
은 아니되얏스나 아직 檢査局에 取調
中이며 又 幹部 四五人은
拘禁되야 檢査局에 取調中인
바 及 聞에 依하면 彼等의 謀略
罪, 不明罪名을 다 捏造하고 逼迫
於히 甚한 곳과 吏가 잇슬 듯하
외다 彼等 土豪의 壓迫 犧牲이

個人情況은 此 소식하고 現狀
에 잇서서 此會의 大[illegible] 一切을
農民運動上으로 아 한 損失이 될 듯
하외다 그럼으로 [illegible] 한 바 辯護
士의 가 不幸 하면 全鐵의
走道으로 언지하면 또 컷이 하고
靑年하나 여러 先生의 後援으로
偶 材料로 辯護士에게 交涉하
야 보실 수가 잇슬는지요 (外交의 諸要는 女性担) 어떠던

卽時 詳細히 回答하야 주심을
바라오며 此 時期上 促迫한 事實을
로 알여드리오니 이만 그치나이다.
甲子 七月 二十三日
李準泰 올님

勞農總同盟
幹部 여러 同志님 座下

자료 15 「豊山小作決議 三千餘名의 總會에서」, ≪동아일보≫ 1924년 10월 21일자

「豊山小作決議 三千餘名의 總會에서」

慶北 安東郡 豊山小作人會에서는 八月 一日 定期總會가 延期되야 지난 十四日 午後 一時에 豊山市場에서 열이엿는데 出席한 會員이 三千五百餘名에 達하엿스며 男女 傍聽客이 數千名에 達한 盛況中에 警察署 檢查局 刑務所 뒤푸리 가튼 庶務部의 報告와 河回 柳氏 一門 其他 多數 惡地主의 態度에 對한 小說이 약이 가튼 調查部의 報告와 及 財務部의 經過報告가 잇슨 後에 아래와 가튼 任員改選과 決議가 잇고 新興青年會를 비롯하야 數三人의 祝賀文을 朗讀한 後 豊山小作會 萬歲三唱으로 午後 六時半에 閉會하엿다고

決議事項

一. 小作料는 秋期作物은 田 四割 以內 畓 四割五分 以內 春期作物은 田 三割 以內 畓 三割 以內로 하고 畓에 對하야 春期作物 分配 慣習이 無한 地方에는 勿論 前例에 依할 事
一. 朝鮮勞農總同盟에 加盟할 事
一. 執行委員 五人을 增加할 事
一. 李宅烈 · 金點童 · 金根哲 · 盧聖守 · 金永鎬 · 金景洙 · 金麟洙 等을 黜會할 事
一. 小作權 還收의 件과 災害 對策의 件은 執行委員會에 一任할 事
一. 適宜 地方에 出張所를 設置할 事

執行委員改選

李相龍·申泰雨·權永浩·李會昇·權大亨·金春根·金善圭·金重東·李守宗·權丙南·李準悳·金朝東·韓漢成·牟石順·李萬稙·金昌秀·權榮洙·崔炳五·金肖燮·李準泰·金益燮·安相吉·金文洙·李雨昊·金弼鎭·安元鎬·朱相夏·李進求·金洛漢·金在權·趙鏞洛·金芝鉉·金軫燮·李泰熙·李會轁(豊山)

豐山小作決議

三千餘名의 總會에서

慶北安東郡豐山小作人會에서는 八月一日定期總會가 延期되야 지난 廿日午後一時에 豐山市場에서 열엿는데 出席한 會員이 三千五百餘名에 達하엿스며 男女傍聽客이 數千名에 達한 盛況中에 警察檢査局刑務所뒤푸리가는 庶務部의 報告와 河回柳氏一門其他多數惡地主의 態度에 對한 小說이약이 가튼 調査部의 報告와 及財務部의 經費報告가 잇슨 後에 아래와 가튼 任員改選과 決議가 잇고 新興青年會를 비롯하야 數三人의 祝賀文을 朗讀한 後 豐山小作人會萬歲三唱으로 午後六時半에 閉會하엿다고

決議事項

一、小作料는 秋期作物은 田四割以內 畓四割五分以內 春期作物은 田三割以內 畓三割以內로 하고 畓에 對하야 春期作物分配慣習이 無한 地方에는 勿論前例에 依할 事

一、朝鮮勞農總同盟에 加盟할 事

一、執行委員五人을 增加할 事

一、李宅烈金黙章金根哲崔中宗金永鎬金景洙金黙洙等을 黜會할 事

一、小作權 還收의 件과 災害對策의 件은 執行委員會에 一任할 事

一、適宜地方에 出張所를 設置할 事

執行委員改選

李相龍、申泰雨、權永浩、李會昇、權大亨、金春根、金善圭、金重東、李守宗、權丙南、李準悳、金朝東、韓漢成、牟石順、李萬稙、金昌秀、權榮洙、崔炳五、金肖燮、李準泰、金益燮、安相吉、金文洙、李雨昊、金弼鎭、安元鎬、朱相夏、李進求、金洛漢、金在權、趙鏞洛、金芝鉉、金軫燮、李泰熙、李會轁(豐山)

자료 16 「落成式에 示威行列」, ≪조선일보≫ 1925년 9월 1일자

「落成式에 示威行列」

豊山小作會

會舘을 建築하고

慶北 安東郡 豊山小作會에서는 五千餘名 會員의 努力한 結果 當地 安郊同에 會舘을 建築하고 落成式을 擧行한다 함은 旣報한 바와 갓거니와 豫定과 가티 지난 二十八日 下午 二時半부터 新築會舘에서 盛大한 祝賀式을 行하엿는대 定刻 前부터 모혀드는 群衆은 붉은 글자로 쓴 各 洞里勞農旗와 樂隊을 先頭로 數千群衆은 물미드시 모혀드러

場內場外는 立錐의 餘地가 업시 되엿는 바 定列이 되자 同會 常務執行委員 李準泰氏의 熱烈한 式辭가 잇슨 後 李會昇・權五卨・李準悳 諸氏의 感慨無量한 感想談이 잇슨 후 來賓 祝辭에 이르러 멀리 永川에서 온 永陽靑年會 代表 白基浩, 永川衡平分社 卞聖道, 安東靑年聯盟 金雨田, 吉安靑年會 柳淵建, 火星會 金完鎭(元鎭의 잘못), 禮安靑年會 李準文, 衡平社慶北第二支社 金道天 等 諸氏의 意味깁흔 祝辭와 遠近 各 團體에서 온 祝電祝文 四十餘通을 朗讀한 후

萬歲三唱으로 無事히 式을 마치고 卽時 宴會席에 나아가서 各 洞里 農民의 年中行事인 □宴을 同會 洛成宴으로 興味가 津津한 後 赤色旗와 樂隊를 先頭로 數千 群衆은 市街를 도라 다니며 示威行列이 잇섯는데 同夜 十時頃에 空前의 盛況裡에 萬歲聲裡에 閉會하엿다더라 (安東)

落成式에 示威行列

豐山小作會

會館을建築하고

慶北安東郡豐山小作會에서는五十餘名會員의努力한結果當地安郊洞에會館을建築하고落成式을擧行한다함은既報한바와갓거니와豫定과가티지난二十六日下午二時半부터新築會館에서盛大한祝賀式을行하엿는대定刻前부터모혀드는群衆은물은글자로各各洞里旗와樂隊을先頭로數千群衆은물미드시모혀드러

場內場外

는立錐의餘地가업시되엿는바定刻이되자同會常務執行委員[illegible]準泰氏의熱烈한式辭가잇슨後李會[illegible]、[illegible]李準惠諸氏의感謝[illegible]이잇슨후來賓祝辭에이르러멀리永川에서온永陽靑年會代表[illegible]、永川靑年分社[illegible]、安東靑年聯盟[illegible]、吉安靑年會柳淵建[illegible]、豐安靑年會李準文、衛平社慶北第二支社金道天等諸氏의意味깁흔祝辭와遠近各團體에서온[illegible]電文四十餘通을朗讀한후

萬歲三唱

으로無事히式을마치고即時宴會席에나아가잇[illegible]各洞里農民의[illegible]行列[illegible]同會落成[illegible]오로興味가[illegible]赤色旗와樂隊을先頭로數千群衆은[illegible]라[illegible]잇섯는대同夜十時頃에[illegible]前와[illegible]況裡에萬歲聲裡에閉會하엿다더라(安東)

자료 17 「豊山小作人會 定總」, ≪동아일보≫ 1925년 11월 18일자

「豊山小作人會 定總」

慶北 安東郡 豊山小作人會에서는 去 十一日 下午 二時부터 第四回 定期總會를 開하엿다는데 會舘이 狹少하야 市場에다 遮日을 치고 會員 一千六百餘名이 모인 中 臨時議長 李準泰氏 司會로 아래와 갓튼 決議가 잇슨 後 이여서 創立 二週年 紀念式을 擧行하엿다는데 日本서 온 祝電과 全朝鮮 各地에서 온 四十餘 通의 祝電 祝文을 朗讀한 後 來賓 中으로 各團 代表인 安東火星會 金元鎭 勞友會 金晉潤 正光團 權鼎甲 柳淵逑 記友團 吳成武 安東青年聯盟 柳淵建 京城新興青年聯盟 權思露 衡平社慶北第二支社 金道天 金德天 臨河青年會 金世魯 一直青年會 南璋 南後青年會 金朝漢 醴泉青年聯盟 李基斗 醴泉新興青年會 具滋益 醴泉殷豊俱樂部 金永熙 醴泉龍門青年會 權泰漢 下金谷勞働親睦會 康鎭奎 諸氏의 熱烈이 넘치는 祝辭가 씃나자 李會昇 李昌稙 劉準 三氏에 所感談이 잇슨 後 下午 四時에 圓滿이 閉會하고 餘興으로 會員과 來賓 近二千名이 風物을 쑤다리고 오래도록 滋味잇게 노랏다고 (安東)

決議事項

一. 會側 第十五條 變更의 件

一. 臥龍出張所 獨立에 關한 件

一. 惡地主 及 其走狗輩에 對한 件

一. 其他

改選된 執行委員

權大亨 · 李昌稙 · 李相鳳 · 李準泰 · 李會源 · 牟石順 · 李會昇 · 李用萬 · 黃克鍊 · 趙鏞聲 · 朱相夏 · 趙鏞洛 · 金碩奎 · 申泰雨 · 金朝東 · 金靑燮 · 金益燮 · 金軫燮 · 金昌秀 · 李珽錫 · 金洛漢 · 李泰熙 · 韓漢成 · 李雨昊 · 崔炳五 · 安相吉 · 李命稙 · 安承喆 · 金如源 · 安元鎬 · 金永韶 · 權丙南 · 李萬稙 · 全炳琮 · 宋景祖

●豐山小作人會定總　慶北安東郡豐山小作人會에서는去十一日下午二時부터第四回定期總會를開하엿다는데會館이狹少하야市場에다遮日을치고會員一千六百餘名이모인中臨時議長李準泰氏司會로아레와갓흔決議가잇슨後이여서創立二週年紀念式을擧行하엿다는데日本서온祝電과全朝鮮各地에서온四十餘通의祝電祝文을朗讀한後來賓中으로各團代表인安東火星會金元鎭勞友會金晋潤正光團權泰中柳淵述記友團吳成武安東靑年聯盟柳淵建京城新興靑年聯盟權思潑衡平社慶北第二支社金道天金德天臨河靑年會金世晳一直靑年會南璘南後靑年會金炳漢醴泉靑年聯盟李基斗醴泉新興靑年會具滋益醴泉服務俱樂部金永熙醴泉龍門靑年會權泰洪下金谷勞働親睦會康[illegible]奎諸氏의熱誠에넘치는祝辭가잇나자李會昇李昌稙劉淵三氏에所感談이잇슨後下午四時에圓滿이閉會하고餘興으로會員과來賓近二千名이風物을울니고오래도록[illegible]味잇게노랏다고(安東)

◇決議事項

一、會則第十五條修正의件

一、臥龍出張所獨立에關한件

一、惡地主及其走狗輩에對한件

一、其他

◇改選된執行委員

權大亨、李昌稙、李相鳳、李準泰、李會源、牟石順、李會昇、李用萬、黃克鍊、趙鏞聲、朱相夏、趙鏞洛、金碩奎、申泰雨、金朝東、金靑燮、金益燮、金軫燮、金昌秀、李珽錫、金洛漢、李泰熙、韓漢成、李雨昊、崔炳五、安相吉、李命稙、安承喆、金如源、安元鎬、金永韶、權丙南、李萬稙、全炳琮、宋景祖

자료 18 「豊山小作委員會」, ≪조선일보≫ 1925년 11월 18일자(석)

「豊山小作委員會」

慶北 安東郡 豊山小作人會에서는 지난 十一日에 第四回 定期總會를 大盛況으로 마치고 任員 三十五人을 改選하엿는바 該 新任 執行委員들은 지난 十四日에 同會舘에서 執行委員會를 열고 臨時議長 李準泰氏 司會로 將次 압흐로 進行할 方策과 戰術에 對한 議事를 長時間 討議한 後 더욱 內部의 陣容을 堅固케하기 爲하야 常務執行委員 九人을 選定한 바 그 氏名은 다음과 갓더라

常務執行委員

庶務部 李準泰 李會昇

財務部 李昌稙 權大亨 黃克鍊

調査部 李會源 趙鏞聲 李用萬 李相鳳 (豊山)

豊山小作委員會

慶北安東郡豊山小作人會에서는지난十一日에第四回定期總會를大盛況으로마치고任員三十五人을改選하엿는바該新任執行委員들은지난十四日에同會舘에서執行委員會를열고臨時議長李準泰氏司會로將次압흐로進行할方策과戰術에對한議事를長時間討議한後더욱內部의陣容을堅固케하기爲하야常務執行委員九人을選定한바그氏名은다음과갓더라

◇常務執行委員

庶務部 李準泰 李會昇 財務部 李昌稙 權大亨 黃克鍊 調査部 李會源 趙鏞聲 李用萬 李相鳳(豊山)

자료 19 경상북도경찰부, 『고등경찰요사』, 소화 9년, 61쪽

三. 농민운동

대정 12년 11월에는 在京城 무산자동맹회간부 김남수・이준태 등이 그 향리 안동군에서 풍산소작인회를 조직했다. 또 이와 전후해서 영주군에서도 강택진의 주동에 의해 풍기소작인조합을 조직했다. 대정 14년에는 예천군에 파급되고, 소화 2년 5월에는 영천군에서도 소작조합의 창설을 보기에 이르렀다.

シ同盟員五人以上ヲ有スルコト而シテ同地域内ニ、二個以上ノ班アル時ハ支部ヲ設置ス

等ノ組織體ノ變更ニ關スル決議ヲナシ地方青年團體ノ組織ヲ慫慂スヘク決定シタル以來是亦全然事務ヲ處理スルモノナキ状態ニ推移シツ、アリ

而シテ道内ニ於ケル思想團體ノ經過ヲ見ルニ在大邱慶北建者同盟（道内散在ソウル系ノ主腦人物ヲ網羅シ同系中最モ有勢ナリシ團體）カ昭和二年四月三日前記京城ニ於ケル正友會ニ倣ヒ政治鬪爭ヘノ轉換全民族單一黨ノ樹立等ヲ標榜セル方向轉換宣言書ヲ發表シタルヲ初メトシテ何レモ政治經濟運動ヘノ方向轉換ヲナシ或ハ新幹會支援ヲ決議スル等提携一致ノ行動ニ出ツルニ至リ劃然タル主義的色彩ヲ有スルモノ殆ントナク實際運動ニ携ハルモノハ何レモ兩團體ニ關係ヲ有シ單ニ運動ノ理論上其團體ノ名稱態様ヲ異ニスルニ過キスシテ主義運動ノ分野混沌タルモノアルモ思想團體ノ主腦人物ハ表現運動ヲ避ケ専ラ共産黨ヲ中心トシテ裏面劃策ヲナスニ至リタル反面地方團體ノ活動ハ從來ニ比シ頗ル統一的ニシテ且連絡密接ナルカ如キ模様アリ此點最モ注意スヘキモノト認メラル

三、農民運動

小作料ノ問題ヲ中心トシ團體ノ力ニヨリテ其ノ目的ヲ達セムトスルノ運動ハ大正九年十月淸道郡ニ表現シタルヲ嚆矢トスルモ全鮮的ノ姿體トシテ京城ニ本部ヲ有シ宋秉畯ヲ會長トスル朝鮮小作相助會アリ同會ハ地主及小作人ヲ以テ組織シ全鮮ニ支部ヲ置キタルモ宋秉畯カ政治的野心ヲ滿足セムトシテ創立シ從テ裏面ニ於テハ地主本意ノ團體ナルコト漸次判明スルニ至リ會勢振ハス之ニ對シ本道トシテ思想的ニ立脚セル運動ヲ見ルニ至リタルハ大正十二年二月大邱勞働共濟會幹部鄭雲海カ同會ニ農民部ヲ設ケ達城郡内ノ農民大會ヲ開催シタルヲ最初トス

大正十二年十一月ニハ在京城無産者同盟會幹部金南洙、李準泰等カ其郷里安東郡ニ豐山小作人會ヲ組織シ又之レト相前後シテ榮州郡ニモ姜宅鎭ノ主動ニヨリテ豐基小作人組合ヲ組織シ越ヘテ大正十四年ニハ醴泉郡ニ波及シ昭和二年五月ニハ更ニ永川郡ニモ小作組合ノ創設ヲ見ルニ至リタルカ元來朝鮮ニ於ケル農民ハ全人口ノ八割ヲ[illegible]メ其内小作農ハ約七割ヲ算シ且ツ從來ニ於ケル小作慣行ハ殆ント地主ノ誅求ト舍音ノ横暴トニ小作ノ大半ヲ奪ハレ居タルニ加ヘ經濟界ノ沈衰ニヨル生活ノ困憊其ノ極ニ達セル等之等諸種ノ事情ハ前記小作團體ノ現出ニヨリ其ノ傘下ニ馳參スルモノ期セスシテ多キヲ加ヘ大邱及安東ノ如キハ忽ニシテ數千ノ會員ヲ擁スルニ至リタルモ前記榮州、醴泉及大邱ノ各小作團體ハ大正十三年以降相亞イテ起リタル業務暴害脅迫暴行等ノ事犯ニヨリ假借ナク檢擧シタルタメ會員ノ多クハ幹部ノ言動ヲ盲目的ニ信シ居タル關係上脫退ヲ申出ツルモノ續出シ遂ニ瓦解ノ餘議ナキニ至リタルモノニ非スンハ漸ク命脈ヲ保テルニ過キス目下運動トシテ殆ント見ルヘキモノナキモ獨リ安東、豐山小作人會ハ設立一

六一

年ヲ出テスシテ會員五千餘名ヲ有スルニ至リ運動四隣ヲ風靡シ居タリシカ其後幹部ノ全然妥協性ナキ極端ナル行動カ極度ニ地主ノ反感ヲ購ヒ遂ニ豊西農務會ナル反動團體ヲ設立シテ對抗サレタルト一ツハ前記大邱、榮州等ニ於テ見タルト同樣ノ各種事犯ニヨリ信望ヲ失シ會員漸減ノ過程ヲ辿リタルモ大正十五年初頭頃ヨリ前記反動團體ハ主腦者ノ病氣內部ノ不統一等ニヨリ漸次團結力ヲ缺クニ至リタルタメ小作人會ハ再ヒ擡頭セムトスルノ傾キアリ目下ノ處會員ノ自覺ト京城ニ於ケル共產黨事件ニヨル中心人物ノ檢擧ニヨリ運動遲々タルモノアリテ往年ノ如キ大同團結ハ豫想シ得ラレサルモ各種ノ名稱ヲ付スル農民團體ハ逐年增加ノ形勢ニアリテ輕視ヲ許サヽルモノアリ目下道內ヲ通シ十四團體、會員一萬四千餘名ヲ算セリ昭和四年六月現在ニ於ケル小作團體及大正九年以降ニ於ケル小作爭議左記ノ通リ

記

年次	爭議件數	爭議參加人員
大正九年	四	二、三五三
同十年	七	一、六四一
同十一年	三	一三四
同十二年	五	七一
同十三年	二一	五八七
同十四年	一四	六三八
大正十五年 昭和元年	六	一一四
同二年	二	八三三
同三年	―	―
同四年	―	―
同五年		

農民團體調（昭和四年六月現在）

團體名	所在地	會員數
玉浦面小作組合	大邱	一六三
解顏面小作組合	同	七〇七
永川小作組合	永川	三八
良洞農友會	慶州	一六五
大田農友會	同	四二
佳川農務會	英陽	二九
豊山小作人會	安東	四、二〇〇
豊山小作人會臥龍出張所	同	八三五
豊西農友會	同	二六二
吉安우리農林會	同	七六
開寧農友會	金泉	五〇
農南農民組合	同	二八
金陵農友同盟	同	一〇〇
鳳溪農會	同	四三
大坪農民會	尙州	九二

자료 20 「陶山書院事件으로 專門委員會組織」, ≪조선일보≫ 1925년 11월 14일 자(석)

「陶山書院事件으로 專門委員會組織」

豊山小作人會의 緊急會에서

都草事件까지 討議 決定

慶北 安東郡 陶山書院에서 時代의 如何함도 不拘하고 無理히 小作人에게 笞刑을 加함에 對하야 同郡 豊山小作人會에서는 警告文을 發送하얏다 함은 이미 報道한 바 어니와 退溪書院 탈을 쓴 그자들은 조금도 改悛의 希望이 업고 要求 期限이 발서 지냇스나 何等의 謝過도 업슴으로 豊山小作人會에서는 더욱 憤慨하야 지난 十日 同會舘內에서 緊急 執行委員會를 열고 積極的 手段을 取하기 爲하야 專門委員會를 別로 組織하야 嚴重히 處理하기로 한 後 都草島小作爭議에 對하야도 李會映氏의 事實顚末報告가 잇슨 後 長時間 討議한 結果 檄文을 發送하는 同時에 同情의 피눈물 대신으로 慰勞金을 付送하기로 하얏는대 被選된 專門委員 氏名은 如左하다더라

專門委員

李準泰 權大亨 李用萬 韓漢成 權寧昊 金靑燮 金洛漢 李惟泰 李相鳳 姜鳳碩 全炳琮 黃克鍊 劉 準 (陶山)

陶山書院事件으로
專門委員會組織
豐山小作人會의緊急會에서
都草事件까지討議決定

慶北安東郡陶山書院에서時代의如何함도不拘하고無理히小作人에게笞刑을加함에對하야同郡豐山小作人會에서는警告文을發送하얏다함은이미報道한바어니와退溪書院탈을쓴그자들은조금도改悛의希望이업고要求期限이발서지냇스나何等의謝過도업슴으로豐山小作人會에서는더욱憤慨하야지난十日同會館內에서緊急執行委員會를열고積極的手段을取하기爲하야專門委員會를別로組織하야嚴重히處理하기로한後都草島小作爭議에對하야도李會映氏의事實顚末報告가잇슨後長時間討議한結果檄文을發送하는同時에同情의피눈물대신으로慰藉金을付送하기로하얏는대被選된專門委員氏名은如左하다더라

◇專門委員

李準泰 權大亨 李用萬 韓漢成 權寧昊 金胄燮 金洛漢 李維泰 李相鳳 姜鳳碩 金丙琮 黃克鍊 劉 準 (陶山)

자료 21 「陶山書院問題로 安東 六團體 決議」,
《조선일보》 1925년 11월 26일자(석)

「陶山書院問題로 安東 六團體 決議」
련합위원회를조직하야
적극뎍으로 텰폐에 노력

경북 안동군(慶北 安東郡) 도산서원(陶山書院) 문뎨로 당디 화성회(火星會) 외 오 단톄에서 도산서원 성토강연회를 열고자 하다가 경찰의 금지로 인하야 주최측에서는 긴급위원회를 열고 대책을 강구하든 바 지난 이십삼일 오전 구시에 당디 경찰서에서는 각 단톄 대표로 화성회(火星會) 김원진(金元鎭) 안상길(安相吉) 안동청년련맹(安東青年聯盟) 류연건(柳淵建) 김남수(金南洙) 제씨를 불러다가 말하기를 경찰부에서 금지한 것을 당신네가 긔어히 할 터이면 우리도 상당한 조처를 할 터이라고 하엿다는데 대표자들은 말하기를 무리히 금지한 것은 무슨 조건으로 복종할 수 업다는 뜻으로 말하고 돌아와서 오후 두시에 각단톄 대표자 이십여 인이 화성회 회관에 모히여 대책을 강구한 결과 전일에 비공식으로 결의한 것은 희생뎍 각오로 성토강연을 열기로 하엿지마는 우리의 운동은 긔분을 떠나 리해를 타산하여야 될 것인바 경찰을 반항하고 강연을 연다 하야도 우리의 목뎍을 도달하는 데는 효과를 어들 수 업스니 다른 방법을 취하야 적극뎍으로 철폐운동을 실행하자는 의견이 가결되야 다음과 가튼 사개조를 가결하고 철폐운동을 조직뎍으로 실행하기 위하야 륙개 단톄의 대표로 도산서원철폐운동련합위원회를 조직한 후 무사히 폐회하엿다더라 (안동)

決議事項

一. 陶山書院에 關하야

罪惡의 巣窟인 陶山書院은 一般 民衆의 妨害物임으로 그 裏面에 潛在한 罪惡을 一一히 調査摘拔하야 社會에 公開하는 同時에 犧牲的 精神으로 撤廢하기로 함

一. 直接暴行者에 關하야

直接 暴行者 李棟欽 李源慤은 OO으로 取扱하는 同時에 積極的 手段을 取하기로 함

一. 反動分子에 關하야

陶山書院을 擁護하야 反動勢力을 助長하는 阿諛輩는 名單을 作成하야 世間에 公示하는 同時에 個人에 對하야는 李棟欽 李源慤과 同一히 取扱하고 團體에 對하여는 陶山書院과 同一한 方法으로 制止할 것

一. 警察態度에 關하야

曖昧한 口實로 陶山書院罪惡聲討講演會를 禁止한 警察當局의 態度는 惡習을 助長하고 民衆의 公憤을 無視한 것으로 認하고 責責官廳에 彈劾하기로 함

聯合委員

金晋潤 李會昇 權鼎甲 朴錫圭 柳淵建 金南洙 安相吉 裵世杓 劉 準 李基賢 李錦卿 劉福童 柳淵逑 金慶漢 李準泰 吳成武 金元鎭 南東煥 李如源 金石東 金世魯 李昌植 趙鏞聲 李鎬允 金璉漢

陶山書院問題로

安東六團體決議

련합위원회를조직하야 적극뎍으로텰폐에노력

경북안동군(慶北安東郡)도산서원(陶山書院)문뎨로 당디 화성회(火星會)외 오단톄에서 도산서원철폐강연회를 열고자 하나 경찰의금지로 인하야주최측에서는 긴급위원회를열고 대책을 강구하든바 지난 十삼일오전구시에 당디경찰서에서는 각단톄대표로화성회(火星會)김원진(金元鎭)안상길(安相吉)안동청년련맹(安東靑年聯盟)류연건(柳淵建)김남수(金南洙)제씨를불러다가 말하기를 경찰부에서 금지한것을 당신네가 괴어히

할터이면 우리도상당한조처를 할터이라고 하엿다는데 대표자들은 말하기를 누리히금지한것은 무슨조건으로 복종할수업다는 뜻으로말하고 돌아와서 오후두시에 각단톄대표자이십여인이 화성회 회관에모히여 대책을강구한결과 권일에비공식으로 결의한것은 희생뎍각오로 성토강연을 열기로하엿지마는 우리의운동은 긔분을떠나리해를

타산하여 아니될것인바경찰을반항하고 강연을 연다하야도우리의 목뎍을 도달하는데는 효과를 어들수업스니 다른방법을취하야 적극뎍으로 철폐운동을실행하자는 의견이 가결되야 다음과가튼 사개조를 가결하고 철폐운동을 조직뎍으로 실행하기위하야 륙개단톄의 대표로도산서원철폐운동련합위원회를조직한후구사히폐회하엿다더라 (안동)

◇決議事項

一、陶山書院에關하야 興論의集中인陶山書院은一般民衆의妨害物임으로그裏面에潛在한罪惡을一一히調査摘拔하야社會에公開하는同時에犧牲的精神으로撤廢하기로함

一、直接暴行者에關하야 直接暴行者李棟欽李源○은○○으로暇拔하는同時에積極的手段을取하기로함

一、反動分子에關하야 陶山書院을擁護하야反動勢力을助長하는阿諛號는者[illegible]作成하야世眼에公示하는同時에個人에對하야는李棟欽李源○과同一히取扱하고團體에對하여는陶山書院과同一한方法으로制止할것

一、警察態度에關하야 曖昧한口實로陶山書院撤廢를對講演會를禁止한警察當局의態度는惡習을助長하고民衆의公憤을無視한것으로認하고當局에彈劾하기로함

◇聯合委員

金晋潤 李會昇 權鼎甲 朴錫圭 柳淵建 金南洙 安田吉 鄭世衍 劉準 李基贊 李鍾卿 劉福萱 柳淵述 金慶漢 李準泰 吳成武 金元鎭 南東煥 李源 金石東 金世魯 李昌楠 趙[illegible] 李錫允 金[illegible]漢

자료 22 「醴泉事件으로 安東各團體 奮起」, 《조선일보》 1925년 8월 25일자

「醴泉事件으로 安東各團體 奮起」

십이단톄 련합회의 개최

경북 안동군(慶北 安東郡) 화성회(火星會)에서 례천사건 됴사회를 조직하기로 준비위원까지 선거하얏다 함은 이미 보도한 바어니와 예뎡과 가티 이십일일에 안동청년회관(安東青年會舘)에서 안동에 잇는 십이개 단톄가 련합하야 례천시민대형평사폭행사건됴사회(醴泉市民對衡平社暴行事件調査會)를 조직하는데 림시의장 리준태(李準泰)씨의 사건개황 보고가 잇슨 후 각 대표자 사이에 의견을 교환한 후 집행위원 십오인을 선거하야 대책준비와 됴사 책임을 일임하기로 한 바 당일 참가단톄와 당선임원은 다음과 갓다더라

火星會 豊山小作人會 安東青年會 一直青年會 臥龍青年會 吉安青年會 禮安青年會 豊山新興青年會 陶山俱樂部 志湖同友俱樂部 勉勵青年會 奬學團

執行委員

朴永壽 權泰錫 金元鎭 李準泰 李會昇 安承喆 李雲湖(鎬의 잘못) 李準文 南東煥 李源洛 權重烈 柳淵建 金晉潤 安相吉 金明燮 (안동)

「委員을 派送」

됴사하기 위하야

경북 안동군(慶北 安東郡) 례천시민대형평사 폭행사건됴사회(醴泉市民 對衡平

社暴行 事件調査會)에서는 이십일일 오후 구시에 집행위원회를 화성회(火星會)관내에서 열고 대책에 대한 토의가 잇슨 후 자세한 내막을 됴사하기 위하야 류연건(柳淵建) 김원진(金元鎭) 량씨를 피해디에 파송하기로 하고 다음 총회는 이십구일에 열기로 결뎡하얏다더라 (안동)

醴泉事件으로
安東各團體奮起
십이단톄련합회의개최

경북안동군(慶北安東郡)화성회(火星會)에서례천사건됴사회를조직하기로 준비위원까지 선거하얏다 함은 이미 보도한바어니와 예뎡과가티 이십일일에안동청년회관(安東靑年會館)에서안동에잇는 십이개단톄가련합하야 례천시민대형평사 폭행사건됴사회(醴泉市民對衡平社暴行事件調査會)를조직하는데 림시의장 리준태(李準泰)씨의 사건개황보고가잇슨후 각대표자 사이에 의견을교환한후 집행위원 십오인을 선거하야 대책준비와 됴사책임을 일임하기로한바 당일참가단톄와 당선임원은다음과갓다더라

火星會 豊山小作人會 安東靑年會 一直靑年會 臨河靑年會 吉安靑年會 醴安靑年會 豊山新興靑年會 陶山俱樂部 志湖同友俱樂部 勉勵靑年會 奬學團

◇執行委員 朴永詩 權泰錫 金元鎭 李準泰 李會昇 安承喆 李雲湖 李瑠文 南東煥 李源洛 權重烈 柳淵建 金晉潤 安相吉 金明燮(안동)

委員을派送
됴사하기위하야

경북안동군(慶北安東郡)례천시민대형평사 폭행사건됴사회(醴泉市民對衡平社暴行事件調査會)에서는이십일일 오후구시에 집행위원회를 화성회(火星會)관내에서열고 대책에대한 토의가잇슨후 자세한내막을 됴사하기위하야 류연건(柳淵健) 김원진(金元鎭)량씨를 피해디에 파송하기로하고 다음 총회는이십구일에열기로 결뎡하얏다더라(안동)

자료 23 예천형평사사건 대책집회에 관한 건
(京鍾警高秘 제9307호의 1, 대정 14년 8월 20일)

京鍾警高秘 제9307호의 1

대정 14년 8월 20일

경성종로경찰서장

경성지방법원 검사정 殿

예천형평사사건 대책집회에 관한 건

지난 19일 오후 5시 15분부터 府內 齊洞 84번지 경성청년회에서 조선노농총동맹 외 14개 단체 대표가 출석해 경북예천형평분사원 對 지방민의 충돌사건에 관해 무언가 대책을 위해 연합협의를 했다. 개회에 앞서 주최자 조선노농총동맹 상무집행위원 권오설에 대해 불온선동을 일으키는 일이 없도록 경고를 주어 盟視함에 비교적 평온하게 진행되어 오후 8시 무사 해산했다.

그 회의 진행상황 등은 다음과 같음을 보고한다.

左 記

一. 회집단체

북풍회・화요회・무산자동맹・노동당・경성청년회・신흥청년동맹・한양청년연맹・서울인쇄직공청년동맹・경성노동연맹・선명청년회・경성양말조합・민문사・여성동우회・여자청년동맹・야주청년회

一. 회집인원

북풍회 상무집행위원 김약수 외 29명

一. 의장

주최자 권오설이 회의 형식상 의장이 필요하다고 해 구두선거의 결과 徐廷禧 당선

一. 서기

의장 呼選에 의해 許貞淑 피선

一. 예천사건 진상보고

대책 강구를 위해 먼저 사건의 진상보고를 설명할 필요가 있다고 해 출석한 김남수에게 이를 요구함

「사건은 8월 9일 형평사예천분사의 제2주년 기념식에서 발발했다. 그 동기를 상세히 논할 수 없지만 同기념식장에서 예천청년회장 金碩熙가 한 式辭가 다분히 형평사를 모욕한 것이기 때문에 김석희의 퇴장을 요구했다. 이 모욕적인 式辭의 원인은 同地 백정인 신흥청년회원이 형평사에 入社했을뿐만 아니라 예천청년회원 중에도 入社한 것이 예천청년회 측의 감정을 상하게 한 것 같다. ....

會場은 김석희를 퇴장시켜 평정을 찾아 점차 즐거운 분위기가 되었는데, 갑자기 노동자 약 200여명이 식장을 습격해 기물을 파괴하고 分社長 및 내빈에게 중상을 입히는 등 混亂을 야기했다. 이렇게 하여 형평사 측은 100명 정도로서 대책을 강구했지만 방법을 찾지 못했다.

다음날 오전 10시 형평사 측은 임시긴급회의를 개최하려고 했지만 경찰 측은 반대파와의 소요가 확대될 우려가 있음으로 이를 허가하지 않음에 따라 비공식적으로 회합했다. 예천청년회의 선동에 의해서 責動한 예천노농회에 대해 사죄광고문을 내도록 경고문을 내기로 했다. 그런데 마침 市內 풀밭에 주민 측 400여명이 집합해

있다는 風評을 듣고 조사를 하니 사실인 것으로 판명되어 형평사 측도 곤봉도를 준비하고 충분히 보복을 할 기세로 흥분한 상태였다. 이 상황을 본 장지필은 이준태·이소 등과 함께 지방민 측에 대한 설득에 노력해 거의 진정 시켰는데, 이때 누군가가 배후에서 "우리들이 형평사의 講話를 들으러 온 줄 아느냐"며 부추겼다. 이 一言에 자극을 받은 군중은 폭동을 개시해 서로 난입해서 7~8분간에 난투를 계속했지만 형평사 측은 衆寡不敵이었다.

【이준태 관련 부분번역】

京鍾警高秘第九三四七號ノ二
大正十四年八月二十日
京城鍾路警察署長
京城地方法院検事正殿
醴泉衡平社事件対策集會ニ干スル件
昨十九日午后五時十五分ヨリ府内齋洞八四番
地京城青年會ニ於テ朝鮮労農総同盟
外十四ヶ団体代表出席シ慶北醴泉衡
平分社員対地方民衝突事件ニ干シ
之レカ対策ノ為メ聯合懇議ヲ為シタルガ
開會ニ先チ主催者朝鮮労農総同盟常
務執行委員権五卨ニ対シ不穏煽動ニ
亘ル事ナキ様警告ヲ與ヘ監視シタルニ比
較的平穏ニ進行セラレ午后八時無事
解散セリ
其ノ會議進行状況等左記ノ通ニ有之
及報告候也

左 記

一、會集団体
北風會、火曜會、無産者同盟、労働
黨、京城青年會、新興青年同盟、漢
陽青年聯盟、서울印刷職工青年同
盟、京城労働聯盟、鮮明青年會、京
城洋襪組合、民文社、女性同友會、女
子青年同盟、夜珠青年會
一、會集人員 北風會常務執行委員金若
水外二十九名
一、議長 主催者権五卨ヨリ會ノ形式上
議長ヲ必要トスト述ヘ口頭選挙ノ結果
徐廷禧当選
一、書記 議長呼選ニ依リ許貞淑被選
一、醴泉事件真相報告
対策講究上先ツ事件ノ真相報告ヲ
徴スル必要アリト述ヘ出席ノ金南洙ニ之
ヲ求ム
金南洙ハ吾人ハ直接遭難者ナリト雖モ調
査ノ為メ派遣セラレタルニアラス報告ノ責任
者トシテハ聊カ苦痛アリト答フルヤ座中
ヨリ南洙ノ答弁ハ一應理ナルモ同氏ハ火星
會及安東小作人幹部ニシテ又吾人ノ同
志タリ即チ直接遭難者トシテ報告ノ
任ニ就クヲ至当ト認ムトノ縦横的要求ア
リ金南洙モ之ヲ容レテ座席ヨリ事件
ハ八月九日ノ衡平社醴泉分社ノ第二週

年紀念式ニ參列シ其ノ動模詳ナラサル
又今紀念式場ニ於テ醴泉青年會長
金碩昶ノ爲シタル式辭カ餘リニ衡平
社ヲ侮辱セルモノナリシ爲紛議ヲ釀シ金
碩昶ハ退場ヲ求メタルカ此ノ侮辱的
式辭ノ原因ハ今地ノ非白丁タル新興青
年會員カ悉ク衡平社ニ入社シタルノミ
ナラス醴泉青年會員中ニモ十四五名
入社アリタルハ甚タ醴泉青年會側ノ
感情ヲ損ネタルモノヽ如ク他ノ一因ハ從來
白丁ハ謙遜ニシテ常民ニ敬意ヲ表シ來リ
タル某白丁某婦人カ同地某婦人ニ對等
的言辭ヲ以テ通シタル爲該婦人ハ白丁婦
人ニ其ノ不都合ヲ詰リタルニ昨日迄ハ白丁
婦人ナリシモ今回以后ハ吾人モ相當ノ人
格ヲ認メラレタルモノニシテ對等ノ權利ヲ行
使スルニ何ノ不都合アリヤト反駁シ一場
ノ紛擾ヲ生シタル事アリトモ傳ヘラル然
レドモ其ノ后ノ調査ニ依レハ白丁婦人ニ此
ノ種不遜ノ言動アリシヲ發見セス
一方會場ハ金碩昶ヲ退場セシメテ稍
平靜ニ歸シ漸次餘興等ニ移リシカ突如

勞動者約二百名式場ヲ襲ヒテ器具器
物ヲ破壞シ分社長及來賓ニ重傷ヲ負
ハシムル等非常ノ混亂ヲ呈シ斯クテ衡平
社側百名程ニテ対策講究シタルモ適當
ノ方法ヲ發見セス翌午前十時衡平社
側ハ臨時緊急會議ヲ開催セムトセシ
モ警察側ハ反對派トノ紛擾ヲ擴大スル
虞アリトテ之ヲ許可セス依テ止ナク非公式ニ
會合シ醴泉青年會ノ煽動ニ依リテ
暴動シタル醴泉勞農會ニ対シ謝罪広
告文ヲ發スヘク警告文ヲ發スルコトヽナリ居
タルカ折柄市日草生地ニ住民側四百名
集合シアリト風評ヲ聞キ調査セシメタ
ルニ事實ナルコト判明シ衡平社側ハ根
棒カツ用意シ充分ニ腹構ヘヲ爲シ氣勢頗
ル興奮ノ態ナリシカ此状ヲ見タル張志弼ハ
李十鎮泰、李而笑等ト共ニ地方民側ヘ
ノ說得ニ努力シ相當靜穩ヲ着ヘキシカ此ノ
時何者カ背后ニ在リテ吾々ハ衡平社ノ
講話ヲ聽キニ來タノカト使嗾的言動ヲ
弄スルヤ此ノ一言ニ刺激セラレタル群衆ハ忽
チ暴動ヲ開始シ相互入亂レテ七八分間ニ

互リ乱闘ヲ續ケタルカ衡平社側ハ衆寡
敵セス加害者三名ノ拘引ヲ以テ一段落ヲ
告ケタルカ其ノ翌日（十日）醴泉市内ノ風説
ヲ聞クニ“地方社員ヨリ又今回当地ニ来レル張
志弼、李卯笑、金南洙ノ三名ヲ撲殺ス
ルノ要アリ云々ト上アリ衡平社ニ何等ノ干
係ナリ單ニ新聞記者トシテ参席セル吾
人ニ対シ斯ク悪感ヲ抱ク彼等ノ心理寧
ロ滑稽ナリシカ当日ハ市日ナリシトハ云ヒ
平常ノ市日状况ト異リ早朝ヨリ市
中ニ押詰メ何トナク殺気立アリシカ我
等一行ハ徒ニ喧嘩ニ應スルハ不利益ナ
リト認メ一般社員ニ対シテモ此ノ旨ヲ説キ且
ツ吾カ怒ヲ離タル殺嗳煽動者ヲ糺
弾セムト懇諭シ午后出発セムトシタルモ
折悪シク安東行自動車ハ賣切トナリ
滞在ノ止ナキニ至リタルカ警察署ヨリ我等
三名ト衡平分社幹部数名並ニ当地方
農会、新興、醴泉両青年会員市民
等数十名ヲ集合セシメ妥協ヲ発見セ
ントシ斡旋シタルカ当初吾人ハ無干係ノ故ヲ
以テ参席ヲ拒ミタルモ警察署ノ懇認

ヲ得ス止ナク出席セリ出席中安東火星会
ニ電話スヘク外出セル為メ其ノ間ヲ張ニアラ
ムモ要スルニ衡平社側ハ醴泉青年側ニ
謝罪文ヲ新聞紙上ニ掲載スルヲ要求シ
青年側ハ衡平社看板ノ撤去ヲ主張
シ各自説ヲ固持シテ譲ラス此ノ時署
長ハ署長トシテ最モ公平ニ処决セムトスル
カ一同異議ナク贊成スルヤト語リタルニ張及
李ハ假令署長ノ言語ト雖モ其ノ発言ニ
先ケ贊否表示シ能ハスト殺シ署長ハ
署長ノ言ヲ信用セサルヤト様返シ此問
長時間ノ押問答アリシカ結局金把署
長ハ
一、張志弼李卯笑金南洙ハ明日退去スルコト
一、新興青年会ハ衡平社ニ入社セサル事
一、相互紳士的態度ヲ執ル事
一、醴泉青年会ハ暴動ヲ鎮圧スル事
矢ラサレハ警察ノ力ヲ以テ鎮圧スル事
ノ四條件ヲ提示セリ
此間ト雖モ約千名ノ暴民ハ始終警察
署ヲ包囲シ衡平社ニ罵声ヲ浴セ居タリ

斯クテ退出ニ当リ吾等ハ身危険ヲ慮リ包
囲セル群衆ノ解散ヲ要請シ署長ハ責
任ヲ以テ解散ヲ声明シ約二三十分間署
員ヲ集メ訓示ヲ発議ヲ為シタルカ十四五
警官ヲ以テ吾等ヲ送ル事トシ警官ニ
随尾シテ群衆ノ中ヲ割リテ進路ヲ
採リシカ群衆ハ何等警察官ニ恐怖ノ
情ナク警官亦解散セムトモセサル状態ナ
リシカ此間李仰笑ハ暴民ノ為メ軽傷
ヲ受ケ加害者二名ノ検束ヲ以テ当場ヲ経
ヘテ帰途ニ就キ途中警官ハ同署ニ吾
等ハ命ニ依リ衡平事務所ニ避難セシ
カ当時夜ニ入リテ何人カノ認識不能ナリシ
カ拝眼奴三名ヲ撲殺セハ当地ハ無事ナト
ノ罵声頻ナリシカ約一時間ニ亘リテ器物
ノ破壊ハ勿論凡有乱暴狼藉ヲ極メ遂
ニ屋外ノ様子ナヲ覗カントセル張志弼ヲ
屋外ニ拉去シ哀號ノ一声ヲ揚ケタルノミ
ニテ生死不明ノ状態トナリ次イテ李仰笑ヲ
同様ノ目ニ会ヒ自分ノ所在ヲ極力探索
セシモ之予ハ威力ヲ示シテ不法ヲ詰リ数名
ヲ離散セシメタルモ間断ナク押寄ル暴等

ニ衆寡敵セス垣根家屋ヲ跳越シ辛フシ
テ危地ヲ脱セリ而シテ翌朝状況ヲ確メヘク
屋外ニ出テミモ依然約百名ノ包囲ヲ受ケ
形勢不穏ナルヲ以テ之ヲ脱シ安東ヨリ義勇
隊ヲ組織シテ今地ニ出張セシメ張志弼
李仰笑両名ヲ救出スルヲ得タリト経過ヲ報
告シタルニ之ヨリ討議ニ入リ
金燦ハ金南洙ハ当部ノ調査派遣員ニ
モアラス衡平社員ニモアラサルヲ以テ價值アル
報告トシテ受理スルヤ又同氏ハ火星會
安東小作人會幹部タル吾人ノ同志ニシ
テ且ツ今回ノ主様遭難者ナルヲ以テ有効ト
シテ受理スヘキヤト語リ満場一致右説ヲ
採用シ次テ
金若水ハ隣近丈夫社ノ態度如何ト質問
シ
金南洙ハ自分ノ目撃セル事ニ非レハ明言
シ得サルモ新聞紙ノ報導ニヨリ忖度サレタシ
ト答ヘ
氏名不詳某ハ警察署カ張、李、金三名ヲ
安全地帯ニ送ルヘク警官ヲ附シタルニ係ラス
其ヲ変更シ途中放任シテ衡平事務

所ニ入ラシメタル警察當局ノ理由如何ト質
問シ
權五卨ハ本件ハ本集會ノ目的以外ナルヲ
以テ論議ノ要ナシト排シ
金若水ハ衡平社ノ虐待ヲ受ケシハ只今金
南洙ノ報告ニテ明ナルカ本件ハ吾人ノ運動
ニ影響スルコト少シトセス金南洙君ニ對策
ノ妙案ナキヤト質シ
金南洙ハ何等意見ナシト簡單ニ答ヘ
金若水ハ具体的ノ意見ハ格別部分
的ニモ何等ノ意見ナシトスルハ個人ノ運
動トシテモ又金南洙君ノ答辯ハ餘リニ
無氣力ナリト難シ
李奭發言シテ今更調査員ヲ派遣スル
ハ餘リニ時期遲延ノ嫌アルヲ以テ金南
洙ノ報告ヲ信シ此回ノ處置トシテハ慰撫
方法ヲ講スルコト慰問員ヲ派遣スルコト
當業不買同盟等ニテ奪ハレタル衣食住
ノ援助ヲ講シ教唆者又ハ惡分子ヲ調
査スルコトシ本集合体ヲシテ醴泉衡
平社被襲事件慰援団又ハ其ノ他名
称ヲ附シテハ如何ト語リ

金若水、吾人ハ彼ノ實行上ノ欠陥アリシトハ
謂ヒ從來之相當援助シ來レリ今更其援
団等ノ名称ヲ附スルハ却テ不干渉主義ナリ
シ如ク世ノ誤解ヲ受クト之ヲ駁シ
金燦之ニ同意見ヲ主張シ
李奭ハ從來援助セサリシト云フニアラサル
モ醴泉衡平社ノ突發事件ニ對シテノ
意味ナリト辯明セシモ之容レラレス
金若水更ニ發言シテ今回被襲事件ハ其
ノ罪因ヨリ住民側ニアリト出セハ又一面衡
平社ノ從來ノ態度カ出入的連絡的分
恨的ナリシタメ私思想青年勞農団体
ノ如ク重要視サレス換言セハ無氣力ナル
為メ斯ク侮蔑セラルヽモノナレハ此ノ際從來
ノ欠点ヲ摘發シ一大艱難ヲ與ヘテ奨勵シ
以テ相當ノ價値ヲ自覺セシムル要アリト
説キ
權五卨ハ衡平社ノ從來ノ行動ヲ摘發シ
批判的奨勵ヲ與フルハ興奮セル現下ノ衡
平社員ヲシテ徒ニ反感ヲ醸生スルノ虞ア
リトテ反對シ
金燦ハ金若水説ニ

金丹冶ハ權五卨說ヲ責メ相互相爭レス論爭セルカ裁決ヲ諮リテ權五卨說採用サレ次テ起草委員李奭、馬鳴、權五卨ヲ選任シ左記決議文ヲ草シ其ノ第四項ニ同情金ヲ贈リテ被害地衡平社員ヲ慰問スヘキ一項ヲ設ケシモ實行不能ナルトテ之ヲ削除シ尚ホ之ノ修正ヲ加ヘテ可決シ實行委員トシテ金燦、金若水、金在鳳、權五卨、李奭、ヲ實行委員ヲ選ヒ不日二名ノ代表員ヲ派遣スル權限ヲモニ委ミタリ

左記

一、今回ノ事件ニ犧牲トナリタル同志ヲ慰問シ市民ノ反省ヲ促スタメ代表者ヲ派遣スルコト

二、今回ノ事件ノ煽動者ヲ謀畫ニ社會的ニ判裁スルコト

三、今回ノ事件ハ大衆カ衡平運動ノ根本義ヲ徹底ニ理解セサル矣ヨリ起リタルモノナルカ故ニ吾人ハ演說會其他必要ナル方法ヲ以テ衡平運動ノ意義宣傳ノ爲メ努力スルコト

以上

一、報告先　警務局、警察部、検事局、

一、寫　醴泉署

자료 24 「安東青年聯盟과 國際青年日」, ≪조선일보≫ 1925년 9월 7일자

「安東青年聯盟과 國際青年日」

示威行列과 赤色비라 또한 紀念講演

慶北 安東郡에 잇는 安東青年聯盟에서는 國際青年日을 記念하기 위하야 講演會를 開한다 함은 이미 報道하엿거니와 同聯盟 常務執行委員들은 紀念準備에 奔忙한 중이라는데 當日은 낫에는 標語를 쓴 赤色비라 數千枚를 印刷하야 自働車로 市內에 散布하면서 示威行列을 할 터이라 하며 밤에는 同會舘에서 紀念大講演을 開하게 되엿다는 바 當日의 演題 及 講士는 다음과 갓다더라

國際青年데-이의 由來	金南洙
國際青年데-이의 偉力	李準泰
國際青年데-이의 意義	金 活
國際青年運動과 朝鮮青年運動	金元鎭
無産青年의 國際的 使命	安相吉
未 定	李會昇

安東青年聯盟과 國際青年日

示威行列과赤色비라 또한紀念講演

慶北安東郡에잇는安東青年聯盟에서는國際青年日을紀念하기위하야講演會를開한다함은이미報道하엿거니와同聯盟常務執行委員들은紀念準備에奔忙한중이라는데當日은낫에는標語를쓴赤色비라數千枚를印刷하야自働車로市內에散布하면서示威行列을할터이라하며밤에는同會館에서紀念大講演을開하게되엿다는바當日의 演題及講士는 다음과갓다더라

國際青年데ㅣ이의由來 金南洙
國際青年데ㅣ의偉力 李準泰
國際青年데ㅣ의意義 金 澔
國際青年運動과朝鮮青年運動 金元鎭
無産青年의國際的使命 安相吉
未定 李會昇

V. 전위운동

1. 신사상연구회

「新思想硏究會 새로 발긔되엿다」, ≪동아일보≫ 1923년 7월 11일자

2. 신흥청년동맹 · 화요회

「二月의 世界」, ≪開闢≫ 45호, 1924년 3월 1일

在京主義者 등의 최근에 있어서 활동사항에 관한 건(京鍾警高秘 제285호의 1, 대정 14년 1월 13일)

「全朝鮮民衆運動者大會」, ≪동아일보≫ 1925년 2월 18일자 ;
≪조선일보≫ 1925년 2월 18일자

양파합동간담회에 관한 건(京鍾警高秘 제2375호의 1, 대정 15년 3월 6일)

정우회 임시총회에 관한 건(京鍾警高秘 제3870호의 1, 대정 15년 4월 10일)

金璟載, 「金燦時代의 火曜會」, ≪삼천리≫ 7권 5호, 1935년 6월 1일

3. 화성회

「安東郡에 思想團體 火星團創立」, ≪조선일보≫ 1925년 1월 11일자(석)

「火星會創立」, ≪동아일보≫ 1925년 1월 12일자

「新起한 火星會 發會式과 講演會」, ≪조선일보≫ 1925년 1월 13일자

「火星 執行委員會」, ≪동아일보≫ 1925년 1월 19일자

「火星會總會 다섯 가지 決議」, ≪동아일보≫ 1925년 5월 21일자

「火星會의 標語作成 意味 깁흔 세 가지」, ≪조선일보≫ 1925년 8월 19일자(석)

「火星會月例會」, ≪시대일보≫ 1925년 11월 20일자 ; ≪동아일보≫ 1925년 11월 21일자

자료 1 「新思想研究會 새로 발긔되엿다」, ≪동아일보≫ 1923년 7월 11일자

「新思想研究會 새로 발긔되엿다」

홍수와 가치 팽배하게 몰녀오는 신사상을 연구하야 조리잇는 갈피를 차저보랴는 목뎍으로 신사상연구회가 생겨낫다 위치는 경성 락원동(京城樂園洞 一七三)에 두고 실행방법으로는 강습과 토론을 하는 외에 도서와 밋 잡지를 간행할 터이라하며 발긔인의 씨명은 여좌하더라

洪瑠植 洪命熹 尹德炳 金炳僖 李載誠 李昇馥 趙奎洙 李準泰 姜相熙 具然欽 洪悳裕 元友觀 朴敦緒 金 燦 朴一秉 金鴻爵

新思想研究會
새로발긔되엿다
홍수와가치팽배하게몰녀오는신사상을연구하야 조리잇는 갈피를 차저보랴는목뎍으로 신사상연구회가생겨낫다위치는경성락원동(京城樂園洞一七三)에두고 실행방법으로는 강습과 토론을하는외에 도서와밋잡지를 간행할터이라하며 발긔인의 씨명은 여좌하더라
洪瑠植 洪命熹 尹德炳
金炳僖 李載誠 李昇馥
趙奎洙 李準泰 姜相熙
具然欽 洪悳裕 元友觀
朴敦緒 金 燦 朴一秉
金鴻爵

자료 2 「二月의 世界」, ≪開闢≫ 45호, 1924년 3월 1일

잡지(호수) 개벽(제45호)
발행년월일 1924년 3월 1일
필 자
기사 제목 二月의 世界, 1월 23일부터 2월 20일까지 一記者
기사 형태 소식

본 문

1월 23일

楚山郡 坪江洞에서 武裝獨立黨 36명이 巡査出張所를 襲擊하고 北京日本領事館에서는 軍資金募集員 金宰得 申鎭燮 2명을 검거하고 中國의 孫總理는 의회의 의사존중, 南北統一, 地方關稅에 대한 시정의 대강을 발포하고 英國內閣은 실업, 勞農, 出征兵 待遇, 其他行政의 改正을 임시로 의결하고 동시에 政費節約을 위하야 新嘉坡 海軍根據地 撤棄를 결의하고 英米간에는 酒精飮料 密收入 取締에 관한 新條約이 調印되고 佛首相은 法市勢의 하락을 阻止할 목적으로 국민의 必需品 이외의 商品輸入禁止法案을 의회에 제출하다.

同 24일

碧撞郡 松西面에서 武裝獨立黨 15명이 警官과 대격전을 하고 米國의 前國務卿 『부라이안』씨는 次期 大統領 候補로 출마하고 黑國革命軍 當局은 米國務省에 黑

國 近港 施設한 水電 其他 障害物 除去의 命令을 發하다.

同 25일

迎日灣에 폭풍이 起하야 어선 10여 척이 행방불명이 된바 陸軍御用船이 28명을 구조하고 仁川 近海에도 風雪이 有하야 漁船 2척이 파멸되고 大同郡 寺洞里 住民 100여명은 海軍省 經營炭鑛에서 住民의 土地 及 通行道路에 鐵鋼을 繞한 문제로 海軍大臣을 상대로 平壤地方 法院에 訴訟을 起하고 露國 「페트로그라-드」 勞農會는 仝都市의 名을 「레-닌그라드」로 改稱하고 「레-닌」씨 葬儀는 多數農民이 氏의 遺骸에 고별키 위하야 殺到함에서 鐵道交通杜絶로 27일로 연기하고 東三省에는 軍民大會가 開하야 豆滿江 日中合辨 架橋는 吉林軍民의 반대로 架橋不能의 件을 始하야 4개조를 결의하다.

同 26일

日本 皇太子의 御成婚式이 有하얏고 成婚의 恩典으로 一般罪囚에게 減刑이 有한 바 日本人 大罪人中 岡良一 (原總理 刺殺) 15년은 11년 3개월로, 甘粕大尉(大杉榮 慘殺者) 10년은 7년 반으로, 朝鮮人 染槿煥(閔元殖 刺殺者) 7년 반은 5년 7개월로, 金益相(中田狙擊) 死刑은 無期로 되고 全朝鮮의 減刑囚人은 15,000명에 달하다. 京城에 各 專門學生 聯合講演이 鍾路靑年會에 有하얏고 東萊에는 大火가 起하야 100여호 소실 6만여원 손해가 生하고 露國 莫斯科에는 勞農 제2회 大會가 開催되고 印度 國民會에서는 英國의 各 殖民地에 在한 印度人에게 不法待遇의 대책으로 英國物品 排斥案을 通告하다.

同 27일

露國에는 「레닌」씨 葬儀가 성대하얏고 伊太利 유-고슬라비아 兩國 간에는 新條

約이 성립되다.

同 28일

英勞働黨 內閣은 勞農露國을 正式으로 승인하고 동시에 墨國不承認의 조건으로 駐墨 英公使를 召還하다.

同 29일

大同郡에는 普通學校 位置問題로 農民 100여명이 郡廳에 殺到하고 安岳郡 東倉浦에서는 日本人 加藤平太郎의 農監 宋興殖이가 小作權 判奪問題로 농민 100여명이 大騷動을 起하고 希露 兩國 간에는 通商條約이 성립되고 英荷役夫는 賃金値上要求가 不成功되는 즉시로 同盟罷業案을 決議하다.

同 30일

京城에서 勞農大會 準備委員會가 3일간 開催되야 4월 5일 大會 召集의 件其他를 決議하고 同日에 朝鮮學生會 第二回 定期總會가 개최하고 日本에는 三黨領首(政友高橋, 憲政加藤, *新犬養) 及 各代議士를 암살코저 右黨員이 割乘한 列車를 顚覆하얏스나 結局 無事하얏고 또 日本 水野直子爵邸에 壯漢 4명이 突入한 事有하고 <106> 米國은 希臘을 정식으로 승인하고 英首相 「맥도날드」氏는 佛國政策의 불만을 비난한 覺書를 佛首相에게 致하다.

同 31일

日本의 제48議會는 內閣不信任의 紛撓로 休會 중에 解散되고 順天에는 無產者同盟會가 창립되고 羅州 南平에는 日本人 道家賢治란 자가 그 삼촌 가족 5명을

殺戮하고 希臘 大統領 「퀘니카로스」는 사면을 전하다가 정식으로 취임되고 墨國에는 再次 폭동이 起하야 列車爆破 電信杜絶 人命死傷이 多出되다.

2월 1일

開闢 新春文藝號가 압수되고 文藝雜誌 新文藝가 창간되고 日本에는 議會解散으로 政府對各政黨間 풍파가 重起하고 奉天에 朝鮮民會는 解散되고 日本政府는 外債方針協調會를 開하고 麗水에는 大火가 有하다.

同 2일

上海에 朝鮮留學生會는 定期總會를 開하야 任員改選 其他事項을 議決(會長 崔忠信)하고 日本에는 官私立專門學校 差別撤廢의 令이 발표되고 米國 移民 委員會는 無資格 外人의 入國禁止法案을 可決하고 勞農露國 中央執行委員長은 「뤼-코푸」씨가 被選되다.

同 3일

前 米國大統領 「윌손」씨(68세)는 神經衰弱 及 胃病으로 3일 오전 11시에 還元되고 伊露通商條約의 각서가 露都에 도착되고 (一. 伊國은 露國承認 一. 露國은 伊國에 대한 關稅率低下 一. 露國은 伊國에 대하야 多量 穀物供給, 一. 露國은 伊國에 대하야 黑海沿岸 諸港을 買易港으로 할 事其他數條) 日本九州地方에는 又 地震이 有하다.

同 4일

京城의 樂園洞 永樂町 등 6처에 大火가 起하야 朝鮮兒童 2명 燒死, 50,000여원

의 손해가 有하고 日本神戶에도 大火가 起하여 300,000만여 원의 損이 有하고 希臘 首相 「젤펌로스」씨 辭職한 代에 「카퐌할리스」씨가 就任하고 露勞農聯邦會議는 英露握手의 聲明書를 발표하다.

同 5일

朝鮮物產獎勵會 1주년 기념이 京城 及 地方에 有하고 日本에는 憲政擁護 全國記者大會가 개최되고 伊露條約은 無期로 延期되고 印度獨立黨 首領 「깐듸」씨는 未久釋放의 報가 발포되고 獨逸政府는 佛國이 獨分離派援助問題로 佛에 항의를 제출되고 墨國動亂은 革命首領 「델라쿠스」의 도주로 一段落을 告하다.

同 6일

尙州에서 義烈團 特派員(姓名不詳) 數名이 逮捕되고 中國通化縣 岡山 頭道溝에서 中國保甲隊 周岐山에게 朝鮮獨立軍 金尙鎭, 崔德熙, 張在明, 金成在, 朴文巨 등 6명이 慘死(日字未詳)되고 (銃器賣買 金錢不正問題로 是非되야) 駐佛露代表 「스코폴데」씨는 英露承認 問題를 帶하고 英國에 急行하다.

同 7일

大雨로 因하야 京元山線이 不通되고 女子「고무」職工罷業事件의 金南洙 李準泰 金鴻爵 등의 判決言渡가 有하고 伊國은 露國을 정식으로 승인하고 米國에는 「윌손」씨의 葬儀가 성행되고 中國廣東에는 군대와 상인의 충돌로 10여명 死傷이 出하다.

자료 3 在京主義者 등의 최근에 있어서 활동사항에 관한 건
(京鍾警高秘 제285호의 1, 대정 14년 1월 13일)

【1】

京鍾警高秘 제285호-1
대정 14년 1월 13일

경성종로경찰서장

경성지방법원 검사정 殿

在京主義者 등의 최근에 있어서 활동사항에 관한 건

조선인의 민족성이라고도 일컫는 內訌 즉 상호 세력을 다투기 위해 모였다 흩어지고 합쳤다 벌어져, 항상 분규가 그치지 않는다. 조선청년노농의 각 단체로서 대정 13년 4월 재경주의자들이 부단한 苦心 끝에 全鮮的 단합을 보기에 이르렀다. 즉 조선청년총동맹·조선노농총동맹이 조직되었지만 이를 기회로 재경주의자들은 이를 자기의 직업적, 소위 주의운동에 이용하기 위해 또 쉴새없이 內訌을 일으켜, 간부 상호간에 세력 쟁취를 야기하기에 이르렀다. 이 주의자는 2당파로 나누어 즉 북성회계, 서울청년회계의 두 파가 대립을 보인 이래 서로 그 乘取策에 급급해 암암리에 분투·반항, 마침내 全鮮에 파급됨에 따라 2파 대립은

【2】

全鮮的으로 되어 왔다. 최근에 이르러서 저들의 대항운동은 점차 그 度를 넘어 4월 제2회 정기총회에서 서로 그 敵方의 세력을 누르고 自派가 독점하여 조선무산자혁명운동의 횃불을 들려는 大계획을 수립해 현재 대대적으로 활약을 개시하고 있다. 이를 內査해서 수집한 양파의 계획 및 활약상을 다음에 列記해서 참고삼아 보고드립니다.

一. 간부의 인물

(1) 북성회계

金若水・申伯雨・金在鳳・金鍾範・金燦・辛鐵・全一 등으로서 모두 상당히 주의에 관한 소양을 가졌다.

(2) 서울청년회계

金思國・韓愼教・李赫魯・崔昌益・李英・鄭栢・張赤波・李廷允 등으로서 주의에 관한 소양에 있어서는 북성계에 미치지 못한 자이다.

二. 후원 및 해외와의 연락

【3】

(1) 북성회계

대정 13년 10월경 조선일보사의 후원을 얻어 현재 운동의 경비로 충당하기 위해 同社 영업과장 洪瑨植에게서 매월 200원씩의 지급을 받고 있다. 또 기타 朴重華・변호사 金炳魯로부터는 매월 20원씩 지급 받고 있는 것 같다. 또 해외와의 연락에 있어서는 종래의 니콜리스크파 즉 노농정부에서 가장 깊게 신용하고 있는 韓明瑞 일파와 연락해서 고려총국 내지부 조직이후 계속 약간의 경비를 지급받고 있는 것 같다.

(2) 서울청년회계

하등 후원이 없어 오직 同志인 朴尙薰・金祐寅・鄭栢・張赤波 등의 자금책에 의해 간신히 그 경비의 일부에 충당하고 있다.
해외와의 연락에 있어서는 원래 서울파는 浦鹽(블라디보스톡)과 연락을 하지 않고 간신히 金思國 계통에 의해 寧古塔 방면에 介在하는, 세력이 미미한 공산당원과 연락을 가졌을 뿐이다.

【4】

三. 부속단체

(1) 북성회계

북풍회・화요회・노동학원・신흥청년동맹・경성청년회・급수부조합・해방운동사・여성동우회・여자고학생상조회・노동청년회・혁청단・노동당

(2) 서울청년회계

사회주의자동맹 · 서울청년회 경성노동강습소 · 노동대회 · 赤雹團 · 노동교육협회 · 노동공제회 · 북청학우회 · 서울철공조합

四. 지방에 대한 세력

(1) 북성회계

청년단체로서는 총동맹 가입단체의 약 1/4로서 경상남북도가 가장 많고, 그 다음으로 평안남북도 및 함경남북도가 소부분을 차지한다.

노농단체로서는 총동맹 가입단체의 약 3/5로서 경상 · 전라의 농민단체가 대다수를 점한다.

【5】

(2) 서울청년회계

청년단체로서는 총동맹 가입단체의 약 3/4로서 경상남도 · 전라북도 · 황해도 · 강원도 · 함경남도 등에서 많다

노농단체로서는 총동맹 가입단체의 약 2/7로서 全鮮의 도시 노동자가 대다수를 차지한다.

五. 총회에 대한 계획

(1) 북성회계

노동총동맹에 있어서는 다른 動力이라 할 수 있는 地盤 즉 회의 대다수를 차지하는 南鮮지방 농민단체를 가짐으로서 동맹의 세력을 확장하면 용이하다고 자신하고, 이에 대한 특별한 활동을 하고 있다. 최근에 이르러 계획을 수립해서 同志를 각 지방에 파견해, 이로서 지방의 유력자인 간부와 연락해서 이들로서 세부까지 총동맹 新가입을 권유하게 함으로서 自派의 세력을 얻어 총회에서 서울파 세력을 누를 것을 도모한다.

또 제2의 계획으로서, 제1의 계획이 실패로 돌아가 도저히 그 수를 비교할 수 없을 경우에는 총회간 사이에 각 지방 自派 단체에 급보를 보내, 총회에 참석시키지 않는 방법을 도모한다. 이로서 총회의 不成立을 주장하고 위원회를 개최해서 형식을 밟는 사이에 다시 세력 확장의 방법을 강구한다.

【6】

또 제3의 계획으로서 미래 兩波에 가담하는 중립의 태도를 취한다. 소위 상해파 즉 兪鎭熙 · 朱鍾健 등 일파와 손잡고 이들로서 양파 타협의 조사에 착수하고자 도모하고 있다.

제4의 계획으로서는 이상의 계획이 모두 실패로 끝날 때에는 단지 경성청년회 ·

【7】

신흥청년회동맹 등을 가입시켜두고, 자파는 즉 북풍회를 중심으로 해서 全鮮사상단체동맹을 조직해, 청년총동맹은 오로지 청년운동만을 진행하기 위한 自派 단체임을 주장한다. 그리고 자신들은 사상단체동맹의 주도하에 목적을 달성하기 위한 운동을 일으키고자 도모했다. 이에 관해서는 이미 준비행동으로서 대정 13년이래

각 지방에 사상단체를 창립하고 있다. 즉

대구 尙微會
마산 彗星會
진해 究學會
의성 赤星會
이리 甲子연구회
김해 第四會
순천 무산자동맹
영동 七月會
함흥 愚人會
평양 五月會
안동 火星會

【8】

(2) 서울청년회계

노농총동맹에 대해서는 세력 확장을 위해 지방에 선전원을 파견해서 가입 권유에 노력하고 있지만, 도저히 북성파에 대항할 수 없음을 깨닫고, 극비리에 동지와 협의한 결과, 노동자와 농민의 분열을 계획해 도시 노동자의 단결에 의해 운동선에 나서면, 그 숫자야말로 농민에 비하면 한심하기 그지없지만, 그 운동력에 있어서는 훨씬 앞선다고 하면서 도시의 일부에 내통을 하는 듯 하다.

청년총동맹에 있어서는 그 지반을 튼튼히 한다면 북성파의 활동에 대해서는 두려워하지 않아도 된다고 自任하고 있지만, 북성파에서 다시 사상단체 동맹 조직을 계획하고 있다. 이에 대항하고자 사회주의자동맹이라는 것을 조직해, 이것을 중심으로 全鮮에 걸쳐 사상단체를 조직하고, 이로서 연합대항을 하려고한다. 昨今 李芳을 파견해서 경상북도 상주군에 二月會를 조직하기도 하고 또 다른 곳에서도 조직을 권유할 계획이지만 아무래도 경비조달의 점에 있어서 북성회보다 열악하다.

【9】

겨우 서울청년회만의 경비로도 窮한 상태로서 장래 도저히 지구전을 유지할 수 없을 것 같아서 현재 北滿방면으로 자금조달의 교섭 중에 있으니 그 결과 여하에 따라 서울파의 운명을 결정할 긴박한 상태이다.

六. 활동상황

(1) 북성회계

현재 모든 수단 방법을 채용해 全鮮 각지에서 自派의 선전을 하고 있지만 그 임무를 맡은 주된 사람을 列記하면

경상남도지방	진주 趙祐濟
	김해 印東哲
	김해 金弼愛
	군산 呂 海
경상북도지방	대구 鄭雲海
	대구 申哲洙
	안동 李準泰
전라남도방면	완주 徐廷禧
	순천 某
강원도방면	고성 某

【10】

평안남도방면	평양 崔潤玉
	평양 金祐昌

평안북도방면	경성 靑奉岩
	신주 某
	영홍 某
함경도방면	성진 某

(2) 서울청년회계

마찬가지로 전국 각지에서 自派의 선전을 하고 있지만 그 임무를 맡은 주된 사람을 列記하면

전라남도방면	완도 李時琓
	목포 徐部晳
전라북도방면	김제 趙紀勝
	張赤波
경상남도방면	창원 安 俊
경상북도방면	풍기 姜宅鎭
충청도방면	대전 朴廣熙
	영동 張 埈
강원도방면	횡성 朴大善
함경남도방면	북청 金敎英
함경북도방면	청진 張彩極

七. 해외에 대한 활동 상황

(1) 북성회계

오는 4월 총회 종료까지는 가끔씩 그 운동의 변천을 블라디보스톡에 있는 상해 고려공산당에 통보하고 노농정부의 원조를 받는 실정이었다.

【11】

그 통보 서면을 작성해서 특사를 보낼 계획으로 이미 작년 말 북풍회원이었던 金丹冶가 블라디보스톡을 향해 출발했기 때문에 또 이어서 裵德秀·金鍾範 등을 파견하기로 했다.

(2) 서울청년회계

작년 말 歸着하는 것으로 해 당지를 출발한 崔昌益·朴尙薰·崔晋万 3명은 이달 초순 간도에서 만나, 同地에서 다시 羅子溝에 도착했으며, 또 寧古塔으로 향하고 있다. 이들은 그곳의 공산단체와 제휴해서 일을 착수하기 위해 교섭의 임무를 가지고 여행하고 있다.

以 上

一. 보고처 경무국, 경찰부, 검사국

京鍾警高秘第二六五號ノ二

大正十四年一月十三日

京城鍾路警察署長

京城地方法院検事正殿

在京主義者等ノ最近ニ於ケル活動状況ニ関スル件

朝鮮人ノ民族性トモ謂フヘキ内訌即チ相互ノ勢力争ヒノタメ集マリテハ散リ合ヒテハ別レケ常ニ紛糾止マサリシ朝鮮青年労農ノ各団体ナリシテ大正十三年四月在京主義者等ノ惨憺タル苦心ニ依リ辛フシテ全鮮的団合ヲ見ルニ至リ即チ朝鮮青年総同盟朝鮮労農総同盟ノ組織成リタルカ之ヲ機トシテ在京主義者等ハ之ヲ自己ノ職業的所謂主義運動ニ利用セントシタルヲ以テ又々間モナク内訌ヲ生シ幹部相互間ニ勢力争ヒヲ惹起スルニ至リ於此主義者ハ二党派ニ分レ即チ北星會系ト、付邑青年會系ノ二派対立ヲ示セリ爾来互ニ其棄取策ニ汲々トシテ暗々裡ニ奮闘、又抗逐ニ全鮮ニ波及シ殆ント派対立ハ全鮮的トナリ来リタルカ最近ニ至リ彼等ノ対抗運動ハ弥々其度ヲ高メ来ル四ト、第二回定期総會ニ於テ互ニ其敵方ノ勢力ヲ殺ヤ自派ノ独占トナシ以テ朝鮮無産革命運動ノ蜂ヲ挙ケムト大計画ヲ樹立シ目下大々的活躍ヲ開始シツヽアリ其ノ内査シ得タル両派ノ計画及活躍状況ヲ左ニ対照列記シテ参考マテ及報告候也

左記

一、幹部ノ人物

(1) 北星會系

金若水、申伯雨、金在鳳、金鍾範、金燦、辛鉄、金一等ニシテ何レモ相当主義ニ関スル素養ヲ有ス

(2) 付邑青年會系

金思国、韓慎教、李赫魯、崔昌益、李英、鄭栢、張赤波、李廷允等ニシテ主義ニ関スル素養ニ於テ北星系ニ及ハサルモノアリ

二、後援及海外トノ連絡

(1) 北星會系
大正十三年十月頃朝鮮日報社ノ後援ヲ得現在運動ノ経費ニ充ツヘク同社営業課長洪璔植ヨリ毎月二百円宛ノ支給ヲ受ケツツアリト尚其他朴重華弁護士金炳魯等ノ後援アリテ金炳魯ヨリハ毎月二十円宛支給ヲ受ケ居ルモノノ如ク且ツ海外トノ連絡ニ就テハ従来ノニコリスク派即チ労農政府ニ最モ厚キ信用ヲ有スル韓明瑞ノ一派ト連絡アリテ高麗総局内地部組織以来引続キ若干ノ経費ヲ支給セラレツツアルモノノ如シ

(2) 서울青年會系
何等後援ヲ有セス唯同志朴尚薫金裕演鄭栢張赤波等金[illegible]ニ依リ辛シテ其経費ノ一部ニ充テ居レリ
海外トノ連絡ニ就テハ元来서울派ハ浦塩ニ連絡ヲ有セス僅カニ金思国ノ系統ニ依リ寧古塔方面ニ介在スル勢力微々タル共産党員ト連絡ヲ有スルノミ

三、所属団体
(1) 北星會系
北風會、火曜會、労働学院、新興青年同盟、京城青年會、般水夫組合、解放運動社、女性同友會、女子苦学生相助會、労働青年會、革清団、労働党、
(2) 서울青年會系
社會主義者同盟、서울青年會、京城労働講習所、労働大會、赤雹団、労働教育協會、元労働共済會
北青年支會 서울数ニ組合、

四、地方ニ於ケル勢力
(1) 北星會系
青年団体トシテハ総同盟加入団体ノ約四分ノ一ニシテ其慶尚南北道ニ最モ多ク次テ平安南北道及咸鏡南北道ノ小部分ヲ有シ労農団体トシテハ総同盟加入団体ノ約五分ノ三ニシテ慶尚全羅ノ農民団体ノ大多数ヲ占ム
(2) 서울青年會系

青年団体トシテハ総同盟加入団体ノ約四分ノ三ニシテ慶尚南道全羅北道黄海道江原道咸鏡南道等ニ多ク又労農団体トシテハ総同盟加入団体ノ約七分ノ二ニシテ全鮮ノ都市労働者ノ大多数ヲ占ム

ハ　総會ニ対スル計画

イ　北星會系

労働総同盟ニ於テハ他ノ動カスベカラザル地盤即チ會ノ大多数ヲ占ムル南鮮地方農民団体ヲ有スルヲ以テ同盟ノ勢力ノ覆ルハ容易ナラスト自信シ之ニ対スル特別ノ活動ヲ為サヽルモ青年総同盟ニ於テハ在来竹邑派ト[illegible]ノ旅地状態ナリシカ久シク其勢力扶植ニ努アハ大ニ發展ヲ稿メ来リタル所ナルク最近ニ至リ愈計画ヲ樹立シ同志ヲ各地方ニ派シツツアル地方ノ有力ナル幹部ト連絡セシメ之等ヲシテ細部ニ亘リ総同盟ニ新ニ加入ヲ勧誘セシメツツアリテ同派ノ勢力ヲ得次テ総會ニ於ケル竹邑派ノ勢力ヲ殺カムコトヲ

謀レリ

又第二ノ計画トシテ第一ノ計画ニ失敗ニ帰シ到底其数比較スル能ハサルニ於テハ総會開催ニ各地方同派団体ニ急報ヲ発シ総會ニ参席セシメサル方法ヲ執リ而シテ総會ノ不成立ヲ主張シ委員會ノミヲ開催シテ形式ヲ踏ミ経過セハ其間ニ於テ更ニ勢力扶植ノ方法ヲ講スヘク決シ第三計画トシテ爾来両派ニ加担セス中立ノ態度ヲ採リ来リタル所謂上海派即チ兪鎮熙朱鍾健等一派ト握手シ之等ヲシテ両派妥協ノ調査ニ当ラシムヘク謀リタル由ナルカ之レ竹邑派ノ悉セサルヲ見越シテノ策略ニシテ妥協纏マラサル暁ニ於テハ之ヲ口實ニ竹邑派専横ナルヲ宣傳シテ次ナ系統的ノ破裂ヲ図ラムトスルニ在ルモノヽ如キモ之果シテ中立派其策略ニ陥ルヤ否ヤハ信スル能ハサルモ目下中立派ノ態度トシテハ調和ノ労ヲ採ルヘキ傾向アリ第四ノ計画トシテハ以上ノ計画総テ失敗ニ終リタル際ニ於テハ単ニ京城青

年會新興青年同盟等ヲ加入セシメ星
キ自派ハ即チ北風會ヲ中心トシテ全鮮
思想団体同盟ヲ組織シ青年総同盟
ハ單ニ青年運動ニノミ進ムヘク自派団
体ヲシテ主張セシメ即シテ自己等ハ思
想団体同盟ニ依リ自啓ヲ進スヘク運動
ヲ起サムト図リタルカ之ニ関シテハ既ニ其
準備行動トシテ大正十三年次来各地
方ニ思想団体ヲ創立セシメアリ即チ

大邱　尚微會
馬山　埜星會
鎮海　寛革會
義城　赤星會
裡里　甲子研究會
金海　第四會
順天　無産者同盟
永同　七月會
咸興　愚人會
平壌　五月會
安東　火星會

等ニシテ尚同下各地方ニ於テ思想団体
組織ニ没頭シツヽアリ

(2)서울青年會系
労農総同盟ニ就テハ勢力扶植ノタメ各
地方ニ宣傳員ヲ派シテ加入勧誘ニ努メ
ツヽアルモ到底北星派ニ対スルヘカラサルヲ
覚悟シ極秘裡ニ同志協議ノ結果労働
者ト農民トノ分利ヲ計画シ都市労働
者ノ団結ニ依リ運動線ニ立タハ其数農
民ニ比スレハ寡ニ人ニ堪ヘサルカ如キモ其運
動ノ力ニ於テハ遥ニ勝ルモノアリトシ各郡
市ノ一部ニ疎通ヲ為シタルモノヽ如シ
青年総同盟ニ就テハ既ニ其地盤ヲ固
メ居レハ北星派ノ結動ニ対シテハ恐ル、
ニ足ラスト自任シ居ルモ北星派ニテ更ニ
思想団体同盟ノ組織サル、ヲ予期シ
之ニ対抗セムト過激社會主義者同盟
ナルモノヲ組織セシヲ中心ニ全鮮ニ亘リ
思想団体ヲ組織シ次テ聯合対抗スヘ
ク昨今李芳ヲ派シテ慶尚北道尚州
郡ニ二月會ヲ組織セシメタリト尚其他
ニ於テモ組織ヲ勧誘スヘキ計画ナル
モ何レニシテモ経費調達ノ点ニ於テ北
星會ニ劣リ僅カニ서울青年會ノ

ミノ経費ニ又窮ニ居ル状態ナルヲ以テ将来到底持久策ヲ保ツ能ハサルヘシ、如ク目下北満方面ニ資金調達ノ交渉中ニシテ其結果ノ如何ニ依リテ付邑派ノ運命ヲ決スルノ急状態ニアリ

六 活動ノ状況

(1) 北星会系

目下総ユル手段方法ヲ採リ全鮮各地ニ同派ノ宣傳ヲ為シツヽアルカ其任ニ当リタル主ナルヘキヲ列記スレハ

慶尚南道地方、晋州 趙祐濟
金海 印東哲
〃 金衍燮
馬山 呂海
慶尚北道地方 大邱 鄭雲海
〃 申哲珠
安東 李準泰
全羅南道方面 光州 孫廷梳
順天 某
江原道方面 高城 某
平安南道方面 平壤 崔禍五
〃 金祐昌

通報シ労農政府ノ援助ヲ受クヘク決定シ
其通報書面ヲ作成シ次テ特使ヲ立ツヘ
ヤ計画ニシテ既ニ客年末北風會員
タル金升治浦塩ニ向ケ出發シタル由ニテ
尚引續キ震礎秀金鍾範等ヲ派
遣スヘシト

(乙)서울青年會系
客年末歸着スルトテ当地ヲ出發シタル
崔昌益朴尚薰及崔晋万ノ三名ハ
本月初旬間島ニ落合ヒ同地ヨリ更ニ
羅子溝ニ着シ尚進ムテ寧古塔ニ向
ヒタル由ナルカ彼等ハ該地ノ共産団体
ト提携シテ事ニ当ルヘク交渉ノ任務
ヲ帯ヒテ旅行シタルモノナリト
以上

報告先 警務局、警察部、検事局、

자료 4 「全朝鮮民衆運動者大會」, ≪동아일보≫ 1925년 2월 18일자 ; ≪조선일보≫ 1925년 2월 18일자

「全朝鮮民衆運動者大會」

趣旨

우리는 歷史의 必然을 發見하엿다. 짜러서 歷史의 必然이 나흔 民衆의 大衆的 行動과 創造力의 無限大를 確信한다. 그리고 그것이 民衆으로 하여금 理想의 彼岸에 이르게 하는 것임을 밝키 看破하엿다. 理想의 所有者는 民衆인 同時에 언제든지 民衆을 떠나서는 運動의 實現이 업는 것이다. 이에 朝鮮의 民衆運動도 漸次 發達하여 民衆化하려 한다. 그러나 從來 이 運動을 爲한 會合은 各各 部分的이엿고 運動 各方面을 網羅한 全朝鮮的 大會는 업섯다. 그럼으로 全朝鮮運動의 組織的 統一과 根本方針을 討議코자 思想, 農民, 勞動, 青年, 衡平, 女性 等 各 運動團體의 代表로써 全朝鮮民衆運動者大會를 開催코자 하노라

準備委員

鄭雲海(大邱) 崔元澤(大邱) 李準泰(安東) 金南洙(安東) 張東燮(醴泉) 朴寅玉(尙州) 姜達永(晉州) 趙佑濟(晉州) 白光欽(東萊) 金明奎(馬山) 明東珪(康津) 李榮珉(順天) 朴炳斗(順天) 崔晋武(光楊) 申東浩(光州) 文泰坤(光州) 曺利煥(唐津) 曺克煥(木浦) 崔重珍(井邑) 金應時(保寧) 曺景敍(和順) 朴昌漢(仁川) 柳順根(仁川) 曺龍煥(開城) 朴吉陽(江華) 鄭順命(海州) 金璟載(黃州) 李根浩(沙里院) 金秉植(沙里院) 李蒙瑞(北栗) 金元浩(載寧) 陳秉基(平壤) 崔允鈺(平壤) 金裕昌(平壤) 吳基周(鎭南浦) 姜偉情(鎭南浦) 許炯(安州) 林亨寬(新義州) 金鴻爵(長淵) 延在瓊(南川) 方應謨(定州)

李鳳夏(鐵原) 金大鳳(襄陽) 嚴仁基(咸興) 崔昌極(穩城) 李在夏(會寧) 陳景琓(會寧) 李憲(東京) 徐炳河(高原) 洪悳裕(京城) 張志弼(京城) 閔泰興(京城) 金在奎(京城) 金商震(京城) 全無(京城) 具然欽(京城) 金漢卿(京城) 金在鳳(京城) 金隱谷(京城) 朱世竹(京城) 許貞淑(京城) 權泰彙(京城) 尹德炳(京城) 安基成(京城) 金丹冶(京城) 李奭(京城) 朴憲永(京城) 朴元根(京城) 金燦(京城) 青奉岩(京城) 朴一秉(京城) 權五卨(京城)

◇ 參加資格　思想・農民・勞動・青年・衡平・女性,
各團體(每 團體代表 三人 以內)
◇ 參加申請期日　三月 二十日까지
◇ 參加申請場所　京城府 樂園洞 一七三番地 火曜會內 全朝鮮民衆運動者大會準備會
◇ 大會時日　追後發表
◇ 大會場所　京城

……………………{主催 火曜會}……………………
全朝鮮民衆運動者大會準備會

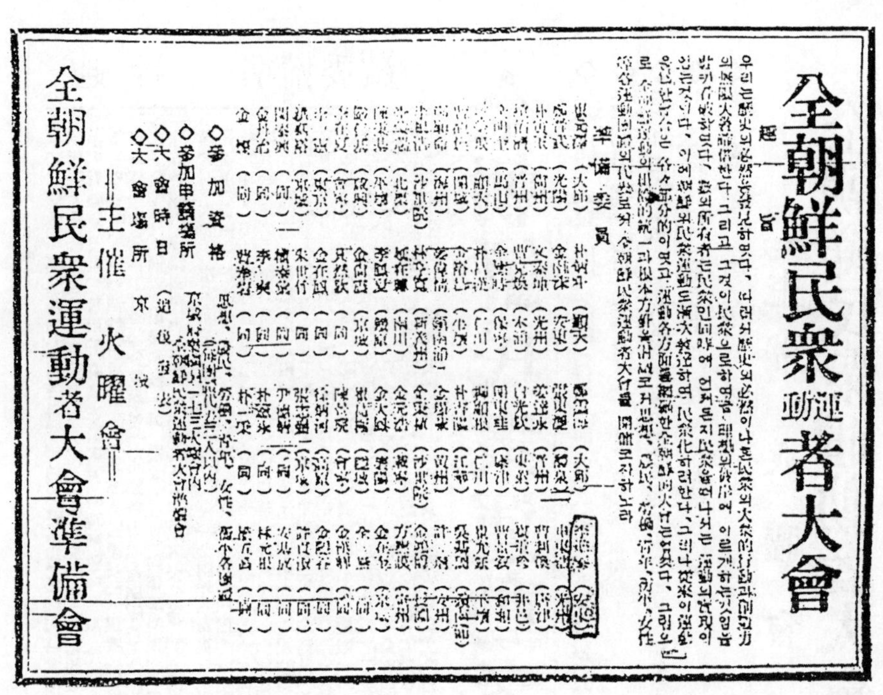

全朝鮮民衆運動者大會

趣旨

準備委員

○參加資格

○參加申請場所

○大會時日

○大會場所 京城

=主催 火曜會=

全朝鮮民衆運動者大會準備會

≪동아일보≫ 1925년 2월 18일

趣旨

우리는 歷史의 必然的 進展을 覺하엿다. 또한 그 歷史의 必然이 나투는 民衆의 大衆的 行動과 努力의 無限大量을 信한다. 그리고 그것이 民衆으로 하여금 理想의 彼岸에 이르게 하는 것임을 確信하엿다. [illegible]의 所有者는 오직 民衆이 同時에 [illegible]하는지 民衆을 떠나서는 理想의 實現이 업는 것이다. 이에 朝鮮의 民衆運動도 擴大發展하며 民衆化하려 한다. 그러나 從來의 運動은 [illegible] 各 部分的이엇고 運動 各方面을 網羅한 全朝鮮的 大會가 업섯다. 그럼으로 全朝鮮 民衆運動의 統一과 根本方針을 確定코자 思想, 農民, 勞働, 靑年, 衡平, 女性 各 運動團體의 代表로써 全朝鮮民衆運動者大會를 開催코자 하노라

準備委員

[illegible]

全朝鮮民衆運動者大會

◇參加資格 思想、農民、勞働、靑年、衡平、女性、各團體(每團體代表三人以內)

◇參加申請期日 三月二十日 까지

◇參加申請場所 京城府樂園洞一七三番地火曜會內全朝鮮民衆運動者大會準備會

◇大會時日 追後發表

◇大會場所 京城

—主催 火曜會—

全朝鮮民衆運動者大會準備會

《조선일보》 1925년 2월 18일

자료 5 양파합동간담회에 관한 건
(京鍾警高秘 제2375호의 1, 대정 15년 3월 6일)

사상문제에 관한 조서서류(2)
京鍾警高秘 제2375호의 1
대정 15년 3월 6일
경성종로경찰서장
경성지방법원 검사정 殿

양파합동간담회에 관한 건

어제 5일, 오후 8시 30분부터 시내 요정 明月舘 본점에서 표제의 회의를 개최하여 4개 단체합동(북풍회계), 前進會(서울청년회계)에서 각 10명의 책임대표자를 선정해 각각 전원출석하기에 이르렀다. 방청자가 속속 來席하여 북풍회계 약 35명, 서울계 약 50명이었는데, 방청자로 인해 形勢不穩할 것을 염려하여, 방청은 일절 금지할 것을 사회자에게 명한 바, 다소 동요가 있었지만 결국 일동 別房에 갔기에 드디어 李奎宋의 사회 하에 개회를 했다. 다음 기록과 같이 논의를 벌였지만 결정된 사항 없이 후일 재회를 약속하고 6일 0시 20분, 何等 불온한 언동없이 무사히 散會했습니다.

덧붙여서 兩派가 합동간담회를 개최하게 된 주된 원인은 반대파와 반대파의 제휴 및 합동은 장래 사회운동을 크게 펼치는 하나의 이상으로서, 피차 이 이상에 근거를 두고도 수 년간 이들은 조금도 슬기롭지 못한 감정과 派의 이해 관계로 인해 제휴를 하거나 同席에서 간담을 하지 않았는데, 이전에 신의주사건 발각의 결과 북풍회의 操縱者 전부가 파멸함에 이르렀다. 일반민중에게 적지 않은 疑念을 품게 했음과 동시에 북풍회계의 운동에 일대 파란을 야기했으며 그 수습에 따른 何等 운동상의 劃策없이 일시 침체하기에 이르렀다. 이 때를 틈타 서울청년회 일파가 세력확장에 腐心해 점차 기세가 높아지자, 양파의 합동을 주장해 조선무산계급해방운동을 위함이라고 標言하며 제휴하는 曙光을 보게 되었다. 高津正道 등의 알선에 의해 양파가 상봉해 파고다 공원에서 촬영한 사진을 근거로 해서 혹은 재경사회운동자 간담회, 재경주의자 간담회라 칭하며 신문지상에 발표해 서울일파를 동요시켰다. 개인적으로는 「조선무산계급해방」이 목적이라며 종래의 감정을 일소하고 조선민족을 위해 협동하자고 선전한 결과 서울파의 간부진은 현재의 4개 단체합동에는 종래 싸워온 인물이 없고, 新幹部에게는 하등의 죄가 없다고 양해하고 상호의 감정을 다소 소통하기에 이르렀다. 이에 이전에 4개 단체합동에서 발표한 양파합동간담회에 출석하기에 이른 것이다.

一. 개회사 【이규송】

一. 点名

전진회 서울파 출석자 이하 10명

金思國・朴衡秉・李廷允・韓愼敎・任鳳淳・

張彩極・林鍾萬・金瓊植・車載貞・金裕寅

4개 단체 합동(북풍파)출석자 이하 10명

裵德秀・李奎宋・金演羲・孫永極・金景載・

裵成龍・李準泰・申周極・全海・吳義善

一. 경과보고 【韓愼敎】

一. 임시의장 선거

一. 토의

이준태 (**회의 서두에 이준태가 발언한 내용만 발췌함)

"여러분이 묵묵히 입을 닫고 있다고 해서 이번의 회합에 반대한다고 생각하지는 않습니다만, 어떻게 되어 모두 발언을 하지 않습니까"라는 力說에 김사국 등도 동의를 표했지만, 일시 조용히 一言도 발하는 자가 없었다. 다시 이준태는 김사국에게 의견 발표를 요구했지만 김사국은 묵묵히 말하지 않았다. (이하 생략)

【이준태 관련 부분번역】

一三〈五 一
十五 三 六

[illegible]両派合同懇談會ニ関スル件

昨五日午後八時三十分ヨリ市内料亭明月館本店ニ於テ首題ノ會ヲ開催セシニ四個団体合同（北風會系）前進會（ソウル青年會系）ヨリ各十名ノ責任代表者ヲ選定シ右各全員出席スルニ至リ傍聴者續々来席シ北風會系約三十五名ソウル系約五十名ニシテ傍聴者ノ為メ形勢不穏ニ渉ル虞レアルヲ認メ傍聴ハ一切禁スルコトヲ司會者ニ命シタル処多少動揺セントシタルモ遂ニ一同別房ニ去リタルニ就キ李奎宋司會ノ下ニ開會ヲ宣シ左記ノ如ク論議ヲ戦ハシモ纏リタル事項ナク後日再會ヲ約シ午前零時二十分何等不穏ノ言動ナク無事散會セリ

右及報告候也

追テ両派ノ合同懇談會ニ至リタル主ナル原因ハ反對派ト反対派ノ握手及合同ハ將来社會運動ヲ大ナラシムル一ノ理想ニシテ彼此共ニ此ノ理想ニ根據ヲ置クモ数年間彼等ハ毫モ譲ラサル感情ト派ノ利害ニ関シ如何トシテモ握手又ハ同席ニ於テ懇談ヲ交ハスコト能ハサリシモ曩ニ新義州事件ガ発覚ノ結果北風會系ノ操縦者全部破滅スルニ至リ一般民衆ニ尠カラサル疑念ヲ抱カレムルト同時ニ北風會系ノ運動ハ一大頓挫ヲ来シ其収拾ニ迷ヒ何等運動上ノ画策ナク一時沈滞スルニ至リタルニヨリ此期ニ乗シソウル青年會一派ガ既ニ勢力横張ニ腐心シ漸次火ノ手ヲ高メ来タルニ驚キ此際両派ノ合同ヲ主張シ朝鮮無産階級解放運動ノ為メナリト標言ニ振手セントスル曙光見エタル際高津正道等ノ斡旋ニヨリ両派相混シテパコダ公園ニテ撮影シコノ寫真ヲ基録トナシ或ハ在京社會運動者懇親懇談會在京主義者懇談會等ト称シ新聞紙上ニ発表シ盛ニソウル一派ヲ動揺セシメ個人的ニハ「朝鮮無産階級解放」ガ目的ナレバ従来ノ感情ヲ一除シテ朝鮮民族ノ為メ協力セムト宣傳ノ結果——

什ッ匙派ノ幹部連ハ現在ノ四ヶ団体合同
ニハ従来率ヒ来ル人物ナク新幹部ニ
ハ何等ノ罪ナキモノト諒シ相互ノ感情
多少疏通スルニ至リ最ヽ四ヶ団体合同
ヨリ発表セル両派合同懇談会ニ出席
スルニ至リタルモノナリ

記

開会ノ辞　李奎宋

朝鮮ノ社会運動ハ誠ニ歴史上日尚浅
キニ幾派カノ潮流ガアツテ互ニ戦ツテ来
マシタ所謂此ノ二派ナルモノハ戦フハ
尠カラザル不利益デアルト云フコトハ一
般民衆モ自覚シテ居ル処デ今夕ハ幸
ニ其ノ両派ノ責任代表ガ仝席ニ会合シテ
我ガ朝鮮無産者ノ運動ノ為メ談合ス
ルト云フコトハ民衆ノ為メ又我等ノ
運動ノ上ニ新鋭ナル戦線ノ開始ヲ見
ラル、モノト信ジマス故忌憚ナク充分
意見ヲ発表シテ戴キ度イ云々

一、点名

前進会什ッ匙派出席者以下十名

金思国　朴衛秉、李廷允
韓慎教　任鳳淳　張彩極
林鍾萬　金璟植、車載貞
金祐寅

四ヶ団体合同（北風派）出席者以下十名

裴徳秀　李奎宋　金演義
孫永極　金景載、裴成龍
李準泰　申周極　全　海
呉義善

一、経過報告　韓慎教

司会者李奎宋氏ノ述ベラレタ通リ鮮内
ニハ両派互ニ齟齬シタル行動ニ出タルコトハ明
ナル事実デアリマスガ此席ハ以前ニ溯リテ発
表スルノデアリマセンカラ此点ハ充分ニ諒解シテ頂
キ度イ合同懇談会ノ動機ハ前進会ニ於
テ一月十六日頃執行委員会ヲ開キ現下
朝鮮ニハ青年、労農、衡平、女性ト云フ
様ニ夫々部内ノ運動ガアリマスガ要スルニ無産
階級解放運動ニ過ギナイノデ之ヲ網羅
シタル統一機関ハ是非必要ナルヲ認メ
「朝鮮社会運動団体中央協議会」ヲ組
織スルコトニ定メ十八日頃新聞紙ニ発表
シ鮮内ニ於ケル有力ナル団体ニ公式ニ

通文ニ從ヒ選シマレタガ該中央協議会ハ
決シテ[illegible]連会ノ産物ニ非ズシテ
能ク誤解シテ頂イテハ困ル然ルニ世間
体合同ナル東京在住運動團体部門
代表者ノ懇談会ナル此ノ如キ最高
機関ヲ置キ朝鮮ノ必要ナルヤ否ヤヲ
討議シ然ル上全国ニ組織スルヤ否ヤ朝鮮
無産者ノタメ大ナル利益ナルヤモ知レヌ若
シ然ラザル場合ハ却テ大ナル悪影響ヲ
及ボスコトハ既往ノ事実ニ徴シテ明カナレハ未公式
ニテモ一応当局ノ必要ナリシ決議シタノデアル
モ該同懇談会ハ[illegible]正式ニ[illegible]連会ニ[illegible]
リタレヲ以テ両派ヨリ合同ノ責任代表者
ヲ選ビ本日東京ニ集マリ討議ナセタノデアリマス
一陳情延長選挙　口頭
[illegible]
[illegible]
[illegible]
[illegible]
[illegible]

ルトスレバ何レノ国ニ於テモ困難ナ
ル問題ニハアリマスガ此ノ問題ナル
事情ヲ熟知シテ該ナル大部分同
ベキデアルトスレバ試ミニ歓迎ニ絶ヘヌ憂ハ
アリマス指揮ハ弱キ無産者ノ
意志ヲ統一サレテ同一線上ニ立タレ
無産者ノ指導ノ任ニ当リ真ノ統一
機関ヲ産出セラレム事ヲ心ヨリ望ミマス
李準泰
皆様ガ黙々トシテ口ヲ開カレヌノハ會
合ニ反スルト思ヒマス故何レモ共発言
サレタイト説ヤハ金思国等モ同意ヲ
表セルモ一時寥漠トシテ一言モ発セル
モノ無ク更ニ李準泰ハ金思国ノ意
見ノ発言ヲ要求シタルモ金思国ハ
黙シテ語ラズ漸クニシテ
東交龍ハ起立シ
両派ノ合同ハ今ヨリ三ヶ月前ヨリノ
計画ニシテ未ダ決シテ無意味ナ計
画デハアリマセヌ少クモ朝鮮ノ運動ノ代表
人ノ団体デアルトハ筆ニシテ認メラレテアリマス
ソシテハ両者ノ統一ニ於ケル情流ヲ一

掃シ両派ガ真實ナル誠意ヲ披歴シテ
円満ニ相互ニ誠意ヲ認メルダケノ真
情ヲ見セテ頂キタイ

一、孫永極(北風會派)

大敵ト大敵トノ會合ニハ必ラス大ナル
發見物ヲ出スコトガ出来ルト思フノデ
アリマス而シテ両派ガ此ノ如ク握手スル
コトハ両派ガ将来同一線上ニ立ッテ統
一運動ヲ實現スル可能性ヲ有スルト
云フコトニナリマス又斯クアルコトヲ望ミマス

一、李廷允(서울派)

現下朝鮮社會運動ニ対シ二ツノ意見
ヲ有スルモノデアリマス其一ハ無産階級
運動解放ヲ排斥スル民族的運動解
放ト二ハ無産階級運動解放ノ指導ス
ル運動デアリマス是等ノ運動ヲ整理シ
テ統一スル機関ヲ要スルコトハ最モ緊急
デアリマス此ノ統一機関ハ所謂最高ノ
機関デ其方法トシテハ指導スル者タル
両派ノ幹部ガ一家ノ内デ一定
ノ方針ヲ樹テ、運動ヲ進ムレバ
決シテ不利ナキモノト信ジマス若シ此ノ一家

異口同音ニ[illegible]張シテ居ルガ
一、[illegible]
ノ意見ノ大意ハ
各派ノ見地ヲ異ナルトモ共ニ運動上ノ方法及
政策ヲ異ナルトハ争ワレヌ事實デ之ガ為
ニ相互ニ相容レナルモノニナリ[illegible]派トカ派
トカニ分裂シテ争ヒヲ高メルモノト思ヒマ
ス両派ノ合同トイフ事モ一朝一夕ニハ
實現出来ルモノデハアリマセン夫レハ方法
政策ト利益ガ伴ハナケレバナラナイデアリマス然シ[illegible]
如何ニ見地ヲ異ニシテモ無産大衆ノ為ニ
スル行動即チ社会主義者ノ社会運動
ガ破壊サレ[illegible]
夫レニ[illegible]ノ見地トシテ現レ朝鮮
ノ状態ハ多少争闘ヲ續ケ犠牲ヲ[illegible]
[illegible]最高機関ノ急務ナルヲ認メ
[illegible]協議デハ新患デハ無イ
[illegible]

タイト告タルニ
一、李奎宗（北風會代表）
前進會発表ノ中央協議會ハ各部門
団体及社會問題ノ協議批判ノ機関
トスルコト提案ノ通リ主張セリ
一、金思國（서울代表）
長イ間色々ノ意見ヲ拝聴シ能ク
判リマシタ故充分考慮スル餘裕ガ
アリマスガ前進會トシテハ最高
機関ノ必要アルコト丈ケハ能ク諒解セ
ラル、ト同時ニ何等私情ナキコトヲ
附加ヘテ置キマス云々ト述ベタルニ議長
ハ閉會ヲ宣言セハ相手ナク散開セリ
以上
報告先 局、部ノ 松本公

자료 6 정우회 임시총회에 관한 건

(京鍾警高秘 제3870호의 1, 대정 15년 4월 10일)

사상문제에 관한 조서서류(2)

京鍾警高秘 제3870호의 1

대정 15년 4월 10일

경성종로경찰서장

경성지방법원 검사정 殿

정우회 임시총회에 관한 건

지난 4일 중국요리점 悅賓樓에서 창립총회를 개최한 정우회에서는 최초의 계획을 변경하고 4월 10일 오후 2시, 경성부내 견지동 80번지 侍天敎堂에서 임시총회개최 출석자 회원 148명, 방청자 서울회계 약 50명, 金鴻爵 사회 하에 다음과 같은 사항을 협의하고 5시 30분에 폐회했다. 그리고 그 상황은 다음과 같다. 창립 당시 북풍회계의 세력이 컸지만, 위원 선거의 결과 화요회가 獨專하여 북풍회계는 이에 대해 노골적으로 반대했다.

폐회 후 내일 11일 오전 10시부터 사무소에서 집행위원회를 개최할 계획이다. 집행위원회의 결과는 상당히 주의를 요하는 것으로 관측된다.

左 記

一. 개회　　　오후 2시 김홍작 사회 하에 개회를 선언함

一. 点名회원　148명

一. 의장선거

의장 김홍작, 서기 姜仁澤, 사찰에 金南洙・權泰彙를 선출했으나, 2명이 즉각 사임했다. 재선의 결과 李玟漢・廉昌烈을 선출

一. 경과보고

一. 규칙발표

一. 집행위원선거

집행위원 21명

金世淵・具昌會・林炯日・李鳳洙・李亮・全海・李鍾泰・金鴻爵・裵成龍・金景泰・李玟漢・權泰彙・姜相熙・李承元・千斗上・林英善(林英宣)・崔亨植・白基浩・金鍾泰・權肅範・李極光

一. 강령제정　본 건을 집행위원회에 일임하기로 함

一. 기타사항　기타의 사항도 집행위원회에 일임하기로 함

一. 폐회　김홍작 만세삼창 폐회함

【별지】

참석자 명단

金鴻爵, 孫永極, 姜仁澤, 金南洙, 權泰彙, 李玟漢, 廉昌烈, 李鳳洙, 金孝宗, 朴一秉, 閔昌植, 李亮, 金璟載, 朴純秉, 朴來源, 金世淵, 具昌會, 林炯日, 全海, 李鍾泰, 裵成龍, 金景泰, 姜相熙, 李承元, 千斗上, 林英善(林英宣), 崔亨植, 白基浩, 金鍾泰, 權肅範, 李極光, 吳義善, 鄭鍾鳴, 鄭雄, 裵德秀, 李圭京, 李忠模, 方斗波, 洪淳俊, 金相熙, 李殷植, 吳範善, 金成圭, 尹基炫, 金九榮, 洪淳明, 楊在寬, 洪南杓, 權泰東, 南宅祐, 李明源, 卞爀, 楊在植, 王順喆, 金奎鶴, 李玟煥, 李浩泰, 鄭韓, 李咸穆, 金石順, 尹澄, 高大福, 金曉鍾, 崔東鮮, 朱世竹, 黃心德, 朴來鴻, 金炯埈, 李根燮, 李墀鎬, 姜一, 高敬相, 金震種, 吳琪燮, 李用宰, 具然煥, 鄭時鳴, 金智漢, 殷在基, 高允相, 趙相行, 沈喆求, 李範世, 鄭環, 韓鎭, 崔翰俊, 金允東, 金晋泰, 崔燦煥, 李敏行, 崔吉溥, 李鎭基, 姜鎔, 趙斗元, 申信忠, 崔元成, 金元損, 宋俊鎬,

金京泰, 李道相, 薰林(董林), 李準泰, 李承燁, 柳淵和, 朴儀陽, 李用龍, 姜아근야, 金龍三, 張義權, 金斗善, 崔聲鈺, 姜始運, 金明哲, 申允雨, 金弼善, 全一, 趙夢悅, 林鍾泰, 申周極, 金瑛權, 森鳴, 池愛玩, 李奎宋, 金在龍, 金碩鎭, 金演義, 尹顯重, 朴判宋, 鄭在鎬, 金進, 金仁梧, 趙鏞周, 金璋鉉, 金炯穆, 鄭元燮, 崔承一, 崔昱, 鄭善燦, 趙佑濟 외 22명

【이준태 관련 부분번역】

京鍾警高秘第三八七〇號

大正十五年四月十二日

京城鍾路警察署長

京城地方法院檢事正殿

正友會臨時總會ニ關スル件

去ル四日支那料理悦賓樓ニ於テ創立總會ヲ開
催セル正友會ニ於テハ最初ノ計畫ヲ變更シ本日
午後二時ヨリ府内堅志洞八〇番地侍天教ニ於テ
臨時總會開催出席者會員百四十八名傍
聽者ヲ合セ會衆約五十名金鳴爵司會ノ元ニ
左記事項協議ノ上同五時半閉會セリ而シテ
其ノ状況ハ左記ノ通ナルモ創立當時北風會系ノ
勢力大ナリシモ委員ノ選擧ノ結果火曜會ノ独專
トナリ北風會系ハ之ニ對シ赤裸ニ反對ノ焰揚
ケタルモ多勢ニ無勢ニテ諸事不結果ニ終リタリ
閉會後明十三日午前十時ヨリ事務所ニ於テ執行
委員會ヲ開催スルコトヽセルモ執行委員會ノ結果
ハ相當注意ヲ要スルモノト觀測セラル
右及報告候也

左記

一、開會　午後二時金鳴爵司會ノ元ニ開會ス
一、点名　會員百四十八名
一、議長選擧　幹事會ヨリ議長ヲ選擧スル事ニ動
議シ孫永極ヨリ金鳴爵ヲ選擧シ議事進
行中必要ナル爲書記二人査察二人選擧スルコ
トトシ幹事會ニ於テ書記姜仁沢査察金
南洙權泰彙ノ二名ヲ選擧シタルニ兩名共即
刻辭任シ再選ノ結果李玟漢、康昌烈ノ兩
名ヲ選ス

一、經過報告　幹事會李鳳洙ヨリ
本會ハ本月四日發起人十二名ヲ以テ悦賓樓ニ於テ正
友會ト命名シ發起總會ヲ開催シタル處場
ニ於テ八名ノ入會者アリ都合二十名トナリタルヲ
以テ發起總會ヲ閉會シ創立總會ヲ開催シ
幹事九名ヲ選擧シ規則ノ制定臨時總會々
員ハ募集等ノ準備ヲ一任シ其ノ後會員百數
十名ヲ得タルヲ以テ本日臨時總會ヲ開催スルニ
至レリ
一、規則發表

規則制定委員ハ孫永極ヨリ発案シタル規則ヲ逐
条朗読発表シ多少修正討議ノ末別紙ノ通リ
通過ス

一 執行委員選挙
金孝宗ヨリ委員廿一名検査委員五名ヲ口頭呼
薦ヲ以テ選挙シタル詮衡委員七名ヲ選挙発
表スルコトトシ動議シタル処朴一秉緊急動議
ナリト称シテ
正友会ナル会名ハ内地政友会ト其ノ発音同一
ナリ之ハ吾等ノ精神ニ違反ナルヲ以テ同聲会
ト名称ヲ変更スヘシ熱烈ナル主張ヲ為シタルモ
名称ハ如何ナリトモ吾々ノ運動サヘ宜敷ハ何等
支障ナシナド閔昌植外数名ノ反対論議アリ
結局可否ヲ問ヒタル結果朴一秉ノ主張ハ無效
トナリ
引続委員選挙ノ件ニ移リ金孝宗ハ動議
通可決シ詮衡委員ヲ口頭呼薦スル当リ
一般会員ハ先ヲ争ヒ場内騒擾紛乱シ非常
ニ空気ヲ緊張セシメタリシカ結局呼薦後一
名毎ニ可否ヲ問ヒ決スルコトヽシ李玟漢、李亮

金璟載、朴純秉、金孝宗、李鳳洙、朴来源ノ
七名選挙サレタルモ朴来源ハ一般ヨリ反対サレ再選
ノ結果權泰彙当選セリ
議長ハ詮衡委員ニ於テ選挙発表マテ約五分間
ノ休会ヲ宣シ詮衡委員ハ壇上ニ於テ秘密会ヲ
開催シ左ノ通発表シ議長再ヒ開会ヲ宣ス
執行委員廿一名
金世渕、具昌会、林炯日、李鳳洙、李亮
全海、李鐘泰、金鳴爵、裴成竜、金景泰
李玟漢、権泰彙、姜相煕、李承元、千斗上
林英善、崔亨植、白基浩、金鐘泰、権青範
李極光
検査委員五名
裴徳秀、金璟載、呉義善、朴一秉、鄭鐘鳴
鄭雄ヨリ詮衡委員ハ如何ナル方法ニ依リ委員
ヲ選挙シタルモノナルヤ其ノ経過ヲ報告セラレタシト
質問スルヤ朴純秉ハ金璟載、李鳳洙ノ両名
ハ詮衡委員ノ権利義務ヲ抛棄シ参席
セサルヲ以テ五名ニテ詮衡セリト答フ、林炯日ヨリ
然ラハ金、李、両名ヨリ如何ナル理由ヲ義務ヲ

果サヘリシヤ詳細一般ニ報告スヘシト反問シ李鳳
洙ハ自分ハ幹事ノ一人ナルカ何等カ幹事會ヲ不
信任ニシタルモノアル様ニ聞知シ権利義務ヲ抛棄
セルモノナリシナルト弁明ス
議長今論衡発表セル執行委員ハ如何ナル方法ニ
依リ通過セシムヘキヤ各自成案的ニ意見ヲ述
ヘラレタシト、 鄭雄ハ委員一人ツツニ付可否ヲ問ヒ
通過セシムヘク動議シタルモ金南洙ヨリ改議ヲ
ナシ全部委員ヲ一回ニ可否ヲ問ヒ異議ナクハ
可決スルコトトシ改議通過可決ス

然ルニ裵徳秀、金世淵、鄭鍾鳴、李鳳洙、千
斗上等相前後シテ辞任ヲ申出李圭宗ハ
北風会對火曜會間ニ勢力争ノタメ晴流ノ
渦中ニ投セラルルヲ心ヨシトセサルヲ以テ本會
ヨリ脱退スト述ヘ金世淵ハ最初知人ヨリ発起
人ノ一人タルヘク勧誘サレタルモ本會成行ヲ見テ
加入スルコトトシ発起人ヲ拒絶シ置キタル處果シテ吾人
カ意ノ如ク両派ノ暗闘ニ外ナラサル本会ノ委員辞任
ノ外ナシトテ両派赤裸々ニ勢力擴張策ニ入リ
タル際朴一秉ハ表面ヲ装ヒ辞任ヲ申出テ會

ノ進行覺束ナク見テ取リタル鄭雄ハ機ニ乗シ委
員ノ再選挙ヲ主張シタルモ否決セシ議長金鴻
爵ノ鎮撫ニ依リ漸ク議事ノ進行ニ移ラムトシタル
モ孫永極、鄭鍾鳴、裵徳秀、千斗上、金世淵
等本會ヲ火曜會系ニ横取サレタルヲ憤リ盛ニ
反對シタルモ李忠模、方斗俊、金南洙、林炯日
朴純秉等ノ反對意見ニ依リ議事進行ニ移ル
一、綱領制定
朴純秉本件ハ規則中ニ執行委員ノ事業ト
シテナスヘキ事項アルヲ以テ執行委員ニ一任スヘ

ク動議シ李忠模、白基浩等賛意ニ依リ
可決ス
一、其ノ他ノ事項
李忠模本件ヲ詳細ニ討議スルコトナク執行委
員ニ一任スヘシト述ヘタルモ閔昌植ハ如何ナル會ニ
於テモ其ノ他ノ事項迄委員ニ一任スルコトナシ
決議事項ナク速ニ閉會スヘシト反對シ洪惇
後発議ニテ本會萬歳三唱ニ閉會スヘク
動議シ可決セリ
一、閉會、金鳴爵萬歳三唱閉會セリ

正友會規則

一、本會ハ正友会ト称ス

二、本會ノ位置ハ京城ニ置ク

三、本会ハ思想ノ研究ト純化及大衆ノ覚醒ト團結ヲ促進セシムルヲ以テ目的トス

四、本會ニ左ノ各部ヲ置キ執行委員若干人ヲ毎定期總会ニ於テ選挙シ会務ヲ分掌ス
1.庶務部、2.會計部、3.調査部、4.研究部

五、本會委員ノ任期ハ次期定期總会迄トシ執行委員ノ補欠選挙ハ執行委員会ニテ行フ

六、本会執行委員ハ執行委員会ヲ組織シテ本會ノ一切ノ事業ト會員ノ出入ヲ決定シテ更ニ常務執行委員若干人選出執行委員ヲ代表セシテ其事業ヲ執行ス

七、本会ハ検査委員若干人ヲ毎定期總会ニテ選挙シ検査委員ノ補欠選挙ハ検査委員会ニテ行フ

八、検査委員ハ検査委員会ヲ組織シ会ノ事務並財政ヲ随時検査ス

九、本會ノ定期總会ハ毎年四月ニ臨時總会及執行委員会ハ必要ト認メル時ニ開キ臨時總会ハ執行委員会ニテ執行委員会ハ常務執行委員会ニテ之ヲ召集ス

十、本会ニ入會セントスル者ハ会員二人以上ノ保薦ト執行委員会ノ決議ヲ要ス
但入會金ハ三十銭トス

十一、本会会員ニシテ一定ナル収入アルモノハ毎月収入額ノ百分ノ五其ノ餘ノモノハ二十銭ノ月捐金ヲ納入スル義務ヲ有ス

十二、会員中會員ノ義務ヲ欠クモノハ執行委員会ノ決議ヲ以テ懲罰又ハ除名ス
但最近總会ノ承認ヲ要ス

附則

十三、本規約ニ未備ナル点ハ通常慣例ニ依ル

李鳳洙、金鴻爵、鄭雄、金相熙、李殷植、白基洪
金海、吳乾善、金成圭、尹基鏞、金大業、洪惇明
楊在寬、洪南杓、金璟載、閔呂植、權泰東、南宅祐
李明淳、卞爀、楊在植、王順姑、孫永極、金奎鶴
李亮、李致煥、李洪泰、李忠禎、鄭韓、李極光
李成穆、金石順、尹澄、高大禎、金曉鐘、崔東鮮
朱世竹、黃心德、朴來鳴、姜仁洪、金炯埈、朴一秉
金世淵、李根變、朴純秉、李璿鎬、姜一、林炯日
方斗煥、高敬相、金震種、林英宣、吳淺變、李用宰
具然煥、鄭時鳴、金禎漢、殷在基、權赫範、高允相

趙相行、沈鉉求、李秉世、鄭環、韓鎭、崔綸俊
金允東、金晋泰、具昌會、崔燦鎭、李敏行
崔玄溥、李鎭基、姜錫、趙斗元、申璂忠、崔元成
金元楨、宋俊鎬、金章泰、李道相、薰林、李鍾泰
李準泰、李承燁、柳渕和、朴儀陽、李用竜、姜卯云外
金竜三、張義權、金斗集、崔声鈺、康昌烈、康炳運
金明教、申元雨、金鄕善、金一、趙夢悅、林錫泰
裵德秀、申用極、金瑛祚、李鳴、權泰彙、池愛玩
李圭完、金在竜、金復鎭、金憲義、尹顯重、張成竜
朴利宙、鄭在鎬、金進、金仁植、千斗上、趙鏞周

金瑋鉉、金炳穆、鄭元燮、崔水一、崔昱、鄭善燦
趙佑濟
外三二名

자료 7 金璟載, 「金燦時代의 火曜會」, ≪삼천리≫ 7권 5호, 1935년 6월 1일

잡지(호수) 삼천리(제7권 제5호)
발행년월일 1935년 6월 1일
필　　자 金璟載
기사 제목 金燦時代의 火曜會
기사 형태 회고·수기

본 문

火曜會의 前身은 新思想硏究會이엿고 新思想硏究會의 前身은 無產者同盟이엿음니다. 無產者同盟은 金翰, 申伯雨, 朴一秉, 陳秉基 등의 손으로 創立되엿으며 朝鮮의 初期 社會運動에 잇서 貢獻이 만습니다. 그때에 朝鮮勞働共濟會가 잇고 서울靑年會가 잇서 階級的 色彩가 업지 안엇으나 그 중에 가장 그가 鮮明한 것이 無產者同盟이엿음니다. 그리다가 金翰이 義烈團事件과 朴烈事件에 連座하야 入獄케 되니 無產者同盟은 當局의 XX으로 하야 能動的 活動을 할 수 업시 되엿음니다. 여기에서 그의 對策으로 나온 것이 新思想硏究會이니 無產者同盟은 實行團體이엿으나 新思想硏究會는 명실 그대로 당시에 새로 輸入되고 잇든 콤문이즘의 硏究가 그의 목적이엿음니다. 洪命熹, 具然欽, 申伯雨, 洪璔植, 朴一秉, 洪南杓 등이 그때의 會員이엿음니다. 그러나 金在鳳, 李準泰, 金燦, 尹德炳 등의 實際運動家가 그 會에 가입케 되면서 방법을 달니하야 단순한 硏究機關에서 實際運動의 집단으로의 재 조직을 주장하게 되엿으며 그에서 나온 것이 이제 여기에서 말하려는 火曜會임니다.<45>

金燦은 咸北 明川사람으로 일즉이 東京에 가서 自由勞働者가 되야서 품파리도 하얏고 紡績工場의 職工으로도 잇섯읍니다. 그럼으로 그는 社會主義思想을 책에서 엇은 것이 아니요 실제노동을 하는 중에서 階級意識이 눈트기 시작햇고 그 후 海參威에 가서 얼마 잇는 동안에 그는 완전히 콤문이스트가 되여서 朝鮮에 도라왓읍니다. 그가 朝鮮에 도라왓건만 金燦은 넘우도 일반에게 알귀즈지 못햇읍니다. 한개의 무명의 청년이엿읍니다. 다만 露領에서 新XX을 習得하고 왓다는 것이 京城에 잇는 동지간에서 다소 信賴를 엇게 된 것임니다. 그때가 時代日報에는 崔南善이 社長時代이고 時代日報는 경영난에서 不得已 普天教의 돈을 끄러드리려고 劃策하고 잇든 것이 세상에 發露된 때임니다. 그래서 普天教의 排擊運動이 猛烈히 이럿읍니다. 金燦은 그때에 演壇에서 一席의 雄辯을 토햇읍니다. 그는 웅변이라기 보다, 熱辯임니다. 그가 한창 열이 나서 洋服『우와기』를 버서서 演壇 우에 내여 던지면서 비지땀을 흘니여 가며 普天教와 崔南善 攻擊에 한바탕의 열변을 쏘다노흐니 그것을 듯고 잇든 동지들은 비로서 金燦이 외모는 그럿케 적고 性味는 조급하야서 팔닥-하건만 凡人은 아니라고 아러주게 된 것임니다. 그리하야 金燦은 火曜會의 重鎭으로 활약하게 되엿읍니다.

그 보다도 일층 중요한 원인은 그때에 박게서는 派爭이 심하야 上海派 伊市派하고 서로 갈니여 잇든 때이요 火曜會는 伊市派의 海外出張所나 다름업는 役割과 입장이엿으니 西伯利亞에 잇서서 직접으로 그들 伊市派와 관련을 갓고 잇든 金燦 金在鳳 등이 그의 중진이 됨은 당연한 일이엿읍니다. 그 후에 曺奉岩이 露領에서 나왓고 朴憲永 金丹冶 林元根 등이 平壤刑務所에서 出獄하야서 그에 加盟하니 火曜會는 완연히 伊市派의 出張所가 되고 마럿읍니다.

『金燦時代의 火曜會』 이것이 三千里 編輯者의 요구입니다. 그러나 火曜會란 단체가 세상에 나왓다가 사라즈기까지 겨우 3년간이요 그럼으로 火曜會는 누구 시대에는 全盛時期이요 누구 시대에는 退縮期이엿다 볼 수는 업습니다.<46>

現在 樂園洞의 沐浴湯으로 잇는 그 자리가 바루 火曜會會舘이엿읍니다. 그때에 木製의 2층건물인 바 아레층은 이발소이엿고 우層만이 火曜會舘이엿으나 大正 12년에 全朝鮮民衆運動者大會를 發起하니 사무가 多端하야 그럿케 협착한 會舘으로는 도저히 감당하는 수가 업서 지금의 松竹園으로 會舘을 옴기엿읍니다. 그때에는 그 집이 朝鮮製 瓦家로 상당히 큰 건물이엿읍니다. 그러나 火曜會가 全朝鮮民衆運動者大會를 발기하니 서울청년측에서는 全朝鮮民衆運動者大會의 反對會合을 發起햇읍니다. 그리하야 朝鮮안에 잇서서의 派爭도 熱度가 오를대로 올나서 최고봉에 달햇읍니다. 그때에 北風會는 火曜會를 도와서 全朝鮮民衆運動者大會의 後援會를 발기하얏고 朝鮮勞働黨은 두 派로 갈니여 한 부분은 서울系에 접근햇고 한 부분은 火曜北風과 접근하야서 四團體合同委員會에 加盟케 되엿읍니다. 이때에 火曜會에는 朱鍾建 兪鎭熙의 국내에 잇서서의 上海派도 가입햇고 筆者도 그전부터 全朝鮮民衆運動者大會에는 發起者의 일인이엿으나 정식으로 火曜會에 가입하기는 이때이엿읍니다.

全朝鮮民衆運動者大會는 드듸여 집회금지로 회합에 이르지 못햇으나 그 후는 北風會 火曜會, 朝鮮勞働黨, 無產者同盟은 合同大會를 열고 한 단체아레로 회원을 모으려고 하다가 그 역시 금지로 못하고 지금은 齊洞 84番地 閔丙奭의 집이나 그 집이 그때에는 北風舘이엿음으로 그 집으로 前記 四個團體의 간판을 옴기고 四團合同委員會를 두기로 햇읍니다. 그때에 北風會에서는 金若水, 李奎宋이가 위원으로 나왓고 火曜會에서는 金과 筆者가 위원으로 나왓섯읍니다.

그 후 大正 13年 12월말에 新義州署에서 檢擧에 착수한 소위 第一次 XX黨으로 하야 金燦은 東京을 것처서 해외에 망명햇읍니다. 그러나 新義州署에서 檢擧하기는 햇으나 그것은 극히 소부분이엿고 그 후 반년이 못가 李王殿下 國葬을 기회로 하야 鍾路署가 검거에 착수햇읍니다. 世人은 第一次共產黨과 第二共產黨과를 별개시하는 모양이나 결코 그런 것은 아니임니다. 다만 동일한 인간이요 동일한 조직이것만 第一次黨이란 것은 新義州署의 손에 檢擧된 것이고 第二次黨은 京城에서 鍾路署의 손에 검거되엿다는<47> 차이가 잇을 뿐이며 그리고 檢事局, 豫審도 갓고 裁判도 갓치 밧은 것입니다. 따라서 별개의 것이 아니고 第三次부터는 다른 것입니다.

金燦은 키가 적습니다. 그리고 성미는 조급하고 아주 신경질이엿읍니다. 그 우에 讀書力이 업서서 그의 말에는 이론이 업고 글을 쓰면 滿身瘡이엿읍니다. 그러되 金燦에게는 남이 따르지 못하는 豪담이 이섯읍니다. 그러케 적은 키에 輕설한 행동에 비하면 호협한 곳이 잇고 담이 컷읍니다. 그럼으로 金燦은 前衛에 낫으되 그 배후에는 언제나 智謀가 兼全한 參謀가 緊要함니다. 金燦도 자기의 그 점을 인식하는 듯하여서 자기 주위에 잇는 동지의 智謀를 빌기에 늘 애썻읍니다.

그 당시의 朝鮮의 社會運動에는 三派가 鼎立時代이엿읍니다. 火曜, 北風, 서울 三派인 바 서울靑年會의 金思國, 北風會의 金若水에 비하면 火曜會의 金燦은 한 派의 頭領으로의 지위가 선명치 못햇읍니다. 金燦이 火曜會의 前衛인 것은 사실이나 北風會의 金若水, 서울靑年會의 金思國과 갓흔 現代語로 표현하면 그런 獨裁者가 못되엿섯읍니다. 그가 다른 까닭이 아니고 火曜會에는 약간의 封建臭가 잇달지라도 智謀가 雙全한 일군들이 만엇읍니다. 그럼으로 金燦이 前衛에 서서 活躍하는 그 背後에는 그들의 智謀가 음으로 양으로 顯現되고 잇는 까닭이엿읍니다.<48>

<45-48>

자료 8 「安東郡에 思想團體 火星團創立」, ≪조선일보≫ 1925년 1월 11일자(석)

「安東郡에 思想團體 火星團創立」

부패한 사히를 개조코자

경북 안동읍내 금남려관(慶北安東邑內錦南旅館)에서는 지난 칠일 하오 칠시반에 권오설(權五卨) 권태석(權泰錫) 량씨 외 당디 유지 청녀의 발긔로 본 군 각디에 유지 청년 삼십여인이 회집하야 신년간친회를 개최하고 약 일시반 동안 각각 개인의 감상담을 토한 후 안동사회의 부패함을 통절히 생각하는 동시에 이를 개조키 위하야 사상단톄 화성단(火星團)을 조직하기로 발긔한 후 그 익일 안동청년회관에서 창립총회를 개최하기로 결뎡하고 창립위원으로 권오설 권태석 리준태(李準泰) 김남수(金南洙) 등 사씨를 선뎡한 후 간단한 여홍이 잇섯다더라 (안동)

安東郡에 思想團體 火星團創立

부패한사회를개조코자

경북안동읍내 금남려관(慶北安東邑內錦南旅館)에서는 지난칠일하오칠시반에권오설(權五卨)권태석(權泰錫)량씨외당디유지청녀의 발긔로본군각디에 유지청년삼십여인이회집하야신년간친회를 개최하고 약일시반동안각각개인의 감상담을 토한후안동사회의부패함을통절히생각하는동시에 이를개조키 위하야사상단톄 화성단(火星團)을 조직하기로발긔한후그익일안동청년회관에서 창립총회를 개최하기로결뎡하고 창립위원으로 권오설권태석리준태(李準泰)김남수(金南洙)등 사씨를 선뎡한후간단한여홍이잇섯다더라(안동)

자료 9 「火星會創立」, ≪동아일보≫ 1925년 1월 12일자

「火星會創立」

安東郡內 各團體 及 有志 諸氏는 지난 七日 午後七時에 懇親會를 開하엿다 함은 既報한 바어니와 同會席上에서 權泰錫 權五卨 外 諸氏의 發起로 火星會를 組織하기로 決議하엿는데 지난 八日 午前 十一時에 同地 錦南旅館內에서 二十餘名이 모히여 星火會(火星會의 오기) 創立總會를 開하엿는데 決議事項과 被選 執行委員 氏名은 如左하다고 (安東)

執行委員

金元鎭 李準泰 外 七人

決議事項

一. 每月 月例會 開催의 件
二. 勞農運動의 件
三. 青年運動의 件
四. 衡平運動의 件
五. 勞働共濟會의 件
六. 圖書部 設置의 件

火星會創立

安東郡內各團體及有志諸氏는지난七日午後七時에懇親會를開하엿다함은旣報한바어니와同會席上에서權泰錫權五尙外諸氏의發起로火星會를組織하기로決議하엿는데지난八日午前十一時에同地錦南旅館內에서二十餘名이모여星火會創立總會를開하엿는데決議事項과被選執行委員氏名은如左하다고(安東)

執行委員

金元鎭 李準泰外七人

決議事項

一、每月月例會開催의件

二、勞農運動의件

三、靑年運動의件

四、衡平運動의件

五、勞働共濟會의件

六、圖書部設置의件

자료 10 「新起한 火星會 發會式과 講演會」, ≪조선일보≫ 1925년 1월 13일자

「新起한 火星會 發會式과 講演會」

오는 십오일에

경북 안동군(安東郡)에서 당디 유지청년의 발긔로 사상단톄 화성회(火星會)를 발긔하얏다 함은 이미 보도 한바어니와 예뎡과 가티 지난 8일에 창립총회를 개최하고 모든운동을 조직뎍으로 활긔잇게 하랴면 사상이 건전하지 아니하면 아니되며 건전한 사상을 발휘하랴면 사상단톄가 업서서는 될 수 업다는 의미의 취지설명이 잇슨 후 강령과 규측을 통과하고 위원을 선거하고 다음가튼 결의가 잇섯다더라

◇ 綱 領

一. 本會는 大衆本位의 新社會建設에 努力키로 함.

一. 本會는 無產大衆의 團結를 期함.

◇ 執行委員

李準泰 · 金南洙 · 金元鎭 · 安相吉 · 南東煥 · 李相鳳 · 李會昇 · 金芝鉉 · 金中學

◇ 決議事項

一. 每月一日의 例會를 開하며, 講演會及演劇을 隨時巡廻 開催할 事.

一. 小作運動及 勞働運動에 對하야 그 根本精神을 民衆에 理解케하며 積極的으로 應援할 事.

一. 靑年運動을 促進할 事.

一. 適宜한 地方에 靑年團體를 組織케할 事.
一. 旣成靑年團體의 內容에 缺陷이 有時는 此를 改革케할 事.
一. 靑年運動의 統一에 努力할 事.
一. 衡平運動에 對하야 그 根本精神을 民衆에게 理解케하며 積極的으로 應援할 事.
一. 前安東勞働共濟會의 事實을 昭詳히 調査하야 社會에 公開할 事.
一. 푸로文庫를 設置할 事.

오후 이시에 창립총회를 마치고 곳 집행위원회를 열고 상무위원으로 김남수(金元鎭) 김원진(金元鎭) 안상길(安相吉) 삼씨를 선뎡하고 발회식을 오는 십오일에 거행할 것과 동일에 다음과 가티 강연회를 개최하기로 하얏다더라

◇ 講士 及 演題

社會運動의 本流	金南洙	
勞農運動의 意義	李準泰	
『리부크네히트』와 『룩센부르크』	權五卨	
無產階級의 活路	金元鎭	(안동)

新起한火星會

發會式과

講演會

오는십오일에

경북안동군(安東郡)에서당디유지청년외 발긔로사상단톄 화성회(火星會)를발긔하얏다함은이미보도 한바어니와 예뎡과가티지난팔일에 창립총회를 개최하고 모든운동을 조직뎍으로활긔잇게하랴면 사상이건전 하지안니하면 아니되며 건전한사상을발휘하랴면 사상단톄가 업서서는될수업다는 의미의 취지설명이잇슨후 강령과 규측을통과하고위원을 선거하고다음가튼 결의가잇섯다더라

◇綱領

一、本會는大衆本位의新社會建設에努力키로함

一、本會는無産大衆의團結을期함

◇執行委員

李準泰、金南洙、金元鎭、安相吉、南東煥、李相鳳、李會昇、金芝鉉、金中學

◇決議事項

一、每月一日의例會를開하며講演會及演劇을臨時巡回開催할事

一、小作運動及勞働運動에對하야그根本精神을民衆에理解케하며積極的으로聲援할事

一、靑年運動을促進할事

一、適宜한地方에靑年團體를組織케할事

二、既成靑年團體의內容에缺陷이有時는此를改革케할事

三、靑年運動의統一에努力할事

一、衡平運動에對하야그根本精神을民衆에게理解케하며積極的으로聲援할事

一、前安東勞働共濟會의事實을昭詳히調査하야社會에公開할事

一、프로文庫를設置할事

오후이시에창립총회를마치고곳집행위원회를열고상무위원으로김남수(金南洙)김원진(金元鎭)안상길(安相吉)삼씨를선뎡하고발회식을오는십오일에거행할것과동일에 다음과가티 강연회를개최하기로하얏다더라

◇演士及演題

社會運動의本流 金南洙

勞農運動의意義 李準泰

「리부크네히트」와「룩센부르크」 權五尙

無産階級의活路 金元鎭

(안동)

자료 11 「火星 執行委員會」, ≪동아일보≫ 1925년 1월 19일자

「火星 執行委員會」

慶北安東에 思想團體火星會가 組織되엿다함은 旣報한바어니와 同會에서는 지난八日 創立總會에서 綱領을 發表하고 여러 가지 決議事項이 잇섯는데 總會를 맛치고 이어 午後二時에 執行委員會를 開하고 左와 如히 常務委員 三人을 選擧한 後 左의 決議가 잇섯다고 (安東)

▲ 常務委員　金南洙, 金元鎭, 安相吉

一.　發會式을 一月十五日에 行하기로함.

一.　講演會를 一月十五日에 開하기로함.

演士及演題는 左와 如함

社會運動의 本流	金南洙
勞農運動의 意義	李準泰
『리부크네히트』와 『룩센불크』	權五卨
無產階級의 活路	金元鎭

火星執行委員會 (慶北)

安東에思想團體火星會가組織되엿다함은旣報한바어니와同會에서는 지난八日創立總會에서綱領을發表하고여러가지決議事項이잇섯는데總會를맛치고이어午後二時에執行委員會를開하고左와如히常務委員三人을選擧한後左의決議가잇섯다고(安東)

▲常務委員 金南洙、金元鎭、安相吉

一、發會式을一月十五日에行하기로함

一、講演會를一月十五日에開하기로함

演士及演題는左와如함

社會運動의本流 金南洙

勞農運動의意義 李準泰

『리부크네히트』와 『룩센불크』 權五卨

無產階級의活路 金元鎭

자료 12 「火星會總會 다섯 가지 決議」, ≪동아일보≫ 1925년 5월 21일자

「火星會總會 다섯 가지 決議」

慶北 安東에 思想團體인 火星會에서는 去 十六日 下午 六時부터 同會館 內에서 李準泰氏 司會로 第一回 定期總會를 開하고 金南洙氏의 多感한 經過報告가 잇슨 後에 滿場一致로 如左한 事項을 決議하고 執行委員을 改選하엿다고 (安東)

一. 小作運動 及 勞動運動에 對하야 그 根本精神을 民衆에게 理解케 하야 積極的으로 應援할 事.

一. 靑年運動을 促進할 事.

ㄱ. 適宜한 地方에 靑年團體를 組織케 할 事.

ㄴ. 旣成 靑年團體의 內容에 缺陷이 有한 時는 此를 改革케 할 事.

ㄷ. 靑年運動의 統一에 努力할 事.

一. 衡平運動에 對하야 그 根本精神을 民衆에게 理解케하며 且 積極的으로 應援할 事.

一. 푸로文庫를 置할 事.

一. 每月 一回의 例會를 開하며 講演會 及 演劇을 隨時巡回 開催할 事.

執行委員 李準泰 金南洙 安相吉 李奎鎬 權泰錫 裵世杓 金如源 柳淵建 南東煥

火星會總會

다섯가지決議

慶北安東에 思想團體인 火星會에서는 去十六日下午六時부터 同會館內에서 李準泰氏司會로 第一回定期總會를 開하고 金南洙氏의 多端한 經過報告가 잇슨後에 滿場一致로 如左한 事項을 決議하고 執行委員을 改選하엿다고(安東)

一、小作運動及勞働運動에 對하야 그根本精神을 民衆에게 理解케하야 積極的으로 應援할事

一、靑年運動을 促進할事

ㄱ、適宜한地方에 靑年團體를 組織케할事

ㄴ、旣成靑年團體의內容에 缺陷이有한時는 此를改革케할事

ㄷ、靑年運動의統一에 努力할事

一、衡平運動에 對하야 그根本精神을 民衆에게 理解케하며 積極的으로 應援할事

一、무産文庫를 設置할事

一、每月一回의例會를開하며 講演及演劇을 隨時巡回開催할事

執行委員 李準泰 金南洙 安相吉 李在鎬 權泰錫 裵[illegible] [illegible] 金如源 柳淵建 南來憲

자료 13 「火星會의 標語作成 意味 깁흔 세 가지」, ≪조선일보≫ 1925년 8월 19일 자(석)

「火星會의 標語作成 意味 깁흔 세 가지」
醴泉事件調查會도 組織

慶北 安東 火星會에서는 去 十五日 午後 四時에 同會舘에서 月例會를 開한 후 同會와 三標語를 如左히 作成하고 醴泉市民對衡平社員暴行事件에 對하야 調查會를 組織하고 準備委員 十人을 選擧한 바 氏名은 左와 如하더라
安相吉 李會昇 南東煥 柳淵建 李準悳 金元鎭 裵世杓 李奎鎬 金南洙 李準泰

◇ 標語

一. 先驅者는 農村으로 가라.
一. 文盲을 退治하자.
一. 救世主는 勞働者다.

火星會의 標語作成

意味깁흔세가지

醴泉事件調査會도組織

慶北安東火星會에서는去十五日午後四時에同會館에서月例會를開한후同會의三標語를如左히作成하고醴泉市民對衡平社員暴行事件에對하야調査會를組織하고準備委員十人을選擧한바氏名은左와如하더라

安相吉 李會昇 南東煥 柳淵建 李準悳 金元鎬 裵世杓 李奎鎬 金南洙 李準泰

◇標語

一、先驅者는農村으로가라

一、文盲을退治하자

一、救世主는勞働者다

자료 14 「火星會月例會」, ≪시대일보≫ 1925년 11월 20일자 ; ≪동아일보≫ 1925년 11월 21일자

「火星會月例會」, ≪시대일보≫ 1925년 11월 20일자

標語發表

【安東】 慶北 安東 火星會에서는 지난 五日 午後 五時에 同會舘內에서 從前과 가티 月例會를 開하고 會員 多數가 集合하야 臨時議長 李準泰氏 司會下에서 諸議事項을 討議한 後 아래와 가튼 標語를 發表하얏다고 한다

◇ 標 語

一. 살기 爲해서는 죽어도 조타

二. 어서 마티고 밥 먹자

三. 全身을 爲해 마목을 빼자

火星會月例會
標語發表

「火星會月例會」, ≪동아일보≫ 1925년 11월 21일

慶北 安東 火星會에서는 지난 十五日 下午 五時에 同會舘에서 月例會를 開하엿다는데 만흔 討議가 잇슨 後 아래와 갓튼 標語를 作成 發表하고 閉會하엿다고 (安東)

◇ 標 語

一. 살기를 爲해서는 죽어도 좃타.

一. 어서 맛치고 밥 먹자.

一. 全身을 爲해 마목을 빼자.

◎火星會月例會 慶北安東火星會에서는지난十五日下午五時에同會舘에서月例會를開하엿다는데만흔討議가잇슨後아래와갓튼標語를作成發表하고閉會하엿다고(安東)
標語
一、살기를爲해서는죽어도좃타
一、어서맛치고밥먹자
一、全身을爲해마목을빼자

Ⅵ. 조선공산당 활동과 피체

1. 6·10만세 운동

「六月 事件의 關係? 二名을 또 檢擧」, ≪동아일보≫ 1926년 6월 22일자
「鐘路署에서 靑年四名又檢擧」, ≪조선일보≫ 1926년 6월 22일자
「刑事隊 八方으로 活動 一段落된 時局 또 騷然」, ≪조선일보≫ 1926년 6월 23일자
「피의자 신문조서」(1·2회), 대정 15년 7월 27일, 종로경찰서
「피의자 신문조서」(3회), 대정 15년 7월 28일, 종로경찰서
「동행보고서」, 대정 15년 7월 31일, 경성종로경찰서
「피의자 신문조서」(4회), 대정 15년 7월 31일, 경성종로경찰서
「즉결언도서」, 대정 15년 7월 31일, 경성종로경찰서
「피의자 신문조서」(5회), 대정 15년 8월 4일, 종로경찰서
「피의자 신문조서」(6회), 대정 15년 8월 5일, 종로경찰서

2. 제2차 조선공산당 활동

「피고인 신문조서」(1회), 1926년 11월 15일, 서대문형무소, 경성지방법원
「피고인 신문조서」(2회), 1926년 11월 16일, 서대문형무소, 경성지방법원
「피고인 신문조서」(3회), 1927년 3월 14일, 서대문형무소, 경성지방법원
「강달영 외 49인 예심청구서」, 1926년 8월 20일, 경성지방법원
「권오설 외 103인 예심결정서」, 1927년 3월 31일, 경성지방법원
「조선공산당·고려공산청년회 피고인 명단」, ≪동아일보≫ 1927년 4월 3일자
「조선공산당 조직표」, ≪동아일보≫ 1927년 9월 13일자
「今日 朝鮮共産黨 公判」(이준태 사진), ≪조선일보≫ 1927년 9월 13일자
「共産黨被告 五人 要路警官을 告訴」, ≪동아일보≫ 1927년 10월 17일자
「天下의 視聽을 集中한 拷問警官告訴事件의 展開」, ≪동아일보≫ 1927년 10월 25일자 ;
「補充調書로 李準泰取調」, ≪조선일보≫ 1927년 10월 25일자
「이준태 사진」, ≪조선일보≫ 1928년 2월 13일자
「未曾有의 大秘密結社事件 朝鮮共産黨言渡」, ≪조선일보≫ 1928년 2월 13일자 號外

「신원카드」 2, 1928년 2월 14일, 서대문형무소 입소

3. 옥중생활과 출옥

「獄中消息」, 《별건곤》 32호, 1930년 9월

「一次共黨事件 李準泰氏 出獄」, 《동아일보》 1930년 10월 29일자

「一次共黨 李峻泰 四年 服役코 出獄」, 《조선일보》 1930년 10월 29일자

「第一次共產黨員 李準泰 出獄 歸鄉」, 《조선일보》 1930년 11월 13일자

자료 1 「六月 事件의 關係? 二名을 또 檢擧」, ≪동아일보≫ 1926년 6월 22일자

「六月 事件의 關係? 二名을 또 檢擧」
로농총동맹 간부 리준태씨와 녀셩동우회 간부 조원숙양을

조선OO운동과 동시에 OO운동을 일으키랴던 「륙월사건」에 대하야 그 수모자 권오설(權五卨) 외 여러 사람을 취조하는 중에 잇는 종로경찰서 고등계에서는 작 이십일일 아츰에 또 다시 조선로농총동맹 간부 리준태(李準泰)씨와 금월 륙일 동서에 검거되엿다가 석방된 녀성동우회(女性同友會) 간부 조원숙(趙元淑)양을 또 다시 검거하야 즉시 동서에 류치 식히엇는데 사건 내용에 대하야는 례에 의하야 절대 비밀에 부치나 「륙월사건」의 취조를 짜라 그 사건에 대한 관계의 혐의를 가지고 그와 가치 검거한 것인 듯하더라

事件關係者는 十六七人
이번 주일안으로는 검사국으로 넘길듯

전긔 「륙월사건」에 대한 취조는 아즉도 게속되는 모양이나 검거된 이후 벌서 반삭이나 넘엇슴으로 취조도 대테로 일단락을 고하게 되야 이번 주일안으로는 취조를 전부 끗내 가지고 검사국으로 넘길이라는대 엇던 곳에서 들은 바에 의하면 권오설은 지금 여러 가지 사건 외에 가치 검거되여 잇는 리상우(李相宇)와 함께 또 다른 사건에 대하야 심문을 밧는 중임으로 취조가 용이히 끗나지 안는 모양이라 하며 목하 그 사건의 관게 련루자로 검거되여 잇는 사람들 가운데는 이번 사건을 주모한 사람들을 숨겨둔 사람도 잇고 또는 그 계획을 도아준 사람도 잇는 모양임으로 검사국으로 넘길 째에는 사건 주모자들은 치안유지법위반(治安維持法違反) 출판법위반(出版法

違反) 교사(敎唆) 등으로 넘기고 그 외는 「범인은익」 혹은 방조(傍助)라는 법률상 「죄명」으로 넘기게 될 듯하나 아즉은 미상한데 현재 그 사건으로 종로서에 갓처 잇는 관계인물들에 대하야 본사에서 조사한 바에 의하면 다음과 갓더라

慶北安東郡出生朝鮮勞農總同盟幹部權五卨(二八) ▲ 京城崇仁洞勞總委員朴來源(三三) ▲ 京城安國洞二六印工組合委員閔昌植(二八) ▲ 平壤出生印工組委員楊在植(二八) ▲ 同李同載(二一) ▲ 京城崇仁洞朴來弘(三二) ▲ 天道敎靑年黨委員孫在基(三八) ▲ 黃金町一丁目明心堂白明天(二七) ▲ 京城樂園洞四九李相宇(四七) ▲ 平北道廳雇員金恒俊(三0) ▲ 安東縣堀割南通運送店姜然天(一八) ▲ 住所未詳李東圭 ▲ 同安正植 ▲ 同廉昌烈 ▲ 勞總李準泰 ▲ 女性同友會趙元淑

六月事件의關係?

二名을또檢擧

로농총동맹간부리준태씨와
녀성동우회간부조원숙양을

조선○○운동과 동시에 ○○운동을 이르키랴 던 「륙월사건」에 대하야 그 수모자 권오설(權五卨)외 여러사람을 취조하는 중에 잇는 종로경찰서 고등계에서는 작이 십일일 아츰에 또다시 조선로농총동맹간부 리준태(李準泰)씨와 금월六일 동서에 검거 되엿다가 석방된 녀성동우회 (女性同友會)간부 조원숙(趙元淑)양을 또 다시 검거하야 즉시 동서에 류치 식히엇는데 사건내용에 대하야는 레에 의하야 절대비밀에 부치나 「륙월사건」의 취조를 따라 그 사건에 대한 관게의 혐의를 가지고 그와 가치 검거한 것인듯하더라

事件關係者는

十六七人

이번주일안으로는
검사국으로넘길듯

긔보 「륙월사건」에 대한 취조는 아즉도 게속되는 모양이나 검거되 이후 벌서 반삭이나 넘엇슴으로 취조도 머리로 일단락을 고하게 되야 이번주일안으로는 취조를 끗내가지고 검사국으로 넘길 이라는데 엇던 곳에서 들은 바에 의하면 권오설은 지금 여러가지 사건외에 가치 검거되여 잇는 리상우(李相宇)와 함께 또 다른 사건에 대하야 심문을 밧는 주임으로 취조가 용이히 끗나지 안는 모양이라 하며 목하 그 사건의 관게런루자로 검거되여 잇는 사람들 가운데는 이번 사건을 주모한 사람들을 숨겨 둔 사람도 잇고 또는 그 계획을 도아준 사람도 잇는 모양임으로 검사국으로 넘길 때에는 사건주모자들은 치안유지법위반(治安維持法違反)출판법위반(出版法違反) 교사(敎唆)등으로 넘기고 그외는 「범인은익」 혹은 방조(幇助)라는 법률상 「죄명」으로 넘기게 될듯하나 아즉은 미상한데 현재 그 사건으로 종로서에 갓처 잇는 관계인물들에 대하야 본사에서 조사한 바에 의하면 다음과 갓더라

慶北安東郡出生朝鮮勞農總同盟幹部權五卨(二八)▲京城崇仁洞勞總委員朴來源(三三)▲京城安國洞二六印工組合委員閔昌植(二八)▲平壤出生印工組委員楊在植(二八)▲同李同載(二一)▲京城崇仁洞朴來弘(三二)▲天道敎靑年黨委員孫在基(三八)▲黃金町一丁目明心堂白明天(二七)▲京城樂園洞四九李相宇(四七)▲平北道廳雇員金恒俊(三〇)▲安東縣堀割南通運送店姜然天(一八)▲住所未詳李東圭▲同安正植▲同廉昌烈▲勞總李準泰▲女性同友會趙元淑

자료 2 「鐘路署에서 靑年四名又檢擧」, ≪조선일보≫ 1926년 6월 22일자

「鐘路署에서 靑年四名又檢擧」
국장 이후 잠시 조용하더니
又 청년 네명을 검거 취됴중
其中 李秀燁은 間島서 入國

륙월 륙일 이래 매일 바람가티 변하여온 시국은 극도로 교란되여 각 방면의 요시찰인(要視察人)은 한때도 마음을 노치 못하고 지내오던 중 미리부터 여러가지 풍설을 가지고온 국장의(國葬儀)도 일장의 풍파를 격근 후 세상은 다소 바람잔 뒤가티 조용하여 왓스나 오히려 일반은 또 다시 무슨 폭풍우를 예상하는 것 가티 지나오는 터이엿는데 돌연히 이십일일 오후 한 시경에 시내종로서 형사대는 지난 륙월 륙일 일시 엇더한 혐의를 밧고 검거되엿다가 방면된 신흥청년동맹(新興青年同盟)위원(委員) 김창준(金昌俊)씨와 로총위원(勞總委員) 리준태(李準泰)씨 외 여자청년동맹(女子青年同盟) 위원 조원숙(趙元淑)양을 시내 각처로부터 검거한 후 이어 네시경에 시내 돈의동(敦義洞) 일백 이십오번디의 일호를 동서 형사 륙명이 엄중히 가택을 수색하는 동시에 약 이개월 전에 간도(間島)로부터 비밀히 입경한 리수엽(李秀燁)(二五)씨를 동서로 동행케 한 후 엄중히 취됴를 시작하엿는 바 사건은 역시 권오설(權五卨)사건에 무슨 관계를 가진 것인 듯 하다더라

「李秀燁 本名은 金之澤」
취됴 결과 알엇다

별항 보도한 바와 가티 돈의동으로부터 검거한 리수엽(李秀燁)이라는 청년은 취

됴한 결과 그의 본명이 김지택(金之澤)으로 판명되었다는데 이는 간도(間島)와 로령(露領)방면에서 오래동안 OO운동을 하든 청년으로 조선에 드러올 때도 단순한 몸으로 온 것이 아니요 엇더한 중대 사명을 가지고 온 것으로서 취됴를 따라 사건이 의외에 확대될는지도 몰은다더라

鍾路署에서

靑年四名又檢擧

국장이후잠시조용하더니 또청년네명을검거취됴중

其中李秀燁은間島서入國

六월六일 이래매일 바람가티 변하여온 시국은 극도로고란되여각방면의 요시찰인(要視察人)은 한때도마음을노치못하고 지내오던중 미리부터 여러가지 풍설을 가지고온 국장의(國葬後)도 일장의풍파는격근후세상은 다소바람간 뒤가티조용하여 왓스나 오히려 일반은또다시무슨봉풍우를 예상하는것 가티지나오는터이엿는데 몰연히 이십일일오후 한시경에 시내종로서 형사대는 지난六월 六일일시엇더한혐의를 밧고검거 되엿다가 방면된 신흥청년동맹(新興靑年同盟)위원(委員) 김창준(金昌俊)씨와 로총위원(勞總委員) 리준태(李準泰)씨외 녀자 청년동맹(女子靑年同盟)위원조원숙(趙元淑)양을시내각처로부터검거한후 이어네시경에 시내돈의동(敦義洞)일백 이십오번디의 일옥을 동서형사六명이 엄중히 가택을 수색하는동시에 약이개월전에 간도(間島)로부터 비밀히입경한리수엽(李秀燁)(三五)씨를동서로동행케한후엄중히취됴를시작하엿는바사건은역시권오설(權五卨)사건에 무슨 관계를 가진것인듯하다더라

李秀燁本名은 金之澤

취됴결과알엇다

별항 보도한바와가티 돈의동으로부터 검거한 리수엽(李秀燁)이라는청년은 취됴한결과 그의 본명이 김지택(金之澤)으로 판명되엿다는데 이는 간도(間島)와 로령(露領)방면에서 오래동안 OO운동을하든청년으로 조선에 드러올때도 단순한몸으로 온것이아니요 엇더한 중대사명을가지고온것으로서취됴를따라 사건이 의외에 확대될는지도 몰은다더라

자료 3 「刑事隊 八方으로 活動 一段落된 時局 又 騷然」, ≪조선일보≫ 1926년 6월 23일자

「刑事隊 八方으로 活動 一段落된 時局 又 騷然」
각단톄를 수색하야 주의자 검거
重大事件又復發覺?

이십이일 본보 조간에 보도한 바와 가티 잔잔하여가든 시국이 다시 요란하여지며 형사대의 활동이 또 다시 시작되여 이십일일 오전부터 시내 각처로부터 평상시에 주목하던 주의자중 리준태(李準泰) 조원숙(趙元淑)을 시내 수창동(壽昌洞)에서 검거한 것을 비롯하야 그후 조원숙을 취됴한후 즉시 그의 친무 조종귀(趙鍾龜)를 검거하고 이어 돈의동(敦義洞) 일백이십 오번디의 일호에서 리수엽(李秀燁)「本名 金之澤」과 김창준(金昌俊)을 또한 동서로 인치하고도 형사대의 활동은 의연히 계속되여 다시 조원숙의 옵바 조두원(趙斗元)을 즉시 수창동에서 어렵지 안케 검속하고 또 다시 시내 재동(齋洞) 정우회(正友會)관을 습격하야 그곳에 자고 잇던 해뎐(全海, 뎐해의 잘못일 듯)씨를 테포하고 또 녀성동우회 회원 심은숙(沈恩淑) 조옥화(趙玉華)양을 테포한 것으로 이십일일 활동의 최종을 마치엿는데 사건은 절대 비밀에 부침으로 상세히 보도할 자유가 업거니와 대강을 보도하면 지금으로부터 약 이개월 전에 권오설(權五卨)이가 시내 적선동(積善洞) 방면에 잠복하여 잇슬 때 시내 종로서 형사가 전긔 장소를 습격하엿든 바 그곳에 권과 무슨 밀의를 하고 잇든 청년 학생 한 명이 문을 박차고 도망한 사실이 잇섯스며 그 청년은 현재 연희전문학교에 학뎍을 둔 조두원(趙斗元)으로 권과 모 중대사건을 가티 음모한 형적이 잇서 그 동안 종적을 탐색하엿는데 비로소 이십일일에 이르러 그 단서를 어더 그와 가티 급작이 활동을 시작한 결과 조두원을 잡은 것이라 하며 사건은 권과 관계 이외에 또다시 새로운

중대사건이 발각된 모양이라더라

인물사진 = 조원숙, 조두원, 심은숙

刑事隊八方으로活動 一段落된時局또騷然

각단데를수색하야주의자검거

重大事件又復發覺?

이십이일 본보조간에 보도한 바와가티 잔잔하여가든 시국이 다시 요란하여지며 형사대의활동이 또다시시작되여 이십일일 오전부터 시내각처로부터 평상시에주목하던 주의자중 리준태(李準泰) 조원숙(趙元淑)을 시내수창동(需昌洞)에서 검거한 것을 비롯하야 그후조원숙을 취됴한후 즉시그의친부 조종귀(趙鍾龜)를 검거하고 이어 돈의동(敦義洞) 일백이십 오번디의일호에서 리수엽(李秀燁)·[illegible]과김창준(金昌俊)을 또한동서로인치하고도형사대의 활동은 의연히계속되여 다시 조원숙의옵바 조두원(趙斗元)을 즉시수창동에서어협지안케 검속하고또다시 시내재동(齋洞)정우회(正友會)관을습격하야 그곳에자고잇던해던(全[illegible])씨를데포하고또녀성동우회회원 심은숙(沈恩淑)조옥화(趙玉華)양을데포한것으로이십일일활동의최종을마치엿는대사건은될대비밀에부침으로상세히보도할자유가업거니와대강을보도하면지금으로부터약이개월전에권오설(權五卨)이가 시내적선동(積善洞)방면에 잡복하여잇슬때시내종로서형사가쳔긔장소를습격하엿든바그곳에권과무슨남의를하고잇든청년학생한명이문을박차고 도망한사실이 잇섯스며그청년은 현재연희전문학교에 학뎍을둔조두원(趙斗元)으로권과모중대사건을 가티음모한 형적이 잇서 그동안종적을 탐색하엿는데 비로소이십일일에 이르러그단서를어더 그와가티 급작이활동을 시작한결과 조두원을잡은것이라하며 사건은 권과관계이외에 또다시 새로운중대사건이 발각된모양이라더라

◇……조 원 숙……◇

◇……조 두 원……◇

◇……심 은 숙……◇

자료 4 「피의자 신문조서」(1・2회), 대정 15년 7월 27일, 종로경찰서

피의자 신문조서(제1회)

피의자 이준태

위 치안유지법 위반 피의 사건에 관하여 대정 15년 7월 27일 경성종로경찰서에 있어서 사법 경찰리 도순사 梅野富士吉를 입회시켜 피의자에 대하여 신문함이 다음과 같다.

문 : 성명, 연령, 신분, 직업, 주소 및 본적은

답 : 성명 이준태, 연령 35세, 신분 양반, 직업 무직, 주소 경성부 견지동 88, 본적 경북 안동군 풍산면 상리동 364

문 : 작위, 훈장, 기장을 받고 연금, 은급을 받거나 공무원 여부

답 : 해당사항 없음

문 : 이 때까지 형사처분, 기소유예 또는 훈계 방면을 받은 사실의 여부

답 : 무

문 : 교육의 정도 및 종교, 병역은

답 : 22세에 경성공업전습소를 졸업, 종교는 없으며 병역은 관계없습니다.

문 : 피의자는 피해자와 친족 또는 고용동거 관계는

답 : 해당사항 무

문 : 가정 및 생활상황 여하

답 : 가족은 모, 처, 자식 넷이며 향리에서 자작농업을 하며 간신히 생활하고 있습니다.

이에 피의 사건을 고하고 그에 대하여 진술여부를 물었더니 피의자는 다음과 같이 답하였다.

답: 네, 아는 데까지 답하겠습니다.

문: 피의자는 조선공산당과 어떤 관계에 있느냐

답: 전혀 아는바 없습니다.

문: 그럴 리가 있느냐 잘 생각해봐라 관계가 없는데 증거가 나오겠느냐

답: 나는 사회운동자가 된지도 얼마 안 되고 「노농총동맹의 집행위원」일 뿐 깊이 운동자와 교제한 바도 없습니다. 공산당이라니 금시초문입니다. 공산당이 과연 무엇을 하는 것 조차 알지 못합니다.

문: 그렇다면 고려공산청년회와의 관계는...

답: 전연 모릅니다.

위 본인에게 읽어 주었던 바 틀림없다고 하여 서명 무인하였음

진술자 이준태 무인

대정 15년 7월 27일

경성종로경찰서

사법경찰관 사무취급 도순사 大森秀雄

입회인 사법경찰리

조선총독부 도순사 梅野富士吉

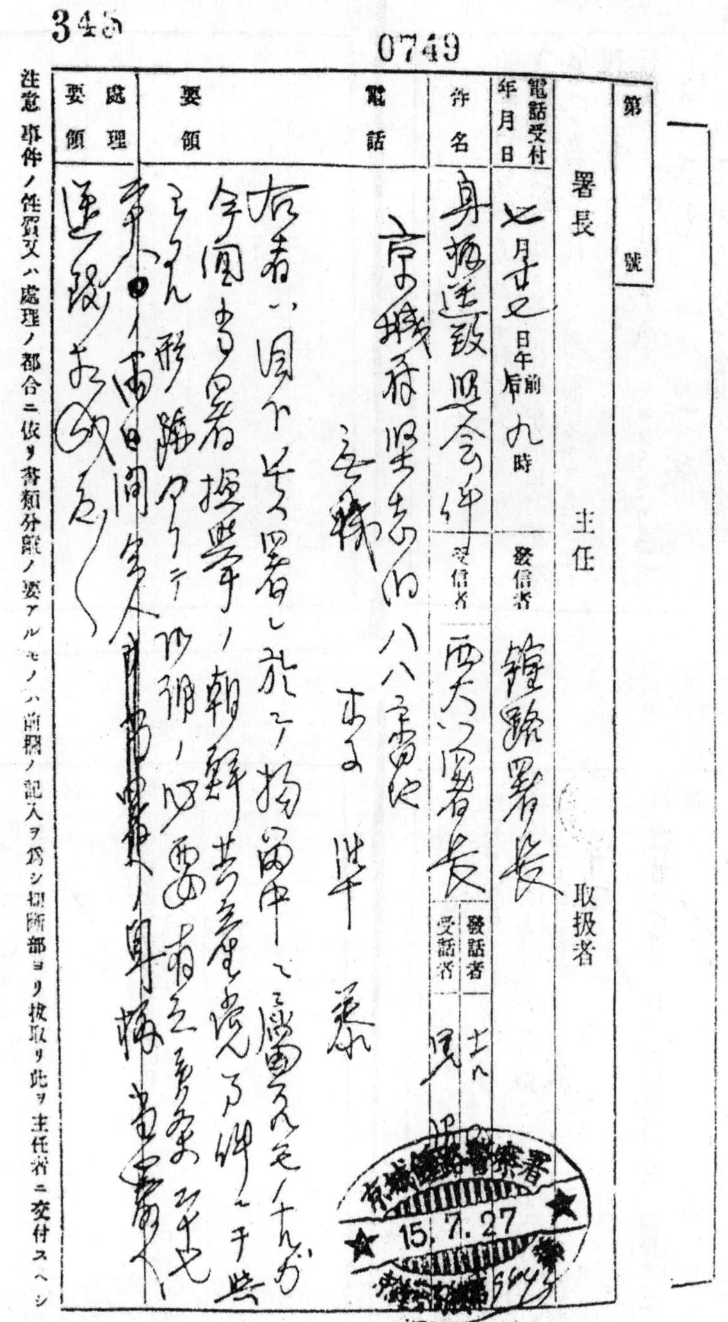

345

0749

第　號

署長　主任　取扱者

電話受付年月日	七月廿七日 午前後 九時
件名	身柄送致照会ノ件
發信者	鍾路署長
受信者	西大門署長
發話者	十八
受話者	

電話要領

京城府堅志洞八八番地
無職
李　準泰

右者ハ目下貴署ニ於テ拘留中ナル處右者ハ今回當署ニ於テ檢擧ノ朝鮮共產黨再建ノ件ニ付キ取調ノ必要有之候ニ付キ……身柄至急御送致相成度

處理要領

京城鍾路警察署 15. 7. 27

注意　事件ノ性質又ハ處理ノ都合ニ依リ書類分離ノ要アルモノハ前欄ノ記入ヲ爲シ切斷部ヨリ拔取リ此ヲ主任者ニ交付スヘシ

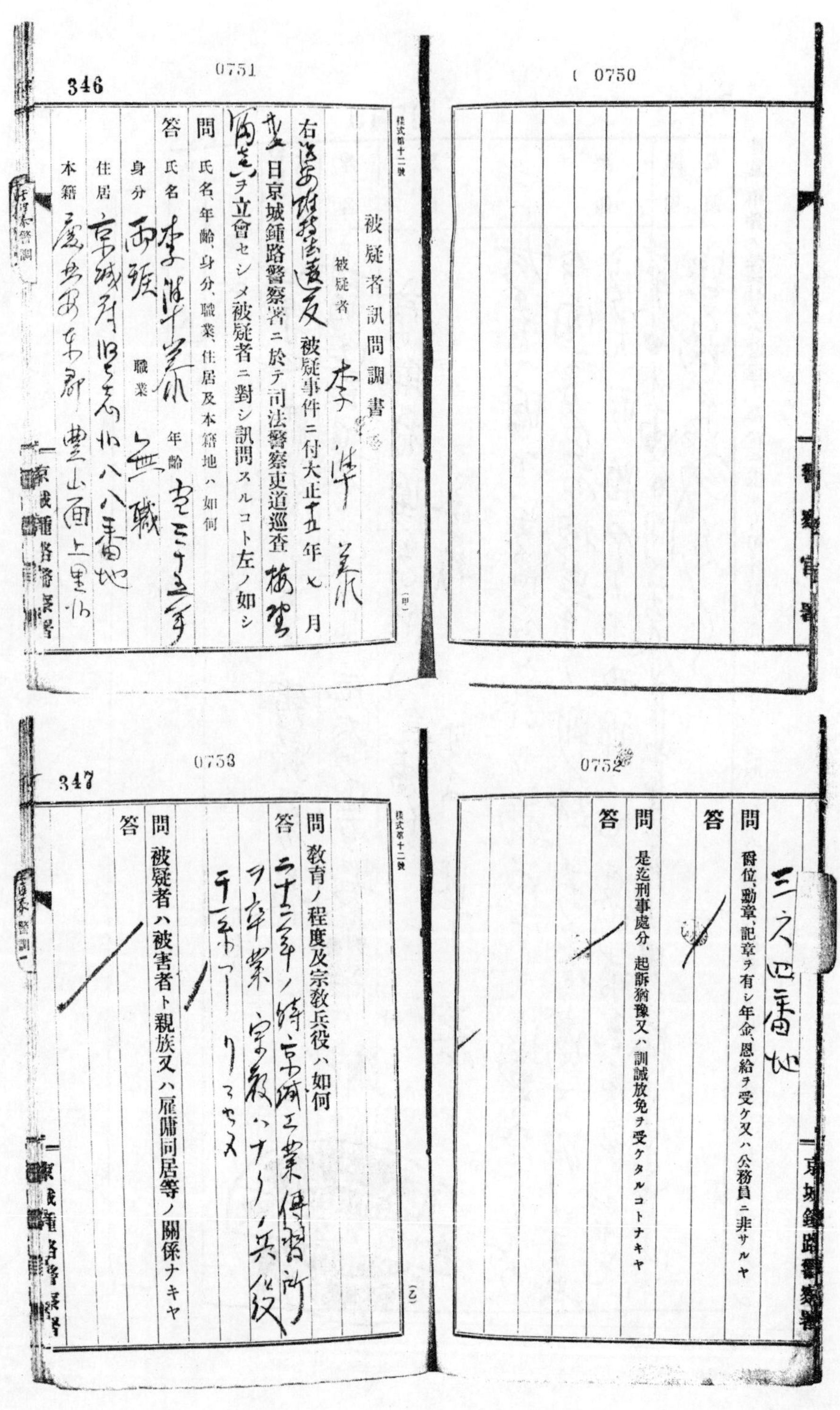

0750

0751

346

様式第十二號

被疑者訊問調書

被疑者 李準泰

右治安維持法違反 被疑事件ニ付大正十五年七月[illegible]日京城鍾路警察署ニ於テ司法警察吏道巡査 梅野[illegible] 兩名[illegible]ヲ立會セシメ被疑者ニ對シ訊問スルコト左ノ如シ

問 氏名、年齢、身分、職業、住居及本籍地ハ如何

答 氏名 李準泰 年齢 當三十三年

身分 兩班 職業 無職

住居 京城府[illegible]八八番地

本籍 慶北安東郡豊山面上里[illegible]三之四番地

京城鍾路警察署

(甲)

0752

問 爵位、勳章、記章ヲ有シ年金、恩給ヲ受ケ又ハ公務員ニ非サルヤ

答

問 是迄刑事處分、起訴猶豫又ハ訓誡放免ヲ受ケタルコトナキヤ

答

京城鍾路警察署

0753

347

様式第十二號

問 教育ノ程度及宗教兵役ハ如何

答 二十二年ノ時京城工業傳習所ヲ卒業 宗教ハナク兵役[illegible]

問 被疑者ハ被害者ト親族又ハ雇傭同居等ノ關係ナキヤ

答

京城鍾路警察署

(乙)

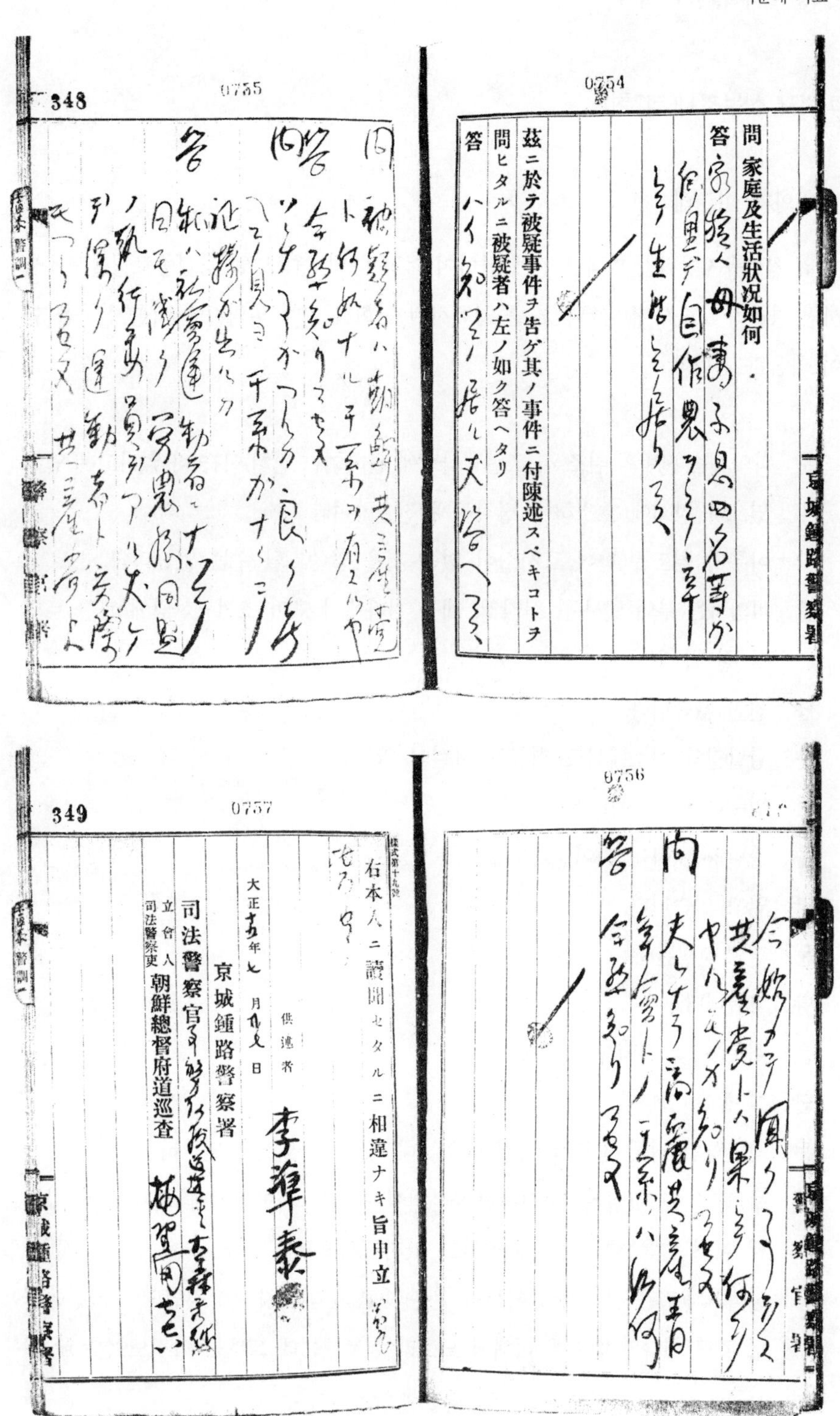

0754

問 家庭及生活狀況如何

答 家族ハ母妻子息四名等ガ自宅デ自作農ヲシテ生活シテ居リマス

玆ニ於テ被疑事件ヲ告ゲ其ノ事件ニ付陳述スベキコトヲ問ヒタルニ被疑者ハ左ノ如ク答ヘタリ

答 ハイ知ツテ居ル次第ヘ[illegible]

京城鍾路警察署

348 0755

問 被疑者ハ勤餘共産黨[illegible]ト云フ如キ結社ヲ知ツテ居ルカ

答 今迄知リマセン[illegible]

問 [illegible]

答 [illegible]

京城鍾路警察署

0756

問 [illegible]

答 今始メテ聞キマシタ 共産黨トハ果シテ何ヲスル[illegible]

問 [illegible]

答 [illegible]

京城鍾路警察署

349 0757

樣式第十九號

右本人ニ讀聞セタルニ相違ナキ旨申立[illegible]

供述者 李準泰

大正十五年七月九日

京城鍾路警察署

司法警察官 [illegible]

立會人 司法警察吏 朝鮮總督府道巡査 [illegible]

京城鍾路警察署

피의자 신문조서(제2회)

피의자 이준태

위 치안유지법위반 피의 사건에 관하여 대정 15년 7월 27일 경성종로경찰서에서 사법 경찰리 도순사 梅野富士吉를 입회시켜 전회에 이어 피의자에 대한 신문을 함이 다음과 같다.

문 : 피의자는 전번의 취조 시 조선공산당에 관하여는 전혀 아는 바 없다고 부인하였으나 양심에 호소하여 정직하게 진술하여라

답 : 아무리 취조를 받아도 사실이 없는 것을 말씀드릴 수는 없습니다.

문 : 피의자는 부내 인사동, 삼각정, 계동 기타에서 모여 조선공산당에 관한 토의를 한 바 없느냐

답 : 전연 없습니다.

문 : 강달영의 처소에서도 회합한 사실이 없느냐

답 : 없습니다.

문 : 강달영은 아는 사이인가

답 : 알고 있습니다.

문 : 전덕(전정관)은

답 : 모릅니다.

문 : 이봉수 및 홍덕유는

답 : 그 둘은 압니다.

문 : 강달영의 집에 왕복한 사실도 없느냐, 있다면 용건을 말하라

답 : 두 번쯤 간 사실은 있습니다마는 면식이 있는 사이이기에 그저 놀러 갔을 뿐 어떤 말을 했는지는 기억하고 있지 않습니다.

문 : 상피의자(같은 사건에 있어서의 같은 複數의 피의자 간) 강달영이 조선공산당 조직 기타의 범죄에 대해서 모조리 실토했는데 그대는 아직도 실토할 의

사 없느냐

답 : 나는 전연 부인할 생각으로 처음부터 경찰서의 오해에서 비롯된 것이라고 우겨댔으나, 증거도 나왔고 타 피의자도 자백하였으므로 모두를 털어놓겠습니다.

문 : 그러면 이번 조선공산당 조직의 동기를 말하라

답 : 현재의 조선공산당의 조직은 지난해 4월 조직된 조선공산당의 후신으로서 곧 지난 봄 창립된 조선공산당은 지난해 11월 말경 신의주 경찰서에 검거되어 중요간부가 도주하기도 하고 체포되기도 하여 후사를 도모할 자가 없었습니다. 때마침 작년 11월말이나 12월 초경 내가 김재봉의 잠복처인 돈의동 번지 미상의 김미산(여) 집에 갔었던 바, 마침 그때 김찬이 와 있었는데 이번 신의주에서 사건관계자가 검거되었으니 우리들도 빨리 도주하지 않으면 안 된다. 따라서 후사를 도모 할 사람이 없으니 강달영·홍남표·이봉수·김철수·이준태의 다섯으로써 인계받아 처리해 달라고 그네들 둘이로써 논의하고 있었습니다. 그 곳에는 나뿐이었습니다만 다른 네 사람도 물론 승낙한 것으로 알고 있으며, 나 역시 즉석에서 승낙하였습니다. 그때 쯤 김재봉과 김찬은 나에게 인계 후의 경과를 잠시 동안 보살펴 시기를 봐서 도주하라고 얘기했었습니다마는 김재봉은 체포되었고 김찬은 12월에 상해로 도주하였습니다.

문 : 김찬 및 김재봉으로부터의 인계사항 여하

답 : 김재봉은 나에게 공산당의 인장은 홍덕유가 보관하고 있기 때문에 강달영이 귀경하면 이 사실을 알리라고 했습니다. 그 후 10여일 지나 강달영이 귀경하였기에 이 사실을 전했습니다. 강달영은 그 때 가사 정리 차 귀경하였던 것입니다.

문 : 사무상의 인계는 어땠느냐

답 : 그네들의 말로는 공산당의 사무는 당분간 수세적 입장을 취하고 상황을 봐서 적절할 행동방침을 결정할 수 밖에 달리 방법이 없다 자기들은 일시 조선을 떠날 뿐 해외에 가서도 간부의 직분에는 추호도 다를 바 없으므로 자기들이

때때로 적절한 지휘·통신을 할 때는 홍덕유 앞으로 할 터이니 거기에서 연락하라고 했습니다. 그래서 지방과의 연락은 가능하면 출장 등 방법에 의하는 것이 안전하다고 했습니다.

문 : 피의자는 작년 4월에 조직된 공산당에서는 어떤 지위에 있었느냐

답 : 나는 보통의 당원일 뿐 집행위원들의 직함은 없습니다. 다만, 노농총동맹에 관해서는 최초는 집행위원, 작년 11월부터는 상무집행위원이었기 때문에 경성에 있었습니다.

문 : 인계자인 5명의 최초의 회합은 언제 어떠한 방법으로 행해졌느냐

답 : 작년 12월 중순경 부내 관훈동 29번지 구연흠 댁에 모였었습니다. 그 집합 방법은 내가 홍남표와 이봉수에게 통지하고 이봉수는 김철수와 함께 왔었습니다. 강달영은 시골에서 귀경했는지의 여부는 확실치 않습니다. 우리들의 회합은 오후 8시경부터 11시 넘어서까지 행해졌는데 구연흠에 대해서는 그 좌석에서 피해 달라는 요구에 의해서 어딘가에 사라졌습니다. 그날 밤의 모임에는 중앙집행위원회 각 부의 부원 지정과 네 개 단체 합동의 간판을 하나의 명칭으로 하느냐 또는 그냥 두느냐의 두 가지 문제였습니다. 간부의 임명으로서는 비서부에 강달영·이준태, 조직부에 홍남표·이봉수, 선전부에 김철수의 5명을 결정했습니다. 다만, 조직부 중에는 조사부도 포함되어 있습니다. 4단체의 문제는 후일로 보류하기로 하고 헤어졌습니다. 4단체란 북풍회·조선노동당·화요회·무산자동맹을 말하는 것으로서 제동 84번지에 사무소를 두었습니다.

문 : 그 후는 어디에서 회합했느냐

답 : 역시 12월말에서부터 금년 1월경에 또 구연흠 집에서 전술의 5명과 권오설·전덕 도합 7명이 모였었습니다. 권과 전은 간부로서 적임이라 하여 우리들의 의사투합으로 결정하였습니다. 권은 작년 4월부터의 단원이며 전덕은 작년 12월경 향리에서 상경한 자입니다만, 그 자는 러시아 공산당 학교 출신으로서 인품에 관해서는 권오설이 자세히 알고 있습니다. 그 때도 4단체의 문제가

제기되었습니다마는 역시 미결로 끝났다고 생각합니다. 그 때인지 후일의 회합인지 기억이 선명하지 않습니다만 검사부와 후원회의 일이 강달영인지의 제의에 의해서 결정되었습니다. 검사부는 공산당의 유지 진행방법 및 재정사무에 해당하는 것으로서 그 부원에 홍덕유·구연흠의 2명을 임명했습니다. 후원회는 글자 그대로 공산당 사업을 후원하는 것으로 구연흠·홍덕유를 겸무케 했습니다. 검사부 및 후원회는 중앙집행위원회의 부속기관입니다. 그 자리에는 구와 홍이 참석하지 않았습니다마는 구에게는 2, 3일 후에 내가 그를 방문하여 전달했습니다. 홍에게는 강달영으로부터 전달되었는지는 모르겠습니다.

문 : 그 다음 회합은

답 : 그 다음은 계동이었습니다. 장소는 휘문고등보통학교의 동쪽 노변으로서, 성명은 잊었습니다마는 당시 권오설이 잠복하는 곳이었습니다. 그때 전부였는지 인원은 기억이 없으나 그 석상에서는 조직에 관하여 의결이 있었던 것으로 생각합니다. 즉, 부 간부의 임명 및 부 「야체이카」의 설치문제였습니다. 부 간부로서는 민창식·홍덕유 야체이카, 박래원 야체이카, 민창식 야체이카, 정달헌 야체이카, 박일병 야체이카를 설치하기로 하였습니다. 야체이카의 명칭은 달리 일정한 명칭이 없고 그저 부르기 좋은 것으로서 대개 당원의 중역의 이름에 붙여 쓰고 있습니다.

문 : 야체이카는 경성부내에 9개소나 10개소 있지 않나

답 : 위에 말씀드린 숫자 뿐이라고 기억합니다.

문 : 그 다음 회합은 어디였었느냐

답 : 금년 3월경의 부내 삼각정 28, 강달영을 제외한 전부의 중앙집행위원이 집합하면서, 그때 4단체 문제는 하나의 간판으로 하는데 노력할 것, 도 간부를 전라남도, 경상남도의 2개소에 설치할 것을 결의하였습니다.

전라남도의 도 간부에는 신동호·김기수·신명준을 假定하고, 경상남도의 도 간부에는 김명규 외 2명을 가정하였으나 이름은 기억나지 않습니다. 중앙

집행위원회의 가정은 일정기간 動靜을 보살피고 난 연후에 결정하기로 한 것입니다.

문: 그 후의 회합은

답: 공기가 험악했기 때문에 그 후는 집합하지 않았습니다.

문: 공기가 험악하다는 것은

답: 경찰 관헌의 우리들에 대한 감시가 엄중해졌다는 것을 절감했기 때문입니다.

문: 공산당 기관 설치의 방침은

답: 최고 기관으로서 중앙집행위원회, 각 도에 도 간부, 부에 부 간부, 부·군에 야체이카, 발전상태에 따라 면에도 면 야체이카를 설치할 예정이었으나 지금의 처지로는 중앙집행위원회, 도 간부, 부 간부, 야체이카 뿐입니다.

문: 야체이카의 전 조선에 있어서의 수는

답: 부내 뿐이며 지방에는 결정한 바 없습니다. 전라남도의 도 간부도 김찬, 김대봉 등의 재경 중, 전라도는 우리들의 사업 발전 희망이 있으므로 신·김·신의 세 사람을 도 간부로 임명하고 그들을 독려하면 발전이 빠를 것이라는 얘기였습니다.

문: 이봉수로부터 뭔가 보고회가 없었느냐

답: 있었습니다. 날짜는 잊었습니다마는 모인 곳은 부내 삼각정 28, 강달영 댁이라고 생각되나 강달영·이준태·홍남표·전덕·이봉수·김철수 등으로서 권오설은 왔는지 안 왔는지 확실치 않습니다.

이봉수의 보고로서는 해외에 김단야·조봉암·김찬 등의 동지가 있으나 해외에 있다는 것일 뿐 간부임에는 다를 바 없고, 또한 국제공산당 기타 해외사항의 연락에는 동인 등에 의하는 외에는 다른 방법이 없고, 그리고 가장 적당한 인물로 인정했기 때문에 해외 관계의 모든 일을 그들에게 일임하기로, 모두 찬성하기를 바란다는 취지였으므로 열석한 우리들은 전부 동의하였습니다.

문: 금전 문제에 관해서는

답 : 김단야로부터 220엔을 받아 여비로 13엔을 소비하였다면서 207엔을 내가 이봉수 댁에 그 자가 돌아오는 다음달에 방문해서 받았습니다.

문 : 이봉수가 돌아오는 사실을 어떡해서 알았느냐

답 : 노농총동맹이 나에게 이웃집 중개 전화로 알려줬습니다.

문 : 이봉수를 신의주로 파견한 동기를 말하라

답 : 신의주 거주의 김항준(30세 가량)이 동지 전덕에게 김단야로부터의 밀지를 받아 왔는데 내가 전덕 댁 방문시 우연히 만났습니다. 그 자의 말에 의하면 김단야가 지금 신의주에 있는데 중앙간부에 면담의 용건이 있어 지급히 신의주에 와 주었으면 하는 취지를 나에게 의뢰했었다는 것이었습니다. 당시 강달영은 귀향 중이었으므로 권오설·전덕과 나는 상의하여 이봉수를 파견하기로 하고 내가 이 취지를 이봉수에게 얘기하고 승낙을 받았습니다. 이봉수는 신문기자이기도 하고 여행에도 편리하다고 생각되어 동인을 선정하였습니다.

문 : 김단야와 조선공산당 중앙간부와의 신의주에 있어서의 밀회 용건 여하

답 : 김단야는 상해부로부터의 중대사명을 띠고 이를 전달함에 있는 바, 그 중대사명이란 즉 해외의 일은 모두 해외에 있는 김찬·김단야·조봉암에게 일임하기로 하고 조선 내의 일에 대해서는 일절 간섭 않기로 해 달라는 것이었습니다.

문 : 운동상 민족주의자와 공산주의자와의 협의 문제에 대해서는

답 : 기억나지 않습니다.

문 : 김단야로부터 조선공산당에 교부된 돈이 고작 220엔 정도냐

답 : 상해로부터는 조선공산당 앞으로 500엔 교부하기로 돼있습니다만 그 중 300엔 정도는 김단야가 여비 기타로 소비하였으므로 220엔을 교부한 것이랍니다. 내가 그 돈을 받아서 전덕에게 20엔 남짓과 권오설에게 20엔 교부하고 나머지는 나와 동지들의 주식비 등에 충당하고 대부분은 노농총동맹의 여러 잡비에 충당하였습니다.

문 : 해외와의 연락방법은 어땠느냐

답 : 김찬으로부터 보내왔다고 한 통신을 강달영이 보여줬습니다. 그 내용의 골자는 우리들은 해외에 있어서도 조선공산당 간부의 긍지를 유지하고 있기에 해외의 일은 일체를 우리들에게 맡길 것, 조선 내의 운동은 위험하므로 당분간 수세적 입장에서 서서히 발전 대책을 강구할 것, 네 단체는 이를 폐합하여 한 개의 단체로 할 것의 세 용건인 바, 김단야와 이봉수와의 회견전이라고 기억합니다. 용지는 잡기장 같은데 잉크로 쓰여 있었습니다.

문 : 예산 편성에는 누구누구 간여했느냐

답 : 김철수 · 강달영 · 이준태 등으로 낙원동의 녹성사진관 뒤의 당시 강달영이가 유숙한 집에서 3일 정도 걸려 작성했습니다. 금년도의 예산은 30여 만엔 이었던 바 나도 간여했습니다. 그 목적은 그 금액을 국제공산당에 청구하기 위한 것이었으나 과연 국제공산당에 송부 되었는지의 여부는 모릅니다.

문 : 6월 10일 사건의 동기 경과를 말하라

답 : 상해 거주의 김찬으로부터 李王 薨去 后 1개월도 경과하기 전에 홍덕유 앞으로 중앙집행위원회에 교부해야 할 통신이 있었던 것을 봤습니다. 이것은 내가 강달영으로부터 얻어 볼 수 있었던 것입니다. 그 개요를 말씀드리면 이번에 이왕 전하가 훙거했으므로 조선인은 누구랄 것 없이 그 비통함이 절정에 달했다. 따라서 이 절호의 기회를 이용하여 조선 내에 소란을 일으켜 민족적 봉기를 일으키지 않으면 안 된다. 그러므로 이 기회에 공산주의를 철저히 선전하지 않으면 안 되므로 표어도 이번 인민의 절규 · 봉기가 단지 이왕의 죽음에 의해서 만은 아닌, 먹을려니 먹을 것 없는, 굶주림에 견뎌 내지 못하는 이 비통함의 극치인 비애를 충분히 표현한 표어를 작성하라는 의미가 담겨 있었습니다.

문 : 그 통신에 의해서 어떤 조치를 취했느냐

답 : 이 편지를 받고 약 10일정도 지나 강달영 집에 이준태(나) · 전덕 · 이봉수 · 홍남표 · 김철수 · 권오설의 7명이 집합하여 어떻게 하느냐를 결의하였습니다다마는 대부분은 도저히 목적을 이루지 못할 것을 주장하여 실행하지 않기로 했

습니다마는 유독 권오설이 자신있게 극력 실행을 주장하였으므로 그의 의사 대로 하기로 했습니다.

문 : 표면상은 권오설이 하는 것처럼 하면서 실질상의 책임은 조선공산당이 진다는 결정을 하였다고 다른 피의자가 진술하였는데 어떤가

답 : 그럴 리 없습니다. 권오설이 단독으로 결행하기로 했습니다.

문 : 피의자는 금년 3월경 강달영에게 현금 30만엔 정도 교부한 사실이 없느냐

답 : 날짜는 잊었습니다마는 내가 돈에 궁해 계동의 권오설을 찾아 10엔 지폐 10매를 받아 그 중 30엔을 강달영에게 주고 나머지 70엔은 나의 사용에, 그리고 노농총동맹의 제 잡비로 소비했습니다.

문 : 그 100엔은 이준태 개인자격으로 권으로부터 받은 것이냐

답 : 물론 나 개인에게 준 돈은 아닐 것입니다. 공산당 당비로 쓰라고 준 것으로 알고 있습니다. 강달영은 당시 귀향 중이었으므로 30엔을 그 사람에게 인도한 것은 귀경한 뒤였습니다.

문 : 권은 그 돈을 어디에서 가져왔느냐

답 : 그 사람은 융통성에 능한 사람이기에 어디에서든 잘 융금해 냈을 것입니다.

문 : 그 외에 박민영과는 금전수수가 없었느냐

답 : 금년 5월경 후원회 간부 박민영과 견지동의 전동여관의 입구에서 만났습니다마는 그의 말인즉 권오설이 당신이 금전에 곤란을 겪고 있는 지의 여부를 묻기에, 물론 곤란을 겪고 있다고 했더니 얼마쯤 소요하겠느냐고 반문하였으므로 10엔이든 20엔이든 융통되는 대로 봐 주었으면 좋겠다고 했더니 10엔을 주었습니다.

문 : 동아일보사원 양원모 집에서 집합한 사실 없느냐

답 : 금년 12월경 동대문 정류소 「히토츠마에」의 정류소에서 내려 좌측 노변에 있는 양원모 집에 모였었습니다. 집합의 목적은 예산 편성의 사전준비였습니다.

김철수의 안내로 전덕을 제외하고 이봉수 · 강달영 · 홍남표 · 이준태 · 김철수

의 5명입니다.

문 : 조선공산당 설치의 참된 목적은 무엇이었나

답 : 현대의 사회제도에 있어서는 만민이 평등한 생활을 하지 못하고 자본가의 방자한 유린을 방치할 수밖에 없는 상태가 現出되므로 빈부의 차별이 없는 생활을 위해서는 현 사회 제도를 수정하든지 아니면 파괴하든지의 방법을 취하지 않을 수 없는 필요성을 통감하고 동지가 모의하여 조선공산당을 조직하였으므로 그 제도는 주로 러시아의 공산정치를 모방한 것으로서 규칙의 기안은 권오설이 이를 담당하였습니다.

또한 이봉수도 기초위원의 한 사람이었으므로 필경 기초위원은 권오설과 이봉수의 2명인 바, 그 성안에 대하여 우리들 간부는 이를 통과시켰습니다.

위 본인에게 읽어 들려주었던 바 틀림없다고 진술하므로 세 명 무인케했다.

진술자 이준태 무인

대정 15년 7월 27일

경성종로경찰서

사법경찰관 조선총독부 도경부보　黒沼力彌

입회인 사법경찰리

조선총독부 도순사　梅野富士吉

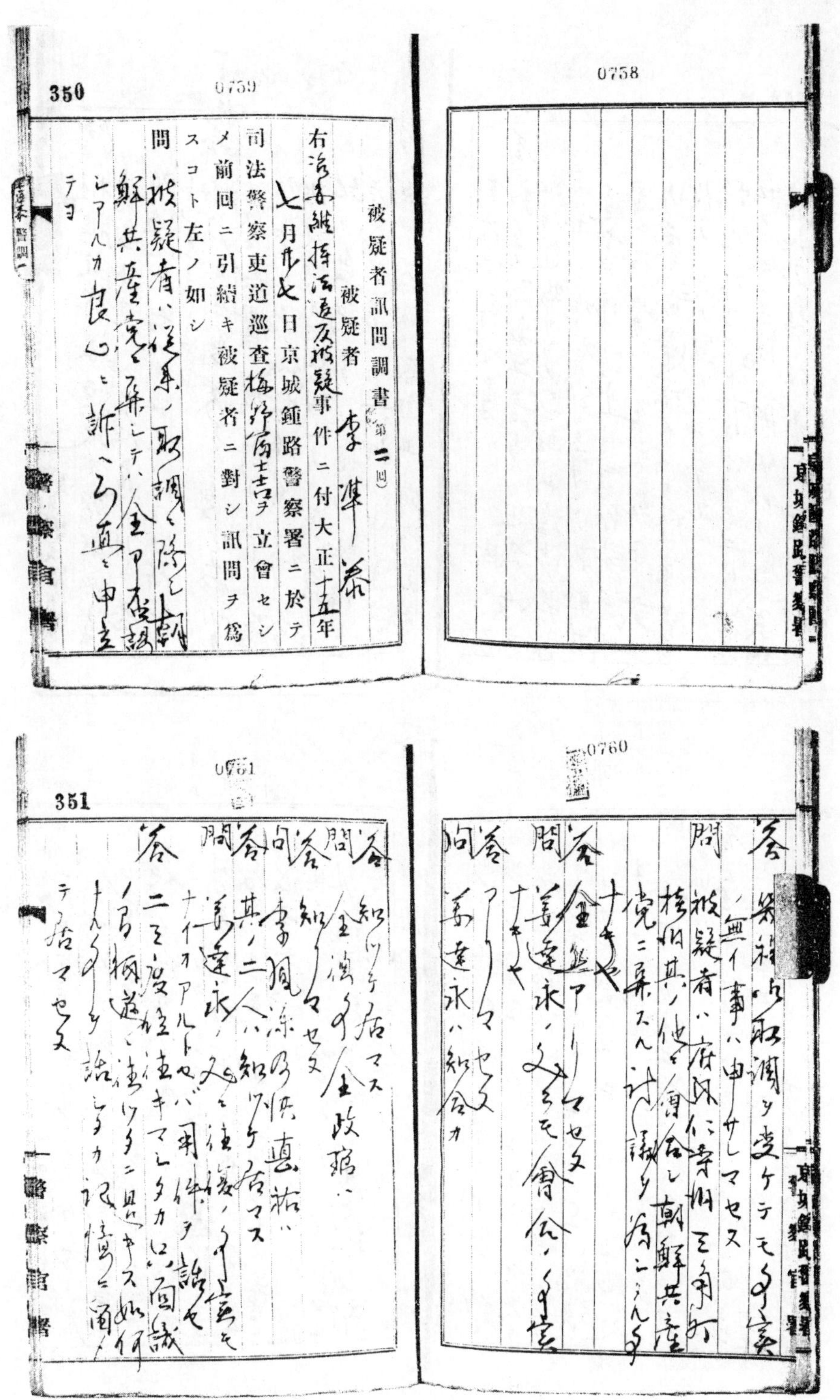

0759

350

被疑者訊問調書（第二回）

被疑者 李準泰

右治安維持法違反被疑事件ニ付大正十五年七月廿七日京城鍾路警察署ニ於テ司法警察吏道巡査梅野富士吉ヲ立會セシメ前回ニ引續キ被疑者ニ對シ訊問ヲ爲スコト左ノ如シ

問 被疑者ハ從來ノ取調ニ際シ朝鮮共産黨ニ關シテハ全部否認シテ居ルカ良心ニ訴ヘテ正直ニ申立テヨ

0760

答 從來ノ取調ヲ受ケテモ[illegible]ハ無イ事ハ申サレマセヌ

問 被疑者ハ其ノ他[illegible]府内仁寺洞[illegible]ニ會合シ朝鮮共産黨ニ參加スル件ヲ協議シ[illegible]テナイカ

答 全然アリマセヌ

問 姜達永ハ知合カ

答 アリマセヌ

0761

351

答 知ッテ居リマス

問 金[illegible]ハ金政[illegible]ハ

答 知リマセヌ

問 李鳳洙[illegible]洪悳裕ハ

答 其ノ二人ハ知ッテ居リマス

問 姜達永ノ父[illegible]

答 ナイ[illegible]

問 [illegible]

答 [illegible]テ居リマセヌ

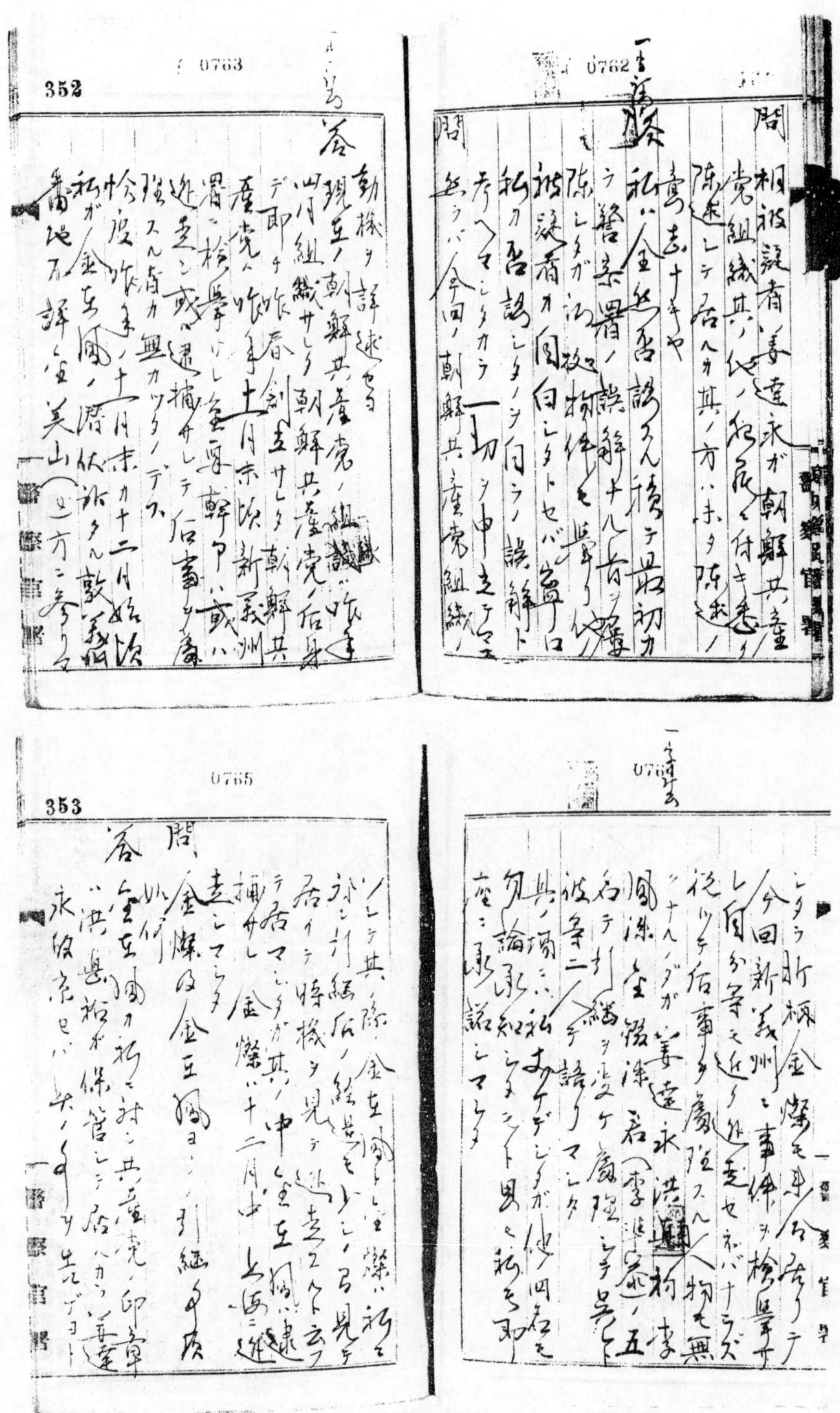

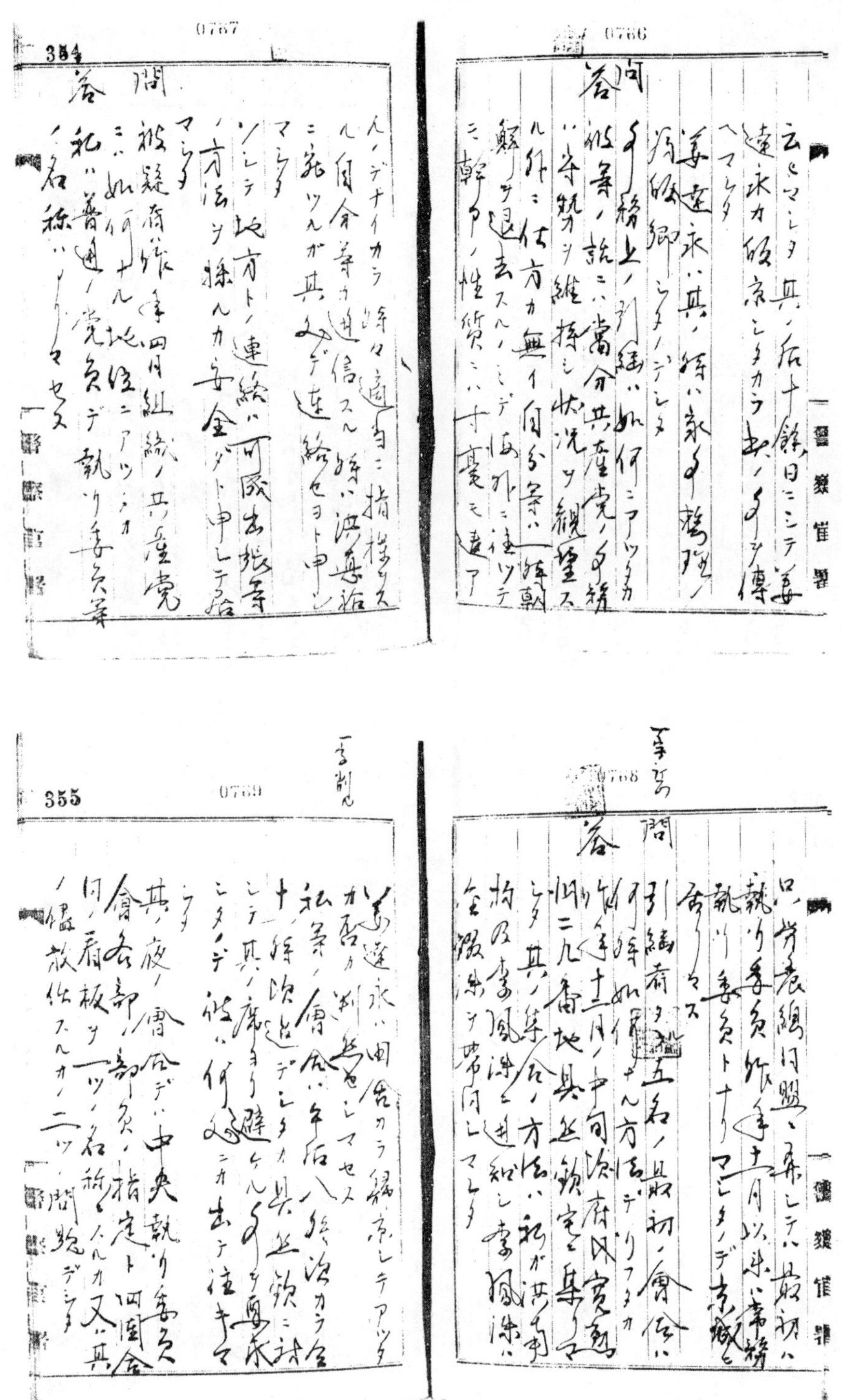

0766

云ヒマシタ其ノ后十餘日ニシテ姜
達永カ歸京シタカラ其ノ事ヲ傳
ヘマシタ
問 姜達永ハ其ノ時ハ家ヲ轉移ノ
後歸郷シタノデシタ
問 事務上ノ引継ハ如何ニアッタカ
答 彼等ノ話ニハ當分共産党ノ事務
ハ各契ヲ維持シ状況ヲ観望ス
ル外ニ仕方カ無イ自分等ハ時勢
解ナ退去スルノミデ海外ニ往ッテ
ニ幹部ノ性質ニハ寸毫モ違ア

354 0767

ルノデナイカラ時々適當ニ指揮ス
ル自分等カ通信スル時ハ洪惠裕
ニ託ツルガ其ノ外デ連絡セヨト申シ
マシタ
ソシテ地方トノ連絡ハ何ウ成ル振等
ノ方法ヲ採ルカ安全ダト申シテ居
マシタ
問 被疑者ハ昨年四月組織ノ共産党
ニハ如何ナル地位ニアッタカ
答 私ハ普通ノ党員デ執行委員等
ノ名称ハアリマセヌ

0768

只労農總同盟ヲ代表シテハ最初ハ
執行委員候補者ナリ十二月以來ハ常務
執行委員トナリマシタノデ京城ニ
居リマセヌ
問 引継済ノ五名ノ最初ノ會合ハ
何時如何ナル方法デアリマシタカ
答 昨年十二月ノ中旬頃府外寬勳
洞ニ丸番地具然欽宅ニ集リ
マシタ其ノ集合ノ方法ハ私ガ洪惠
裕及李鳳洙ニ通知シ李鳳洙ハ
金綴洙ニ通知シマシタ

355 0769

姜達永ハ同所カラ歸京シテアッタ
カ否カ判然致シマセヌ
私等ノ會合ハ午后八時頃カラ
十時頃迄デシタカ具然欽ニ対
シテ其ノ席ヲ避ケル様ニ要求
シタノデ彼ハ何処ニカ出テ往キマ
シタ
問 其ノ夜ノ會合デハ中央執行委員
會各部ノ部員ノ指定ト四團合
同ノ看板ヲ一ツノ名称ニスルカ又ハ其
ノ儘放任スルカノ二ツノ問題デシタ

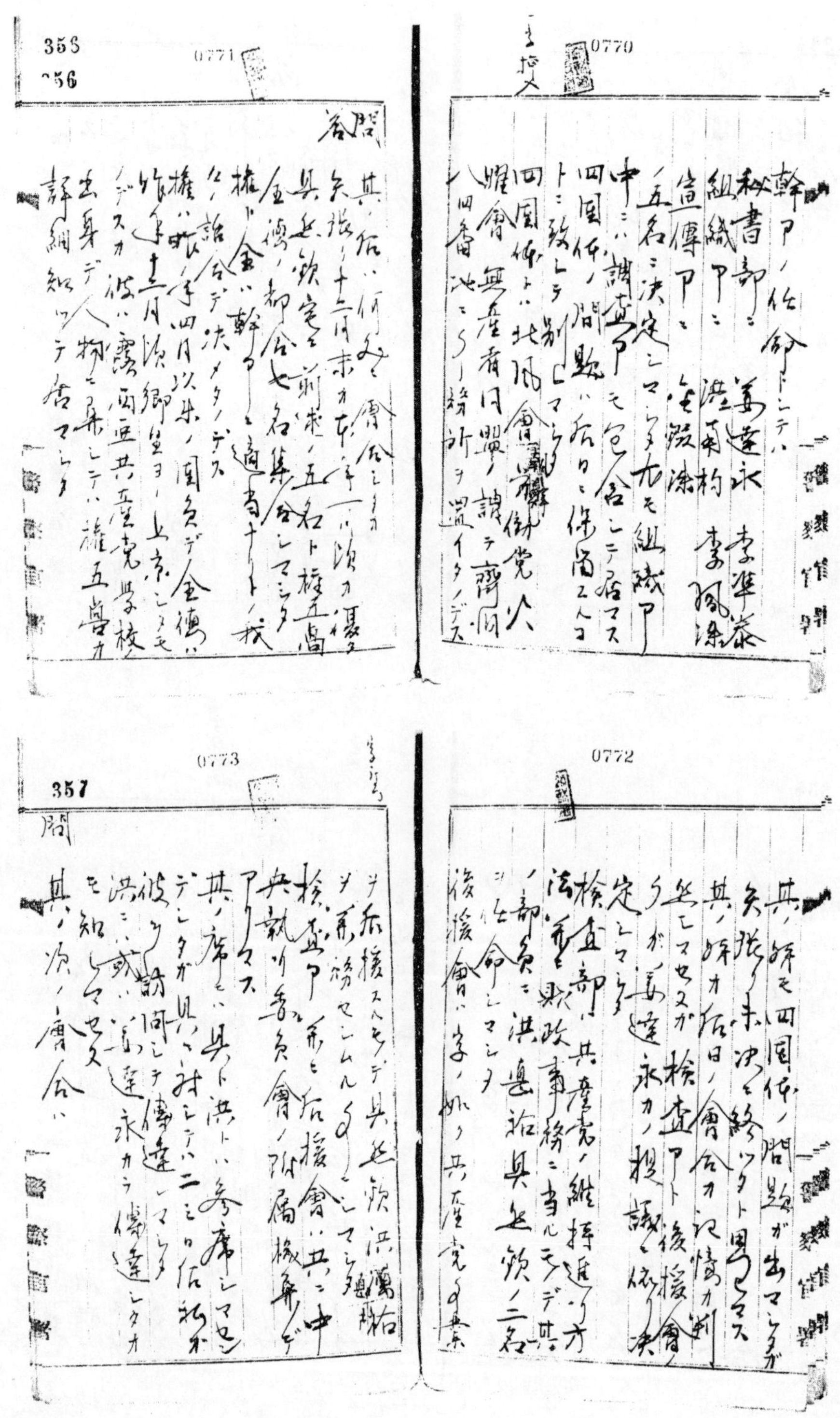

0770

幹部ノ任命トシテハ
秘書部ニ姜達永 李準泰
組織部ニ洪承杓 李鳳洙
宣傳部ニ金綴洙
ノ五名ニ決定シマシタ尤モ組織部
中ニハ調査部モ包合シテ居マス
四団体ノ問題ハ後日ニ保留スルコ
トニ致シテ別レマシタ
四団体トハ北風會 [illegible] 勞働黨 火
曜會 無産者同盟ノ謂テ[illegible]
ハ四番地ニテ一時許ヲ過イタノデス

358
356
0771

問 其ノ後ハ何ヲ會合シタカ
答 矢張リ十二月末カ本年一月頃カ[illegible]
呉廷鉉宅ニ前来ノ五名ト權五高
金應[illegible]都合七名集合シマシタ
權ト金ハ幹部ニ適當ナル者ナリトノ我
々ノ諾合デ決メタノデス
權ハ張[illegible]ト四月以来ノ関係デ金德ハ
昨年十二月頃郷里ヨリ上京シテ來
ノデスカ彼ハ露國ノ共産黨學校
出身デ人物ニ異シテハ權五高カ
詳細知ッテ居マス

0772

其ノ件モ四団体ノ問題ガ出マシタガ
矢張リ未決ヲ終ッタト思ヒマス
其ノ件ハ後日ノ會合カ記憶カ判
然シマセヌガ検査部ト後援會
ヲガ姜達永ノ提議ニ依リ決
定シマシタ
検査部ハ共産黨ノ維持進行方
法ヲ監[illegible]政事務ニ当ルモノデ其
ノ部員ニ洪[illegible]裕 呉廷鉉ノ二名
ヲ任命シマシタ
後援會ハ[illegible]ノ如ク共産黨ノ[illegible]

357
0773

ヲ後援スルモノデ呉廷鉉 洪[illegible]
ヲ事務セシムルコトニシマシタ
検査部ト後援會ハ共ニ中
央執行委員會ノ附属機関デ
アリマス
其ノ席ニハ呉ト洪トハ参席シマセン
デシタガ呉ニ對シテハ二三日後私ガ
彼ヲ訪問シテ傳達シマシタ
洪ニハ或ハ姜達永カラ傳達シタカ
モ知レマセヌ
問 其ノ次ノ會合ハ

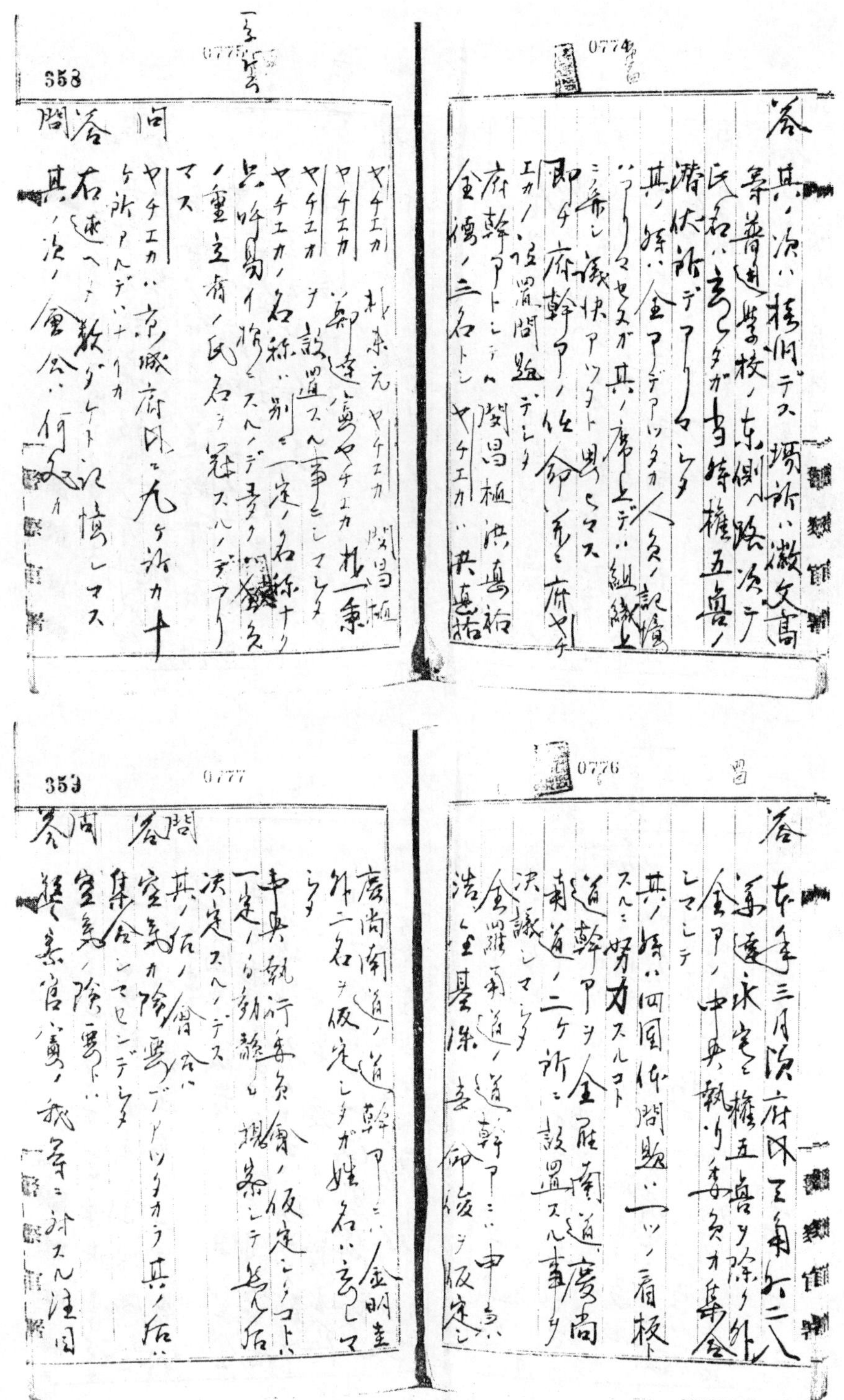

0774

答 其ノ次ハ桂洞デス 場所ハ徽文高
等普通学校ノ東側ノ路次デ
氏名ハ忘レタガ当時権五卨ノ
潜伏所デアリマシタ
其ノ時ハ金ア ... デアッタカ人名ノ記憶
ハアリマセヌガ其ノ席上デハ組織上
ニ就キ議決アッタト思ヒマス
即チ府幹アノ任命ト府ヤチ
エカノ設置問題デシタ
府幹アトシテハ閔昌植洪悳裕
金[illegible]ノ三名トシヤチエカハ洪悳裕

358 0775

ヤチエカ 朴来元 ヤチエカ 閔昌植
ヤチエカハ郡道ニヤチエカ朴一秉
ヤチエカヲ設置スル事ニシマシタ
ヤチエカノ名称ハ別ニ一定ノ名称ナク
只呼易イ様ニスルノデ多ク[illegible]名
ノ重立者ノ氏名ヲ冠スルノデアリ
マス
問 ヤチエカハ京城府外ニ凡ソ幾許カ
ケ所アルノデハナイカ
答 右述ヘタ数ダケト記憶シマス
問 其ノ次ノ会合ハ何処デアッタカ

0776

答 本年三月頃府外三角地ニ八
道幹部ノ外ニ権五卨ヲ除ク外
全ア全部ガ中央執行委員会ヲ
シマシテ
其ノ時ハ四団体問題ハ一ツノ肩校ト
スルニ努力スルコト
道幹アヲ全羅南道慶尚
南道ノ二ケ所ニ設置スル事ヲ
決議シマシタ
全羅南道ノ道幹アニハ申東
浩金基洪ヲ任命ス後ヲ仮定シ

359 0777

慶尚南道ノ道幹アニハ金明圭
外二名ヲ仮定シタガ姓名ハ忘レマ
シタ
中央執行委員会ノ仮定シタコトハ
一定ノ活動ヲ[?]案シテ然ル後
決定スルノデス
問 其ノ後ノ会合ハ
答 空気ガ険悪デアッタカラ其ノ後ハ
集合シテセンデシタ
問 空気ノ険悪トハ
答 総督府官憲ノ我等ニ対スル注目

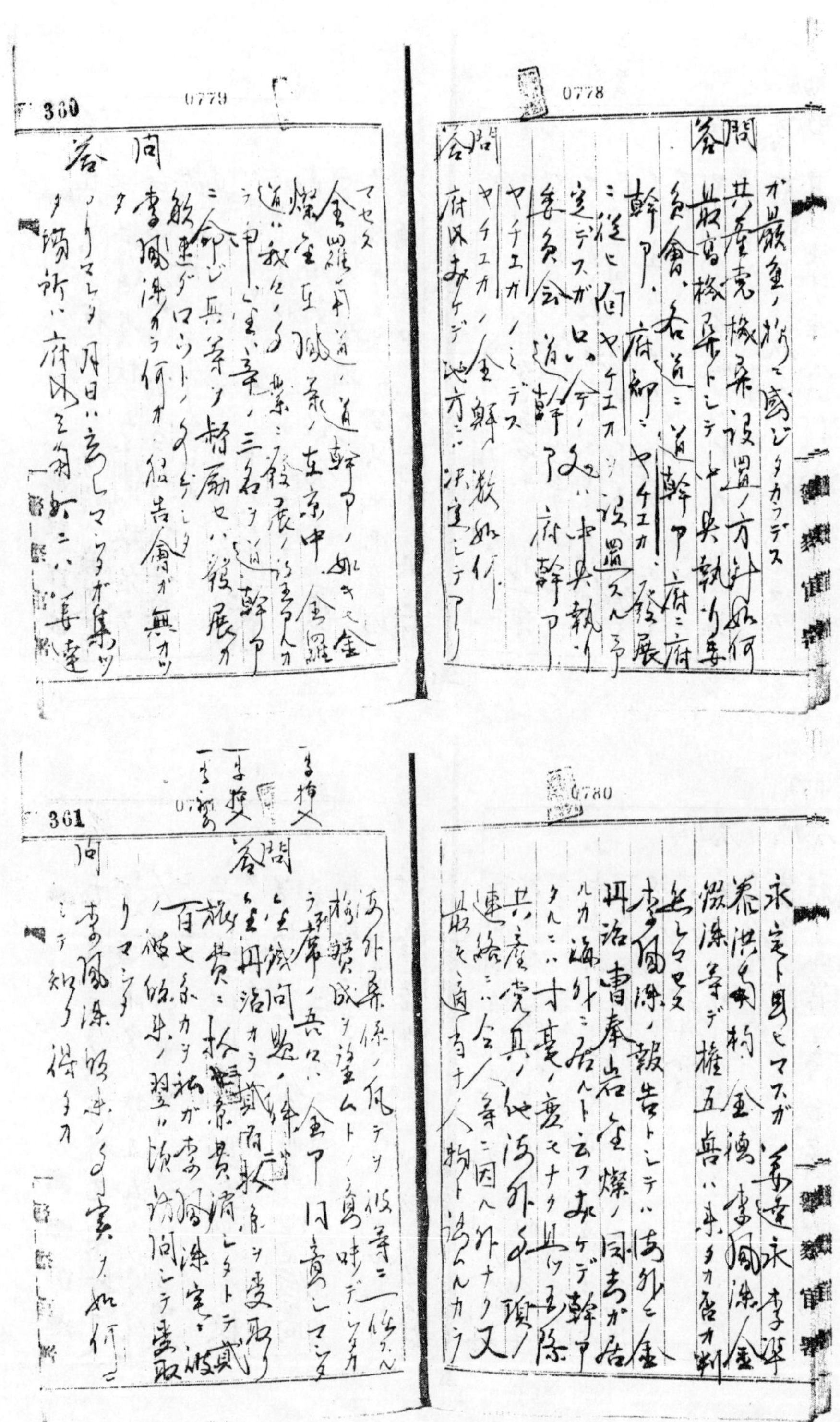

0778

ガ最重ノ様ニ感ジタカラデス

問 共産党機関設置ノ方針如何

答 最高機関トシテ中央執行委員会、各道ニ道幹部、府ニ府幹部、府郡ニハヤチエカ発展ニ従ヒ面ヤチエカヲ設置スル予定デスガ只今ノ処ハ中央執行委員会、道幹部、府幹部、ヤチエカノミデス

問 ヤチエカノ全鮮ノ数如何

答 府以外ニテ地方ニハ決定シテアリ [illegible]

0780

永定下男ヒマスガ委員 [illegible] 李準泰 洪 [illegible] 朴 [illegible] 金德 李鳳洙 金燦洙等デ權五卨ハ来タカ否カ判然シマセヌ

李鳳洙ノ報告トシテハ海外ニ金丹冶 曺奉岩 金燦ノ同志ガ居ルカ海外ニ居ルト云フ丈ケデ幹部タルニハ [illegible]

共産党其ノ他海外 [illegible]

連絡ニハ [illegible]

最モ適当ナ人物ト [illegible]

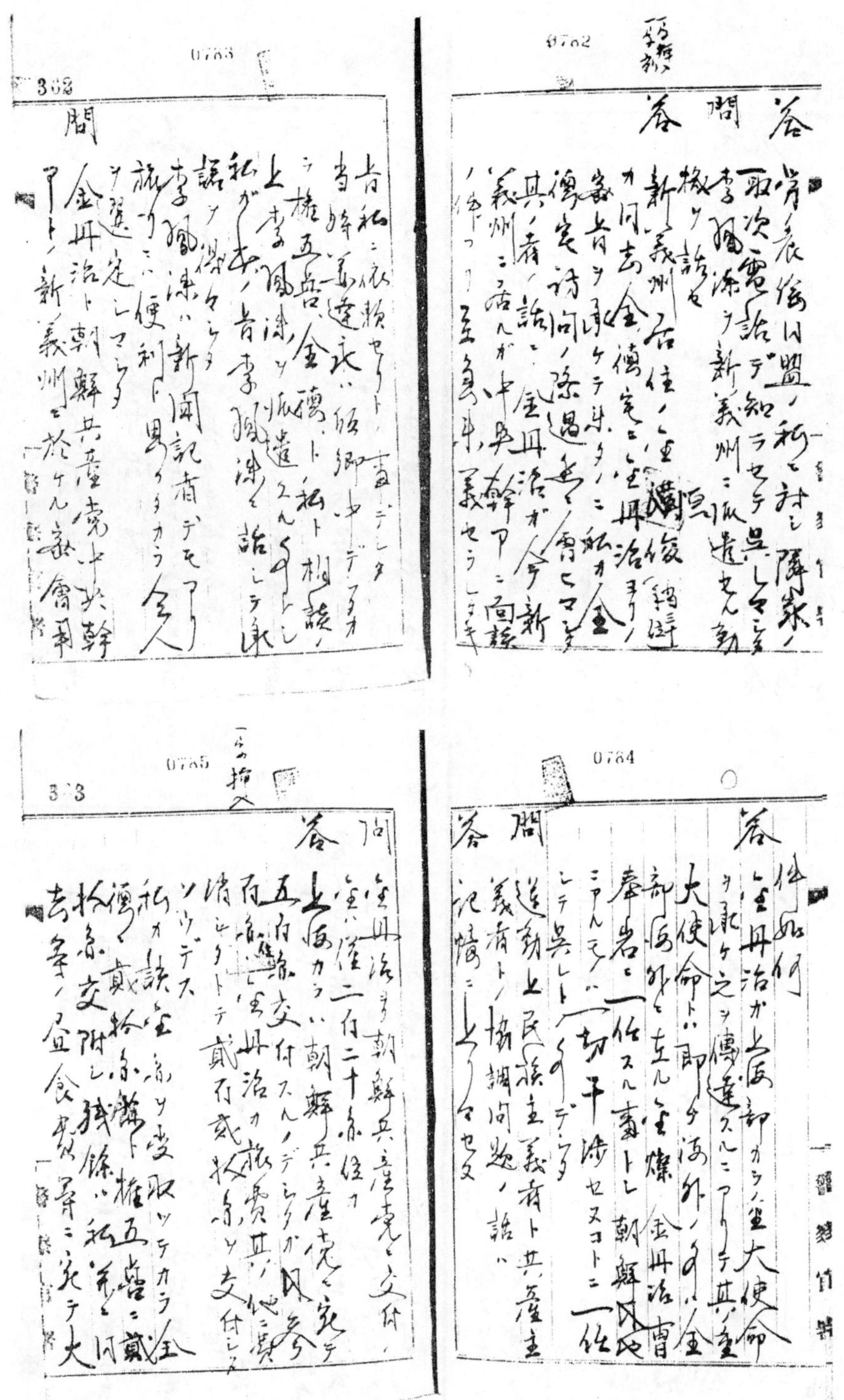

0782

答 問 答

肯ノ衣俗同盟ノ私ニ対シ隣家ノ取次電話デ知ラセテ呉レマシタ
李鳳洙ヲ新義州ニ派遣セル動機ヲ話セ
新義州ニ居住ノ金濁俊(鍋)ガ同志金徳宅ニ金丹冶ヨリノ家信ヲ受ケテ来タノニ私ガ金徳宅詩同ノ除遇ノ問ヒマス其ノ積ノ話ニ金丹冶ガ今新義州ニ居ルガ中央幹部ニ面接ノ件ヲ...

0783

363

旨私ニ依頼セラレタノデ直テシタ当時責任秘書ハ鄭御中デアッタテ権五卨金燦ト私ト相談ノ上李鳳洙ヲ派遣スルコトトシ私ガ其ノ旨李鳳洙ニ話シテ承諾ヲ得タノデアリマス李鳳洙ハ新聞記者デモアリ旅行ニハ便利ト思ッタカラ同人ヲ選定シマシタ

問 金丹冶ト朝鮮共産党中央幹部トノ新義州ニ於ケル会見

0784

使命如何

答 金丹冶ガ上海部カラノ重大使命ヲ受ケテ之ヲ傳達スルニアリテ其ノ重大使命トハ即チ海外ノ者ハ金燦金丹冶曹奉岩ニ一任スル事トシ朝鮮内ニアルモノハ一切干渉セヌコトニ一任シテ呉レトノ事デシタ

問 運動上民族主義者ト共産主義者トノ協調問題ノ話ハ

答 記憶ニ有リマセヌ

0785

363

問 金丹冶ヨリ朝鮮共産党ヘ交付ノ金ハ僅二百二十余圓ガ

答 上海カラハ朝鮮共産党ニ宛テ五百圓交付スルノデシタガ内金百圓ハ金丹冶ガ旅費其ノ他ニ費消シタトテ貳百貳拾圓ヲ交付シタソウデス私ガ該金圓ヲ受取ッテカラ権五卨ニ貳百圓ヲ交付シ残余ハ私ガ...ニ充テ大

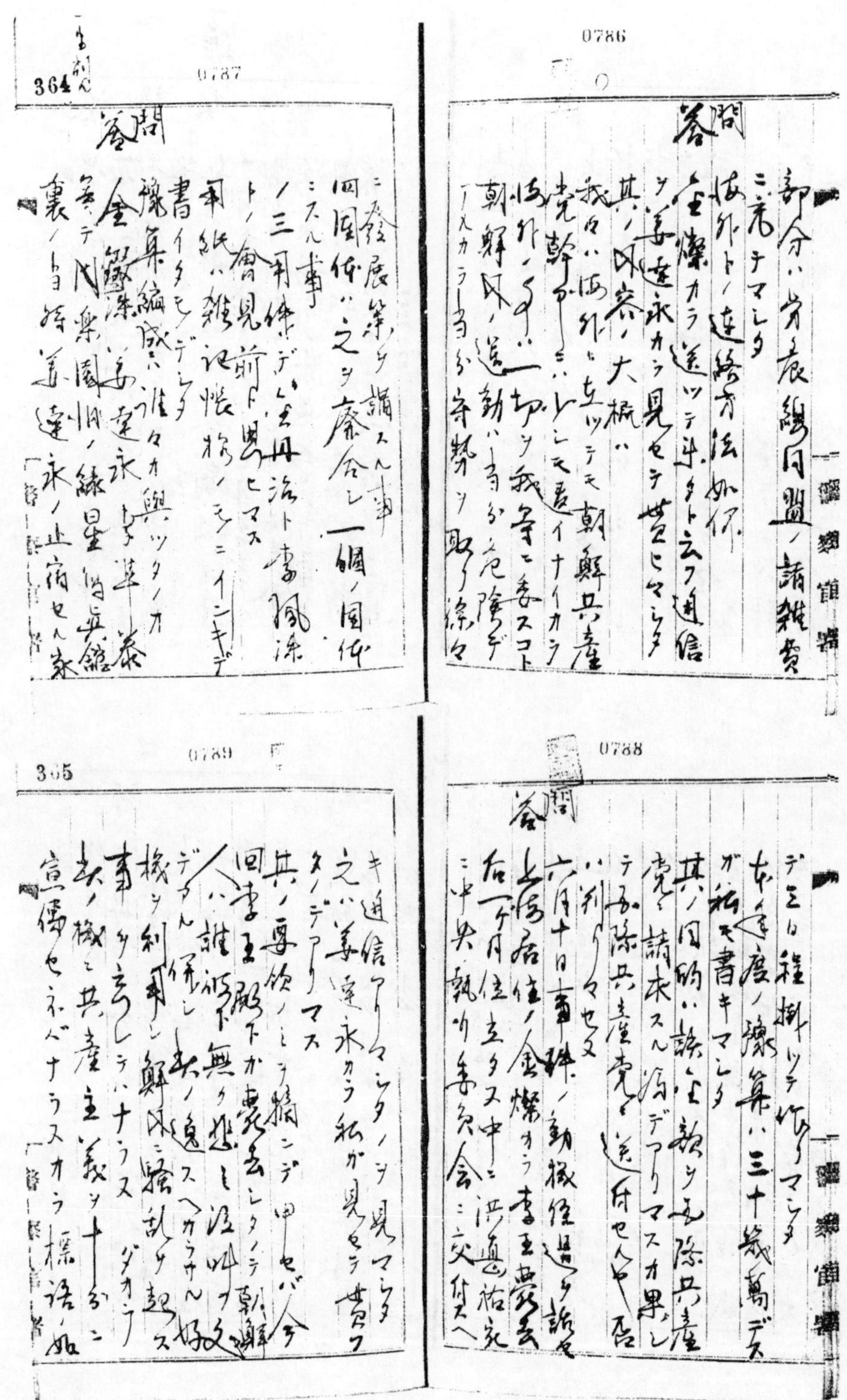

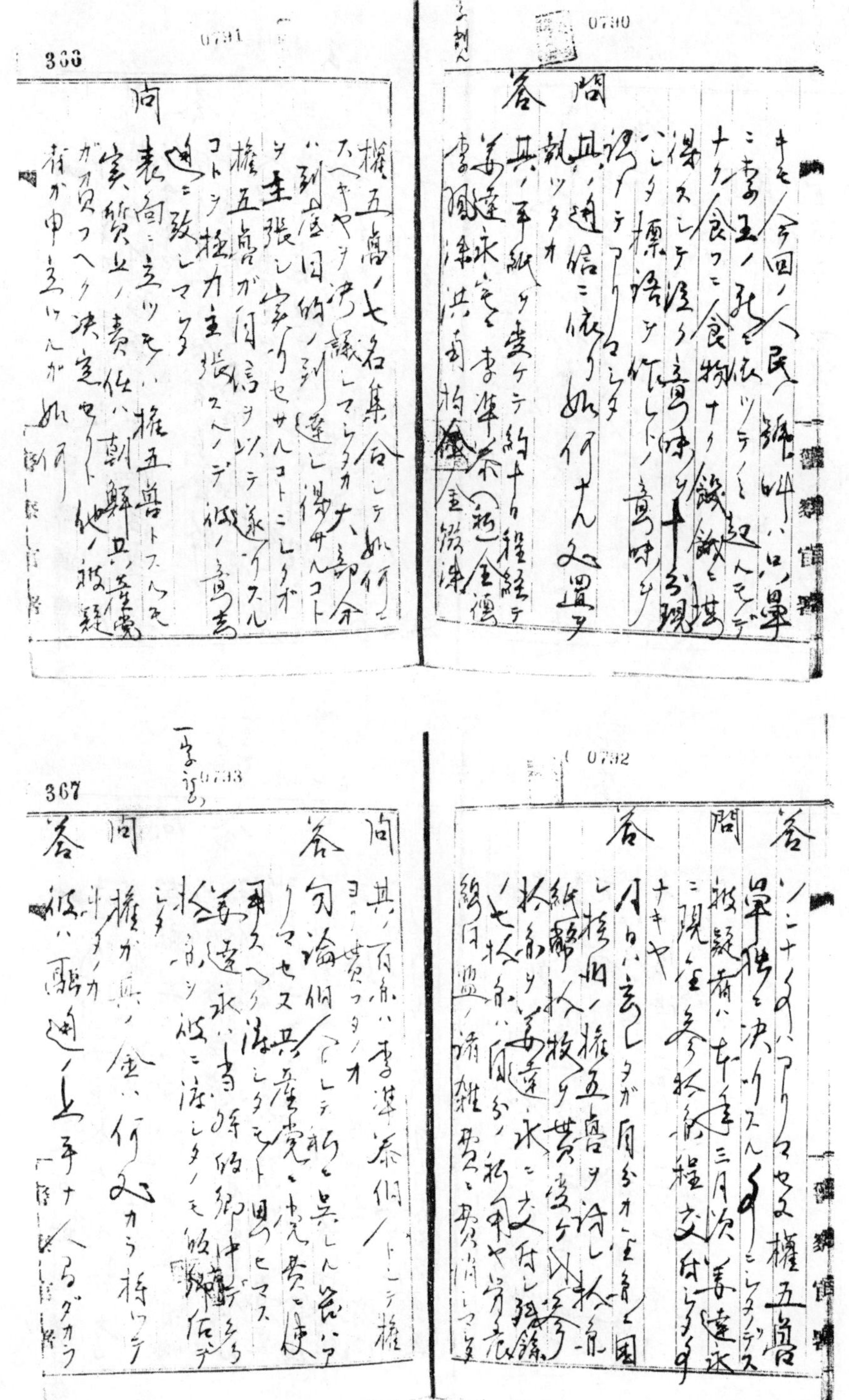

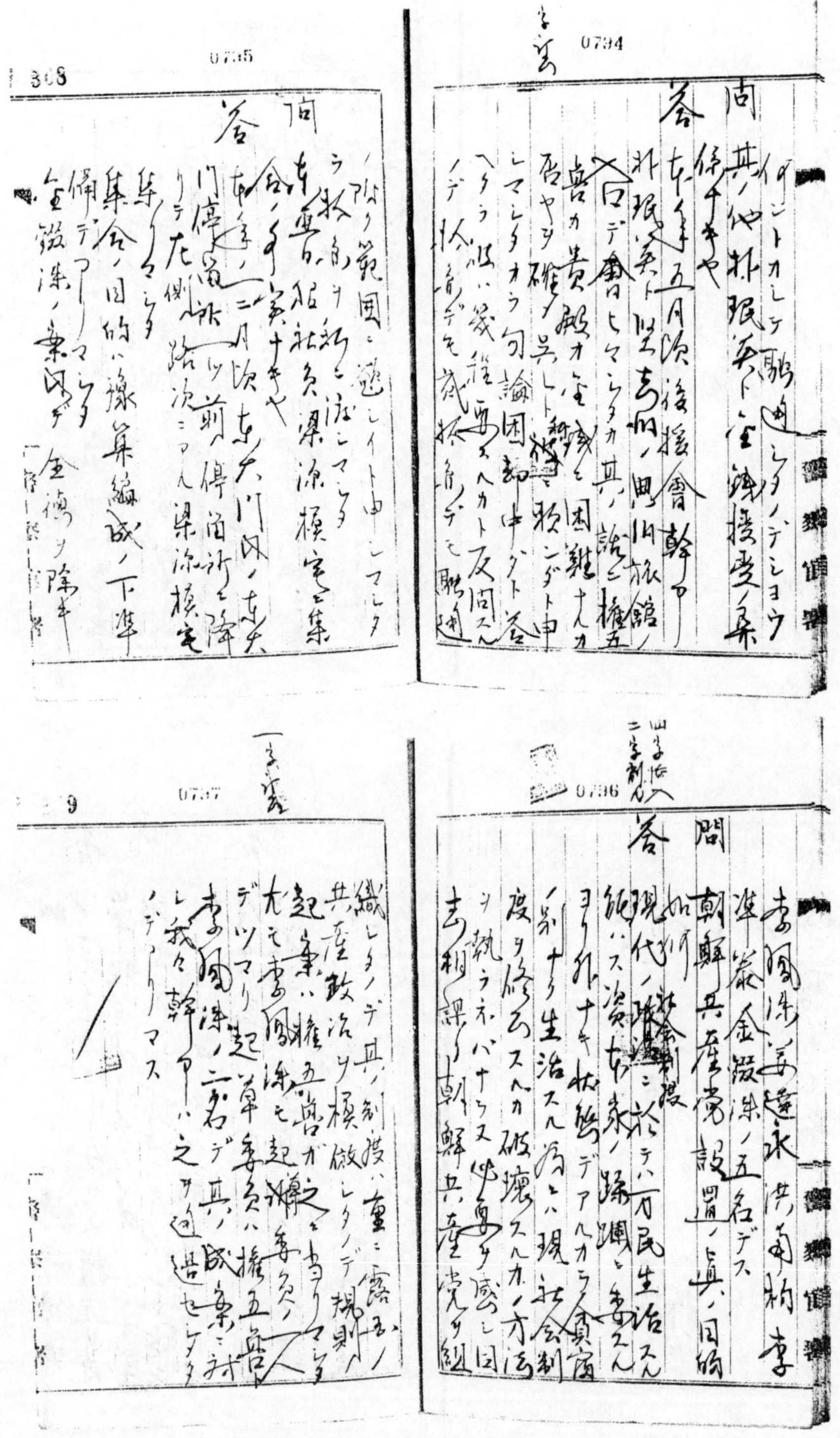

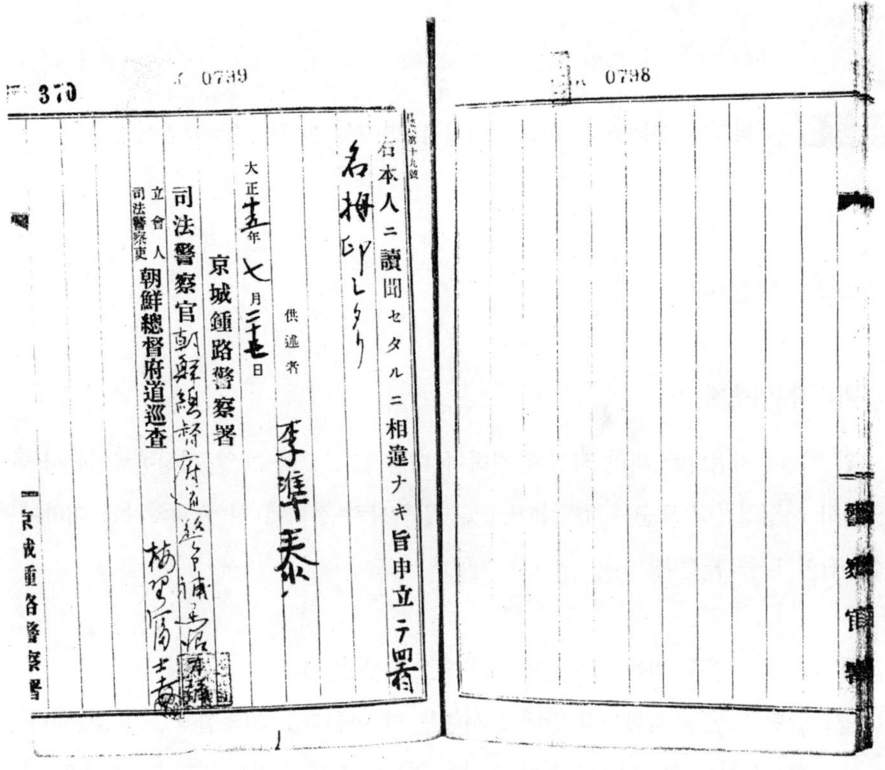

370　0799

右本人ニ讀聞セタルニ相違ナキ旨申立テ署名拇印シタリ

供述者　李準泰

大正十五年七月二十七日

京城鍾路警察署

司法警察官朝鮮總督府道警部補

立會人
司法警察吏　朝鮮總督府道巡查　梅野富士吉

京城鍾路警察署

0798

자료 5 「피의자 신문조서」(3회), 대정 15년 7월 28일, 종로경찰서

피의자 신문조서(제3회)

피의자 이준태

위 치안유지법위반 피의 사건에 관하여 대정 15년 7월 28일 경성종로경찰서에 있어서 사법경찰리 도순사 梅野富士吉를 입회시켜 전회에 이어 피의자에 대하여 신문함이 다음과 같다.

문 : 어제의 진술 외에 간부들의 집합장소는 없었느냐

답 : 금년 12월경 김철수의 안내로 서대문 밖 아름다운 기와집에 모였었습니다. 협의사항에 대하여는 명확한 기억이 없으나 모였던 자는 김철수 · 홍남표, 나였고 다른 자가 있었는지는 기억나지 않습니다. 이외에 동대문 외숭3동의 某家에서도 집합을 시도했습니다만 주인의 불승낙으로 수포로 돌아갔습니다. 이 장소도 역시 김철수의 주선에 의한 것입니다. 그 이름은 전덕 · 김철수, 나 세 사람인 바, 돌아가는 길에 同家에 집합하기도 돼 있었던 홍남표 · 강달영과도 만났습니다.

문 : 각 집합의 경우 누가 어떤 제의 또는 발언을 했으며 그것을 어떻게 결의했느냐

답 : 오래된 일이고 또 가끔 있었던 일이어서 기억나지 않습니다.

문 : 당원 입당의 자격 설정 및 임명 형식은

답 : 당원으로 임명하기 전에 일정한 기간 그 행동거지를 감시하여 당원으로서 적격자로 인정될 경우 중앙집행위원회에 구신하며 그 결과를 책임비서로부터 통지 받기로 돼 있습니다. 후보기간은 노동자는 6개월, 농민소작인 등은

1년, 특별한 사정 있는 자 즉 운동전선에서 활약하여 형벌을 받는 등 희생자가 된 자에 대해서는 기간과는 관계없이 당원으로 임명될 수도 있습니다. 다만, 후보기간은 기초위원이 다소 수정했는지도 모릅니다.

문 : 해외부의 설치에 관하여는 어떤 협의를 하였느냐

답 : 금년 2월경부터 이야기가 있었습니다. 그것은 해외에 조·김찬·김단야 세 사람의 간부가 있어 연락 상 반드시 해외부가 필요하므로 상해부는 물론 만주부도 설치하지 않으면 안 되니 조봉암으로 하여금 이에 충당함이 지당할 것입니다. 따라서 조에게 전 책임을 지웠는데도 부원까지 지정하는 일은 온당치 않은 것 같으나 참고로 성명을 써서 보내는 것은 그릇된 일은 아니라는 결의에 따라 계봉우를 지정한 기억이 납니다.

浦汐에 연락기관을 설치하자는 動議도 있었으나 이는 해외에서 자유로 행동할 수 있는 김단야·조봉암·김찬 등이 실제 시찰한 후 발전상황에 따라서 후일 설치하기로 했습니다. 이런 일은 중앙집행위원회의 의결 사항입니다. 그리고 어제의 진술 중 도간부를 假定한 석상에 강달영도 있었다고 말씀드렸으나 지금 곰곰이 생각해 보니 당시 강달영은 여행 중이었던 것으로 생각됩니다.

문 : 피의자는 대구의 이상훈과는 아무런 관계도 없고 아무 말도 하지 않았다고 주장하는데 틀림 없느냐

답 : 사실은 이전의 진술은 거짓이었습니다. 금년 4월경 대구에 출장가서 조선공산당원인 이상훈에게 중앙간부의 책임비서는 강달영이고 나도 비서의 한 사람이므로 당에 관한 일체의 통신은 우리들 앞으로 하도록 이야기한 사실이 있습니다.

위 본인에게 읽어 들려주었던 바 틀림없다고 진술하여 서명 무인하였다.

진술인 이준태 무인

대정 15년 7월 28일

경성종로경찰서

사법경찰관 도경부보 黑沼力彌

입회인 사법경찰리

조선총독부 도순사 梅野富士吉

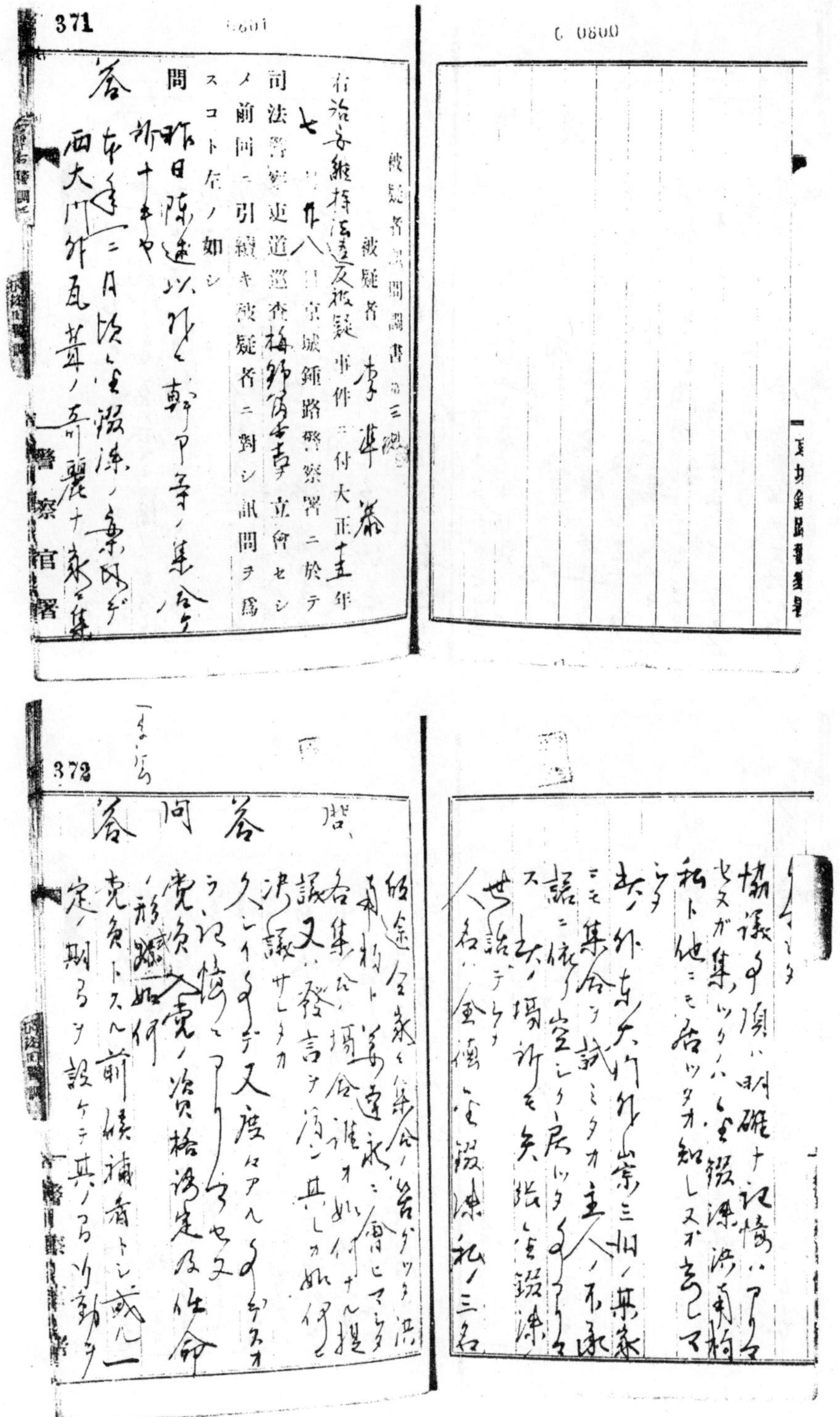

371

被疑者訊問調書（第三回）

被疑者 李準泰

右治安維持法違反被疑事件ニ付大正十五年七月十八日京城鍾路警察署ニ於テ司法警察吏道巡査梅野[illegible]ヲ立會セシメ前回ニ引續キ被疑者ニ對シ訊問ヲ為スコト左ノ如シ

問 昨日陳述以外ニ更ニ[illegible]ノ集合ヲ知ラナイカ

答 本年二月頃ニ全鐵源ノ案内デ西大門外瓦葺ノ奇麗ナ家ニ集[illegible]

[illegible]協議ヲ為シタ事ハ明確ナ記憶ハアリマセン 又ガ集ッタノハ全鐵源洪南杓私ト他ニモ居ッタカ知レマセン

其ノ外東大門外山崇三[illegible]ノ[illegible]家ニモ集合ヲ試ミタカ主人ノ不承諾ニ依リ空シク戻ッタ事モアリマス 其ノ場所モ矢張リ全鐵源ノ世話デシタ

[illegible]名ハ金[illegible]全鐵源私ノ三名

372

答 [illegible]

問 [illegible]全家ノ集合ノ場合ニハ洪南杓ト姜達永ニ會ヒマシタ[illegible]各集合ノ場合誰カ如何ナル提議又ハ發言ヲ為シ其レガ如何ニ決議サレタカ

答 久シイ事デ又度々アルノデ記憶ニアリマセン

問 黨員ノ資格選定及任命ノ形式如何

答 黨員トスル前候補者トシ或ル一定ノ期間ヲ設ケテ其ノ間ノ行動ヲ

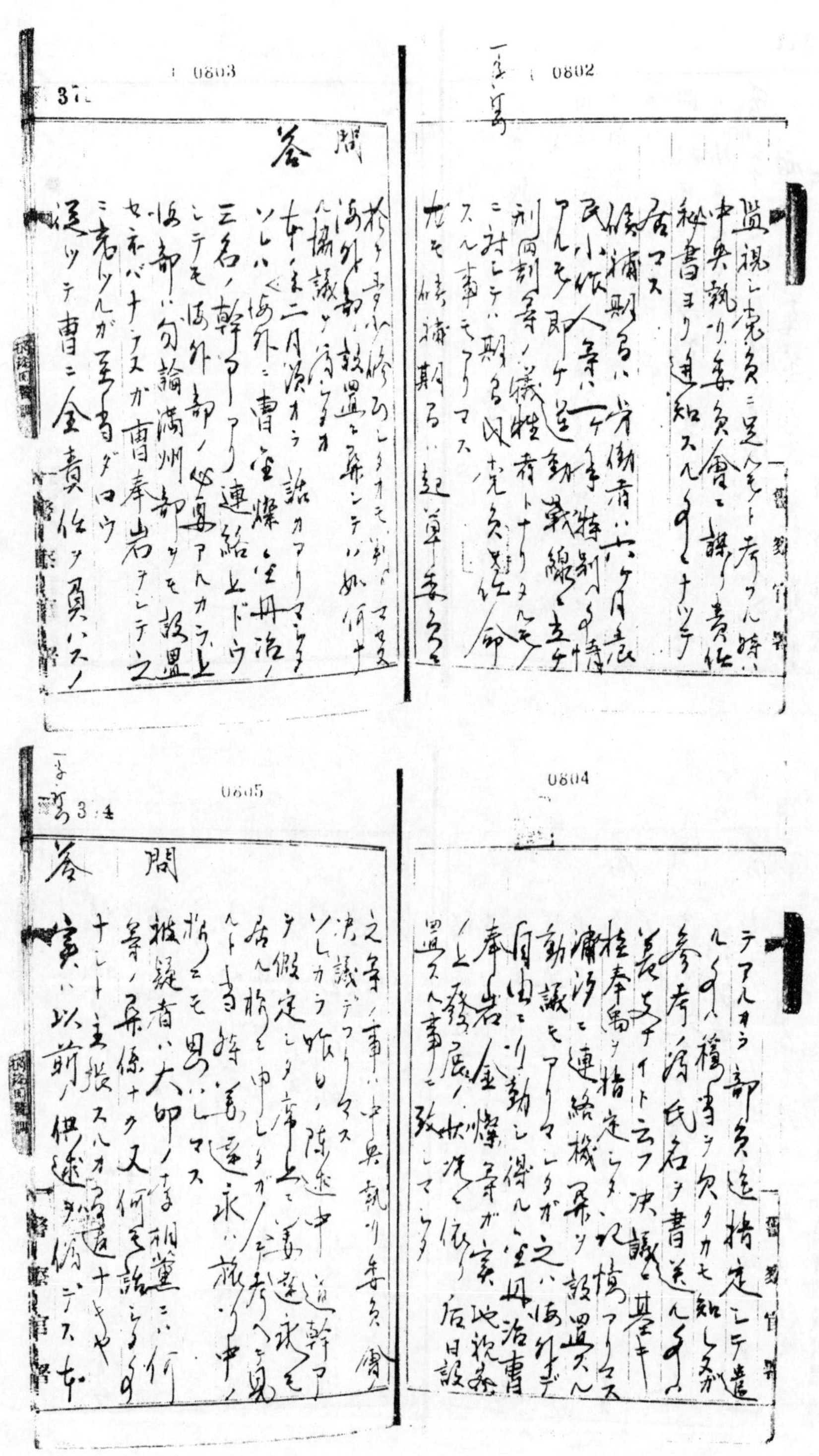

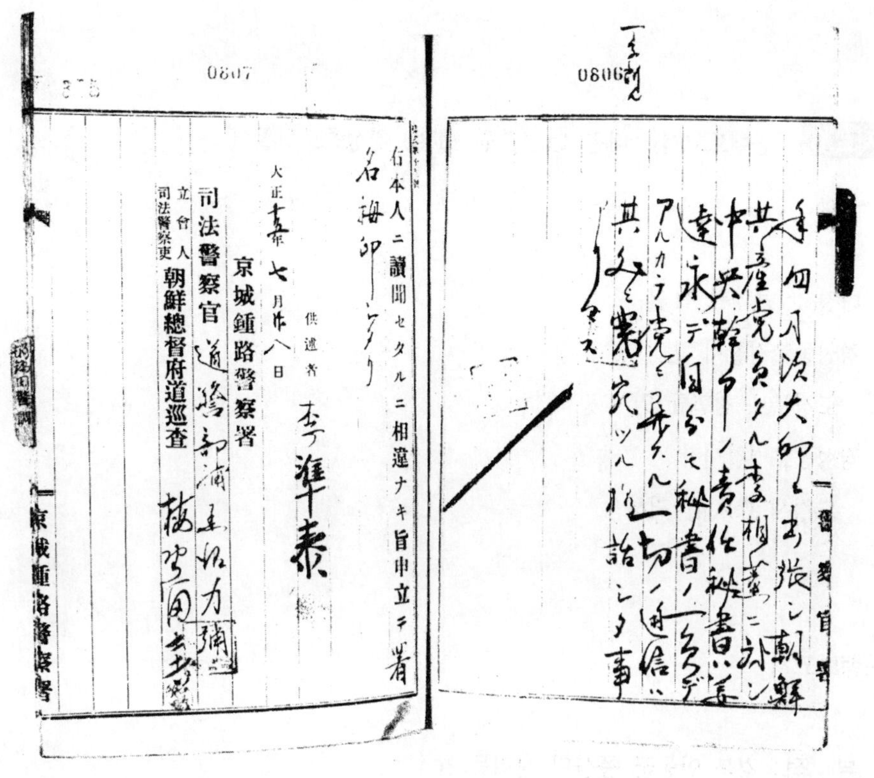

0807

右本人ニ讀聞セタルニ相違ナキ旨申立テ署名拇印シタリ

供述者 李準泰

大正十五年七月廿八日

京城鍾路警察署

司法警察官 道警部

立會人 司法警察吏 朝鮮總督府道巡査

0806

자료 6 「동행보고서」, 대정 15년 7월 31일, 경성종로경찰서

대정 15년 7월 31일
경성종로경찰서 誌
도경부보 김면규 인
경성종로경찰서장
도경시 森六治 귀하

동행보고서

본 적: 경북 안동군 풍산면 상리동 364
조 소: 경성부 이하 미상
이준태 당 35세

위 사람은 당서에서 취조 중인 조선공산당 사건 관계 피의자로서 소재 수사 중이던 바, 오늘 부내 서대문정(町: 구에 해당) 이정목 통로 상에서 본적 경상북도 대구부 칠성정 218, 주소 불명인 이상훈이라는 자와 뭔가 밀의 중에 있음을 발견, 동행을 요구하자 前記 이상훈은 별안간 도주를 획책하였기에 이를 용의자로 인정하고 이에 동행하였으므로 이 보고에 이르게 됩니다.

자료 7 「피의자 신문조서」(4회), 대정 15년 7월 31일, 경성종로경찰서

피의자 신문조서(제4회)

피의자 이준태

위 치안유지법위반 피의 사건에 관하여 대정 15년 7월 31일 경성종로경찰서에서 사법 경찰리 도순사 유승운을 입회시켜 전회에 이어 피의자에 대하여 신문하였음이 다음과 같다.

문 : 너가 이준태냐

답 : 그렇습니다.

문 : 너는 지난 7월 27일과 28일, 조선공산당 사건에 관하여 진술한 내용에 틀린 점이 없느냐

답 : 그렇습니다. 추호도 틀린 점은 없습니다.

문 : 그 당에 관계된 일로서 틀린 말을 한 사실이 없느냐

답 : 없습니다.

위 내용을 본인에게 읽어 들려주었던 바 틀림없다고 진술하고 서명 무인하였다.

진술자 이준태 무인

대정 15년 7월 31일
경성종로경찰서

사법경찰관 도경부보　고윤상 인

입회인 겸 통역 사법경찰리

조선총독부 도순사　유승운 인

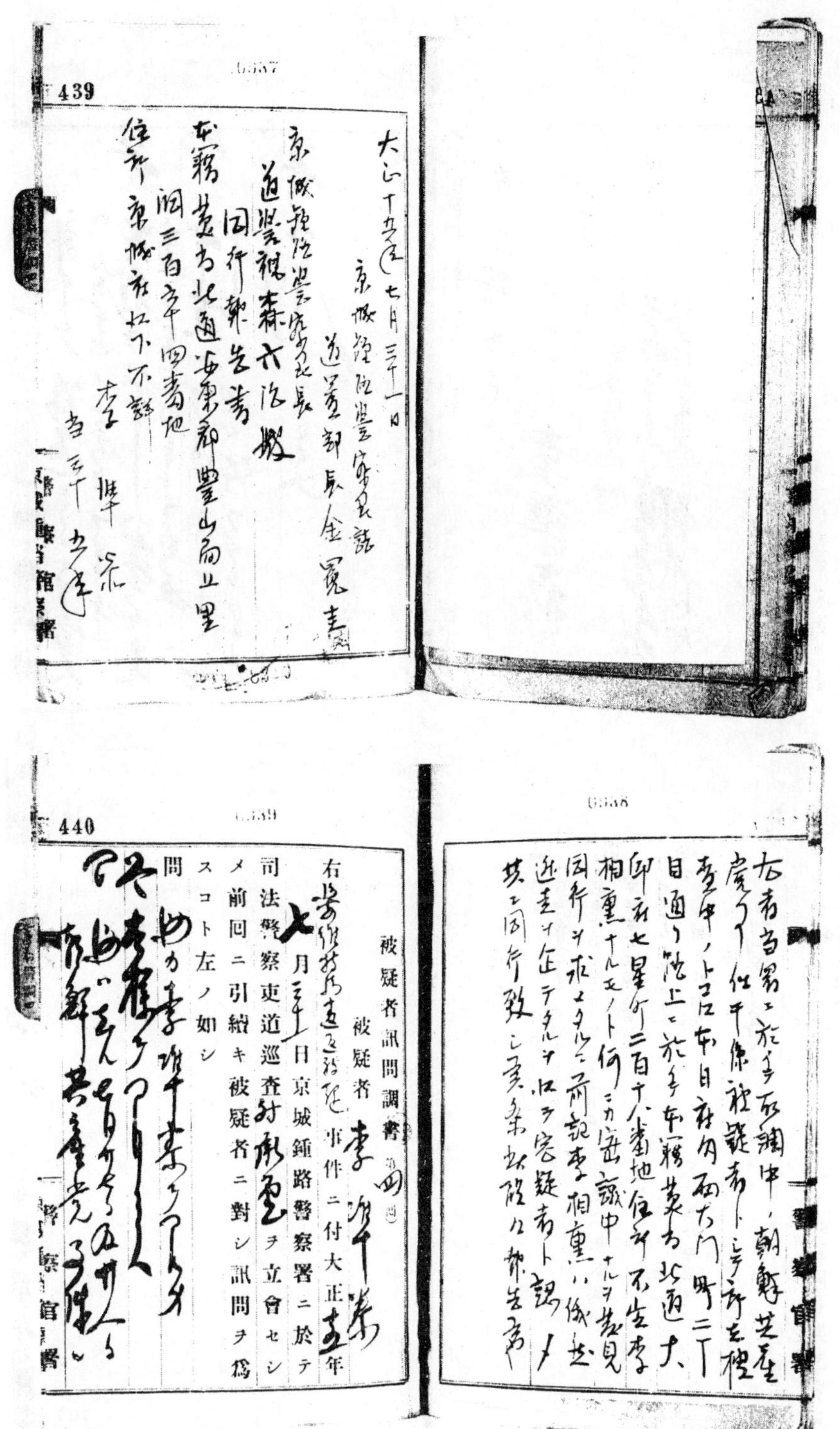

439

大正十五年七月三十一日 [illegible]

[illegible]

440

被疑者訊問調書

被疑者 李準泰

右 [illegible] 事件ニ付大正十五年七月三十一日京城鍾路警察署ニ於テ司法警察吏道巡査 [illegible] ヲ立會セシメ前回ニ引續キ被疑者ニ對シ訊問ヲ爲スコト左ノ如シ

問 [illegible]

[illegible]

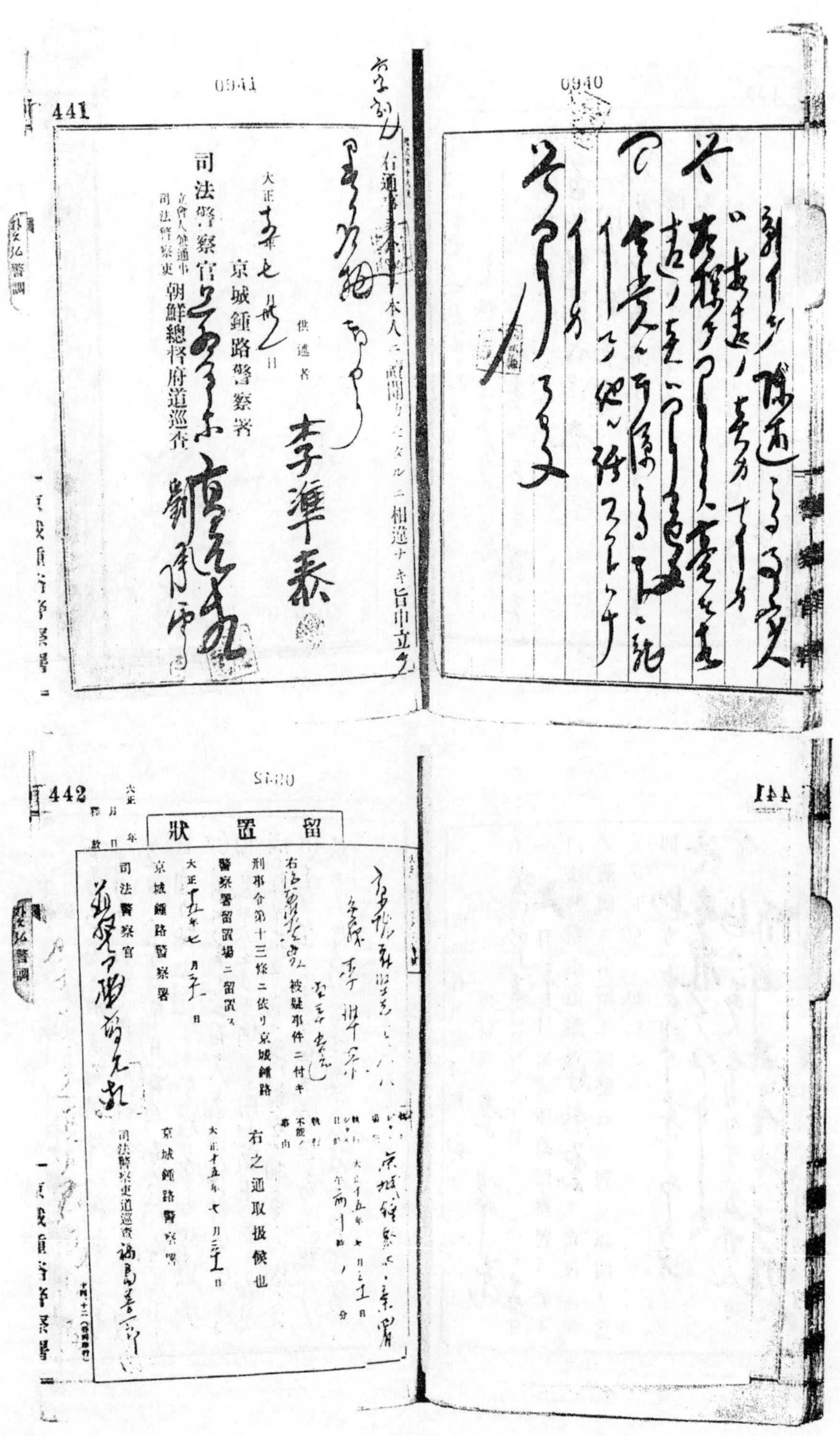
441
右通本人ニ讀聞ケタルニ相違ナキ旨申立ッ
供述者 李準泰
大正十五年七月廿一日
京城鍾路警察署
司法警察官
立會人兼通事
司法警察吏 朝鮮總督府道巡査
442
留置狀
被疑事件ニ付キ
刑事令第十三條ニ依リ京城鍾路警察署留置場ニ留置ス
大正十五年七月二十一日
京城鍾路警察署
司法警察官
右之通取扱候也
大正十五年七月二十一日
京城鍾路警察署
司法警察吏道巡査

자료 8 「즉결언도서」, 대정 15년 7월 31일, 경성종로경찰서

즉결언도서

본 적 : 경북 안동군 풍산면 상리동 364

주 거 : 경성부 견지동 88

피고인 : 상민 무직 이준태 당 35세

언도주문

피고를 구류 10일에 처한다. 但 이 언도에 대한 정식 재판 청구기간을 3일로 한다.

적용법조

경찰범 처벌 규칙 제1조 제2호

범죄사실

피고는 일정한 생업이 없는 자로서 대정 15년 7월 21일 오전 11시, 경성부 죽계정 일정목 36번지의 도로에서 배회한 자임

대정 15년 7월 31일

위 본인에게 들려주었던 바 틀림없다고 진술하여 서명 무인했다.

진술자 이준태 무인

대정 15년 8월 5일

경성종로경찰서

사법경찰관 조선총독부 도경부보 黑沼力彌

입회인 사법경찰리 조선총독부 도순사 한창리

범죄사실

피고는 일정한 주거 및 생업이 없고 항상 이곳저곳 배회하는 자로서 현재, 대정 15년 7월 26일 오전 10시경 부내 종로 20정 노상을 배회하던 자임

대정 15년 7월 26일

경성종로경찰서장

조선총독부

도경시 森六治 인

위 등본은 원본에 의하여 작성함

대정 15년 7월 29일

경성종로경찰서에서

도순사 홍순태 인

경성서대문경찰서

조선총독부

도경시 原八郎 인

위 원본에 의하여 작성함

대정 15년 8월 9일

경성서대문경찰서

도순사 吉田 인

대정 15년 8월 9일

경상종로경찰서 근무

도순사 유승운 인

경성종로경찰서장

도경시 森六治 귀하

신원조회 35건

다음 사람들의 신원에 관해서는 본적지에 조회 중에 있으므로 이를 회보 및 보고합니다.

다음

강달영 · 이준태 · 박태홍 · 김명규 · 이봉수 · 전정관 · 고윤상 · 유연화 · 이은식 · 주창회 · 김세연 · 이재익 · 이충모 · 김동부 · 전현철 · 박순병 · 이상동 · 어수갑 · 김창준 · 박일병 · 김정규 · 조용주 · 조준기 · 이민행 · 조동혁 · 신표성 · 남해용 · 배치문 · 김유성 · 백기호 · 주세죽 · 박태선 · 이승엽 · 김영희 · 배성룡 · 김연희 · 이 호 · 강균환 · 이규송 · 채규항 · 이봉수 · 도용호 · 권오상 · 김종욱 · 설병호

이상

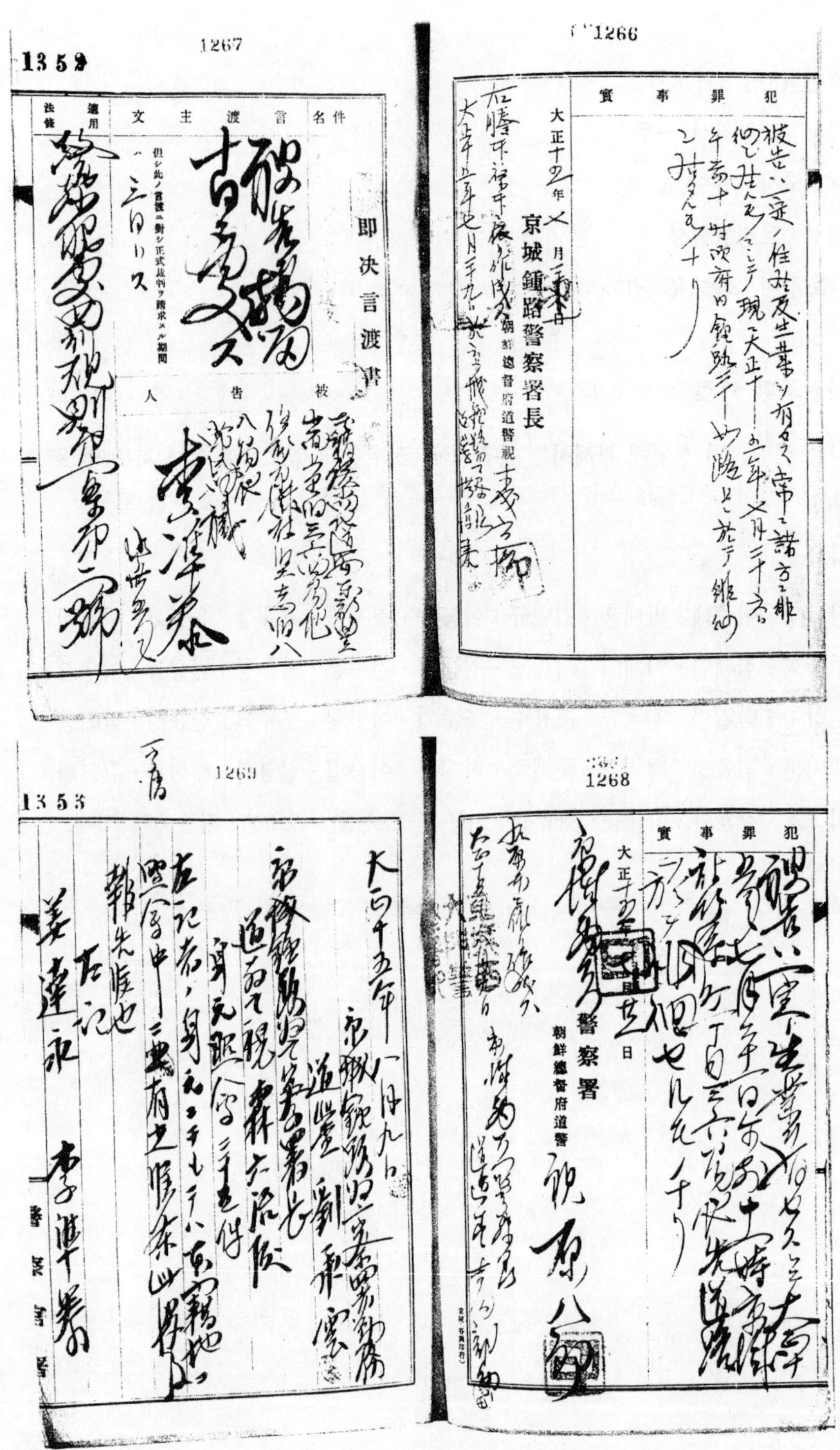

1359

1267

即決言渡書

件名

言渡主文

但シ此ノ言渡ニ對シ正式裁判ヲ請求スル期間ハ三日トス

被告人

適用法條

1266

犯罪事實

大正十　年　月　日

京城鍾路警察署長

朝鮮總督府道警視

1353

1269

1268

犯罪事實

大正十　年　月　日

警察署

朝鮮總督府道警

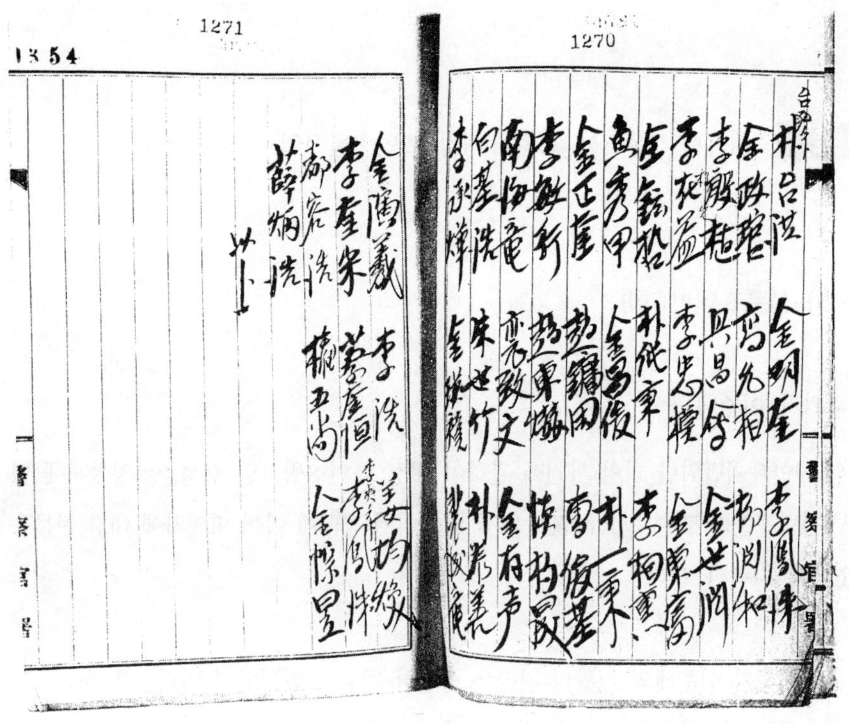

자료 9 「피의자 신문조서」(5회), 대정 15년 8월 4일, 종로경찰서

피의자 신문조서(제5회)

피의자 이준태

위 치안유지법위반 피의 사건에 관하여 대정 15년 8월 4일 경성종로경찰서에 있어서 사법경찰리 도순사 大澄鉦太郎를 입회시켜 전회에 이어 피의자에 대한 신문을 하였음이 다음과 같다.

문: 피의자 이준태의 기왕의 진술은 성실한 진술로 인정하기 어려움을 유감으로 하는 바, 모쪼록 기억을 환기하여 정확한 답변을 하도록 한다.

답: 이미 드러난 것으로 생각되니 모든 것을 고백하겠습니다.

문: 그렇다면 작년의 인계조직에 착수할 당초 강달영과 경성에서 면회한 사실은 없느냐

답: 내가 노농총동맹의 사무집행위원으로서 상경한 것은 지난 대정 14년 11월 중순경이라고 생각 됩니다만 그로부터 약 한 달쯤 지나 노농총동맹의 사무소에서 강달영의 방문을 받고 조선공산당 인계조직의 얘기를 들었습니다. 아니, 면회는 노총사무소에서 했으나 조직의 얘기는 관철동의 조선여관에서 한 것으로 알고 있습니다.

그 때의 얘기는 나에 대해서 당신도 김재봉 동지로부터 이미 듣고 알고 있듯이 금번 조선공산당 사업을 인수하여 조직하기로 했지만 그 책임비서는 자기이며 차석비서는 당신이지만 자기는 일단, 귀향하여 가사정리를 하고 나서 다시 영주할 준비를 하여 재차 상경한다고 하면서 헤어졌습니다.

여관에 찾아갔을 시각은 확실치 않습니다만 주간인 것으로 사료합니다.

문 : 조직에 관한 간부의 인선 및 인장 등의 얘기는 없었느냐

답 : 간부의 인선은 재차 상경 후 타합하여 결정한다고 했습니다. 인장의 얘기도 그 외의 얘기도 없었습니다.

문 : 그렇다면 간부 인선은 언제 선정되었느냐

답 : 강달영이 재차 상경 한 것은 1월이나 2월쯤인데 그 후에 정하였습니다. 이봉수와 홍남표는 다분히 나의 소개로 결정되었고, 김철수는 이봉수의 추천에 의해서 간부가 되었던 것으로 기억합니다.

문 : 인장의 얘기는 전번에 진술한 대로이냐

답 : 그렇습니다마는 강이 재차 상경 시 지난번에 말씀드린 대로 홍덕유 댁에 보관돼 있다는 것을 김재봉으로부터 들었다고 강에게 말했습니다.

문 : 피의자들이 인계조직 후 새로이 당원이 된 자와 인계 이전부터의 당원을 어떻게 구별 하느냐

답 : 조직 후 신입한 자는 위원회에서 입당 승인을 한 자이며 그 이외는 모두 종전부터의 당원입니다.

문 : 중앙집행위원회의 7명의 간부 중 이전부터의 간부는 누구누구이냐

답 : 나와 홍남표 · 권오설 · 강달영 · 전덕(전정관)은 종전부터의 당원이라고 생각합니다. 이봉수도 종전부터의 당원입니다. 김철수의 관계는 명확하지 않습니다.

문 : 당 관계자로서 연락 · 통신 · 탈출 · 유학 등을 위해 여행한 자들의 성명을 거명하라

답 : 권오설과 이봉수가 신의주에 연락 차 여행하였고, 북만 거주의 김모가 조선인 공산당 대표로 연락 차 入京하였고, 김대봉 · 정달헌 · 조두원은 해외로 탈출하였습니다. 김대봉은 금년 4월 향리 강원도 양양의 향리로부터 入京하여 나와 노농총동맹 사무소에서의 이야기로서, 자기에 대하여 요즘 관할 양양경찰서는 빈번히 수사 탐지하는 상태이어서 신변이 대단히 위험하므로 잠시 동안 원산으로 피신하여 향리의 상황을 보살펴 귀가하든 도주하든 해야겠다

고 했었습니다. 그 후 해외로 도주한 것 같습니다.

문: 재소 해주의 박응칠 入京 사실을 아느냐

답: 모릅니다.

문: 당 조직 후의 실제의 행사를 말하라

답: 중앙위원회의 조직 검사원, 혁명후원회의 설치, 부 간부의 조직, 도 간부의 임명, 야체이카 및 프락치의 조직 등입니다.

문: 행사 중의 해외부 관계에 대하여 말하라

답: 해외부에 상해부와 만주부를 두기로 했습니다. 상해부는 일시적인 것으로서 주로 연락 사항을 담당하고, 만주부는 영구적인 당의 기관으로서 만주일대의 당 관계의 사업을 총람하는 기관입니다. 책임자는 상해부는 김찬, 만주부는 박철환 및 조봉암입니다.

문: 일본부 관계는

답: 일본부의 책임자로서 김정규를 임명했습니다. 동인을 이에 임명했을 때, 내가 데리고 3각정 28의 강달영에게 대면시켰는데 그 좌석에는 김정규 · 강달영, 나 세 사람뿐이었습니다. 날짜는 금년 4월경일 것입니다.

문: 동경에 있는 당원은 누구누구인가

답: 이석이 당원인 것은 알고 있으나 그 외는 모릅니다. 이석은 그 후 조선에 돌아왔습니다.

문: 조선에 돌아오면 당원의 자격에 변동이 있느냐

답: 그럴 리 없습니다.

문: 검사원은 누구누구이며 임무는 무엇인가

답: 구연흠 · 홍덕유 · 원유관의 세 사람으로 임무는 당사업과 재정을 검사하는 일입니다. 원유관은 그 후 병에 걸려 사임했습니다.

문: 혁명 후원회는 당원 중 누구누구이냐

답: 혁명 후원회는 당원 중 운동선상에서 희생자가 된 경우 또는 질병에 걸려 후원을 요하는 경우에 이를 담당하는 자로서 사회 동지의 동정에 의해 금전

기타를 모아 이에 충당하는 것으로 그 후원회원은 구연흠·홍덕유·박민영 입니다.

문: 당으로서 국제당에 제보한 것들의 건명을 거시하라

답: 예산편성서·同설명서·同청구서·조선공산당 현황보고·조선사회운동 현황보고 등으로 기억하고 있습니다.

문: 어디에서 누구누구가 집필했느냐

답: 부내 인사동 번지 미상, 녹성사진관 뒤편의 강달영이 당시 잠복했었던 곳에서 강달영과 나 두 사람이 썼습니다.

문: 권오설 잠복 중 몇 번 면회했느냐

답: 5, 6회 면회했습니다. 중앙위원회 석상에서 2, 3회 기타는 개인으로서 만났습니다. 장소는 계동 및 삼각정 18번지 등이었습니다.

문: 권오설 잠복 중 그 당과의 연락은 누가 했느냐

답: 박민영이 이를 담당했습니다. 지금 나에게도 권의 밀지를 받아와서 돈이 필요하냐고 하기에 지금 10엔 정도가 아주 긴요하다고 했더니 동인이 10엔을 인도해 줬습니다. 그것이 금년 5월경으로 장소는 노총사무소의 입구, 신축 조선일보사 앞입니다.

문: 도 간부를 설치한 도는 무슨 도이냐

답: 경상남도와 전라남도의 2개소이고, 경남은 김명규 외 2명, 전남은 김기수·신동호·신명순의 3명입니다.

문: 이들 간부의 임명은 어떤 방법으로 하였느냐

답: 금년 3월말일 노농총동맹의 중앙집행위원회의 집회가 있었는데 김명규·신동호·김기수 3명이 역시 이 위원회에 출석하기 위하여 상경하였습니다. 그때 당이 도 간부를 임명하였으므로 신동호에게 삼각정 28번지, 강달영의 거처를 알려줬습니다.

문: 그때 강의 집을 가르쳐 준 것은 김기수에 대해서가 아니냐

답: 어느 쪽인지 자세히 기억나지 않습니다.

문: 김명규에 대해서는 어떘느냐

답: 집을 가르쳐 준 기억은 없습니다.

문: 당원을 알려면 어떤 방법에 의하느냐

답: 경성과 같은 중앙집행위원회, 또는 부 간부기관이 설치된 곳은 그 기관에 의하고 도 간부기관을 설치한 곳도 역시 그와 같은 방법에 의합니다. 그리고 이와 같은 기관의 설치가 없는 곳은 그 지방의 당원과 만날 기회에 보고 받습니다.

문: 그러면 기관 未設의 지방에 있어서 당원의 보고를 받은 일이 있느냐

답: 있습니다. 함흥과 홍원의 2개소는 보고 받았습니다.

문: 어떤 기회에서인가

답: 어떤 이야기에 곁들여서 이봉수로부터 함흥의 채규항과 홍원의 도용호는 당원이므로 언제 만나서 얘기 들어보라는 말을 들었습니다마는 그러던 중 채규항과 도용호와 만날 수 있었습니다. 즉 채는 전술 노농총동맹의 중앙집행위원회 출석 시 이봉수로부터 나와 면회하여 보라는 주의를 받고 면회하기에 이르렀으나 그때 나는 동인에 대해서 조선공산당은 계속 중이지만 대체 당신 지방의 당원은 누구누구이냐고 물었더니 3명이라면서 그 성명을 알려주었기에 훗날 이것을 강달영에게 보고하였습니다. 그 성명은 잊어버려 지금 기억나지 않습니다. 도용호와도 3월경 노총사무소에서 만났습니다마는 그 역시 이봉수로부터 나의 동향을 들은 듯 싶습니다. 채규항에게 대하듯 같은 방법으로 찾았으나 그곳에는 2명이 있다고 하기에 이 역시 훗날 강에게 보고하였습니다. 도용호는 위원회에 출석하기 위하여 상경한 것 같지는 않습니다.

문: 채·도, 두 사람과 면담한 것은 틀림 없느냐? 인상·내력 등의 대요를 말하라

답: 채는 함흥노동회의 간부로서 경성에 있어서 노농총동맹의 중앙집행위원을 겸하고 있습니다. 인상은 얼굴이 넓은 편이며 分髮을 하고 있고 나이는 30세쯤 돼 보입니다. 신장은 나보다 작은 편입니다. 도용호는 홍원노동조합원인데 아마 간부인 듯 합니다. 나이는 30세 전후로 보이며 신장은 나보다 크고 살찐

편이며 나보다 보기 좋습니다. 두발은 하이칼라식입니다. 두 사람과 면담한 것은 사실이며 두 사람 모두(다) 당원입니다.

문 : 기타 타지방으로부터 당에 관한 보고를 받은 사실이 없느냐

답 : 없습니다.

위 본인에게 들려주었던 바 틀림없다고 진술하여 서명 무인했다.

진술자 이준태 무인

대정 15년 8월 4일

경성종로경찰서

사법경찰관 조선총독부 도경부보 黑沼力彌

입회인 사법경찰리

조선총독부 도순사 大澄鉦太郎

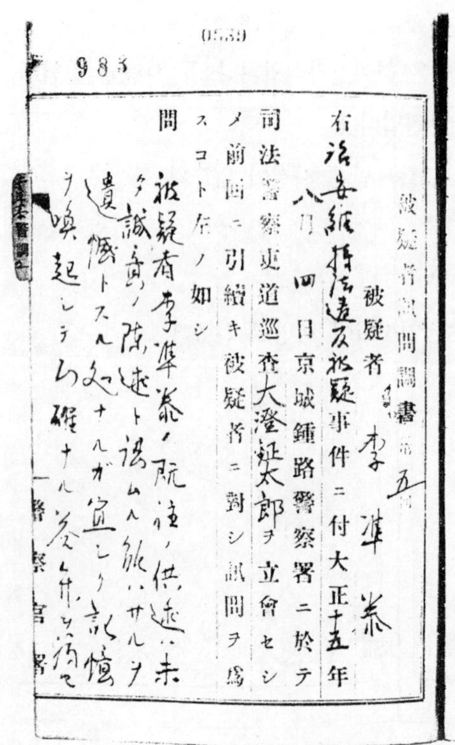

(0539)

983

被疑者訊問調書（第五回）

被疑者 李準泰

右治安維持法違反被疑事件ニ付大正十五年八月四日京城鍾路警察署ニ於テ司法警察吏道巡査大澄猛太郎ヲ立會セシメ前回ニ引續キ被疑者ニ對シ訊問ヲ為スコト左ノ如シ

問 被疑者李準泰ノ既往ノ供述ハ未タ誠意ノ陳述ト認ムル能ハサルハ遺憾トスル処ナルガ宜シク記憶ヲ喚起シテ如何ナル答弁ヲ為セ

984

組織ノ話ヲ聞キマシタ

イヤ面會ハ労働事務所デ致シタガ組織ノ話ハ貴様ノ朝鮮旅館デ致シタト記憶シマス

其ノ時ノ話ハ私ニ對シ貴殿ハ[illegible]

同志カラ既ニ[illegible]

同朝鮮共産党ノ事業ヲ引受ケテ組織スルコトニナツタガ其ノ責任秘書ハ自分デ次席秘書ハ貴殿デアルカ自分ハ一應[illegible]

ノ[illegible]

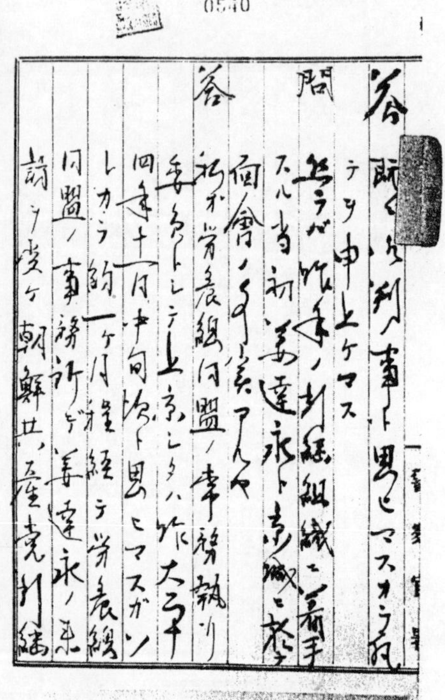

0540

答 [illegible]ノ事ト思ヒマスカラ既テヨ申上ケマス

問 然ラバ昨年ノ秘密組織ニ着手スル当初善達永ト李[illegible]ト李[illegible]面會ノ事実アルヤ

答 私ハ労農総同盟ノ常務執行委員トシテ上京シタハ昨大正十四年十一月中旬頃ト思ヒマスガ、ソレカラ約一ヶ月経テ労農総同盟ノ事務所デ善達永ノ来訪ヲ受ケ朝鮮共産党秘密結

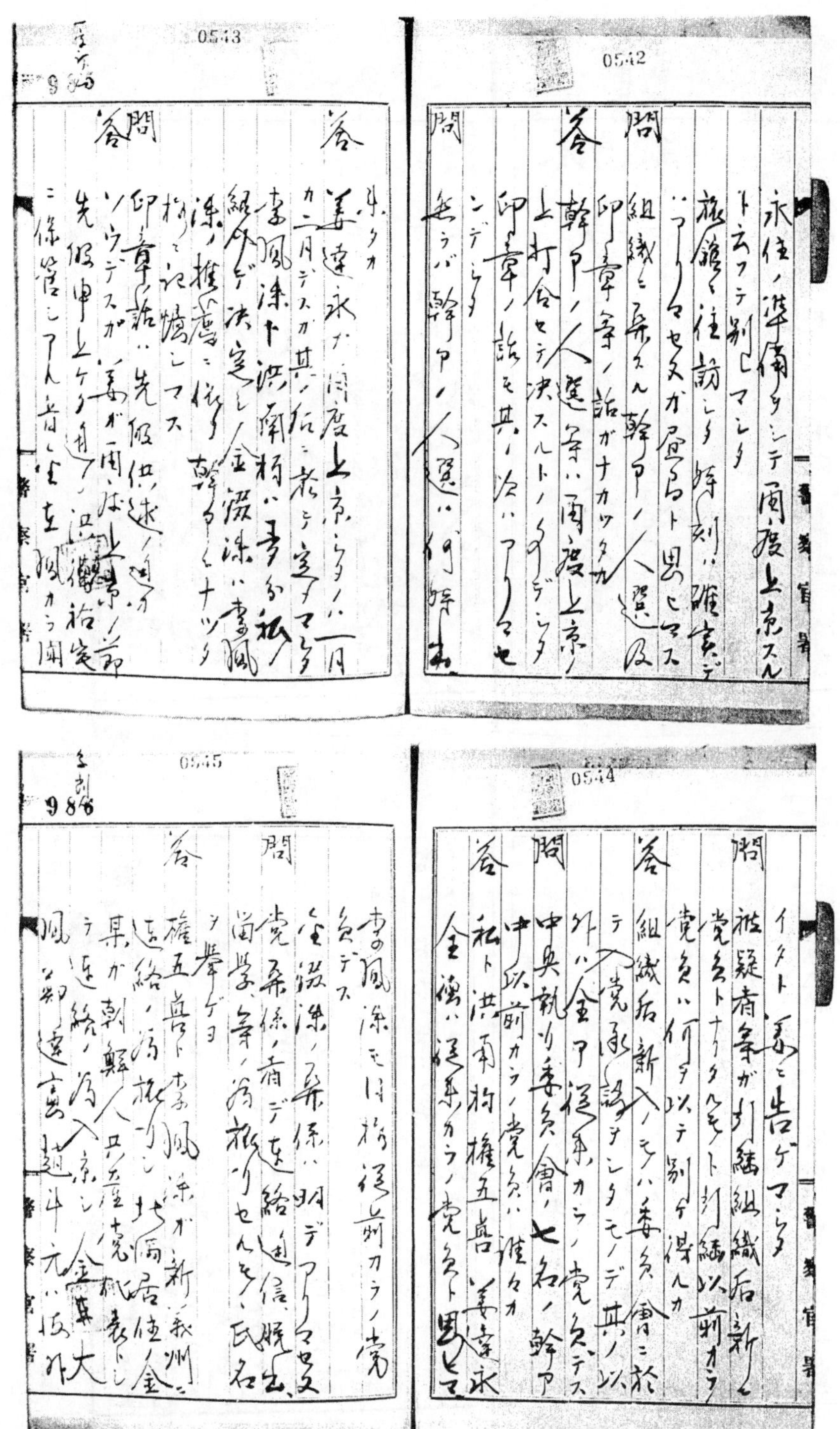
0542

永住ノ準備ヲシテ再度上京スル
トテ別レマシタ
旅館ニ往訪シタ時刻ハ確実ニ
ハ記憶シマセンガ午后ト思ヒマス

問 組織ニ就テハ幹部ノ人選及
印章等ノ話ガナカツタカ

答 幹部ノ人選等ハ再度上京ノ
上打合セテ決スルトノ事デシタ
印章ノ話モ共ノ際ハアリマセ
ンデシタ

問 然ラバ幹部ノ人選ハ何時

0543

ナリタカ

答 善達永ガ再度上京シタノハ一月
カ二月デスガ其ノ際ニ於テ定マリマシタ
李鳳洙ト洪南杓ハ予テ私ノ
紹介デ決定シ金綴洙ハ李鳳
洙ノ推薦ニ依リ幹部トナリマシタ
ト記憶シマス

問 印章ノ話ハ先般供述ノ通リ

答 ソウデスガ善ガ再度上京ノ節
先般申上ゲタ通リ江衛裕宅
ニ保管シテアル旨ヲ李鳳カラ聞

0544

イタト善ニ告ゲマシタ

問 被疑者等ガ引続組織后新
党員トナツタモノト引続以前カラ
党員ハ何ヲ以テ別ケ得ルカ

答 組織后新入ノモノハ委員会ニ於
テ党承認ヲシタモノデ其ノ以
外ハ全ア従来カラノ党員デス

問 中央執行委員会ノ七名ノ幹ア
中以前カラノ党員ハ誰々カ

答 私ト洪南杓権五卨善達永
金綴洙ハ従来カラノ党員ト思ヒマ

0545

李鳳洙モ旧持従前カラノ党
員デス

問 金綴洙ノ関係ハ何デアリマセヌ
党関係ノ者デ東京ト連絡通信、
留学生等ノ為旅行セルモノ、氏名
ヲ挙ゲヨ

答 権五卨ト李鳳洙ガ新義州ニ
連絡ノ為旅行シ共ニ同居住ノ金
某ガ朝鮮人共産党代表トシ
テ連絡ノ為入京シ金某大
阪ノ郷達喜趙斗元ハ阪外

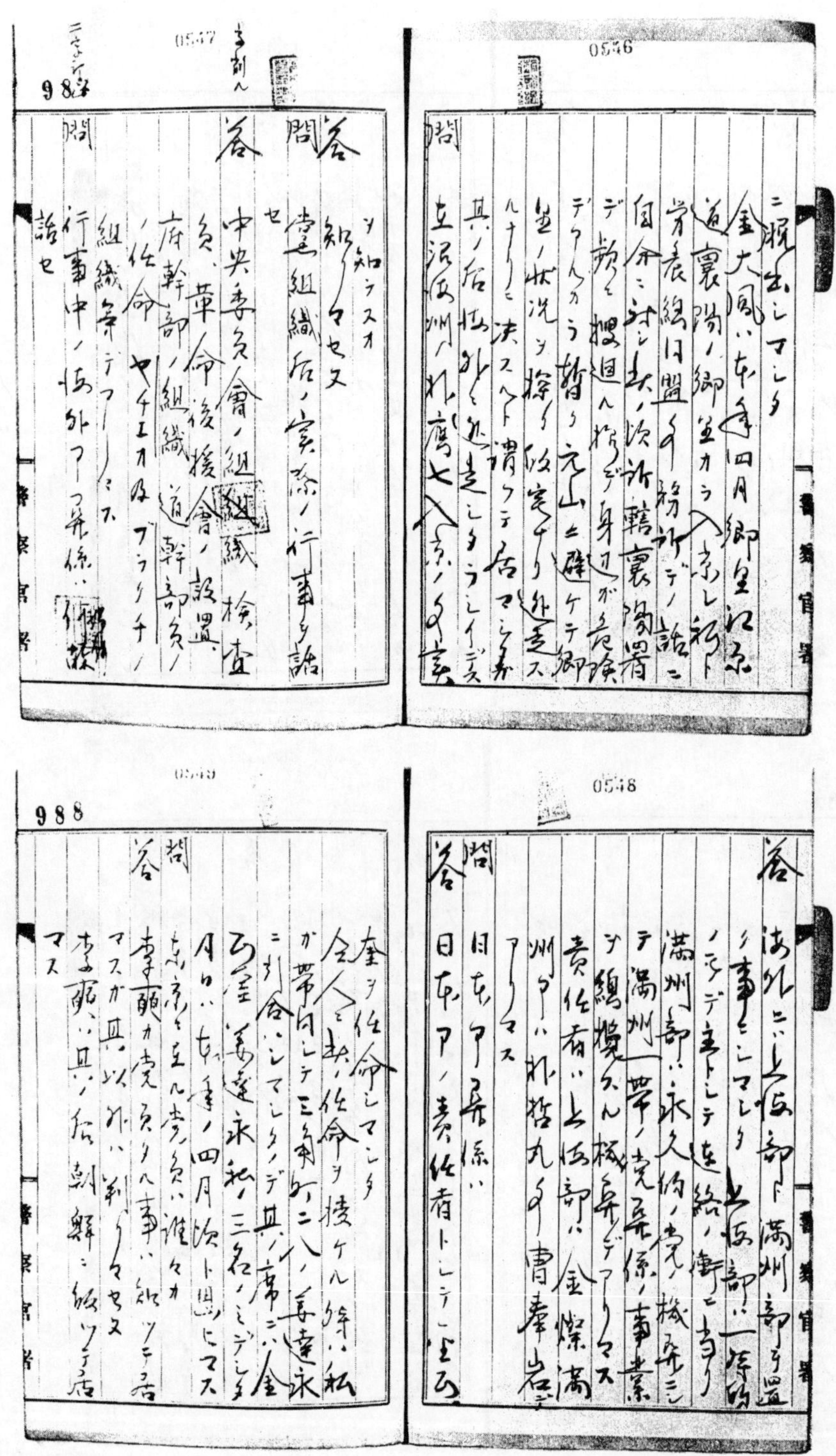

0546

二脫出シマシタ
金大鳳ハ本年四月郷里江原
道襄陽ノ郷里カラ入京シ私ト
労農総同盟ノ事務所デノ話ニ
自分ニ対シ大ノ次ガ許轄襄陽署
デ趙ヲ捜廻ハ探シ身ガ危険
デアルカラ暫ク元山ニ避ケテ御
並ノ状況ヲ探ク便宜ヲ計ヘ避ス
ルナリニ決スベト謂ツテ居マシタガ
其ノ后海外ヘ逃走シタラシイデス
問 在満州ノ朴膺七ノ入京ノ目的

0547

ソ知ラスオ
答 知リマセヌ
問 党組織后ノ実際ノ行事ヲ語
セ
答 中央委員会ノ組織、検査
委員、革命後援会ノ設置、
府幹部ノ組織、道幹部員ノ
ノ任命ヤ手工ホ及ブラツチノ
組織等デアリマス
問 行事中ノ海外ノ関係ハ何故
語セ

0548

答 海外ニハ上海部ト満州部ヲ置
ク事ニシマシタ
ノ等デ主トシテ連絡ノ衝ニ当リ
満州部ハ永久的ノ党ノ機関ニシ
テ満州一帯ノ党関係ノ事業
ヲ総攬スル機関デアリマス
責任者ハ上海部ハ金燦満
州部ハ朴哲丸ヲ曺奉岩デ
アリマス
問 日本部関係ハ
答 日本部ノ責任者トシテハ金正

0549

奎ヲ任命シマシタ
金燦ニ対シ任命ヲ授ケル際ハ私
ガ帯同シテ三角町二八ノ姜達永
ニ於テ会シマシタノデ其ノ席ニハ金
正奎、姜達永、私ノ三名ノミデシタ
月日ハ本年ノ四月頃ト思ヒマス
問 東京ニ在ル委員ハ誰々カ
答 李頭カ党員タル事ハ知ツテ居
マスガ其以外ハ判リマセヌ
李頭ハ其ノ後朝鮮ニ帰ツテ居
マス

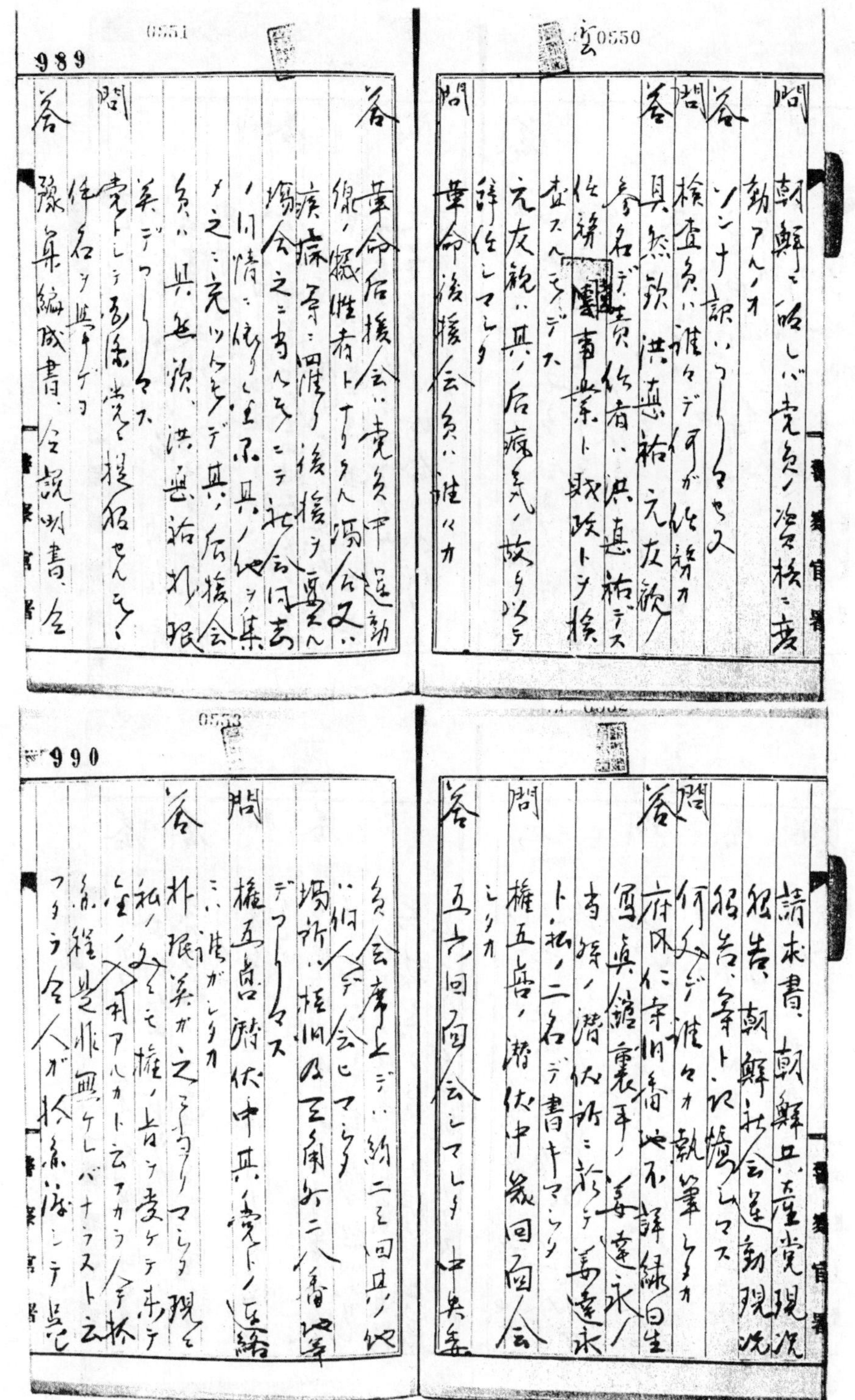

0550

問 朝鮮ニ帰レバ党員ノ資格ニ於テ活
動アルノカ
答 ソンナ訳ハアリマセヌ
問 検査員ハ誰々デ何ガ任務カ
答 呉然欽、洪悳祐、元友観ノ
三名デ責任者ハ洪悳祐デス
任務ハ事業ト財政トヲ検
査スルモノデス
元友観ハ其ノ后病気ノ故ヲ以テ
辞任シマシタ
問 革命後援会員ハ誰々カ

0551
989

答 革命后援会ハ党員中運動
線ノ犠牲者トナリタル場合又ハ
疾病等ニ罹リ後援ヲ要スル
場合之ニ当ルモノニテ社会同志
ノ同情ニ依リ出来タ其ノ他ヲ集
メ之ニ充ツルモノデ其ノ后援会
員ハ呉然欽、洪悳祐、張
英デアリマス
問 党トシテ関係当局ヘ提出セルモノ
件名ヲ挙ゲテヨ
答 豫算編成書、会説明書、会

0552

請求書、朝鮮共産党現況
報告、朝鮮社会運動現況
報告等ト記憶シマス
問 何人デ誰々ガ執筆シタカ
答 府内仁寺洞番地不詳緑白生
写真館裏手ノ姜達永ノ
寄留ノ潜伏所ニ於テ姜達永
ト私ノ二名デ書キマシタ
問 権五卨ノ潜伏中幾回面会
シタカ
答 五六回面会シマシタ 中央委

0553
990

員会席上デハ約二三回其ノ他
ハ個人デ会ヒマシタ
場所ハ桂洞及三角町二八番地等
デアリマス
問 権五卨潜伏中其ノ党トノ連絡
ニハ誰ガシタカ
答 朴珉英ガ之ヲヤリマシタ 現ニ
私ノ父モ権ノ旨ヲ受ケテ来テ
金ノ有アルカト云フカラ金ハ於
系統是非無ケレバナラストニ云
フタラ金人ガ於系落シテ上ヒ

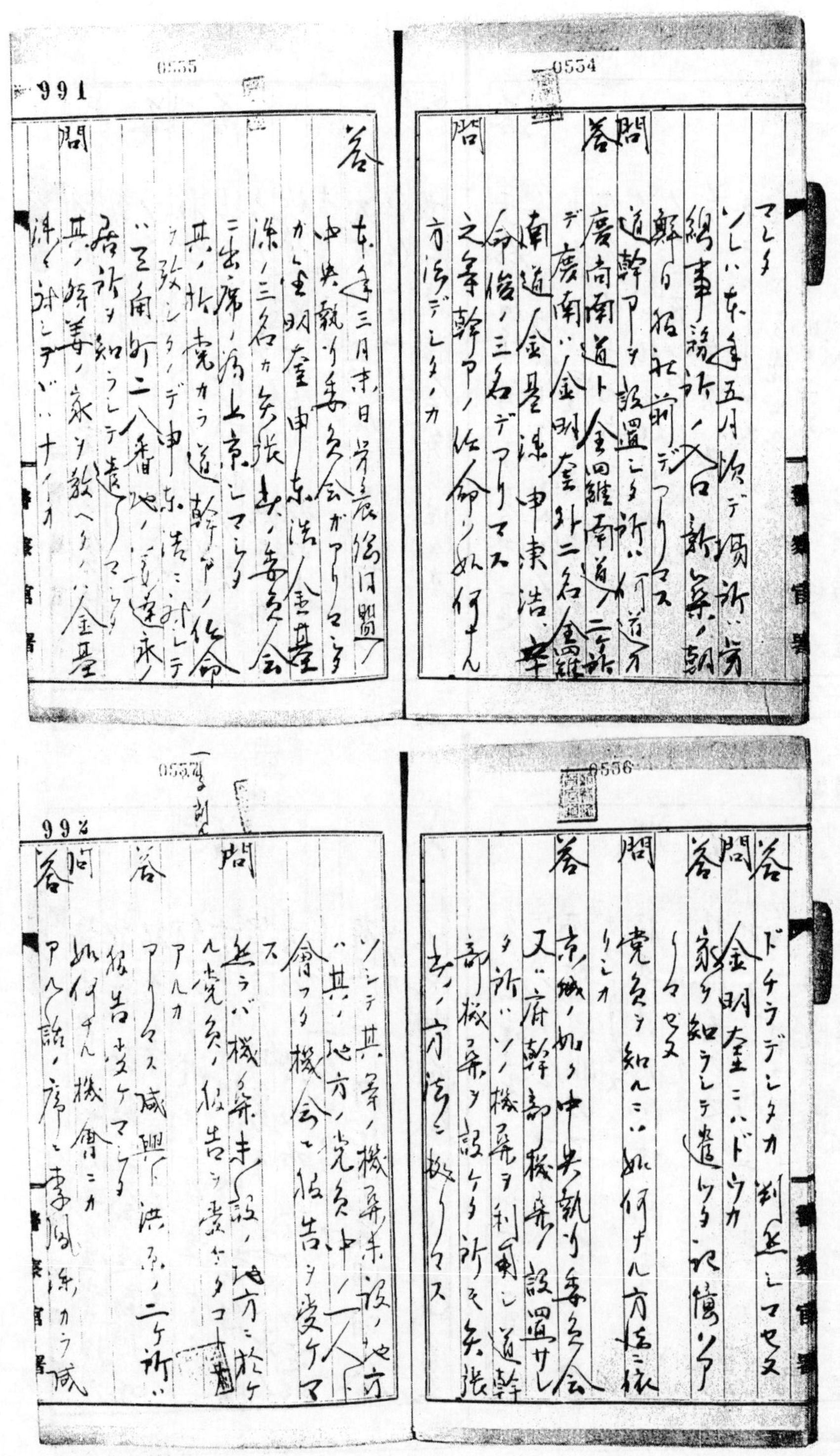

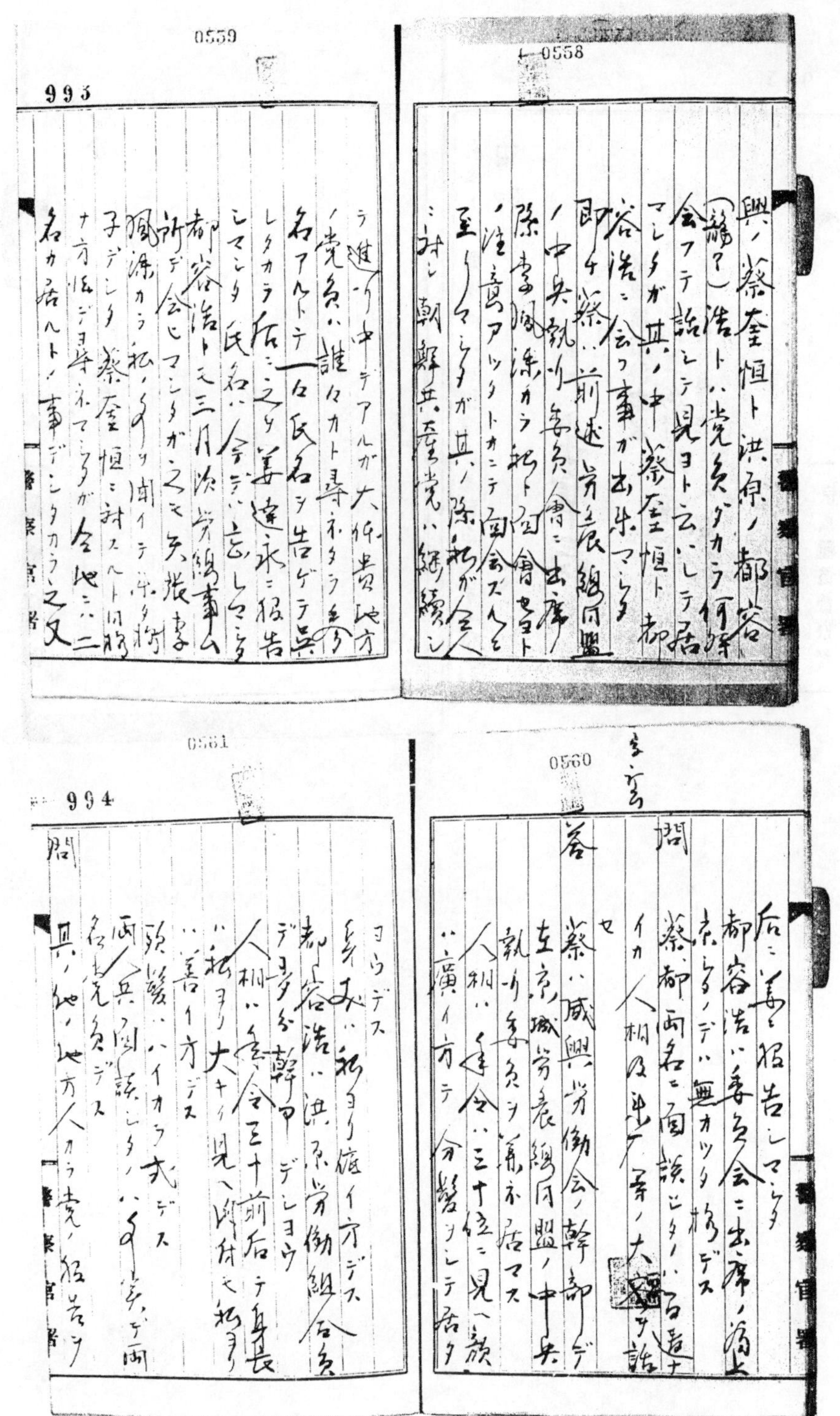
0558

興ノ蔡奎恒ト洪原ノ都容
(龍?)浩トハ党員ダカラ何時
会フテ話シテ見ヨト云ヒシテ居
マシタガ其ノ中蔡奎恒ト都
容浩ニ会フ事ガ出来マシタ
即チ蔡ハ前述労農総同盟
ノ中央執行委員会ニ出席
際事務関係カラ私ト面会セヨト
ノ注意アッタトカニテ面会スルニ
至リマシタガ其ノ際私ガ今ノ人
ニ対シ朝鮮共産党ハ継続シ

0559　993

テ進ンデ中デアルガ大体貴地方
ノ党員ハ誰々カト尋ネタラ多ク
名アルトテ一々氏名ヲ告ゲテ呉
レタカラ后ニ之ヲ姜達永ニ報告
シマシタ氏名ハ今デハ忘レマシタ
都容浩トハ三月頃労働[illegible]事務
所デ会ヒマシタガ之ハ矢張事務
関係カラ私ノ方ヘ聞イテ来タ様
子デシタ　蔡奎恒ニ対スル同様
ナ方法デ尋ネマシタガ今地ニハ二
名カ居ルトノ事デシタカラ之ヲ

0560

后ニ姜ニ報告シマシタ
都容浩ハ委員会ニ出席ノ為上
京シタノデハ無カッタ様デス

問　蔡、都両名ニ面談シタノハ何處ナ
イカ　人相及年令等ノ大要ヲ話
セ

答　蔡ハ咸興労働会ノ幹部デ
上京ノ城労農総同盟ノ中央
執行委員ヲ兼ネテ居マス
人相ハ年令ハ三十位ニ見ヘ顔
ハ廣イ方デ　会髭ヲ生シテ居タ

0561　994

ヨウデス
身長ハ私ヨリ低イ方デス
都容浩ハ洪原労働組合員
デ多分幹部デシヨウ
人相ハ年令三十前后デ身長
ハ私ヨリ大キイ見ヘ体付モ私ヨリ
ハ善イ方デス
頭髪ハハイカラ式デス
両人共面談シタノハ[illegible]ニ両
名共党員デス

問　其ノ他ノ地方ノ人カラ党ノ報告ヲ

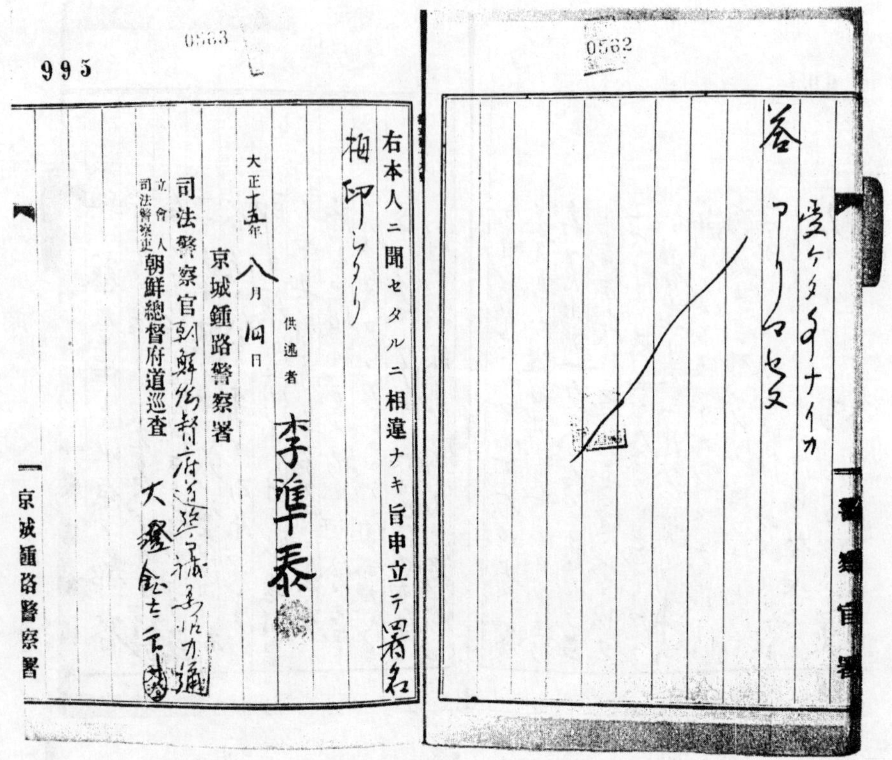

995

0562

受ケタ事ナイカ

答　アリマセヌ

0563

右本人ニ閲セタルニ相違ナキ旨申立テ署名

拇印シタリ

供述者　李準泰

大正十五年八月四日

京城鍾路警察署

司法警察官朝鮮總督府道巡査[illegible]

立會人
司法警察吏朝鮮總督府道巡査　大[illegible]

京城鍾路警察署

자료 10 「피의자 신문조서」(6회), 대정 15년 8월 5일, 종로경찰서

피의자 신문조서(제6회)

위 치안유지법위반 피의 사건에 관하여 대정 15년 8월 5일 경성종로경찰서에 있어서 사법경찰리 도순사 한창리를 입회시켜 전회에 이어 피의자에 대하여 신문을 함이 다음과 같다.

문 : 피의자 이준태의 진술 중 당 조직의 당초, 강달영과의 회합장소 및 담화의 내용들에 있어서 틀린 점이 있는데 어째서 그와 같은 미세한 점까지 거짓말을 하느냐

답 : 나는 성의를 다하여 대답하고 있습니다.

문 : 첫째, 피의자의 진술에 의한 조선여관에 강달영이 숙박한 사실이 없음은 본서의 조사 및 상피의자 강달영의 진술에 의하여 명백함에도 어찌하여 아무런 근거 없는 거짓을 그처럼 태연하게 하느냐

답 : 나는 조선여관으로 알고 진술했는데 그렇다면 당 조직의 얘기는 부내 견지동의 노농총동맹에서 행해졌을 것입니다.

문 : 피의자는 그 당시 부내 낙원동에 숙박 중이던 강달영을 방문한 사실이 없느냐

답 : 있습니다. 성명은 기억나지 않습니다만 녹성사진관 뒤편의 낙원동 황모댁에 강달영을 3, 4회 방문했습니다. 그 지점은 인사동과 낙원동이 이어져 있습니다.

문 : 그 집은 무슨 업을 경영하던가

답 : 의생업이라고 기억합니다.

문 : 어째서 의생업이라고 생각했느냐

답 : 약업상자가 있었기 때문입니다.

문 : 그렇다면 당 조직의 얘기는 어디에서 정리한 것이 정당하냐

답 : 노농총동맹의 내가 기거하던 방에서 이루어진 것이 정당합니다. 어제 진술한 조선여관 운운했음은 틀렸습니다.

문 : 그때 얘기의 시초도 피의자가 어제 말한 것처럼 강이 돌연히 자기가 책임비서이고 당신이 차석비서라느니 비서부원이라느니 할 리 없고, 또 상피의자 강달영도 틀린 진술을 했다고 하는지 심사숙고하여 답변하라

답 : 좀 틀린 것 같으니 고쳐 말씀드리겠습니다. 강달영이 나를 찾아와서 이번 조선공산당을 인계받아 조직하고자 하는데 대체로 이곳의 사상운동 또는 노농운동 등의 사회운동에 대한 경찰의 단속 상황이 어떠냐고 묻기에, 경찰의 단속이 극도로 엄중하고 사소한 집행위원회의 집회조차 뜻대로 되지 않는다고 답했던 바 동인은 그런 사정이라면 표현운동은 불가능하므로 지하운동의 방법에 의할 수 밖에 도리없다고 하여 나와 여러 가지 협의 결과 지하운동에 의하여 조선공산당의 인계조직을 결성하기로 결정하였습니다. 그리하여 조직의 제1보로서 중앙간부의 일선문제에 들어가 강이 간부에는 어떤 자가 적임이냐고 나에게 문의하기에 이봉수가 홍남표가 적임이라고 생각하니 그네들에게 교섭해 보라고 말했더니 그러면 자기는 일단 귀향하여 가사를 정리하고 오래 살 준비를 하여 다시 상경하겠으니 그 때까지 끝맺어 다라고 매듭지어 헤어졌습니다.

문 : 그 후 어떻게 되었느냐

답 : 강달영이 재 상경까지에는 20일 내지 약1개월을 소요한 것으로 알고 있습니다마는 그 사이에 이봉수와 홍남표에게 교섭하여 쾌락받았고, 이봉수는 다시 김철수를 동지로 받아들여 강이 오는 것을 기다리고 있었으므로 그 상경 후 약 1주일 안에 관훈동인지, 경운동의 구연흠 댁에서 나와 이봉수 · 홍남표 · 강달영 · 김철수의 5명으로써 제1회의 협의회를 개최했습니다. 그때 나는 이봉수 · 홍남표 · 강달영에게 통지하고 이봉수는 다시 김철수에게 알려 함께

온 것으로 알고 있습니다. 시각은 저녁 식사 후 오후 11시경이 지나서 일 것입니다. 그 자리에서 구두호선의 방식에 의하여 비서부에 책임비서 강달영, 비서에 이준태, 조직부에 이봉수·홍남표, 선전부에 김철수를 선출하였고 만장일치로 이의 없이 결의하였습니다. 그 후에도 부원의 이동이라던가 당의 결정사항 등이 있었으나 이전에 진술한 바와 같습니다.

문: 강달영이는 왜 특히 피의자를 찾아와서 이와 같은 중대사항을 협의하기에 이르렀는가

답: 전부터 친밀한 사이였었기 때문에 그 자도 나를 이와 같은 중대사를 처리할 수 있는 능력자로 믿었기 때문이겠지요.

문: 그 강이 최초로 온 것은 피의자가 김재봉으로부터 인계의 이야기를 듣고서의 일인가

답: 김재봉으로부터 이야기 듣고 나서 약 2주일 후의 일로 기억합니다.

문: 조선공산당의 현황보고는 누구누구가 작성했느냐

답: 강달영과 둘이서 작성했습니다.

문: 무엇을 기준으로 작성했느냐

답: 별로 재료는 없었으나 당원의 총의에 의거하여 작성했고 예산청구의 전제로 하였습니다. 이 기록이 훗날 실시된 것도 꽤 많습니다. 야체이카·프락치·부 간부, 도 간부와 같은 것도 그 일례입니다.

위 본인에게 들려주었던 바 틀림없다고 진술하여 서명 무인했다.

진술자 이준태 무인

대정 15년 8월 5일

경성종로경찰서

사법경찰관 조선총독부 도경부보

黑沼力彌

입회인 사법경찰리 조선총독부 도순사

한창리 인

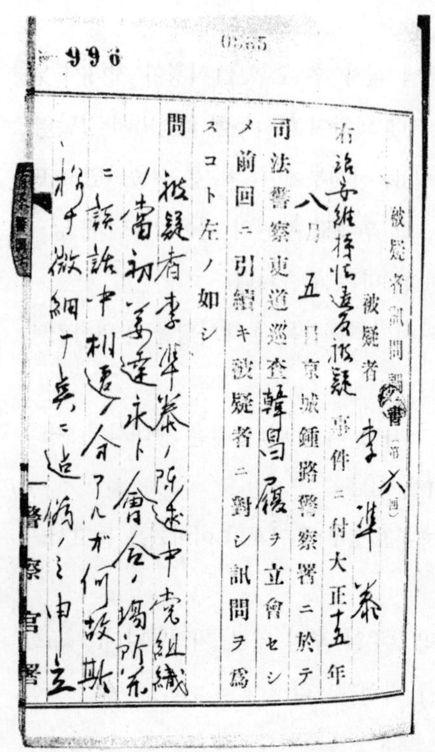
996　0565

被疑者訊問調書（第六回）

被疑者　李準泰

右治安維持法違反被疑事件ニ付大正十五年八月五日京城鍾路警察署ニ於テ司法警察吏道巡査韓昌履ヲ立會セシメ前回ニ引續キ被疑者ニ對シ訊問ヲ爲スコト左ノ如シ

問　被疑者李準泰ノ所述中黨組織ノ當初姜達永ト會合ノ場所ニ就テ訊問中相違シ居ルガ何故斯ク[illegible]微細ナ點ニ迄偽リヲ申立

警察官署

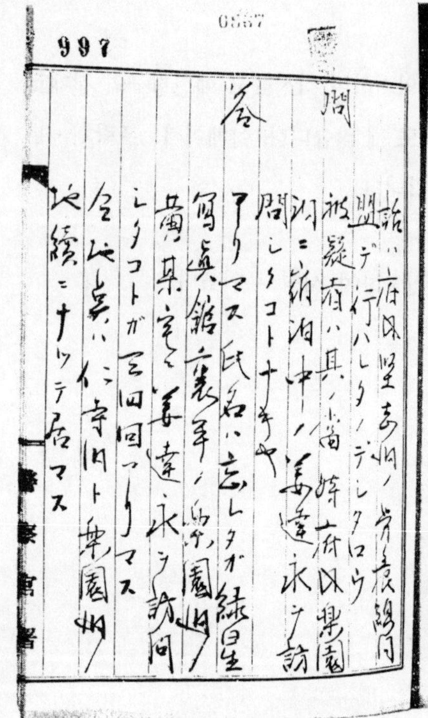
997　0567

話ハ府内堅志洞ノ勞農總同盟デ行ハレタノデ[illegible]ロウ

問　被疑者ハ其ノ當時府内樂園洞ニ宿泊中ノ姜達永ヲ訪問シタコトナキヤ

答　アリマス氏名ハ忘レタガ[illegible]寫眞館[illegible]樂園洞ノ[illegible]姜達永ヲ訪問シタコトガ三回ハアリマス
今ノ[illegible]ハ仁寺洞ト樂園洞ノ地續キニナッテ居マス

警察官署

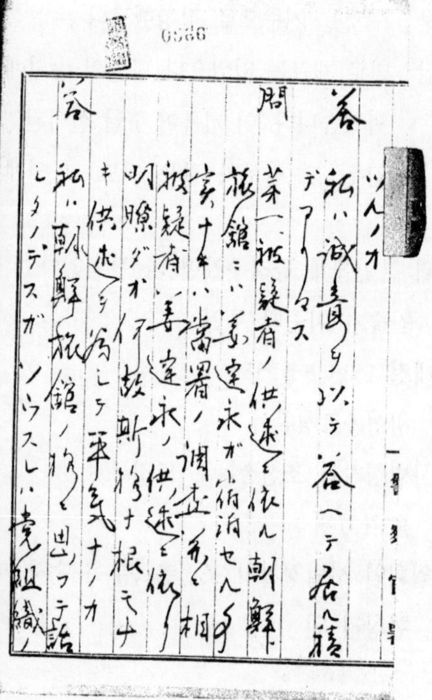
0566

ツノカ

答　私ハ誠意ヲ以テ答ヘテ居ル積リデアリマス

問　第一被疑者ノ供述ニ依ル朝鮮旅館ニハ姜達永ガ宿泊セル事實ナキハ當署ノ調査ニ依リ明瞭ダガ何故斯ク[illegible]根モナキ供述ヲ爲シテ平氣ナノカ

答　私ハ朝鮮旅館ノ[illegible]ニ出テ話シタノデスガ[illegible]黨組織ノ

警察官署

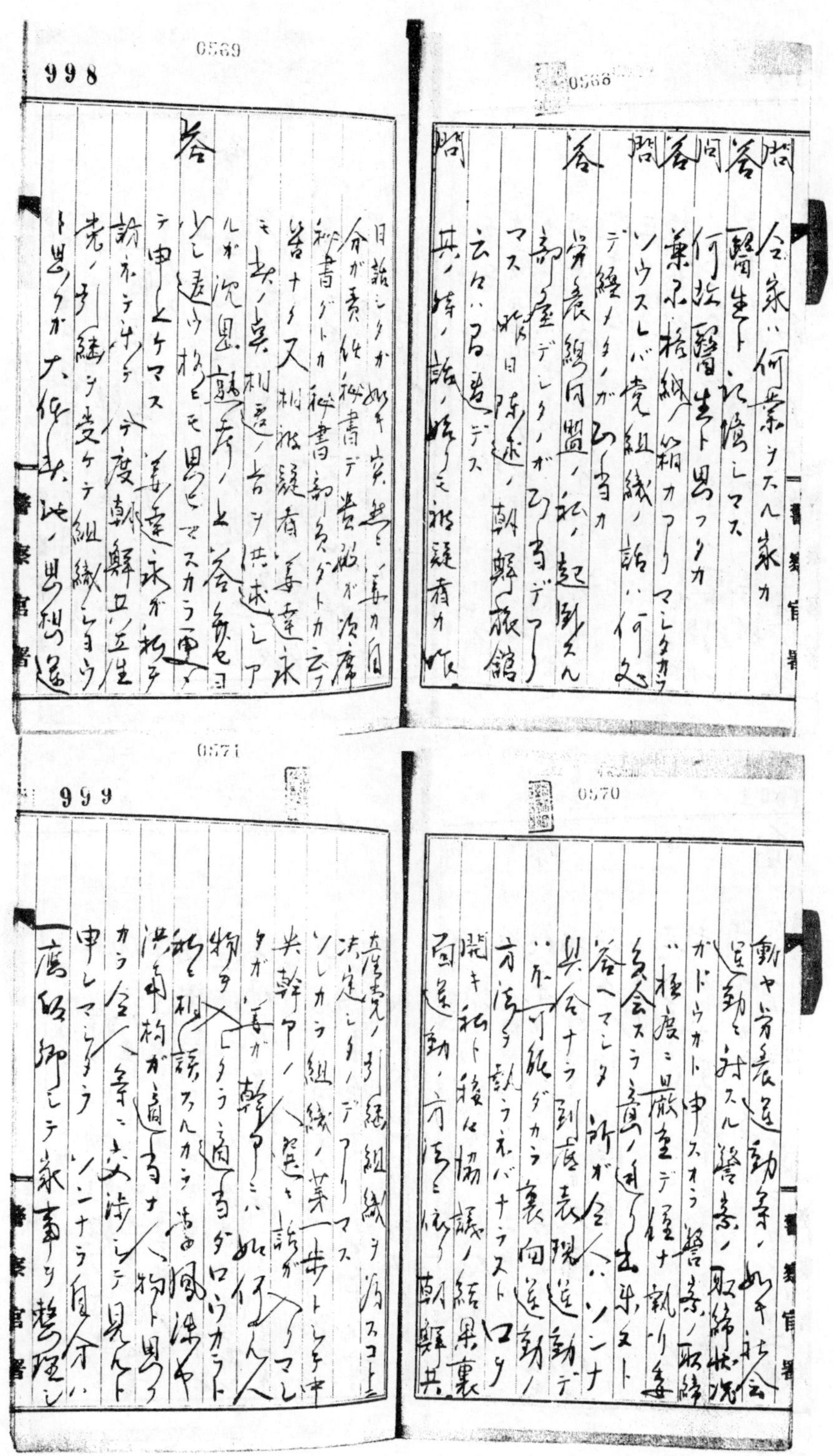

0568

問 今家ハ何業ヲスル家カ
答 醫生ヲ致シマス
問 何故醫生ト思フタカ
答 薬ヲ格納スル箱カアリマシタカラ
問 ソウスレバ党組織ノ話ハ何処デ纏メタノガ正當カ
答 労農總同盟ノ私ノ起臥スル部屋デシタノガ正當デアリマス 昨日陳述ノ朝鮮旅館云々ハ[illegible]デス
問 其ノ時ノ話ノ時ノ秘密ノ嫌疑者カ[illegible]

998

0569

答 [illegible]日話シタガ如キ[illegible]ノ[illegible]カ自分ガ責任秘書デ書記ガ次席秘書ダトカ秘書部ノ[illegible]ダトカ云フ事ナク又相被疑者[illegible]ハ[illegible]ノ[illegible]相違ノ旨ヲ供述シアルガ[illegible]ノ上答弁モヨリ[illegible]モ思ヒマスカラ[illegible]テ申上ケマス [illegible]ハ私ヲ訪ネテ[illegible]今度朝鮮[illegible]先ノ引継ヲ受ケテ組織シマウト思フタガ[illegible]ノ思想[illegible]

0570

動ヤ労農運動ニ対スル[illegible]ノ取締状況ガドウカト申スカラ[illegible]ノ取締ハ極度ニ嚴重デ[illegible]出来ヌト答ヘマシタ 所ガ[illegible]ハソンナ具合ナラ到底表現運動デハ不可能ダカラ裏面運動ノ方法ヲ執ラネバナラヌト[illegible]聞キ私ト[illegible]協議ノ結果裏面運動ノ方法ニ依リ朝鮮共[illegible]

999

0571

[illegible]ノ引継組織ヲ為スコトニ決定シタノデアリマス ソレカラ組織ノ第一歩トシテ中央幹部ノ選定ニ就テ話ガアリマシタガ[illegible]ガ幹部ニハ如何ナル人物ヲ[illegible]タラ適当ダロウカラト[illegible]ヲ相談スルカラ[illegible]洪[illegible]ガ適当ナ人物ト思フカラ金[illegible]ニ交渉シテ見ルト申シマシタラ[illegible]ハソンナラ自分ハ[illegible]シテ家事ヲ整理シ

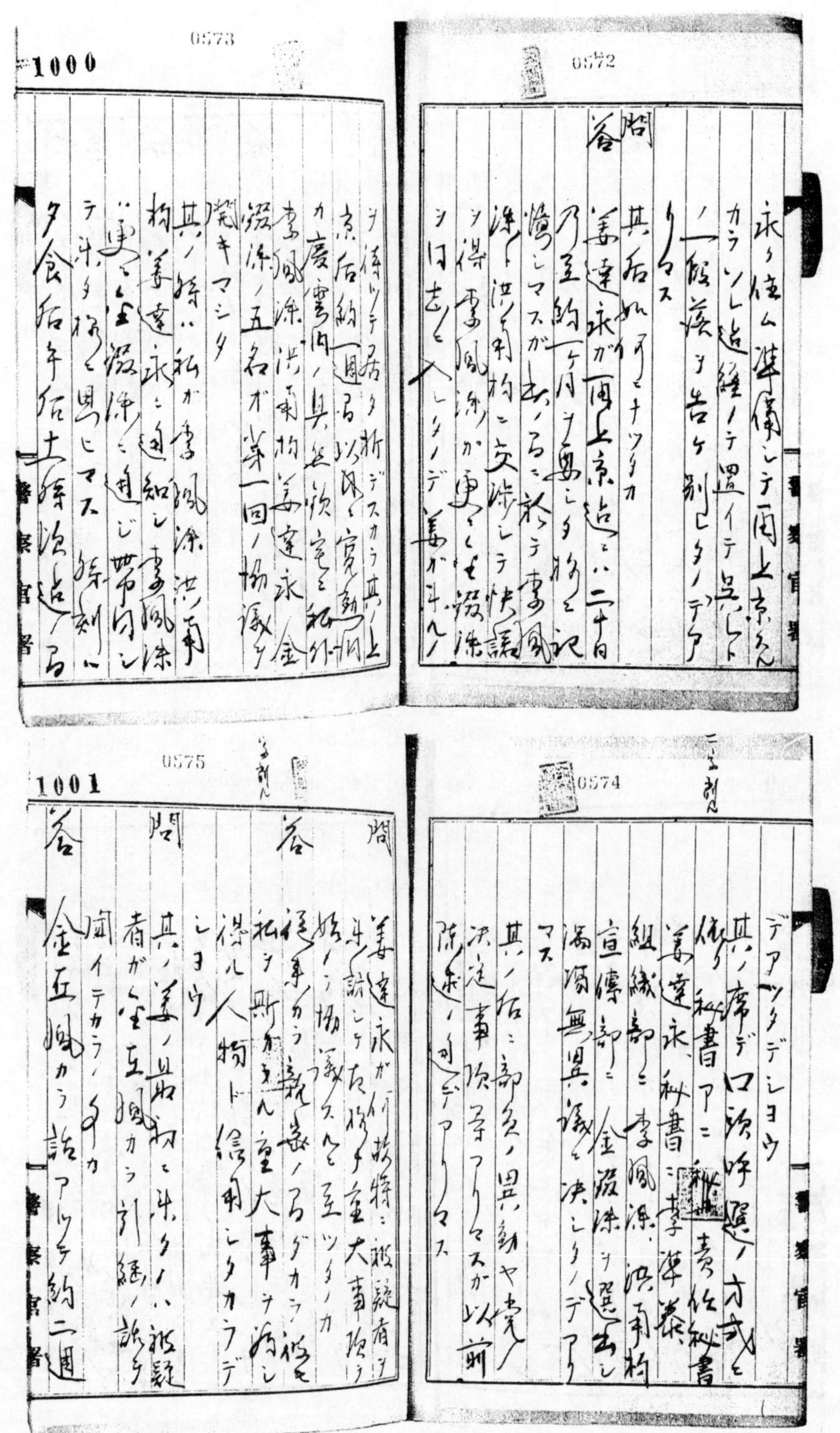
1000
0573
0572
1001
0575
0574

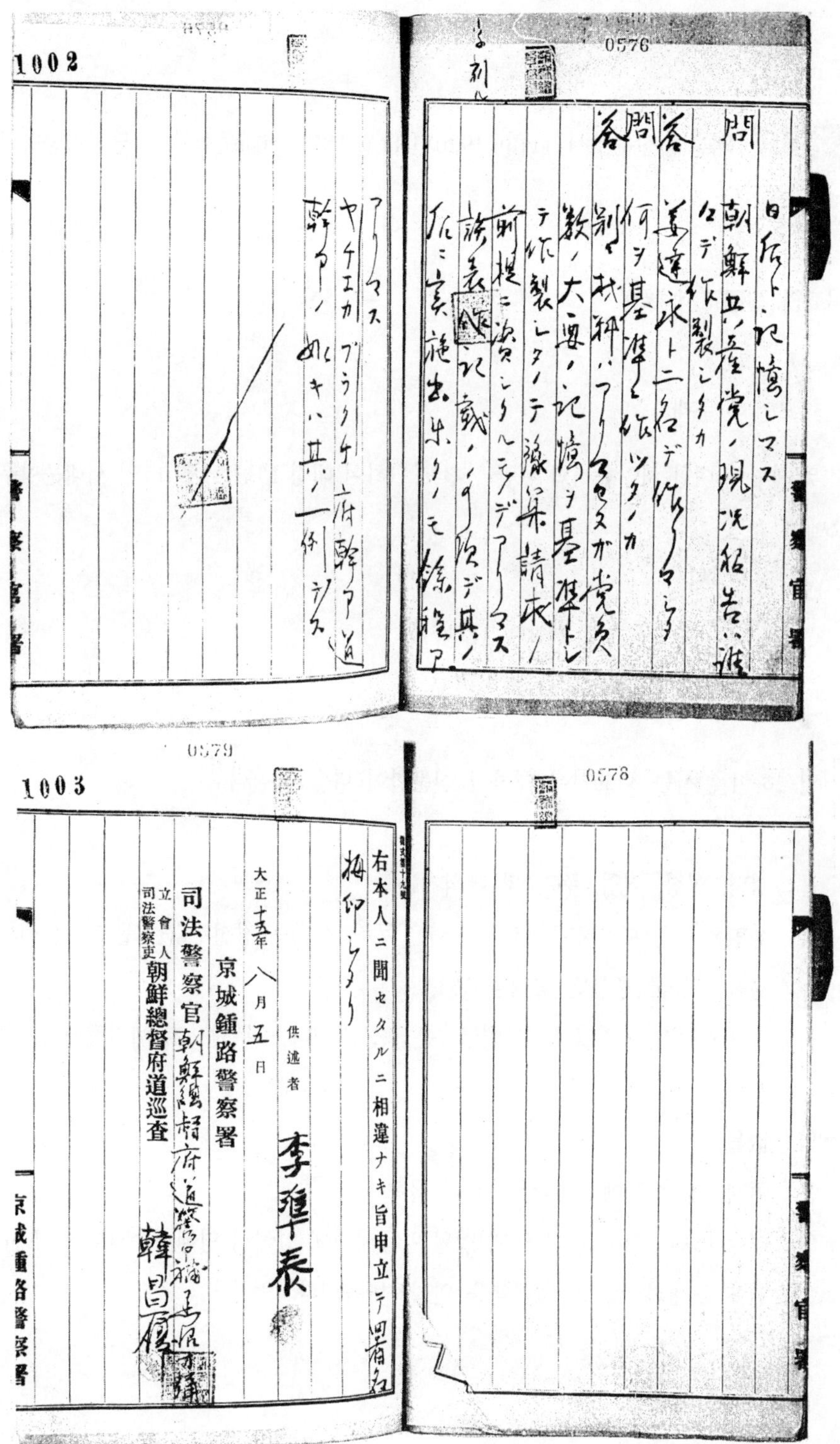

0576

日頃ト記憶シマス
問 朝鮮共産党ノ現況報告ハ誰
ノデ作製シタカ
答 姜達永ト二名デ作リマシタ
問 何ヲ基準ト作ツタノカ
答 別ニ材料ハアリマセヌガ党員
数ノ大要ハ記憶ヲ基準トシ
テ作製シタノテ線系請求ノ
前提ニ資シタルモノデアリマス
誇大ニ記載シタル所デ其ノ
作ニ実施出来タノモ除籍ア

1002

アリマス
ヤチエカ ブラクチ府幹ア道
幹部ノ如キハ其ノ一例ニス

0578

1003

0579

右本人ニ聞セタルニ相違ナキ旨申立テ署名
拇印シタリ

供述者 李準泰

大正十五年八月五日

京城鍾路警察署

司法警察官朝鮮總督府道警部補

立會人 司法警察吏 朝鮮總督府道巡査 韓昌履

京城鍾路警察署

자료 11 「피고인 신문조서」(1회), 1926년 11월 15일, 서대문형무소, 경성지방법원

피고인 신문조서(1회)

피고인 이준태

위 사람에 대한 치안유지법 위반 사건에 관하여 대정 15년 11월 15일 서대문형무소에서

경성지방법원

예심담당 조선총독부 판사 五井節藏

조선총독부 재판소 서기 福田清吉

열석하여 판사는 피고인에 대하여 신문함이 다음과 같다.

문 : 성명, 연령, 직업, 주거 및 본적지는

답 : 성명은 이준태, 연령은 35세, 직업은 무직, 주거는 경성부 견지동 88, 본적은 경북 안동군 풍산면 상리동 364

문 : 작위・훈장・기장을 가져 연금・은급을 받거나 공무원으로 재직했었는지의 여부

답 : 없음

문 : 여태까지 형벌에 처해진 사실의 유무

답 : 대정 15년 2월 6일 대구복심법원 안동지청에 있어서 명예훼손죄로 벌금 50엔에 처해진 바, 그 벌금액을 완납하였습니다.

이에 있어서 판사는 피고 사건을 고하고 이 사건에 관하여 진술할 것인지의 여부를 물었던 바 피고인은 묻는 대로 순순히 답하기로 진술했다.

문: 피고 및 강달영은 조선공산당의 당원이 검거되어 앞으로의 운영계획에 일대 차질이 생겼기 때문에 그 수뇌 간부인 김재봉의 뜻을 펴 이봉수·김철수·홍남표 등과 상의하여 곳, 곳에서 모의를 획책함으로써 同 공산당의 진전에 관하여 여러 가지 노력을 하기로 한 사실이 틀림없는가

답: 그러한 사실이 있었습니다.

문: 그러면 그 전말을 진술하라

답: 내가 대정 14년 12월 중순경, 조선공산당 당원 김재봉을 그 居所 부내 돈의동 김미산 댁에 방문했던 바, "신의주경찰서에서 김재봉이 조선공산당을 창설한 것을 탐사하고 당원 검거에 열을 올리고 있으므로 많은 당원이 조선 밖으로 망명했기 때문에 계획은 실패로 돌아갔으나 우리들 동지는 궐기하여 그 만회에 힘쓰지 않으면 안 된다"고 하였습니다. 그런데 그 후 얼마 안 되어 관계된 사람들도 관헌에 체포되었기 때문에 나 역시 공산당원이고 또 김재봉이 위와 같이 말했었던 관계로 이 공산당을 위하여 그 만회에 진력하겠다고 결의하였습니다. 그 후 같은 해 12월 하순인지 다음 해 대정 15년 1월 초순경인지는 확실치 않으나 우연히 부내 견지동 88, 노농총동맹사무소에서 강달영과 만나 담화하던 중 조선공산당의 현황이 언급되어 홍남표·김철수·이봉수도 대화에 가담 함께 서로 협력하여 그 만회에 힘쓸 것을 다짐하고 동인 등에게 조선공산당의 현황을 탄식하고 동 공산당을 위해서 자기들도 협력하여 만회를 획책하기로 제의했더니 그들도 동의하였으므로 일동 모두가 중앙집행위원이 되어 대정 15년 1월 하순경 이래 동년 5월 중순경까지의 사이에 5, 6회에 걸쳐 부내 삼각정 28번지 강달영의 처소 또는 계동의 권오설의 처소인지, 경운동 29번지 구연흠 댁인지에서 집회를 열어 그 공산당의 조직·당칙·당원의 규합·간부의 선정 등 여러 가지 사항을 협의하고 그 발전을 도

모해 왔다. 그런데 종로경찰서가 이것을 탐사하고 우리들 일단을 체포하였기 때문에 모처럼의 노고가 완전히 수포로 돌아갔습니다.

문: 홍남표 · 이봉수 · 김철수로 하여금 피고들과 조선공산당의 만회를 위해서 서로 협력하도록 설득한 자는 누구이냐

답: 내가 이봉수 · 홍남표를 설득했고 또한 이봉수로 하여금 김철수를 설득케 했습니다.

문: 이것은 강달영이 수기한 회의록 및 일지인데 이것은 그것을 번역한 것이나 피고들은 그것에 기재한 대로 집회를 열고 모의했었던 것이 아니냐

이 때 본 제978호의 증 제2호 내지 제4호, 제53호의 각 해당부분을 제시함

문: 나는 그 기재 중 일본부 · 상해부 · 만주부 · 연해주부의 설치, 조선공산당의 기관의 조직 · 예산의 편성 · 간부의 임명 등에 관하여 집합하여 그 기재한 대로 협의한 것은 기억하고 있습니다마는 기타 사항에 대해서는 과연 그와 같은 모의를 했는지에 대항 지금 생각이 안 납니다.

문: 조선공산당의 기관조직에 대하여 진술하라

답: 그 조직은 물론 직책에 대해서는 조선공산당 당칙에 상세히 규정되어 있으나 약술하면 중앙에는 결의기관으로 당대회를 설치하여 당원의 대표자로써 조직하며, 집행기관으로서 중앙집행위원회 · 검사위원회를 두고, 중앙집행위원회에는 비서부 · 선전부 · 조직부, 검사위원 외에는 검사부를 두고 이곳에는 중앙집행위원회가 있고, 이 부에는 안배된 사무를 관장하고, 「모풀」(혁명후원회)도 설치하였으며, 지방에는 결의기관으로, 도에는 도대회, 부에는 부대회, 군에는 군대회를 두었고, 도대회에는 도에 있는 당원의 대표자, 부대회는 부에 있는 당원의 대표자, 군대회는 군에 있는 당원의 대표자로써 조직하였으며, 집행기관으로서 도에는 도집행위원회, 부에는 부집행위원회, 부검사위원회, 군에는 군집행위원회, 군검사위원회를 두고, 이들 위원회에는 역시 전과

같이 비서부 · 조직부 · 선전주 · 검사부를 두어 이곳에는 도에 도집행위원, 부에 부집행위원, 군에는 군집행위원이 있어서 안배된 각 사무를 관장하나 현재로서는 지방에는 도에 전라남도, 경상남도에 도집행위원을 임명하고, 부에서는 경성부에 위 기관 및 「야체이카」(세포단체) · 「프락치」의 제도를 두고 부집행위원을 임명했을 뿐이고 그 외는 아직 위의 諸제도를 설치할 단계에 이르지 않았습니다.

문 : 비서부를 내무부 · 사회부 · 군사부로 구분하고 내무부에 피고, 사회부에 원우관, 군사부에 이환이 각 그 부의 사무를 담당하기로 한 것이 아니냐

답 : 그런 일 없습니다.

문 : 조선공산당의 당칙이란 이것이냐

이 때 본 동호의 증 제20호를 제시함

답 : 그것이 맞습니다.

문 : 동 당칙은 누가 작성했느냐

답 : 권오설 · 이봉수 두 사람이 그것을 담당했고, 그 중에서도 권오설이 오로지 그 임무를 수행한 것으로 알고 있습니다.

문 : 그 당칙 작성에 있어서 이 러시아 공산당의 당칙, 영국 공산청년회의 회칙을 참작한 것이 아니냐

이 때 본 동호의 증 제31호, 제29호를 제시함

답 : 그렇게 생각합니다.

문 : 위 당칙 및 회칙을 누가, 어디서, 어떻게 입수했느냐

답 : 그런 일은 모릅니다.

문 : 비서부 · 조직부 · 선전부 · 검사부 「모플」의 각 직무분장은

답: 지방의 도·군·부에 둔 비서부는 서무, 조직부는 각 기관의 조직사무, 선전부는 공산주의의 선전사무를 관장하고, 검사부는 위 각 부의 집무의 감시·회계검사를 취급하며, 중앙의 비서부에는 도·부·군의 비서부, 조직부에는 같은 조직부, 선전부에는 같은 선전부의 각 관장사무를 지도 통제하는 것을 직책으로 하고, 「모플」은 우리 당원뿐만 아니라 널리 사회운동에 관여하여 그에 희생된 자 및 그 유족들을 구제하는 사무를 관장합니다.

문: 조직부·선전부·비서부·검사부, 「모플」의 간부는 누구누구이냐

답: 중앙비서부에는 강달영·나, 조직부에는 이봉수·홍남표, 선전부에는 김철수, 검사부에는 홍덕유·구연흠, 「모플」에는 구연흠·박민영이가 그 간부로 선임되었고, 지방에 있어서는 홍덕유·민창식·전정관(전위자라고도 함)을 경성부 집행위원으로 선정하였고, 홍덕유는 비서부의 책임비서로 한 것 외는 동인에게 각 부의 배치 임무를 일임하였기에 누가 조직부·선전부에 들어갔는지는 모릅니다.

문: 강달영은 조직부에는 홍남표·김철수·전정관, 선전부에는 권오설·이봉수가 선출되었고 김철수는 「모플」의 간부도 겸하고 또 오의선은 경성부의 부집행위원으로 선정되었다고 진술하고 있는데 그 진상 여하는

답: 혹시 내가 잘못 생각했는지, 강달영이 진술한 것이 맞는지도 모릅니다.

문: 「야체이카」 및 「프락치」의 조직 직책은 이 「야체이카」 및 「프락치」의 조직원칙에 기재된 대로 틀림 없느냐

이 때 본 동호의 증 제2호를 제시함

답: 틀림없는 사실입니다. 그러나 지금의 상태에서는 그 제도가 설치된 곳은 경성부내일 뿐입니다.

문: 동 조직원칙은 누가 작성했느냐

답: 그것을 누가 작성했는지 지금 기억하고 있지 않습니다.

문: 강달영은 권오설이 작성한 것이라고 진술하고 있는데 어떤가

답: 나로서는 누구였는지 전혀 생각이 나지 않습니다.

문: 「야체이카」 및 「프락치」에는 당원이 어떻게 배치되어 있었느냐

답: 그것도 나는 기억나지 않습니다.

문: 강달영은 「야체이카」 및 「프락치」를 신분·직업에 의해서 이 일지에 기재돼 있는 것으로 구분하고 당원을 그에 배속하고 있다고 진술하고 있으나 어떤가

이 때 본 동호의 증 제3호, 제53호의 해당부분을 제시함

답: 「야체이카」를 다섯 가지로, 「프락치」를 학생부·노농부·입론기관부·사상부의 네 가지로 구분하고 있는 것으로 지금 생각되나 그 상태는 일절 기억하고 있지 않습니다.

문: 피고는 검사의 취조 시 경성부에는 1에서 9까지의 「야체이카」를 배치하고 있는 것처럼 진술했는데 어떤가

답: 그런 진술을 한 기억이 없습니다.

문: 일본부·상해부·연해주부·만주부 설치의 전말을 말하라

답: 해외 재임의 조선인을 우리 공산당에 가입시켜 또한 러시아 국제공산당과의 연락을 도모하가 위하여 대정 15년 3월 중순경 당원 김정규를 동경으로, 同 김찬을 만주로, 同 김단야를 상해로, 同 김동명·이동휘를 포선으로 각 파견하였고, 동경에 일본부, 상해에 상해부, 포선에 연해주부, 만주에 만주부 설치의 책임을 맡겼으나 연해주부의 설치는 김동명·이동휘 등의 의사를 헤아릴 수 없었으므로 단념하고 일본부·상해부·만주부만을 개설하여 그 설치의 책임을 맡은 자를 각 부의 책임자로 정하고 상해부에는 특히, 국제공산당과의 연락·교섭의 임무를 담당케 했습니다.

그러나 그 후 상해부는 폐지되고 만주부는 만주총국으로 고쳐져 조봉암(박철환이라고도 칭함)을 책임비서로 임명하며 또한 상해부의 직무권한도 부여하

였습니다.

문 : 강달영은 만주부에 조봉암·권봉우·박응칠을 집행위원으로, 상해부에 김찬·조동우를 집행위원에 선정되었었다고 진술하고 있는데 어떤가

답 : 권봉우가 만주부의 집행위원이었었다는 것은 나도 알고 있는 일이오나 그 외의 사람들의 일은 모릅니다.

문 : 상해부·일본부는 처음부터 임시로 설치한 게 아니냐

답 : 그럴 것이 그 곳에 공산당이 조직되어 있다고 하면 그것을 설치할 필요가 없으므로 우선 임시로 설치한 것입니다.

문 : 일본부는 그 후 폐쇄하였느냐

답 : 지금 어떻게 되었는지 모르겠습니다.

문 : 피고들은 국제공산당에 대하여 상해부·만주부의 설치에 관한 것과 동일한 보고를 하고 있지 않느냐

이 때 본 제4호의 증 제11호, 제12호, 제13호를 제시함

답 : 그와 같은 일은 책임비서인 강달영이가 할 일로서 나는 모릅니다.

문 : 전라남도, 경상남도의 도집행위원에는 누가 선임되었느냐

답 : 전라남도는 김재수·신동호·신명준, 경상남도는 김명규 외 2명이 도집행위원에 임명되었으나 그 2명 외의 나머지는 잊어버렸습니다.

문 : 강달영은 그 2명이 김재홍·박태홍이라고 진술하고 있는데 어떤가

답 : 과연 그 사람들인지의 여부가 생각나지 않습니다.

문 : 이상의 諸제도는 신의주 사건의 발발 이전부터 설정되어 있었던 게 아니냐

답 : 그런 일은 나는 모릅니다.

위 조서를 진술자에게 읽어 들려주었던 바 틀림없다고 진술하고 서명 무인했음

진술자 이준태 무인

대정 15년 11월 15일 前장소와 같은 곳에서

경성지방법원

예심담당 조선총독부 판사

五井節藏

조선총독부 재판소 서기

福田淸吉

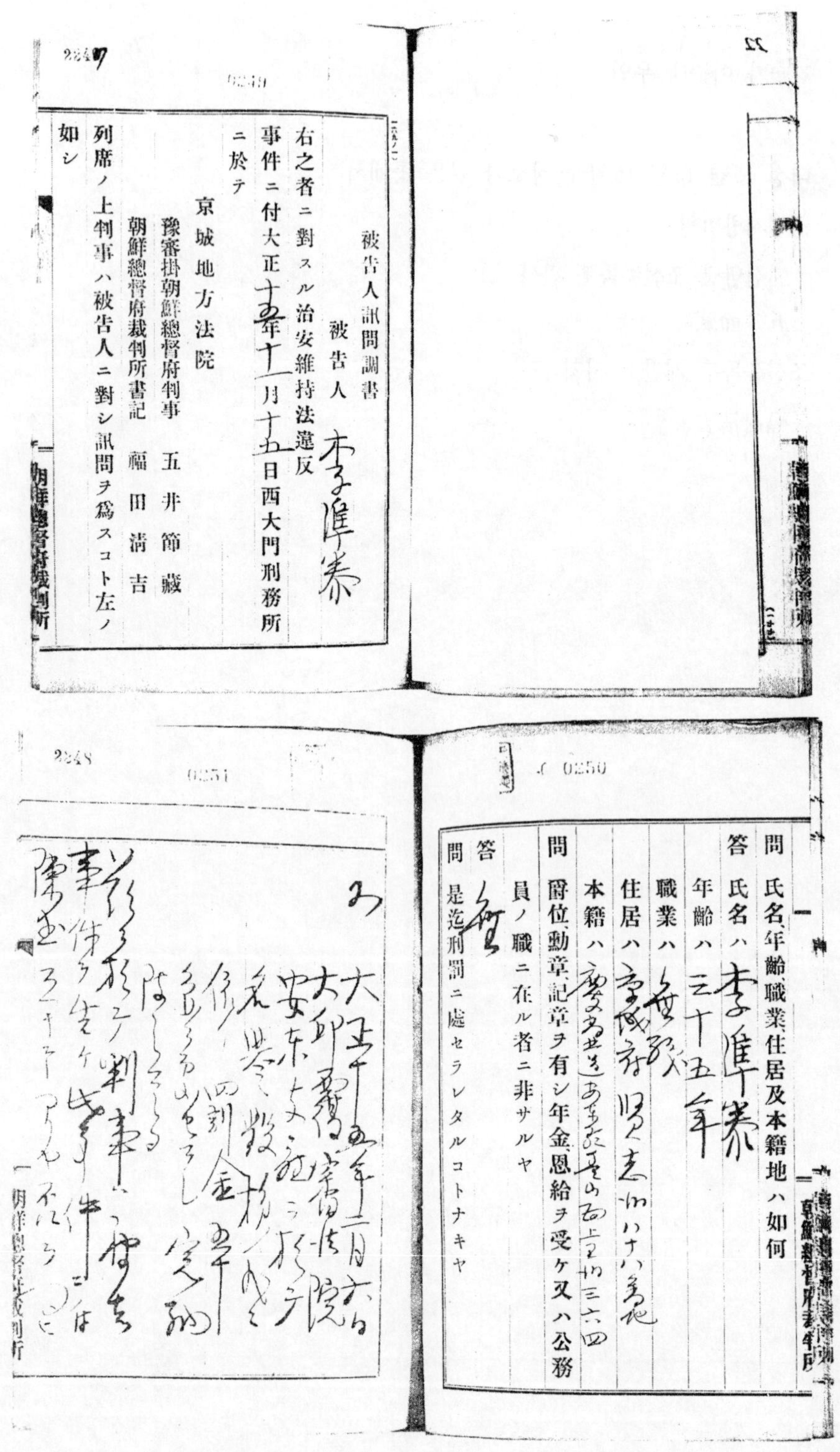

被告人訊問調書

被告人 李準泰

右之者ニ對スル治安維持法違反
事件ニ付大正十五年十一月十五日西大門刑務所
ニ於テ
京城地方法院
豫審掛朝鮮總督府判事 五井節藏
朝鮮總督府裁判所書記 福田清吉
列席ノ上判事ハ被告人ニ對シ訊問ヲ爲スコト左ノ
如シ

朝鮮總督府裁判所

問 氏名、年齢、職業、住居及本籍地ハ如何
答 氏名ハ李準泰
年齢ハ三十五年
職業ハ無職
住居ハ京城府明治町八十八番地
本籍ハ慶尚北道安東郡豊西面上里三六四
問 爵位、勲章、記章ヲ有シ年金、恩給ヲ受ケ又ハ公務員ノ職ニ在ル者ニ非サルヤ
答 無シ
問 是迄刑罰ニ處セラレタルコトナキヤ
答 [illegible]

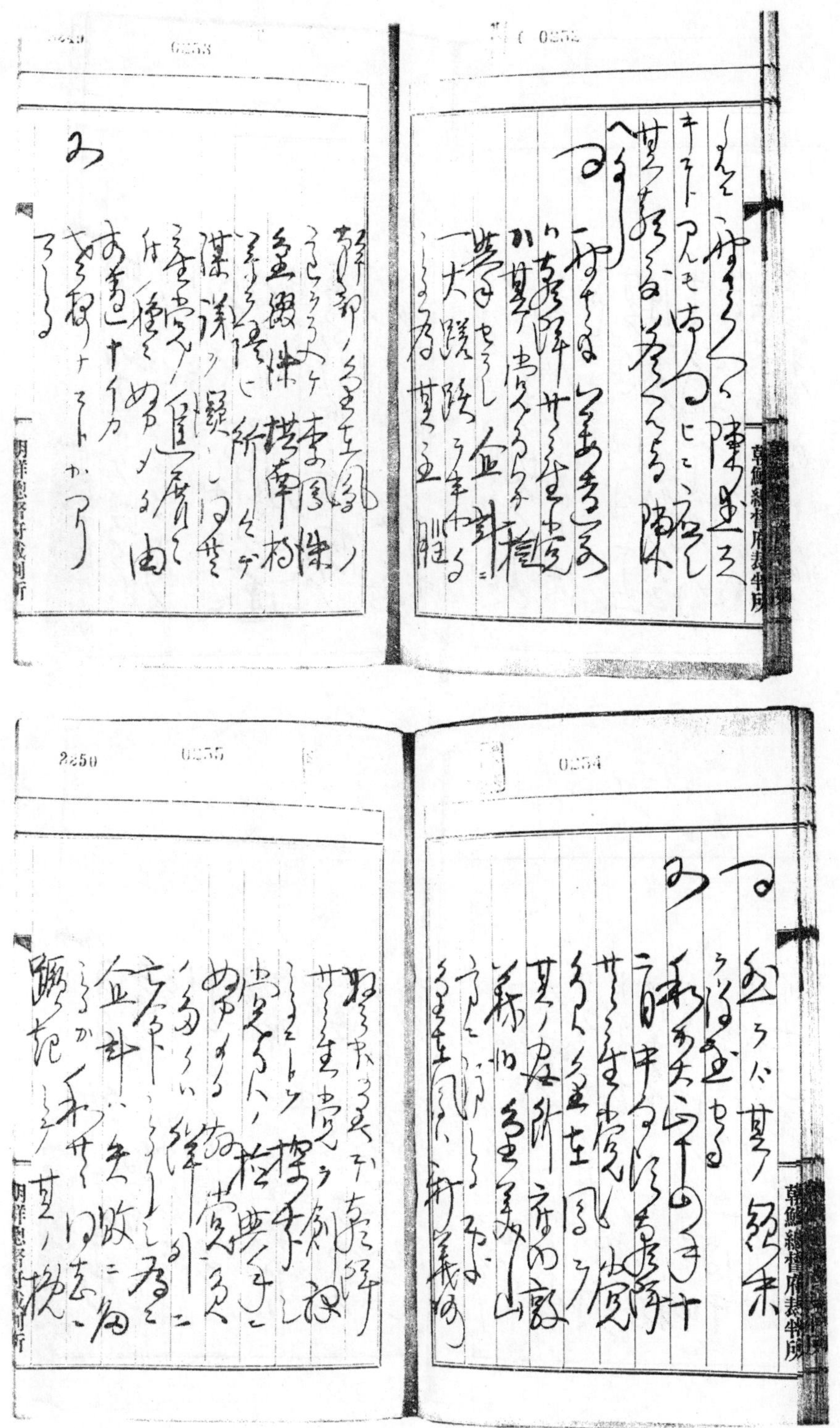

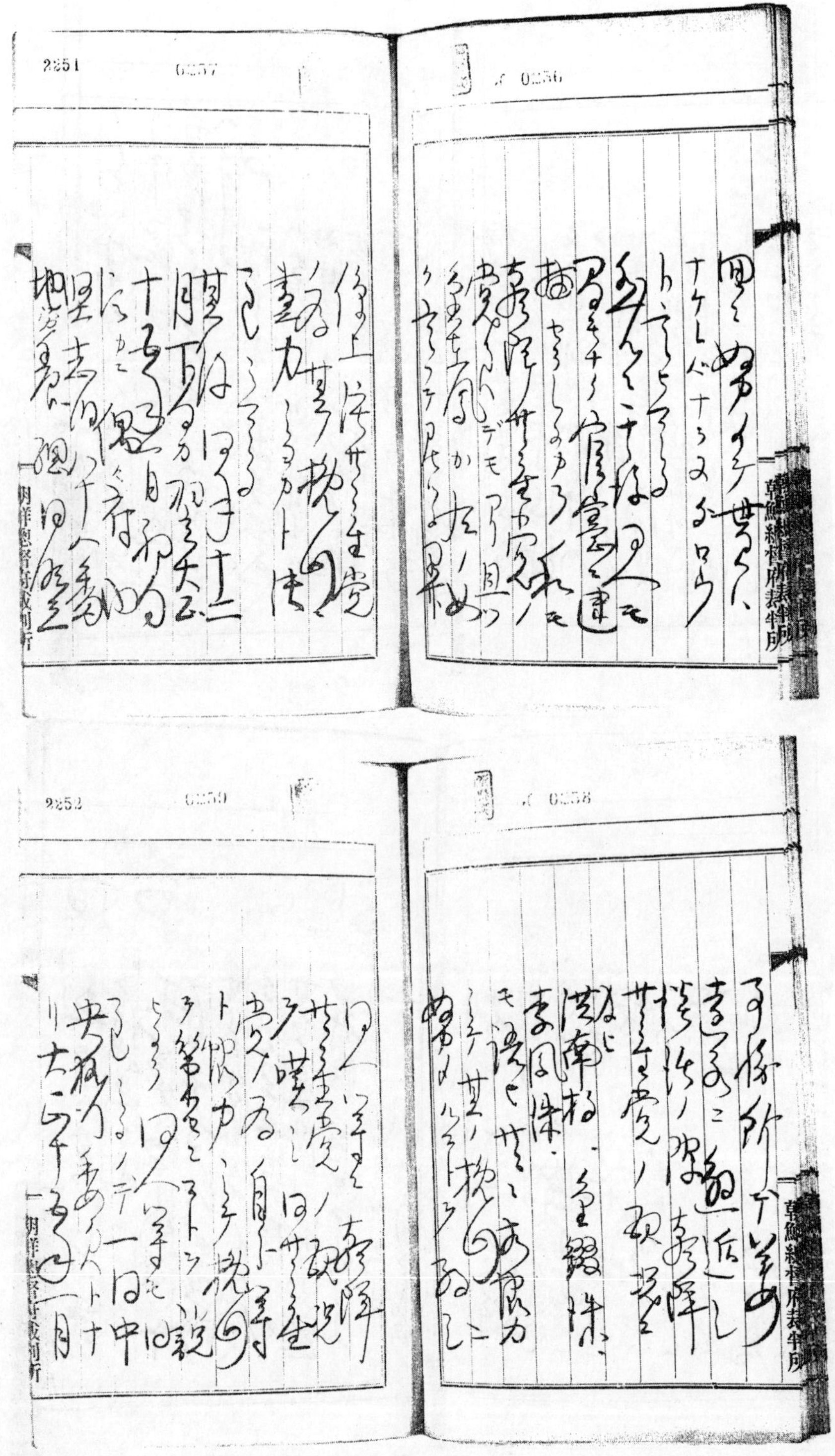

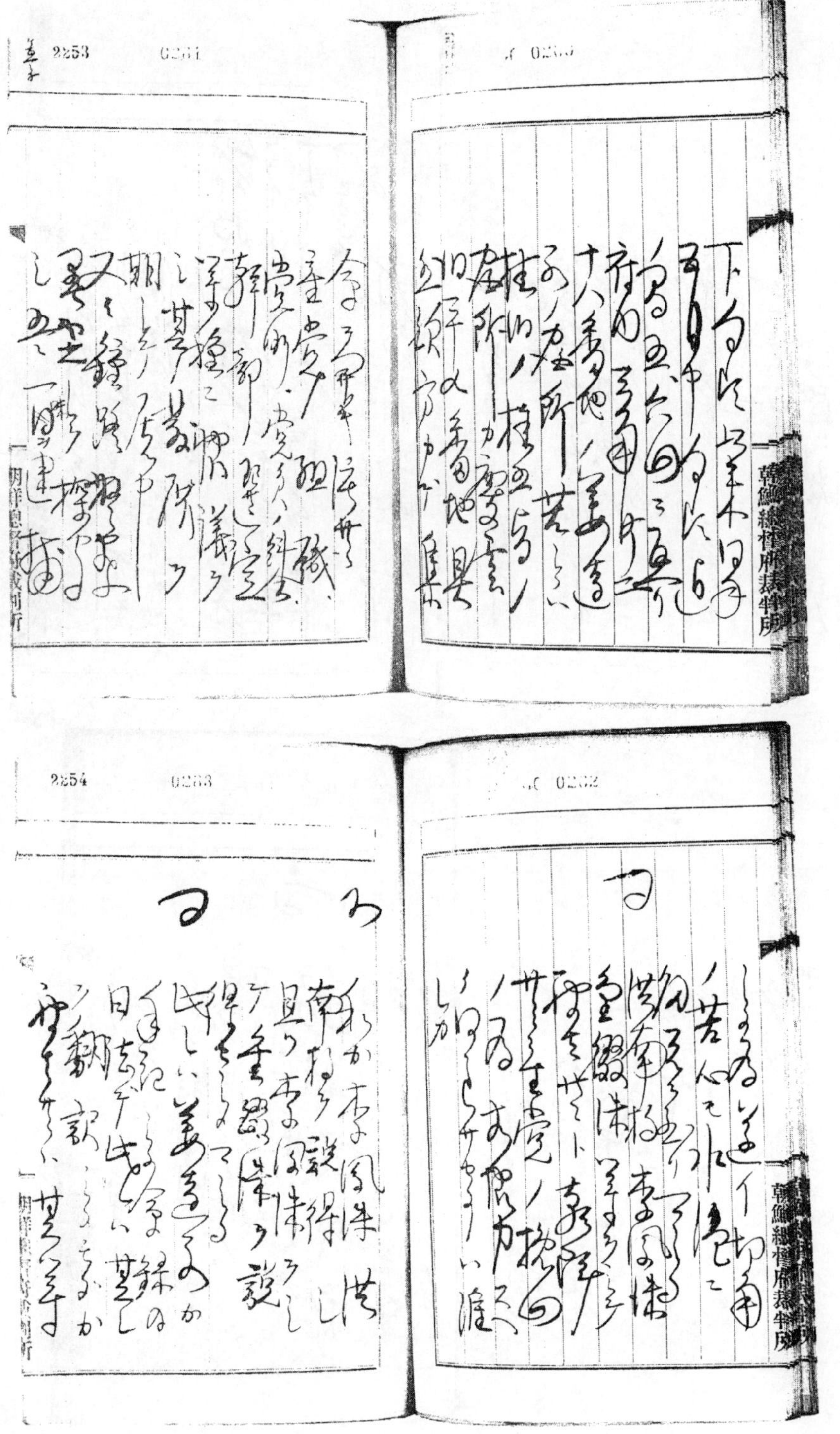

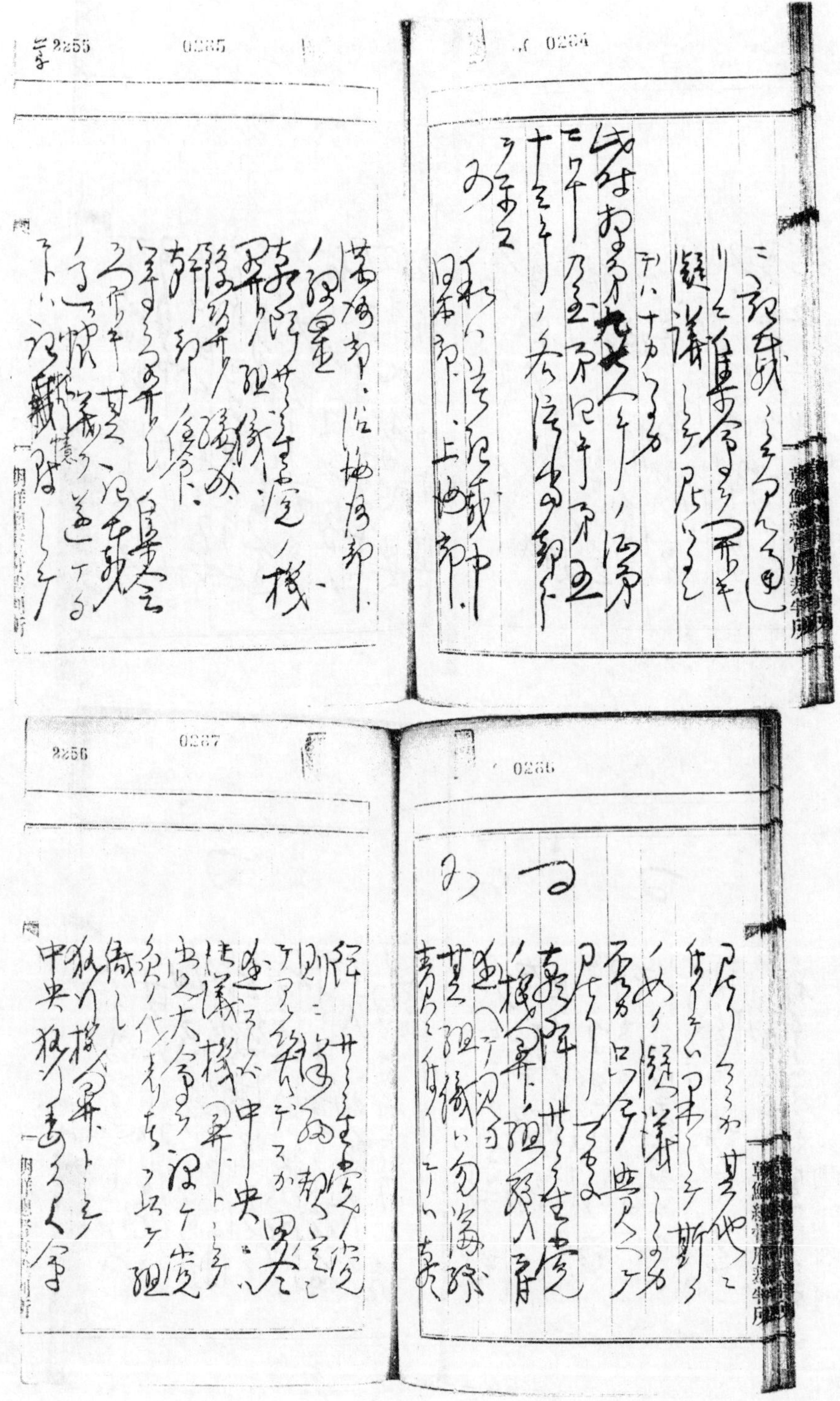

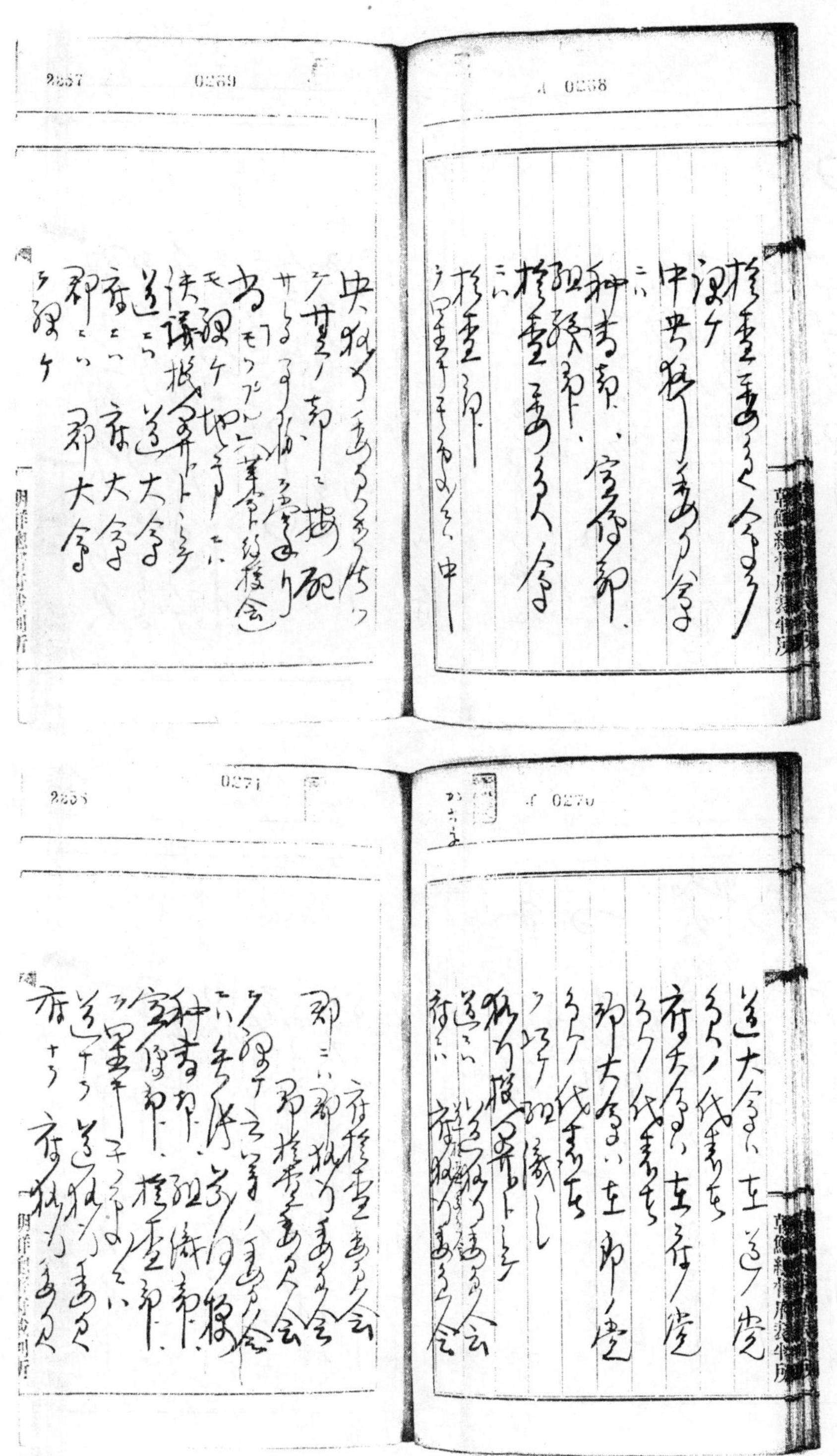

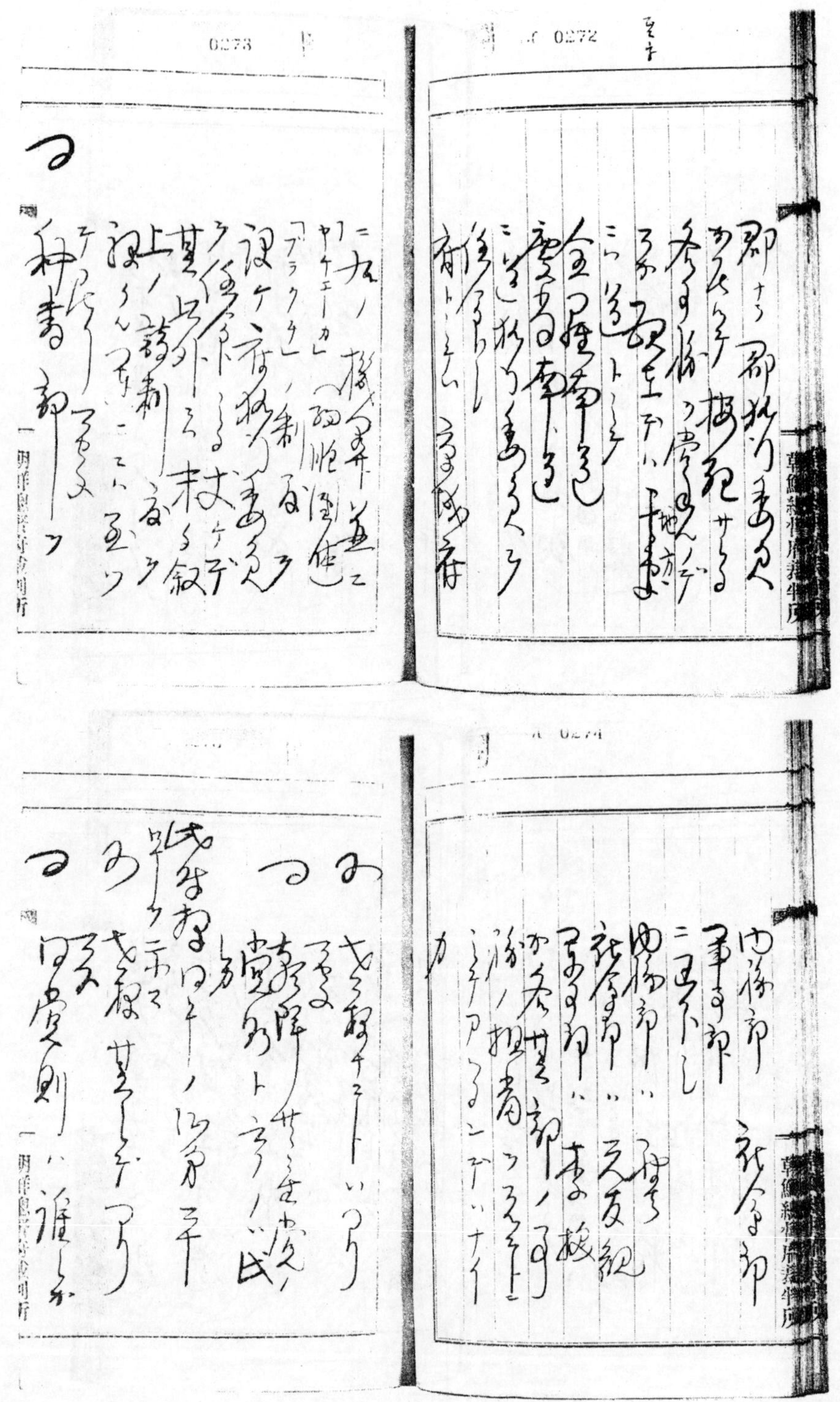

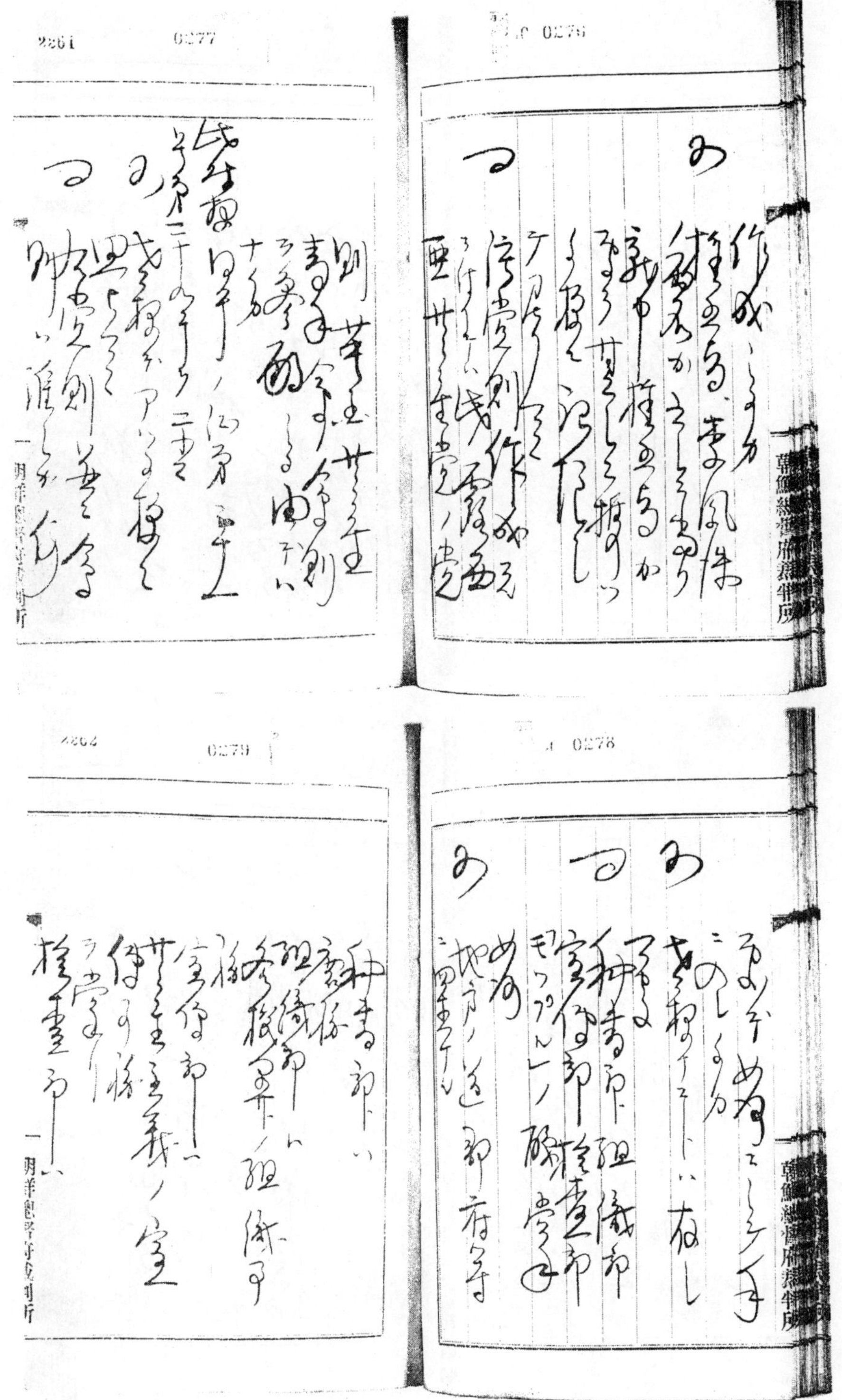

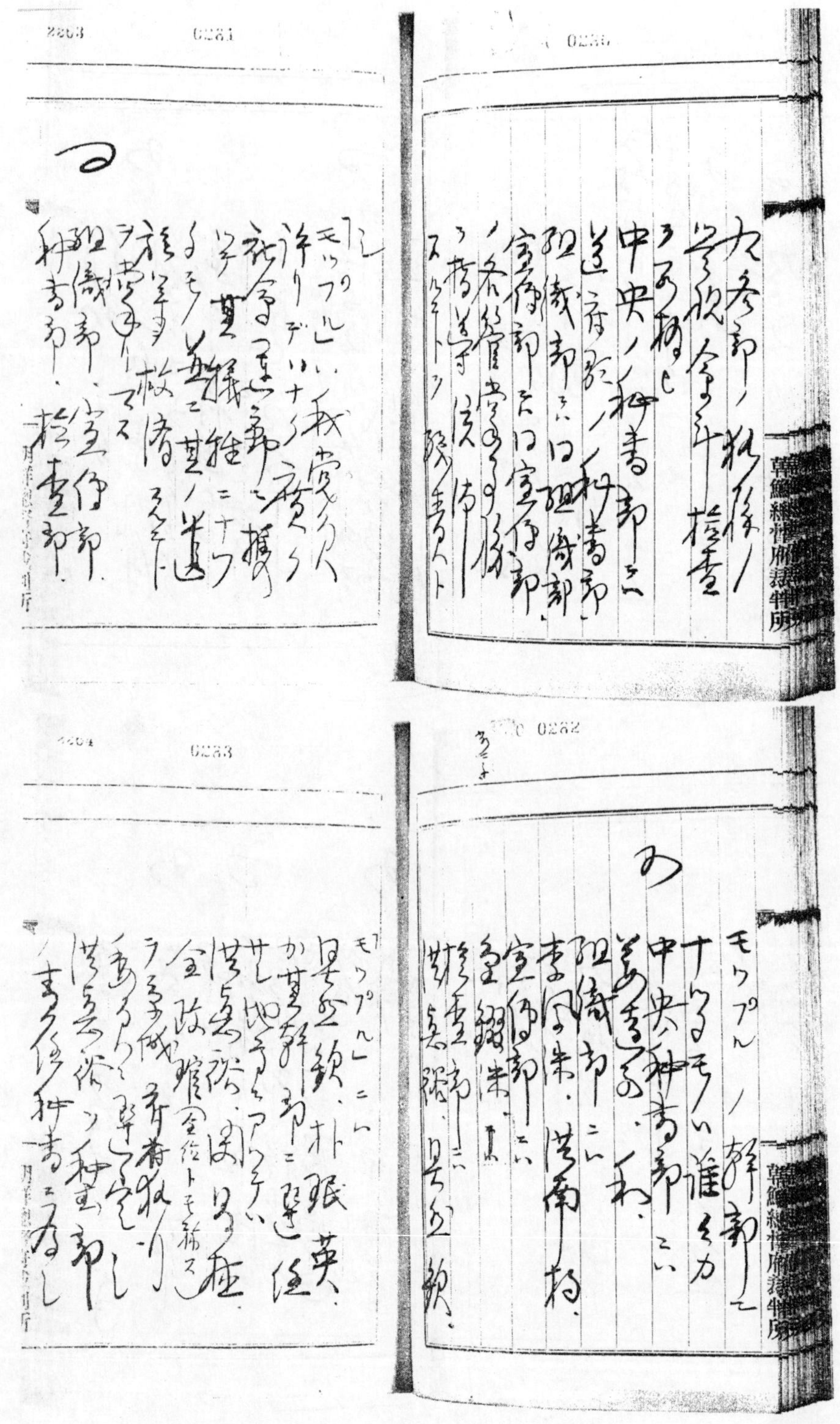

0282

又

モップルノ幹部ニナルモノハ誰々カ
中央秘書部ニハ姜達永、金和、
組織部ニハ李鳳洙、洪南杓、
宣伝部ニハ金綴洙、
検査部ニハ洪悳裕、具然欽、

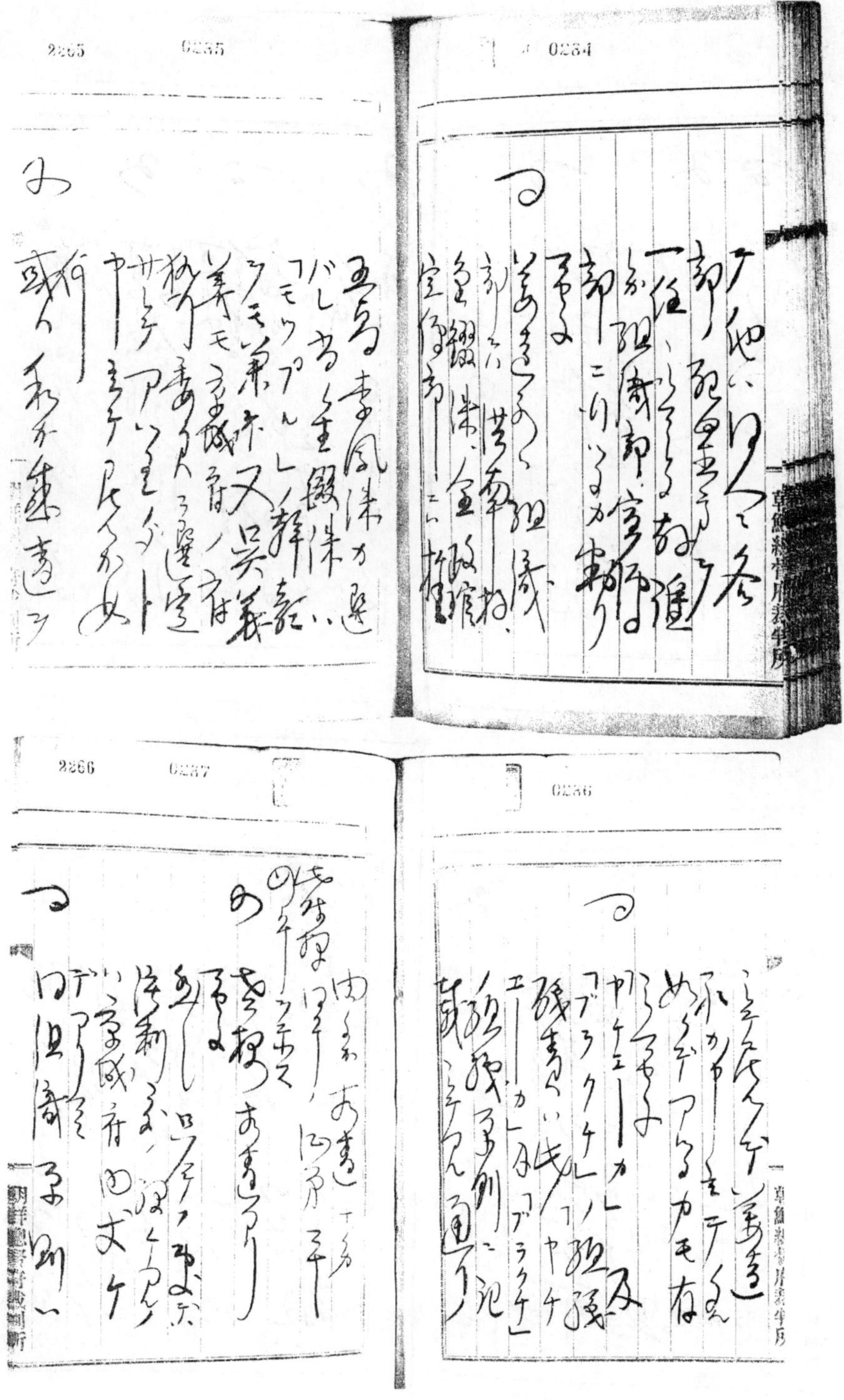
2865 0235

0234

2866 0237

0236

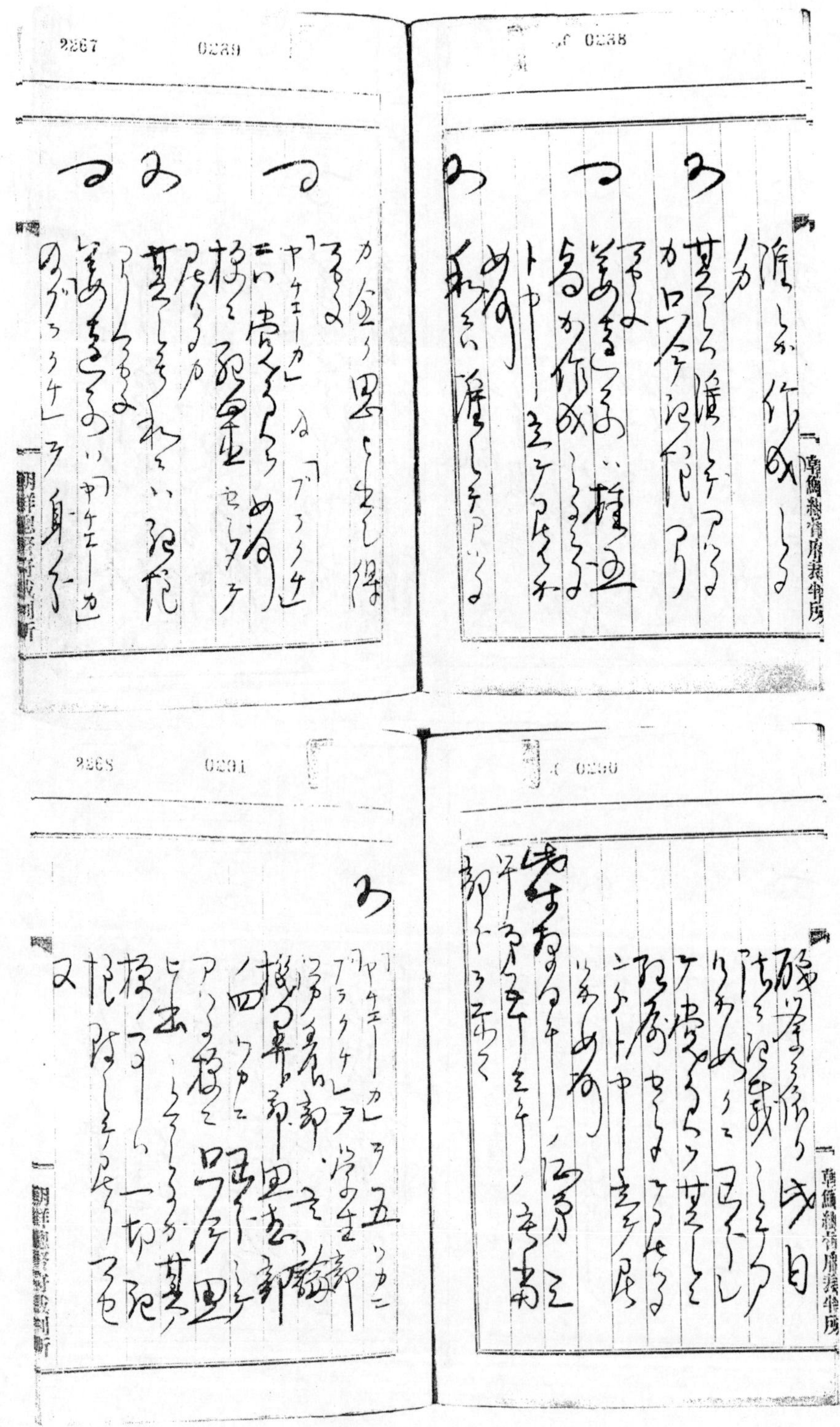

2267 0289

0288

朝鮮總督府裁判所

2268 0291

0290

朝鮮總督府裁判所

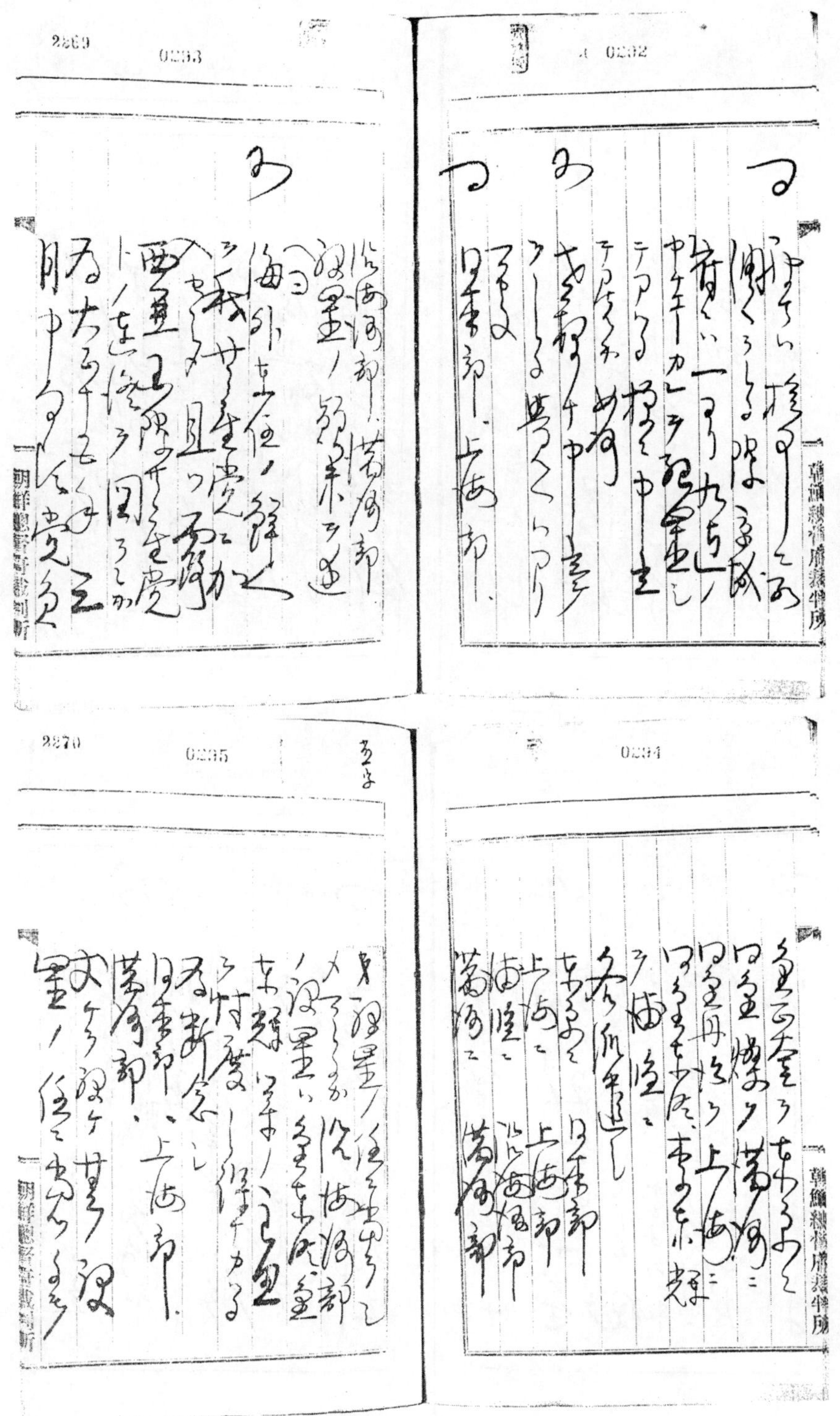

2869 0233

0232

朝鮮總督府裁判所

2870 0235

0234

朝鮮總督府裁判所

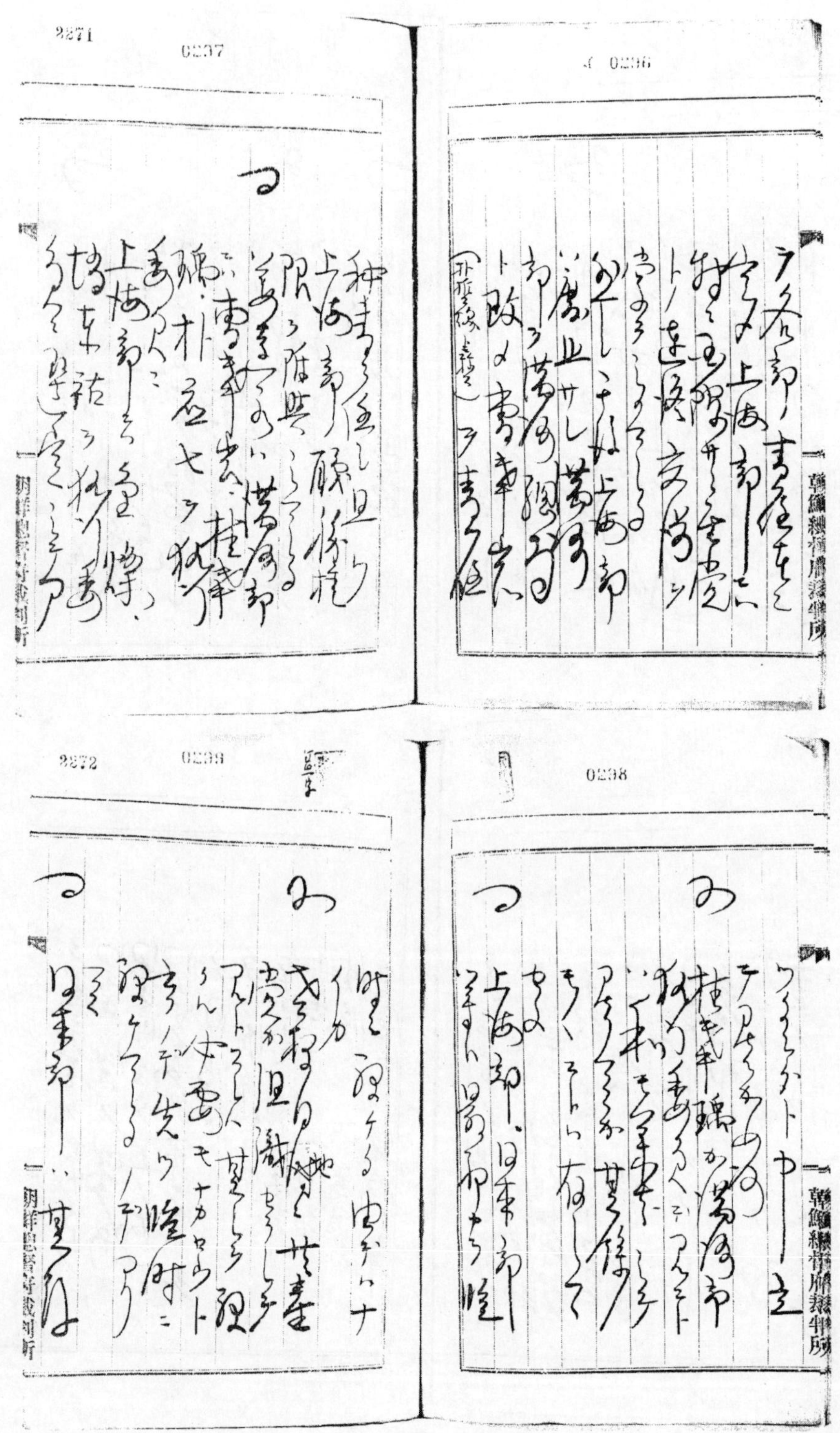
2871
0297
0296
朝鮮總督府裁判所
朝鮮總督府裁判所
2872
0299
0298
朝鮮總督府裁判所
朝鮮總督府裁判所

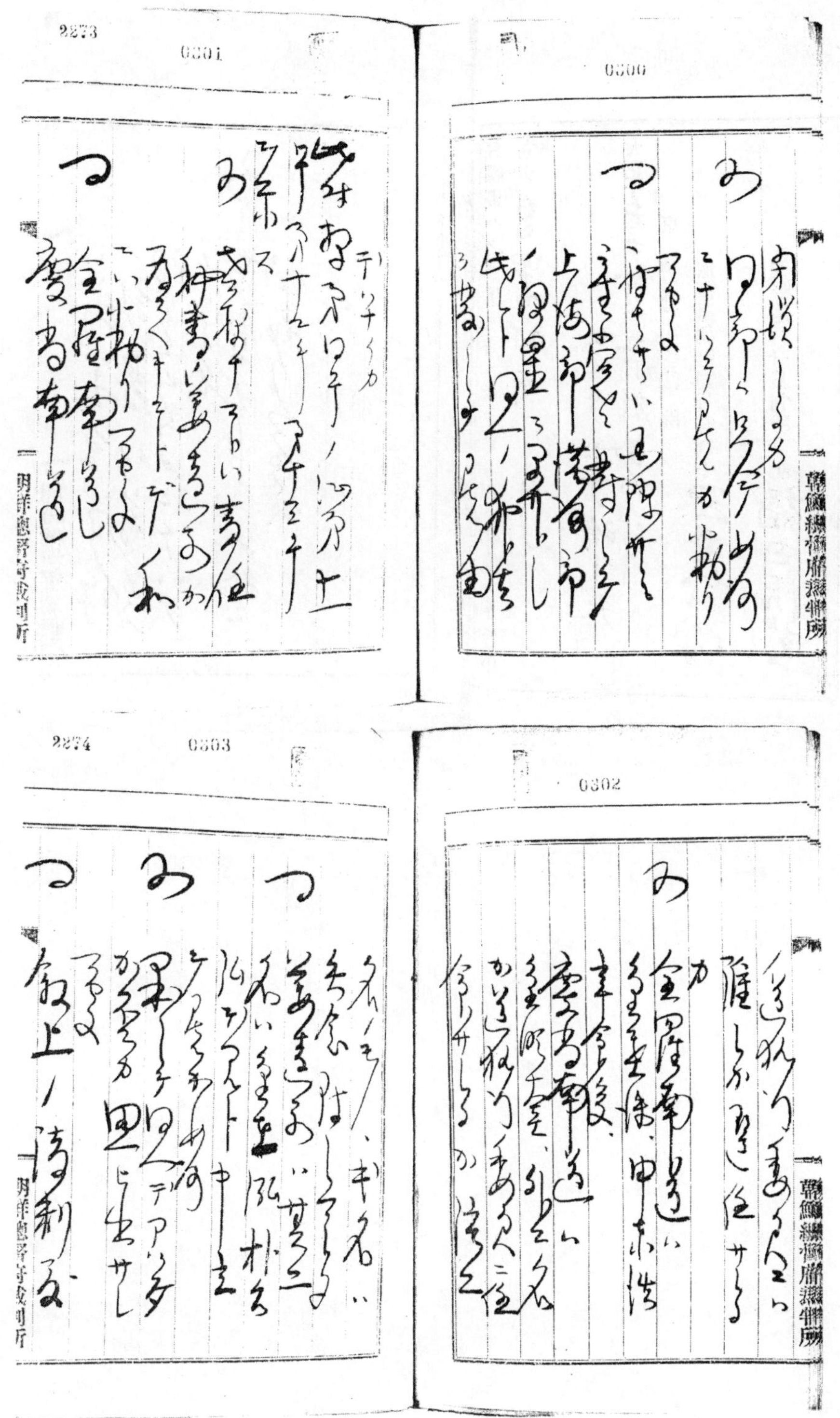
2273
0301
0300
2274
0303
0302

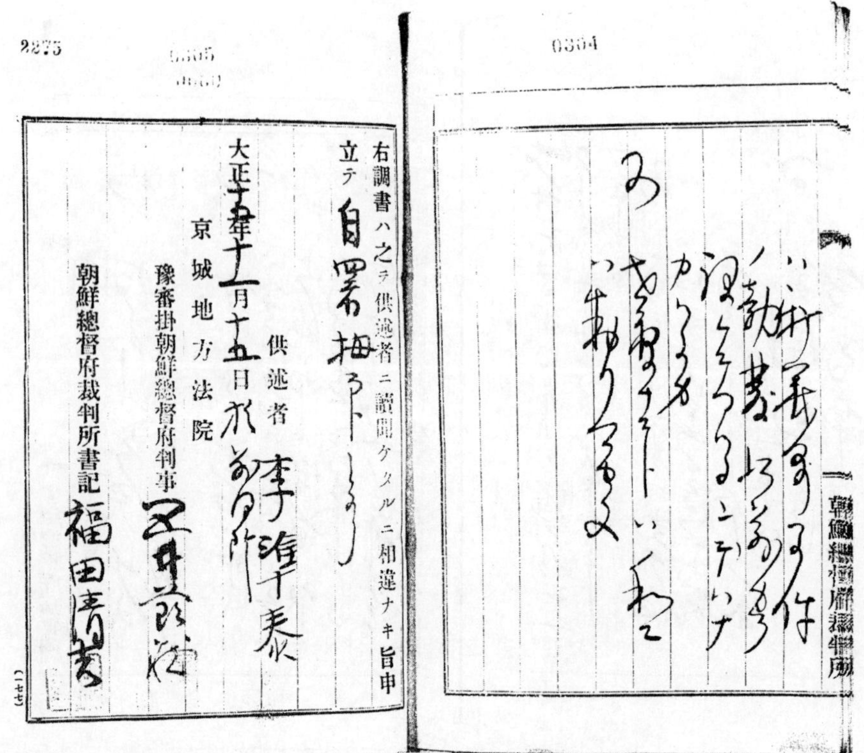

2875 0305 0304

右調書ハ之ヲ供述者ニ讀聞ケタルニ相違ナキ旨申
立テ自署拇印シタリ

供述者 李準泰

大正十五年十二月十五日於[illegible]

京城地方法院

豫審掛朝鮮總督府判事 [illegible]

朝鮮總督府裁判所書記 福田[illegible]

（一七七）

[illegible]

자료 12 「피고인 신문조서」(2회), 1926년 11월 16일, 서대문형무소, 경성지방법원

피고인 신문조서(제2회)

피고인 이준태

위 사람에 대한 치안유지법 위반 피고 사건에 대하여 대정 15년 11월 16일 서대문형무소에 있어서

경성지방법원
예심담당 조선총독부 판사 五井節藏
조선총독부 재판소 서기 福田淸吉

열석하여 판사는 전회에 이어 피고인에 대하여 신문함이 다음과 같다.

문 : 피고는 이준태냐

답 : 그렇습니다.

문 : 조선공산당의 당원은 총수 몇 명이며, 그 나머지는 누구누구였느냐

답 : 당원 총수는 몇 명인지 모르겠으나 박일병 · 원우관 · 오의선 · 전정관 · 이봉수 · 어수갑 · 박민영 · 김철수 · 조봉암 · 김대봉 · 홍덕유 · 강달영 · 구연흠 · 염창렬 · 홍남표 · 박순병 · 민창식 · 박래원 · 권오설 · 정달헌 · 조두원 · 김단야 · 김찬 · 김동명 · 이동휘 · 김정규 · 김재수 · 신동호 · 신명준 · 김명규 · 이상훈 · 조동우 · 권봉우 · 나(이준태) 34명은 당원임이 틀림없습니다.

문 : 이만환 · 오창회 · 강균환 · 유연화 · 고윤상 · 장진수 · 주세죽 · 전해 · 배성룡 · 이지탁 · 김경재 · 이병립 · 이사모 · 김유성 · 권오설 · 도용호 · 윤재현 ·

이은식 · (白)백광현 · 조용주 · 이민행 · 김효종 · 김석준 · 고광수 · 김창준 · 채규항 · 조창희 · 박응칠 · 김상수 · 최원술 · 김항준 · 이수연 · 신표성 · 이용무 · 김호암 · 김호선 · 한인갑 · 노상렬 · 성계주 · 박소미 등도 당원이 아니냐

답: 전해, 일명이 우리 공산당에 입당하고 있었음을 지금 생각났습니다마는 그 나머지 사람이 과연 당원인지 아닌지는 모릅니다.

문: 강달영은 전해 이외의 그들 모두가 당원이라고 진술하고 있는데 어떤가

답: 그런 것은 나는 전혀 모릅니다.

문: 권오설도 이지탁 · 이병립 · 김경재와 자신이 피고에게 추천한 결과로서 조선공산당에 입당한 것이므로 당원임에 틀림없다고 진술하고 있는데 사실은

답: 그럴 리 없습니다.

문: 김영수 · 김덕희 · 정운해 · 송봉우 · 주종건 · 윤종병 · 홍증식 등도 조선공산당원이 아니더냐

답: 그런 것은 모릅니다.

문: 홍덕유는 그들은 물론 조용주 · 김창준 · 김경재 등도 조선공산당원이라고 진술하고 있는데 어떤가

답: 그들은 혹 그네들이 당원인 사실을 알고 있는지는 모릅니다마는 나는 모릅니다.

문: 피고도 경찰관 및 검사의 취조 시에 채규항 · 도용호는 조선공산당의 당원인 것처럼 진술하고 있는데 사실은

답: 그렇게 지금 생각납니다. 그들은 어쨌든 당원임에 틀림없습니다.

문: 위 당원 중 피고의 추천에 의해서 입당한 자는 누구냐

답: 그런 자는 한 사람도 없습니다.

문: 피고는 검사에 대하여는 도용호 · 채규항 · 김정규 · 이상훈은 피고가 강달영에게 천거하여 당원으로 만들었다고 진술하고 있는데 어떤가

답: 그렇게 진술한 기억은 없습니다. 채규항 · 도용호는 강달영에게 이봉수가 천거한 것입니다.

문: 당원을 추천하는데 있어서 사전에 가입자의 동의를 얻어서 하는 것이겠지

답: 그렇습니다.

문: 피고는 채규항으로부터 함홍에 당원이 3명, 도용호로부터 홍원에 당원 2명이 있다고 듣고 강달영에게 그 사실을 고한 일이 있지 않느냐

답: 그런 일은 없습니다. 나는 그네들로부터 권유하면 당원이 될 가능성이 있는 자들이라고 들었기에 그 사실을 강달영에게 전했을 뿐입니다.

문: 피고는 경찰에서 그렇게 진술하고 있는데

답: 경찰에서의 그 진술은 잘못된 것입니다.

문: 피고는 그네들로부터 그렇게 듣고 강달영에게 보고한 자는 누구누구였던가

답: 지금 기억하고 있지 않습니다.

문: 이상의 당원 중 신의주 사건의 발발 이전부터 입당하고 있었던 자는 누구누구이냐

답: 김찬 · 김단야 · 홍덕유 · 강달영 · 권오설 · 홍남표 · 전정관 · 김동명 · 조동우 · 권봉우 · 나 등은 종전부터의 당원이었으나 그 나머지는 과연 언제 입당했는지 모릅니다.

문: 同 당원 중 권오설 · 박민영 · 민창식 · 박래원 · 정달헌 · 조두원 · 박순병 · 김대봉 · 김단야 · 김찬 · 조봉암 등은 고려공산청년회의 회원이기도 하지 않느냐

답: 그런 일은 모릅니다.

문: 피고는 조선공산당에 누구의 권유에 의해서 언제 입당했느냐

답: 나는 김찬의 권유에 따라 대정 14년 5월경에 입당했습니다.

문: 조선공산당에 입당하기 위해서는 어떤 수속이 필요하냐

답: 그것은 조선공산당 당칙에 규정되어 있습니다. 그러나 지금은 과도기이기 때문에 당원 각자가 입당적격자를 물색하고 당의 목적을 알려 가입을 권유하여 그 자가 동의하면 강달영에게 보고함으로써 당원이 되도록 하고 있습니다.

문: 조선공산당과 고려공산청년회와는 어떤 관계가 있기에 당칙에 이러한 규정

까지 있느냐

이 때 본 호의 증 제20호의 해당부분을 제시함

답: 나는 고려공산청년회의 존립조차 모르며 오로지 장래 창립될 그 날을 기대 예상하면서 당칙에 그와 같은 규정을 설정한 것으로 생각합니다.

문: 조선공산당의 경비는 어디서 어떻게 지출하고 있느냐

문: 피고는 강달영과 협력하여 예산안·예산안청구서·예산편성안 설명서를 작성, 이를 국제공산당에 송부하여 36만 3천 8백엔의 송금을 요구한 사실이 틀림 없느냐

답: 틀림없는 사실입니다.

문: 국제공산당에서 그 예산액을 승인하고 송금했었던 거냐

답: 그런 내용은 모릅니다.

문: 그 예산편성안 설명서란 이와 동일하지 않느냐

이 때 본 제4호의 증 제8호를 제시함

답: 맞습니다. 그와 동일합니다.

문: 피고들은 국제공산당에 대하여 그 목표에 기재돼 있는 보고서와 사상운동의 상황 및 당의 영향 보고서 당원 반대에 관한 보고서를 제출한 사실 틀림 없느냐

이 때 본 4호의 증 제1호, 제6호, 제18호를 제시함

답: 증 제1호의 목록에 기재되어 있는 조선공산당 현황보고서·예산안청구서·조선 각 부문 운동상황 보고서 및 증 제16호의 보고서는 국제공산당에 제출

한 것으로 알고 있습니다만 그 나머지의 보고서에 대해서는 모릅니다.

문: 조선공산당은 어떤 사정이 있어서 국제공산당에 가입하고 언제 그 공산당으로부터 그 승인을 받았느냐

답: 그런 것은 나는 전혀 모릅니다. 나는 우리 공산당이 과연 국제공산당에 가맹하고 있는지조차도 모릅니다.

문: 국제공산당에 가맹하고 있지 않다고 하면 위에 진술한 바와 같은 여러 가지 보고서를 제출하거나 예산을 청구하거나 할 수는 없는 이치가 아니냐

답: 나는 설령 그에 가맹하지 않고서도 그렇게 하는 것이 자연스럽고 당연히 돈도 송금받을 수 있다고 생각하여 그렇게 했던 것입니다.

문: 이봉수는 신의주로 가서 김단야와 만나 그곳에 머물러 그자로부터 돈을 받아온 사실이 없느냐

답: 그렇습니다. 김단야가 같은 해 4월경 김항준을 보내어 상담하게 했었는데 나와 이봉수는 신의주로 오라는 취지의 편지를 홍덕유 앞으로 보냈으나 강달영이가 외출 중이어서 부재했던 탓에 내가 전덕과 상의하여 이봉수를 파견하였던 바 김단야는 동인이 부재 시에 220엔을 인도했다고 하는데, 이봉수는 그중 12엔을 여비로 소비하고 나머지 208엔을 나에게 주었습니다.

문: 김단야는 무슨 필요로 피고들과 만나려고 했으며 또한 돈을 이봉수에게 인도했을까

답: 상해부·만주부·연해주부 등을 통할하기 위해서 해외부를 설치할 필요가 있다는 주장이었으나 돈의 용도에 대해서는 별다른 특정이 없었습니다.

문: 그 돈을 어디에 사용했느냐

답: 권오설·전정관은 용돈에 궁해 있었기 때문에 그들에게 각 20엔씩 주고 그 나머지는 전부 나의 용도에 사용했습니다.

문: 위 이봉수는 일명 이철 혹은 이석이라고도 하지 않느냐

답: 그런 것은 모릅니다. 그 사람은 동아일보사의 기자로 있었던 사람입니다.

문: 피고는 조선일보사의 기자로 있는 자로서 이봉수라는 자를 모르느냐

답 : 네 그 사람을 알고 있습니다.

문 : 그 자는 조선공산당에 가입하고 있지 않느냐

답 : 그런 일은 모릅니다.

문 : 조선공산당은 우리 제국의 국체를 변혁하고 사유재산제도를 부인할 목적으로 조직된 것임이 틀림 없느냐

답 : 그렇지 않습니다. 오로지 사유재산제도를 부인하고 현대사회에 공산제도를 시행하는 것만을 목적으로 하여 조직된 것입니다.

문 : 그러나 강달영 · 권오설 · 홍덕유 등은 모두가 그렇게 진술하고 있는데 어떤가

답 : 그 사람들이 어째서 그렇게 진술했는지는 모르겠습니다마는 그것은 잘못되었습니다.

문 : 피고는 조선의 독립을 희망하고 있지 않느냐

답 : 그것은 연구할 문제로서 지금 즉답할 수 없습니다.

문 : 피고는 어째서 사유재산제도를 부인하고 공유재산제도를 시행하려고 하는가

답 : 현 사회에 있어서는 다수의 무산자가 소수의 자본가에 압박 당하여 비참한 처지에서 신음하고 있는 바, 이것은 필경 사회가 사유재산제도를 시인하는 결과이므로 나는 이것을 타파하기 위하여 공산제도를 시행하고자 하는 것입니다.

문 : 공산제도란 어떤 제도이냐

답 : 그것은 요컨대, 모든 것을 사회의 공유로 하고 개인의 사유를 불허하는 제도입니다.

문 : 조선공산당은 간부회를 열어 이왕 전하의 국장 시 조선 독립에 관한 불온문서를 인쇄 · 살포하고 독립운동을 할 계획을 세워 권오설로 하여금 그 책임자로 충당했음이 틀림 없느냐

답 : 그럴 리 없습니다. 권오설이 대정 15년 5월 중순경 중앙집행위원회를 열었을 때 그 석상에서 그와 같은 발의를 했었습니다마는 이 시기에 그와 같은 일을 실행하다가는 즉각 발각될 우려가 있고, 또한 재정도 여의치 않다고 했었으나

다른 간부는 아무도 찬동하지 않았으므로 결국 권오설 단독으로 결행하기로 했던 것입니다.

문: 同 위원회는 어디서 열었으며 그곳에 열석한 위원은 누구누구이냐

답: 장소는 부내 계동의 권오설의 숨은 집인지, 경운동의 다음 사람들의 집인지 확실치 않으며 출석자는 강달영·이봉수·홍남표·전정관·권오설·김철수·나의 7명이었던 것으로 기억하고 있으나 자세히는 모릅니다.

문: 피고의 경력을 말하라

답: 나는 경성공업전습소(지금의 경성공업학교의 전신)를 졸업하고 토지조사국의 기수로 3년간 근무했으며, 그 후 상업에 손대어 실패하고 이래 무위도식하면서 조선노농총동맹·풍산소작인회·화요회·정우회 등에 가입하여 사회운동에 제휴하고 있습니다.

문: 조선노농총동맹·풍산소작인회·화요회·정우회는 어떤 목적으로 조직했느냐

답: 조선노농총동맹·풍산소작인회는 노농민 상호의 부조, 생활향상을 목적으로 하며, 화요회는 무산자 계급의 단결, 생활향상을 목적으로 하여 조직된 것이나 화요회는 그 후 동일 목적 하에 창설된 공산당동맹·북풍회·조선노동당이 3단체와 합병하고 위 목적 하에 정우회를 조직하였습니다.

문: 조선공산당에는 화요회의 회원이 다수 입당하고 있지 않느냐

답: 그렇습니다.

문: 그것은 어떤 의미냐

답: 그것은 모릅니다.

위 조서를 진술자에게 읽어 들려주었던 바 틀림없다고 진술하여 서명 무인했음

진술자 이준태 무인

대정 15년 11월 16일 前 장소에서

경성지방법원

예심담당 조선총독부 판사

五井節藏 인

조선총독부 재판소 서기

福田淸吉 인

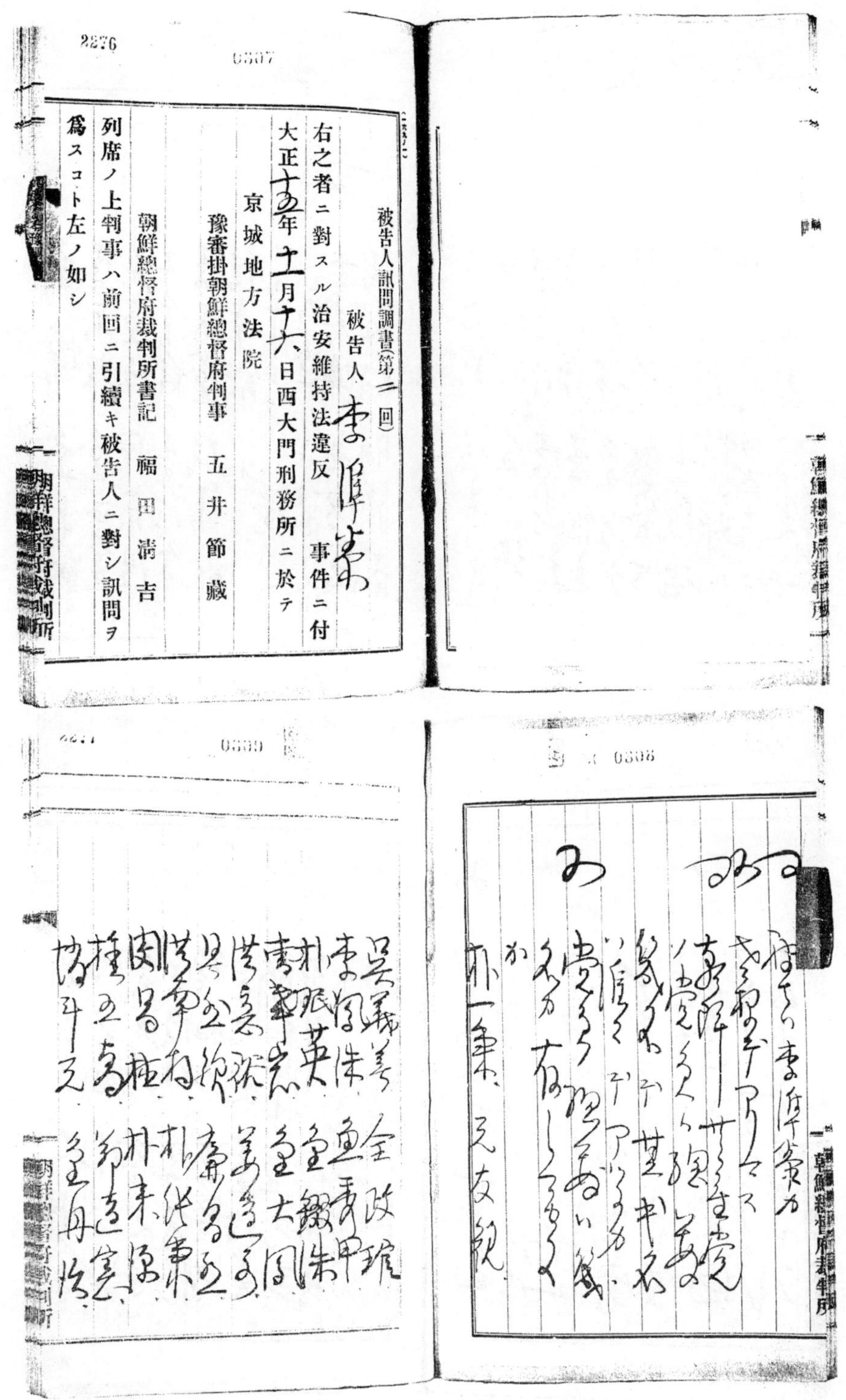
2276

0307

被告人訊問調書(第二回)

被告人 李準泰

右之者ニ對スル治安維持法違反事件ニ付

大正十五年十一月十六日西大門刑務所ニ於テ

京城地方法院

豫審掛朝鮮總督府判事 五井節藏

朝鮮總督府裁判所書記 福田清吉

列席ノ上判事ハ前回ニ引續キ被告人ニ對シ訊問ヲ

為スコト左ノ如シ

朝鮮總督府裁判所

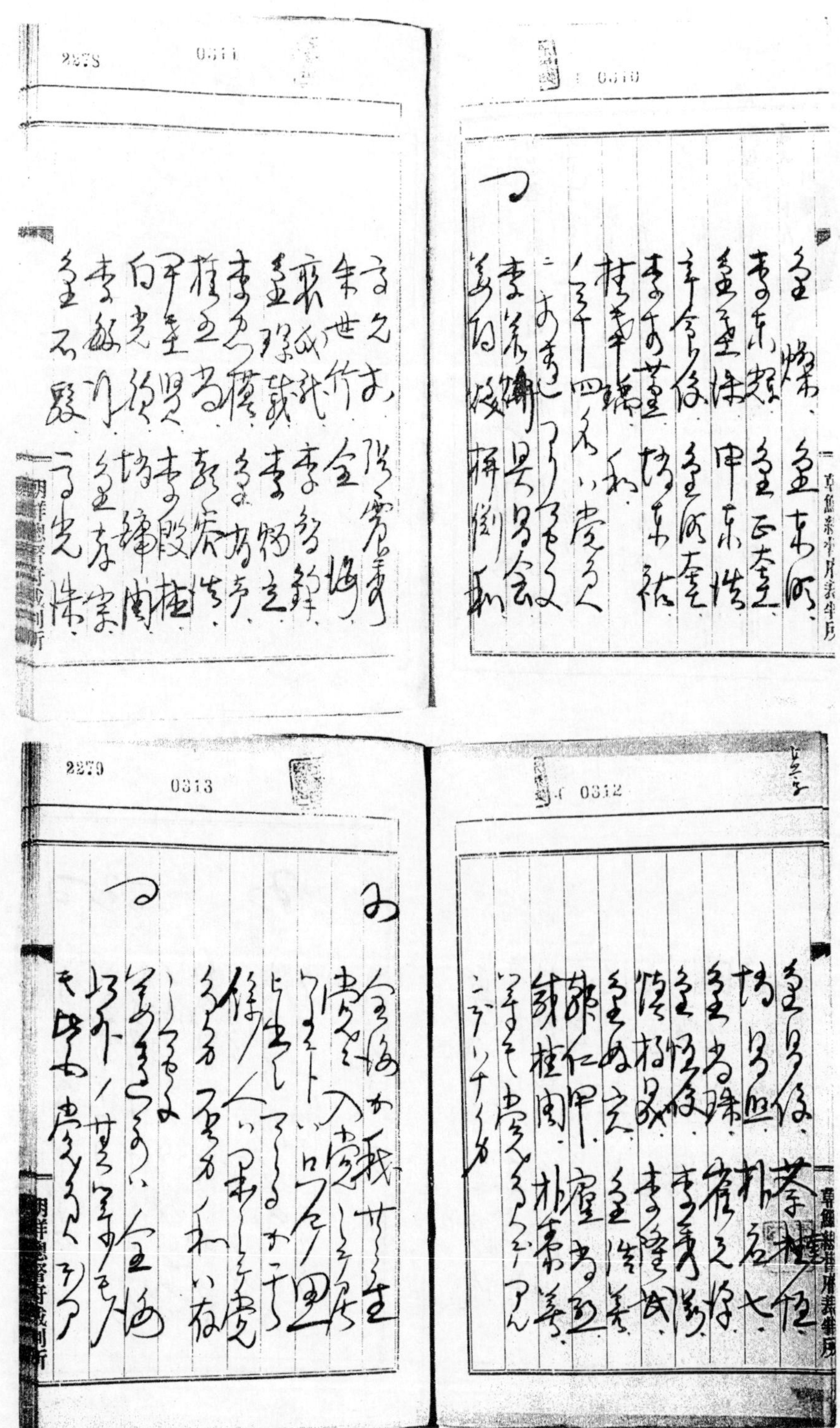

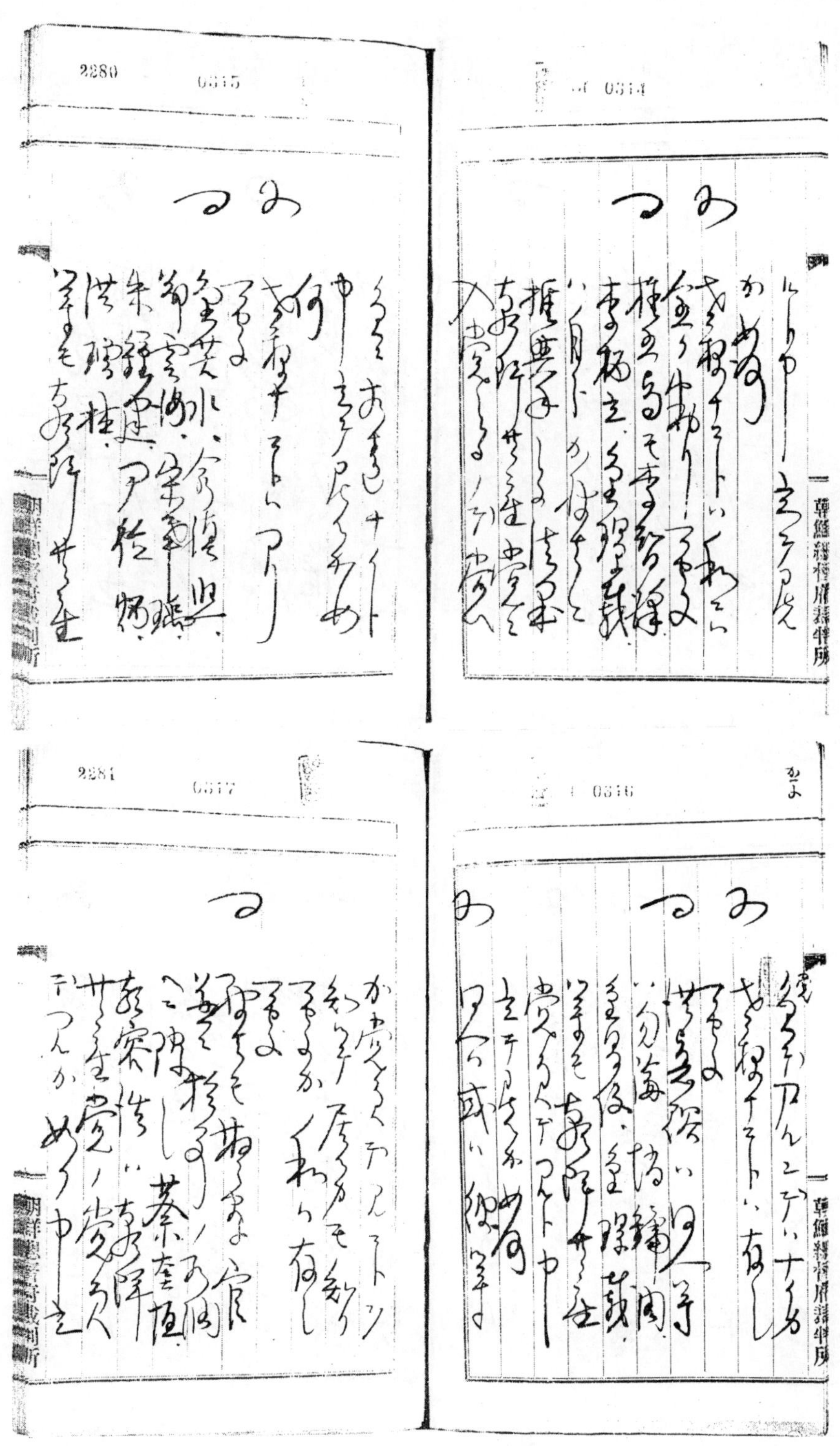
2280
0315
0314
0316

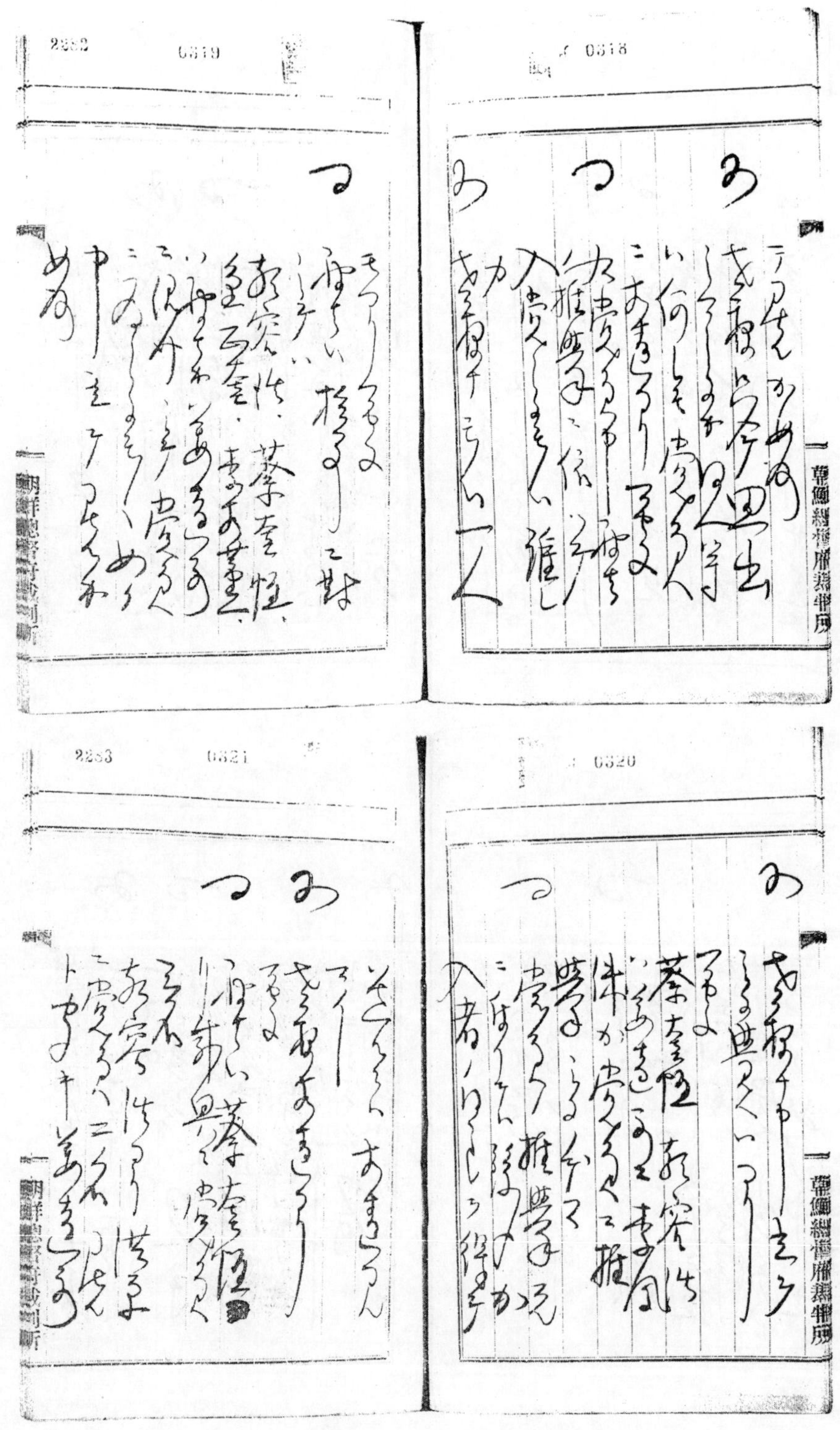

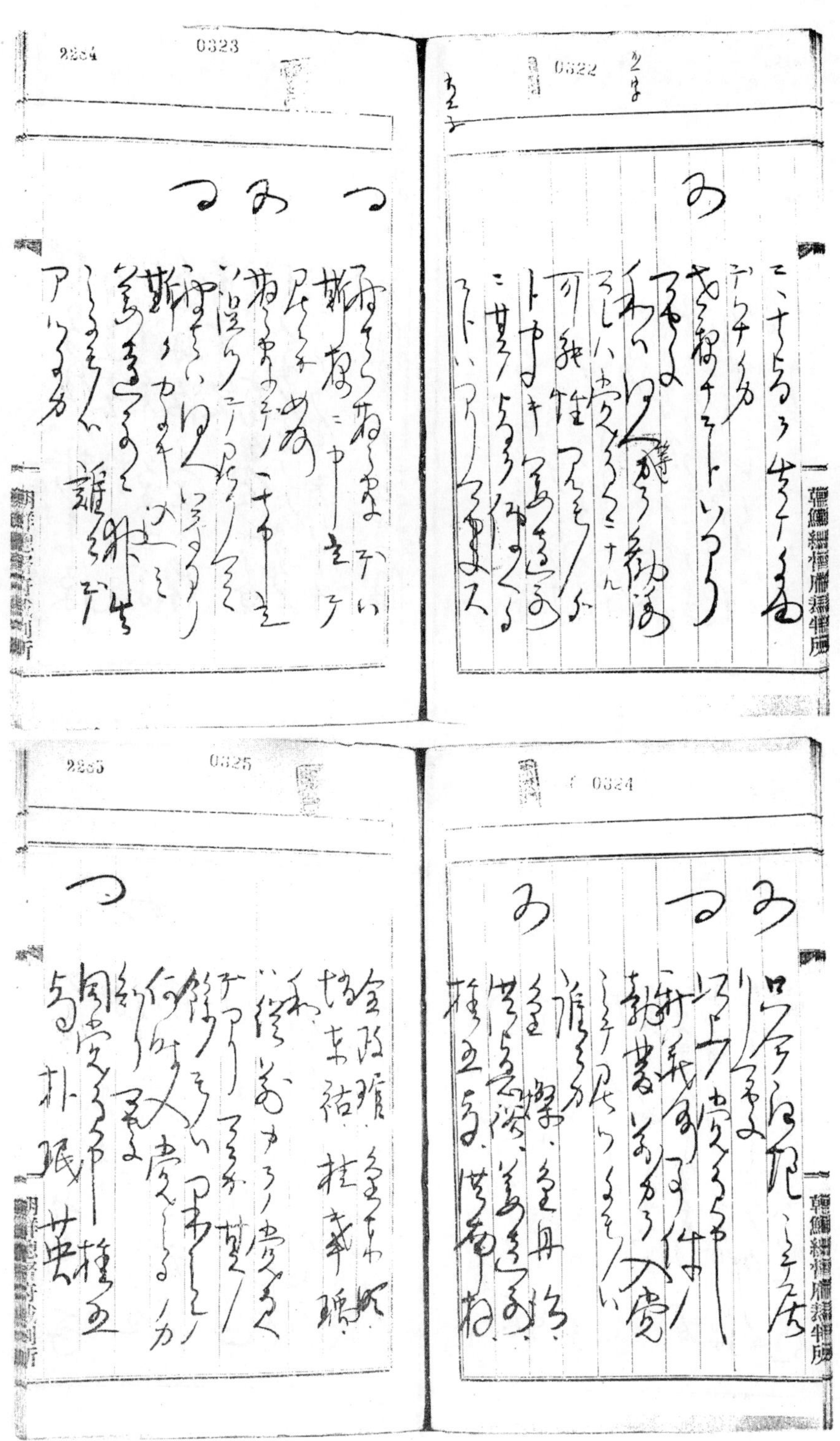

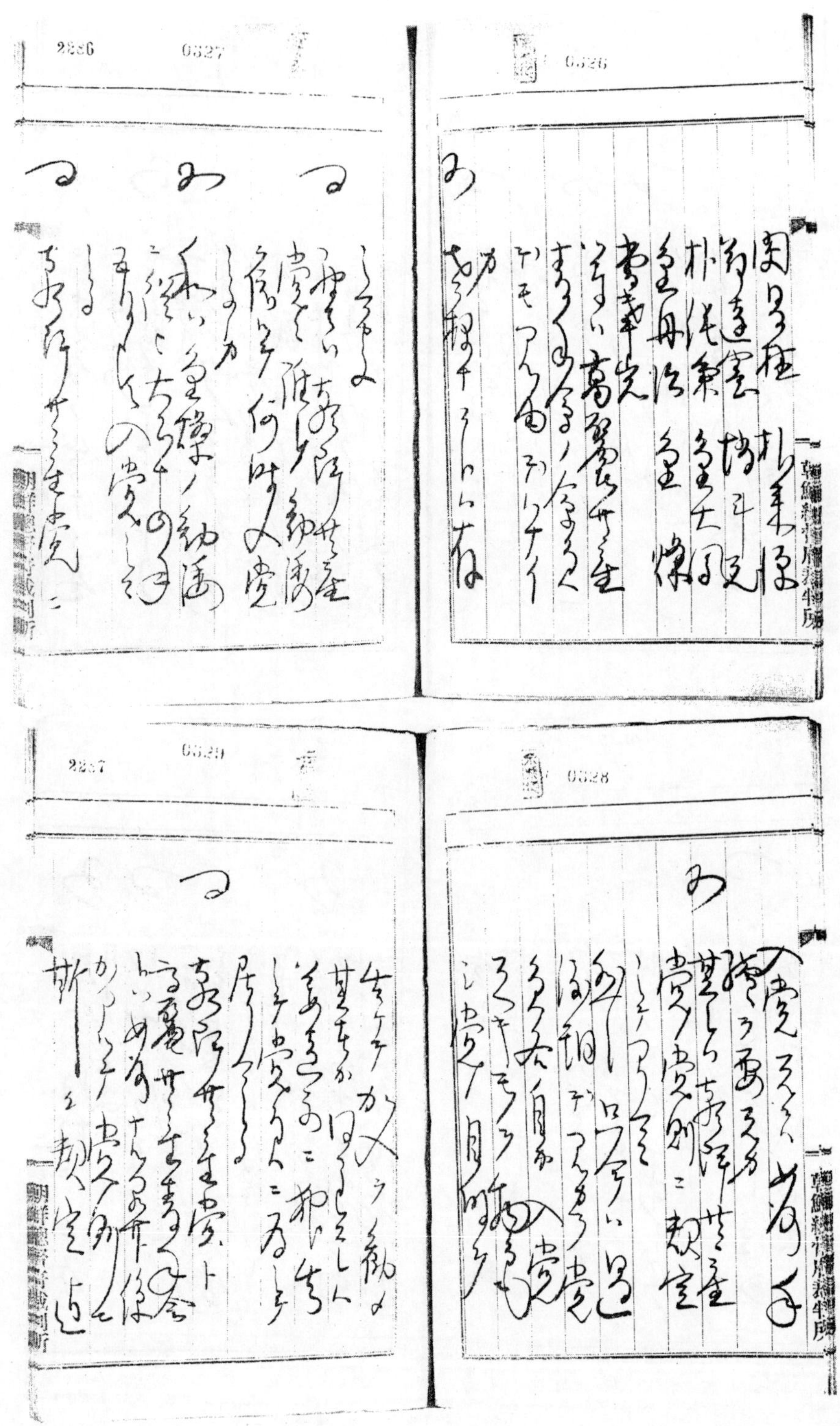
0326
2886
0327
朝鮮總督府裁判所
0328
2887
0329
朝鮮總督府裁判所

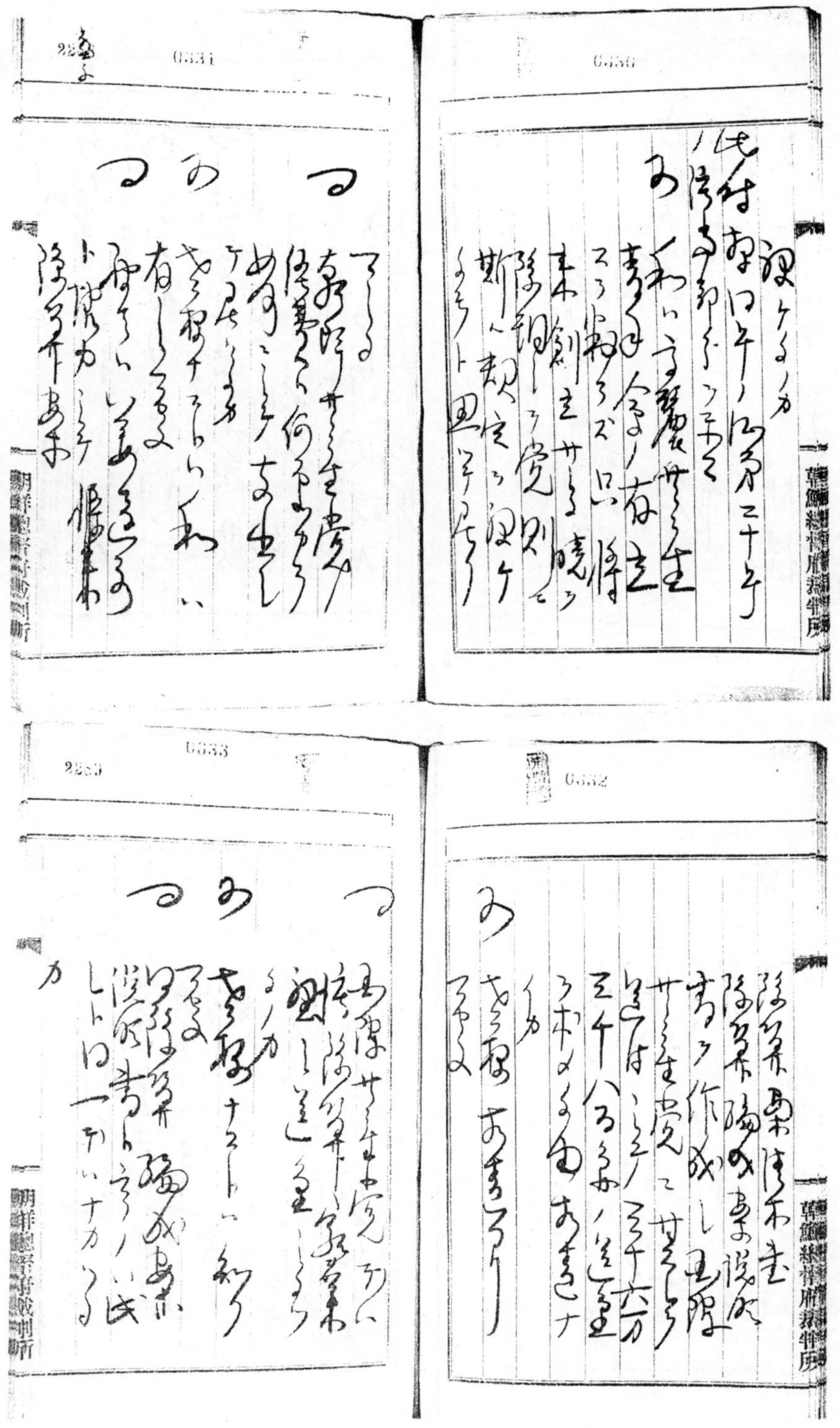

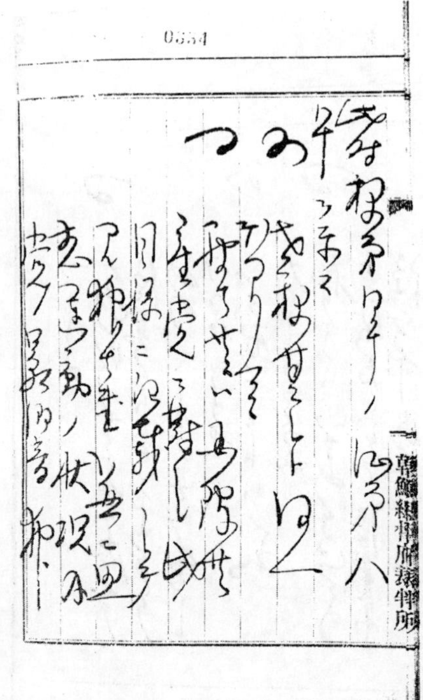
0554
朝鮮總督府裁判所

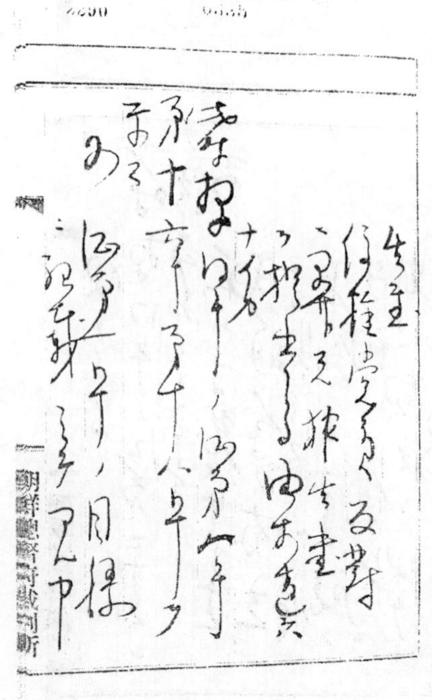
2890
朝鮮總督府裁判所

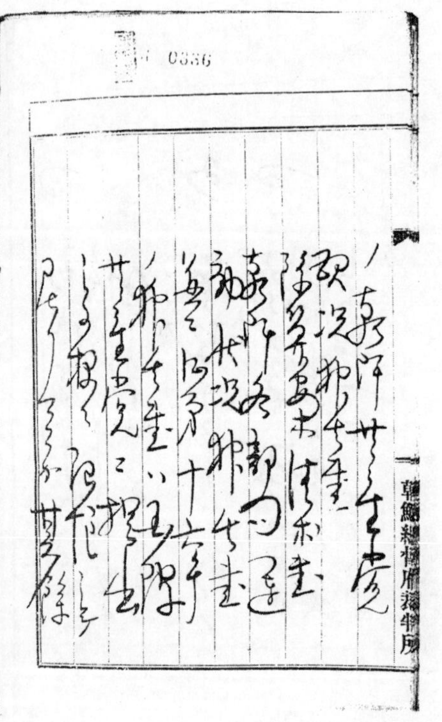
0556
朝鮮總督府裁判所

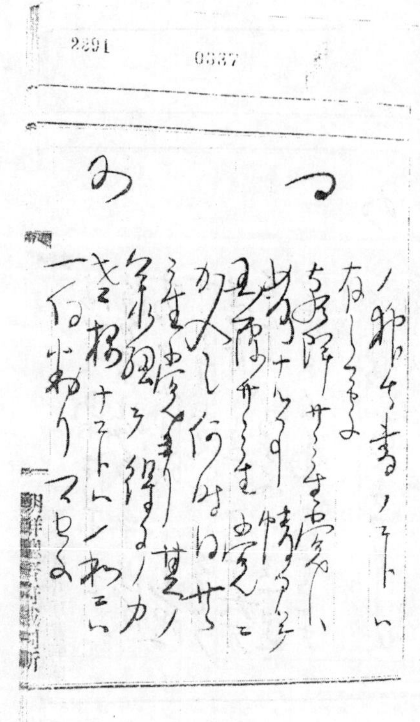
2891
朝鮮總督府裁判所

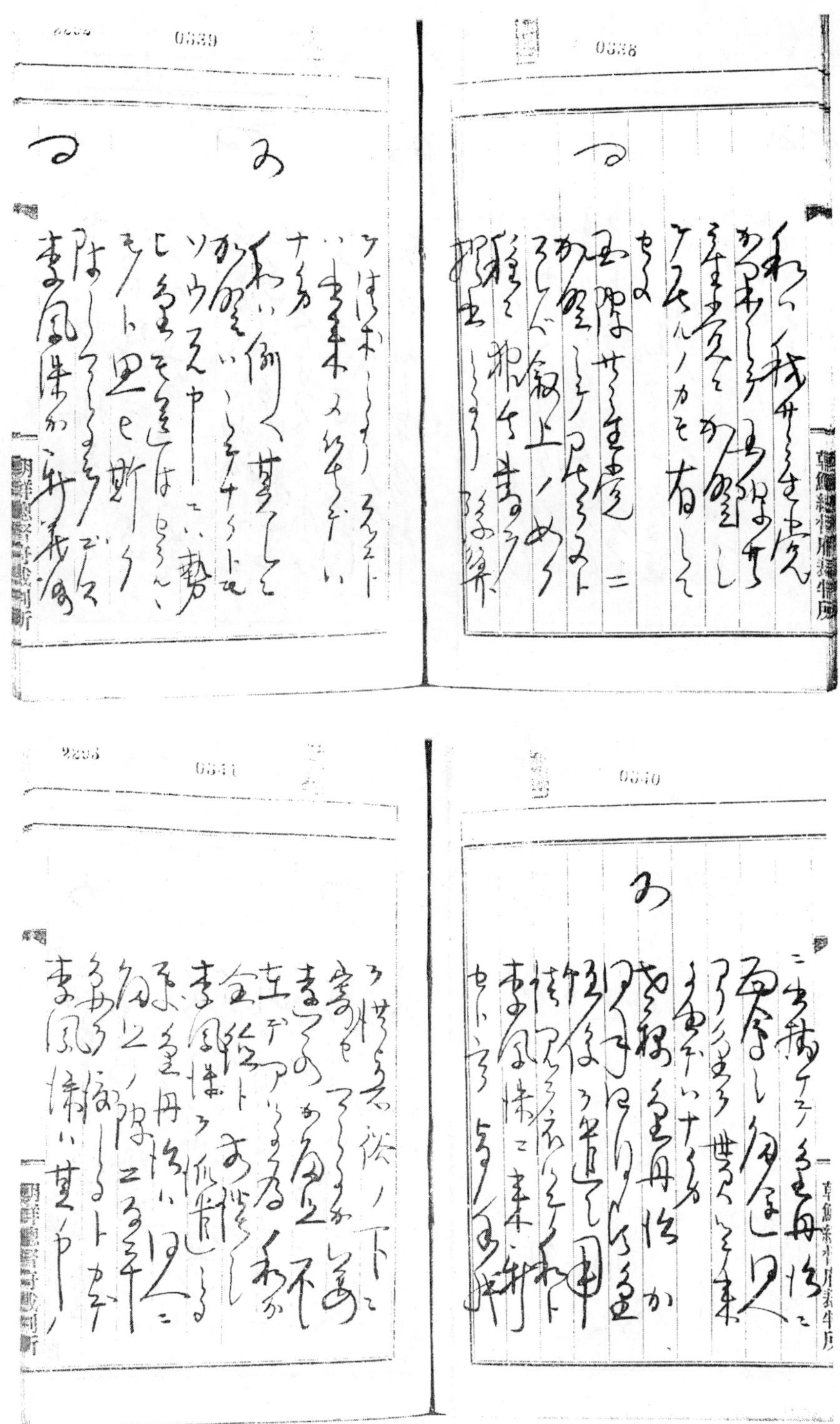

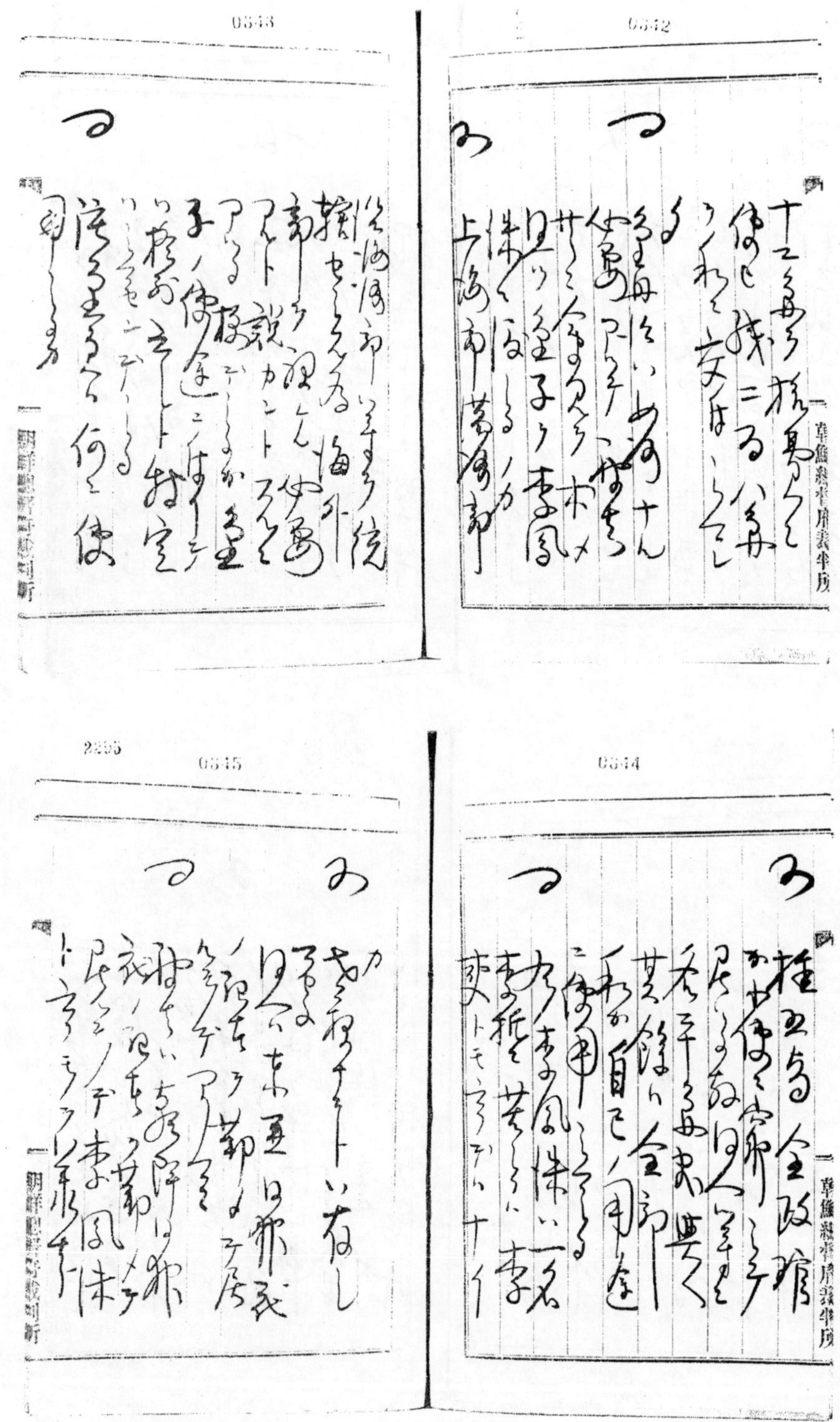

0543

0542

2855

0545

0544

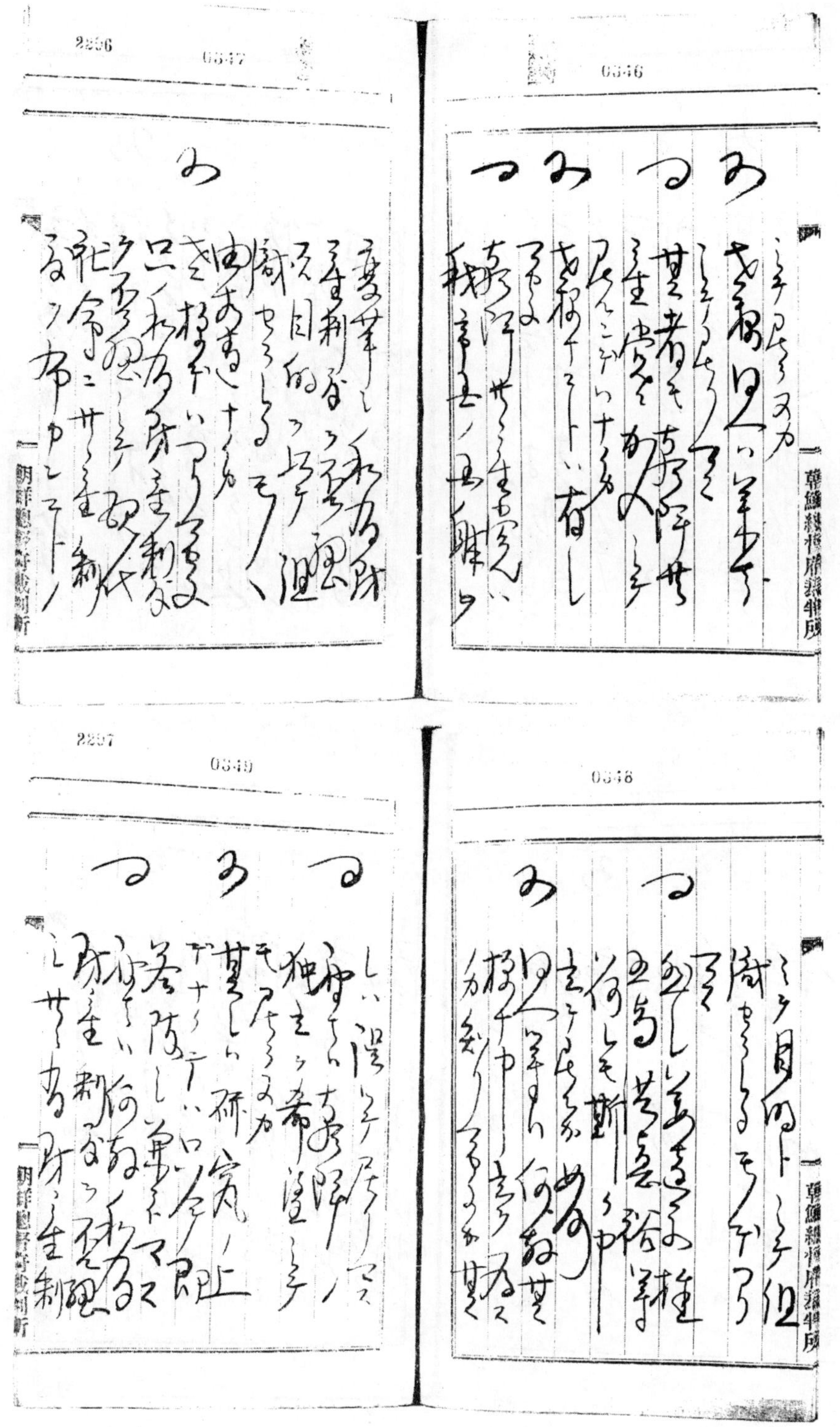

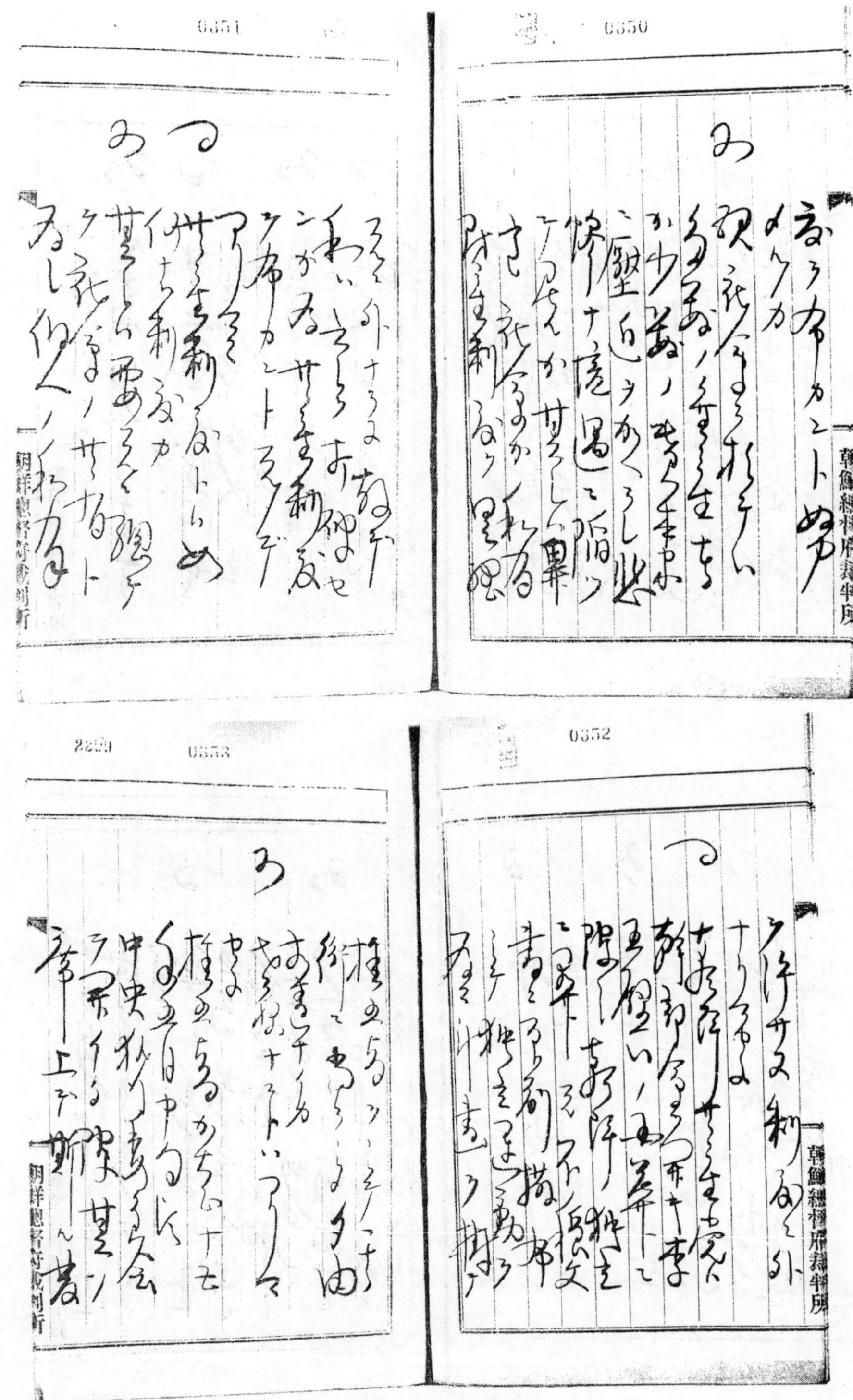

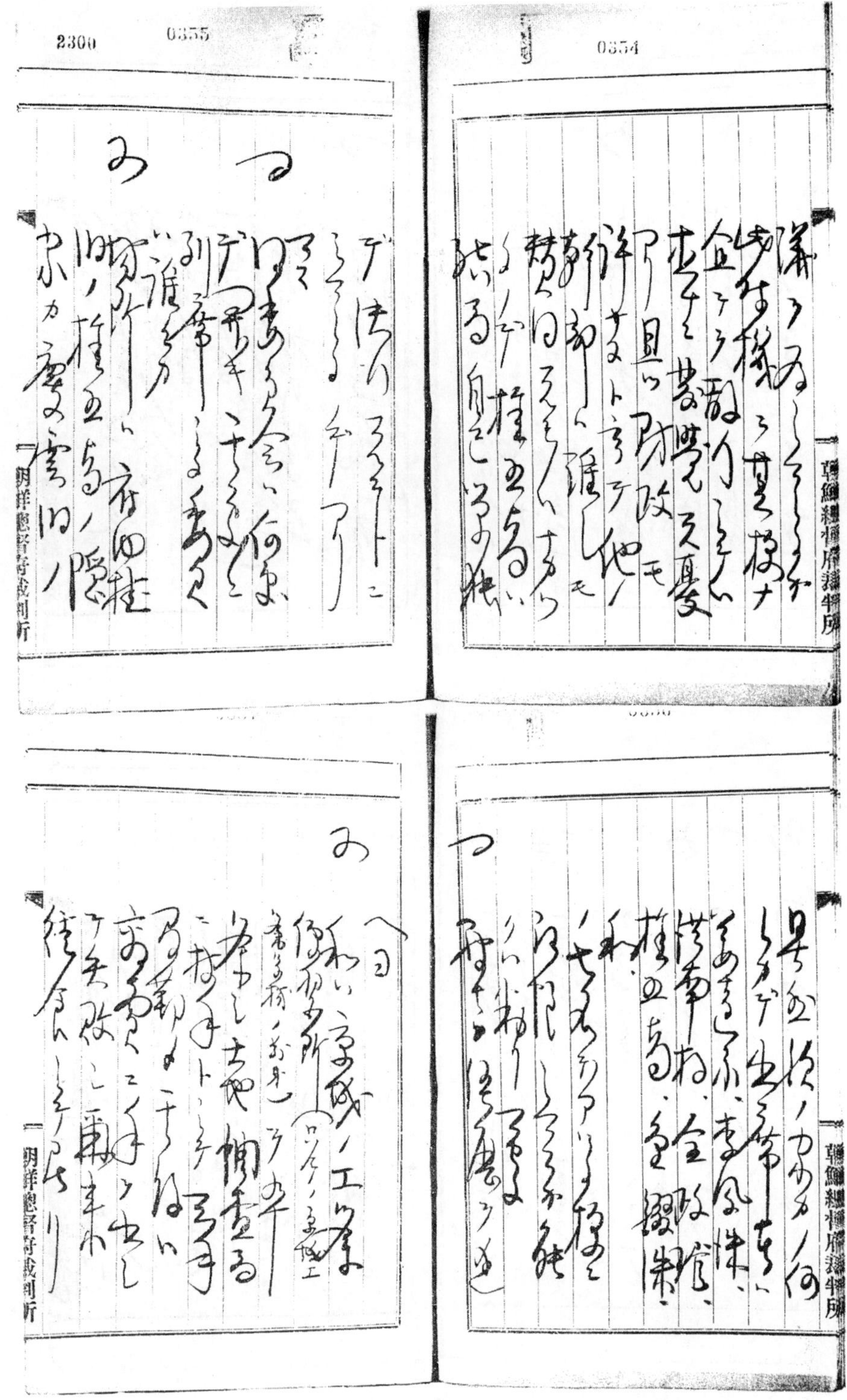
2300 0355

0354

朝鮮總督府裁判所

朝鮮總督府裁判所

朝鮮總督府裁判所

朝鮮總督府裁判所

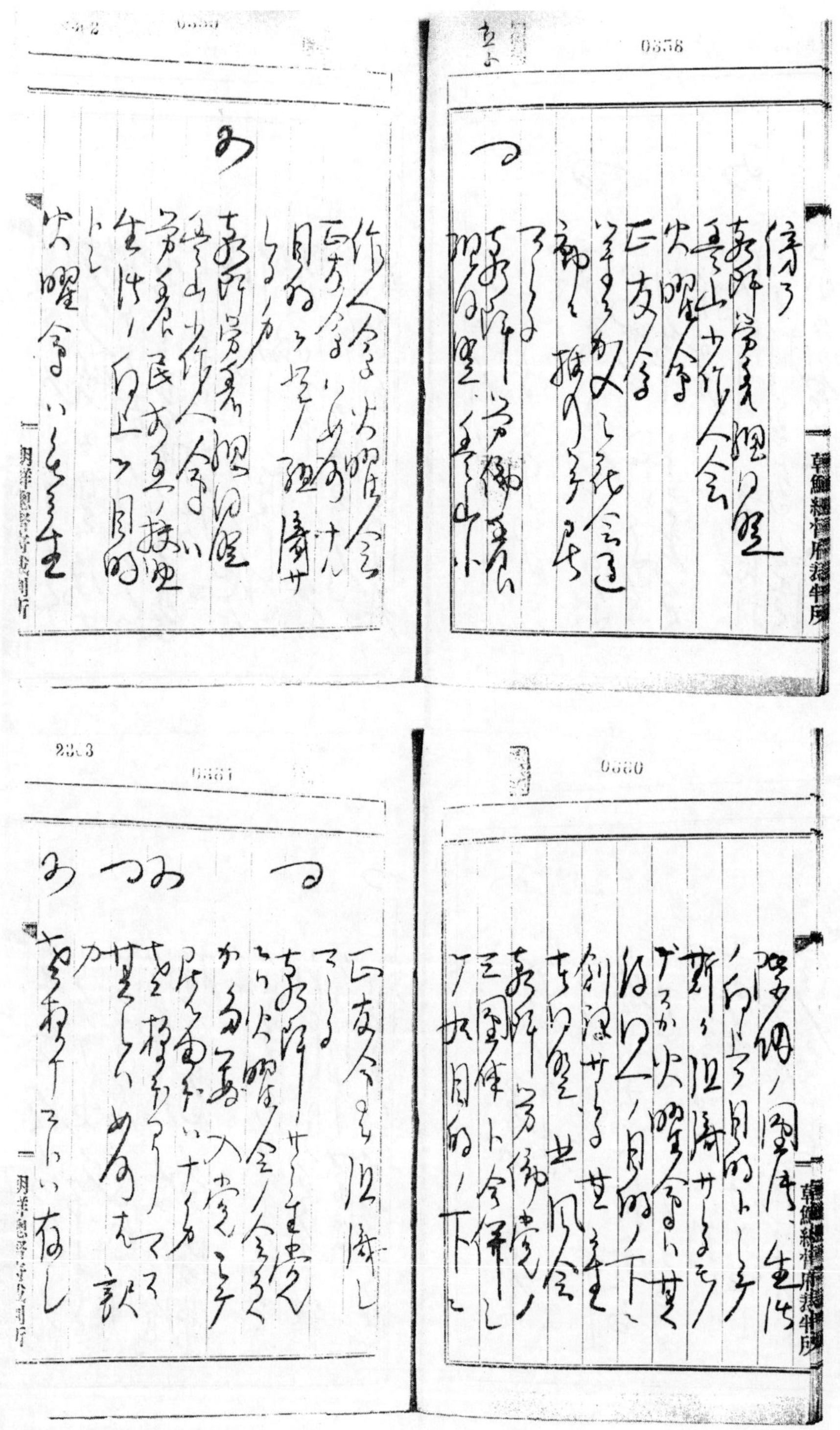

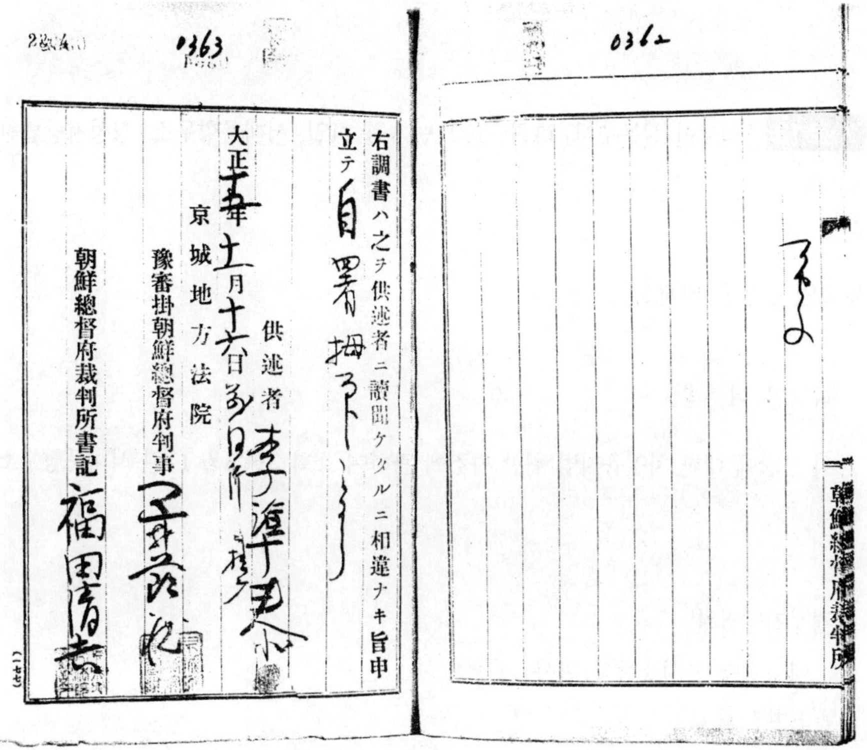
0363

右調書ハ之ヲ供述者ニ讀聞ケタルニ相違ナキ旨申
立テ自署捺印シタリ

供述者 李準泰

大正十五年十二月十六日於同院

京城地方法院

豫審掛朝鮮總督府判事 五井節藏

朝鮮總督府裁判所書記 福田清吉

(一七七)

0362

朝鮮總督府裁判所

자료 13 「피고인 신문조서」(3회), 1927년 3월 14일, 서대문형무소, 경성지방법원

피고인 신문조서(제3회)

피고인 이준태

위 사람에 대한 치안유지법 위반 사건에 관하여 소화 2년 3월 14일 서대문형무소에서

경성지방법원
예심담당 조선총독부 판사
五井節藏
조선총독부 재판소 서기
福田淸吉

열석 하에 판사는 전회에 이어 피고인에 대하여 신문함이 다음과 같다.

문: 이준태이냐
답: 그렇습니다.
문: 피고가 강달영과 협의하여 이봉수·김철수·홍남표 등과 모의하여 조선공산당의 만회책동을 획책한 것은 언제쯤이냐
답: 그것은 대정 14년 12월 하순경인 것으로 사료합니다.
문: 피고는 전회에 「야체이카」는 다섯 개, 「프락치」는 네 개뿐이라고 진술하였으나 그것은 잘못 된 게 아니냐
답: 나는 그것 밖에 없는 것으로 확실히 기억하고 있었는데 실제로 몇 개 있었는

지 모릅니다.

문: 김창준은 자기는 피고의 교섭에 의해서 조선공산당에 입당한 것이라고 진술하고 있는데 어떤가

답: 그런 일 없습니다. 나는 그 사람과 아는 사이이기는 하나 그 사람이 우리 당원인지도 모를 정도이며 동인을 권유 입당케 한 사실은 없습니다.

문: 권오설은 피고에 관하여 강균환·박민영·이지탁·이병립·조두원·김경재·염창렬·박래원·민창식·정달헌·원재현·김대봉·고윤상 등은 조선공산당 당원의 자격을 갖춘 자들이기 때문에 가입을 권유해 보라고 권했다고 진술하고 있는데 어떤가

답: 그런 일은 없습니다. 그 사람들의 그 진술은 틀렸습니다.

문: 강달영은 피고 및 전정관이 오로지 입당을 권유한 것으로 진술하고 있는데 틀림이 없는가

답: 그런 일은 없습니다. 나는 그저 대정 15년 2, 3월경 도용호·채규항 두 사람만을 권유하여 우리 공산당에 가입시켜 강달영에게 그 사실을 보고한 것 외는 아무도 권유 입당시키지는 않았습니다.

문: 피고는 도용호·채규항 두 사람에게 권하기를 뭐라고 하여 가입의 권유를 하였느냐

답: 많은 세월이 경과하였으므로 확실한 기억은 없습니다마는 자네들도 공산주의자이므로 조선공산당인 비밀결사에 가입하여 그 공산주의 실현을 도모하여야 하지 않나 하고 입당을 권유한 것으로 알고 있습니다.

문: 피고는 이상훈에게 최원순의 후임으로 대구에 있는 조선공산당의 간부가 되라고 권유한 사실이 없었던가

답: 그런 일은 없습니다. 다만, 나는 대정 15년 2월경 이상훈에게 조선공산당은 우리들의 손으로 만회하고 강달영과 나는 비서부의 사무를 담임하고 있기 때문에 금후 이 공산당에 뭔가 통신할 일이라도 생기면 강달영 앞으로 하도록 일러 준 일은 있습니다.

문: 이상훈은 그렇게 진술하고 있는데 어떤가

답: 그 사람의 그 진술은 잘못되었습니다.

문: 피고는 여기에 기재 되어 있는 김형식·도관수들도 조선공산당에 입당을 권유시켜 강달영에게 그 사실을 보고하고 있는 것이 아니냐

이 때 본 제978호의 제6호를 제시함

답: 그럴 리 없습니다.

문: 그러나 두 사람은 권유하면 입당할 가망이 있는 사람이라고 강달영에게 그것을 보고한 사실은 틀림없겠지

답: 그런 일도 없습니다.

문: 강달영은 그렇게 말하고 있는데 사실 아닌가

답: 그 사람의 그 진술은 틀렸습니다.

문: 이창수·이영민·박병두·정진무·김정근·최안섭·조준대 등은 조선공산당에 가입하고 당원 신명준·노상렬·김유성 등과 같이 전라남도의 광원·순천 등에서 「야체이카」를 조직하고 있지 않나

답: 그런 일은 나로서는 모릅니다.

문: 그 사람들 중에서 신명준·노상렬·최안섭 기타의 사람들도 그렇게 진술하고 있는데 어떤가

답: 만약 그렇다면 신명준·김재수·신동호는 모두가 우리 공산당원이고 황차 전남의 도 간부이므로 그 사람들이 서로 협력하여 그네들을 권유 가입시켜 「야체이카」를 조직하고 있었는지도 모릅니다.

문: 김기탁·김형미·김상수·김사성·윤윤삼(일명 윤열이라고도 함)·이봉수·김용찬·권영규·한정식·오기섭·이수연(李秀延, 일명 이수연 李秀淵: 이름 글자를 다르게 사용하기도...) 등도 조선공산당에 가입하고 있지 않았나

답: 그런 일도 나로서는 모르는 일입니다.

문 : 이광모는 피고 및 박래원을 설득하여 조선공산당은 화요회의 회원들이 조직한 것이다 그 자들이 이 일심지회의 회원인데 거기에 가입한 자는 누구누구인지 들은 적 없느냐

답 : 그런 일은 없습니다.

문 : 이광모가 그렇게 진술하고 있는데...

답 : 그 사람의 그 진술은 잘못되었습니다.

문 : 그렇다면 이광모가 박래원과 피고를 만찬에 초대하여, 조선공산당은 현재 비참한 곤경에 빠져 있는데, 자기들은 다행히도 조선노농총동맹의 간부이기 때문에 지방단체의 단원으로서 이에 입당하고 있는 자를 조사하여 그 자들과 협력하여 조선공산당의 만회에 힘쓰자고 했던 것은 아니냐

답 : 그런 일도 없었습니다.

문 : 박래원은 그런 일이 있었다고 했는데...

답 : 그 사람의 진술이 잘못되었습니다.

문 : 이광모가 조선공산당에 가입하고 있는 것은 틀림없겠지

답 : 그런 일도 나로서는 알 수 없는 일입니다.

문 : 조선공산당은 공산제도의 실현에 힘쓸 뿐만 아니라 조선을 이 제국의 속박으로부터 벗어나게 하고자 하는 것도 또한 그 목적으로 하고 있는 것이 아니냐

답 : 그렇습니다. 우리 공산당은 우리들 조선인의 손으로 조선에 공산제도의 사회를 실현시켜 그에 따라 세상을 다스리도록 할 것이며, 그렇게 되면 자연히 조선은 제국의 굴레에서 벗어 날 것인즉 그렇게 하는 것이 주된 목적은 아닐지언정 종된 목적으로 되어있는 셈입니다.

문 : 조선공산당원은 모두가 그 목적을 알고 가입되어 있느냐

답 : 그렇게 생각합니다. 가입 권유를 할 때에는 목적을 알리기로 되어 있고 설령 알리지 않았다고 할지라도 입당하는 자는 모두가 공산주의자이기 때문에 조선공산당의 명칭 자체로써도 능히 그것을 알 수 있는 것이라고 생각합니다.

문 : 피고가 생각하는 소위 공산당이란 어떤 의미의 제도이냐

답: 나는 천연물·생산기관·생산물 등은 모두가 사회 공유로 하고 생산물은 각자에게 평등하게 분배하는 제도로 생각하고 있습니다.

문: 김명규·김정규·어수갑·이봉수(일명 동아일보 기자 근무자)·박민영·도용호·채규항·전정관·홍덕유·염창렬·박지병·민창식·박래원·권오설·박일병·신명준·이상훈·조동근·권동우·원우관·오의선·김철수·조봉암·김대봉·구연흠·홍남표·정달헌·조두원·김단야·김찬·김동명·이동휘·전해·김재수·신동호 등은 조선공산당 당원임이 틀림없느냐

답: 예, 틀림없습니다.

문: 김명규·이봉수·도용호·이상훈은 어쨌든 조선공산당에 가입하지 않았다고 진술하고 있는데 어떤가

답: 그럴 리 없습니다. 그 사람들의 진술이 틀렸습니다.

문: 피고의 지금까지의 진술에 의하여 피고는 本件 치안유지법 위반의 범행혐의가 충분하다고 사료되는데 이에 관하여 변명할 점은 없나

답: 아무것도 말할 것이 없습니다.

위 조서를 진술자에게 읽어 들려주었던 바 틀림없다고 대답하고 서명 무인했음

진술자 이준태 무인

소화 2년 3월 14일

前과 같은 장소에서

경성지방법원

예심담당 조선총독부 판사　五井節藏

조선총독부 재판소 서기　福田淸吉

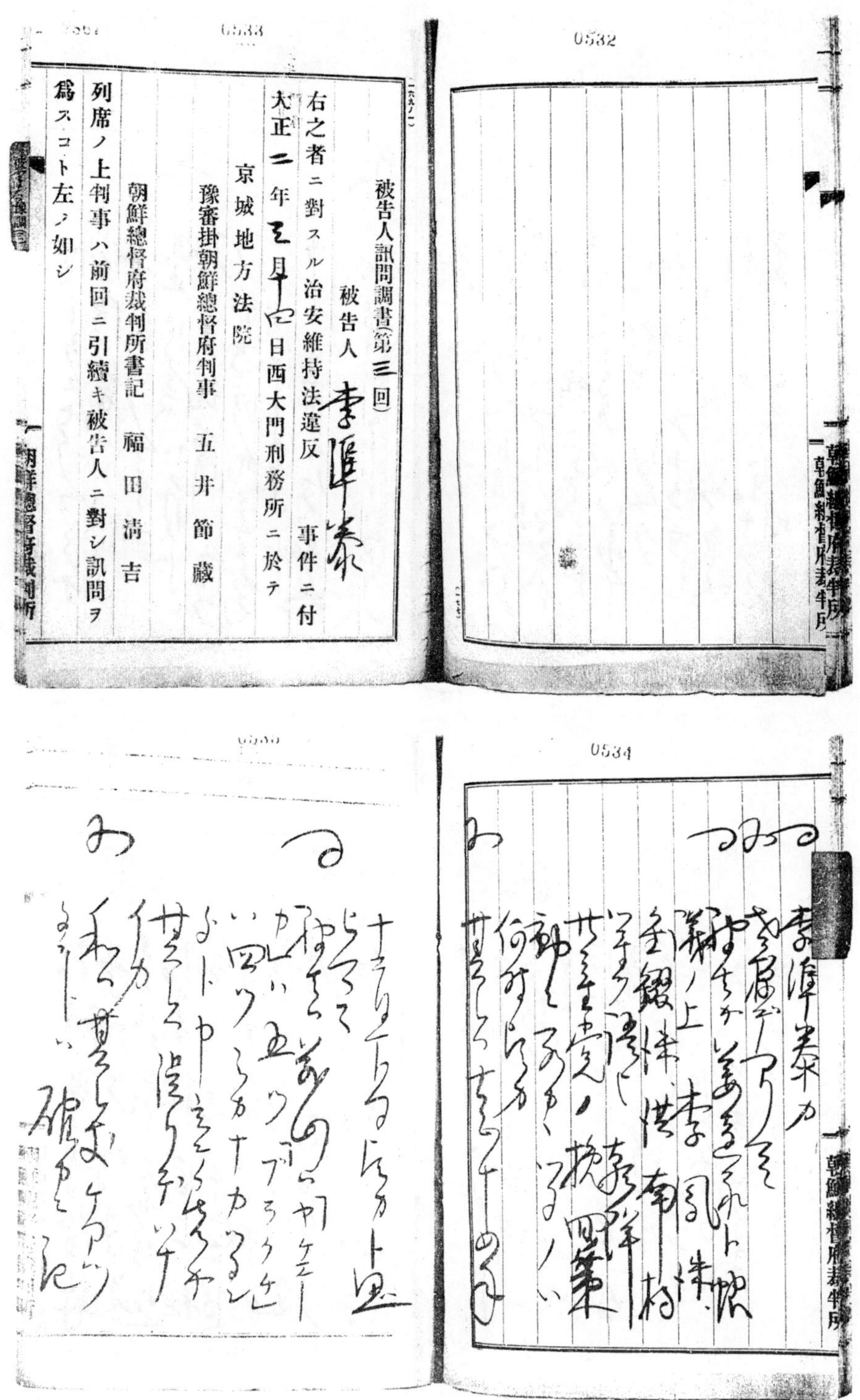
0533

被告人訊問調書(第三回)

被告人 李準泰

右之者ニ對スル治安維持法違反 事件ニ付

大正二年三月十四日西大門刑務所ニ於テ

京城地方法院

豫審掛朝鮮總督府判事 五井節藏

朝鮮總督府裁判所書記 福田清吉

列席ノ上判事ハ前回ニ引續キ被告人ニ對シ訊問ヲ

爲スコト左ノ如シ

朝鮮總督府裁判所

0532

朝鮮總督府裁判所

0534

朝鮮總督府裁判所

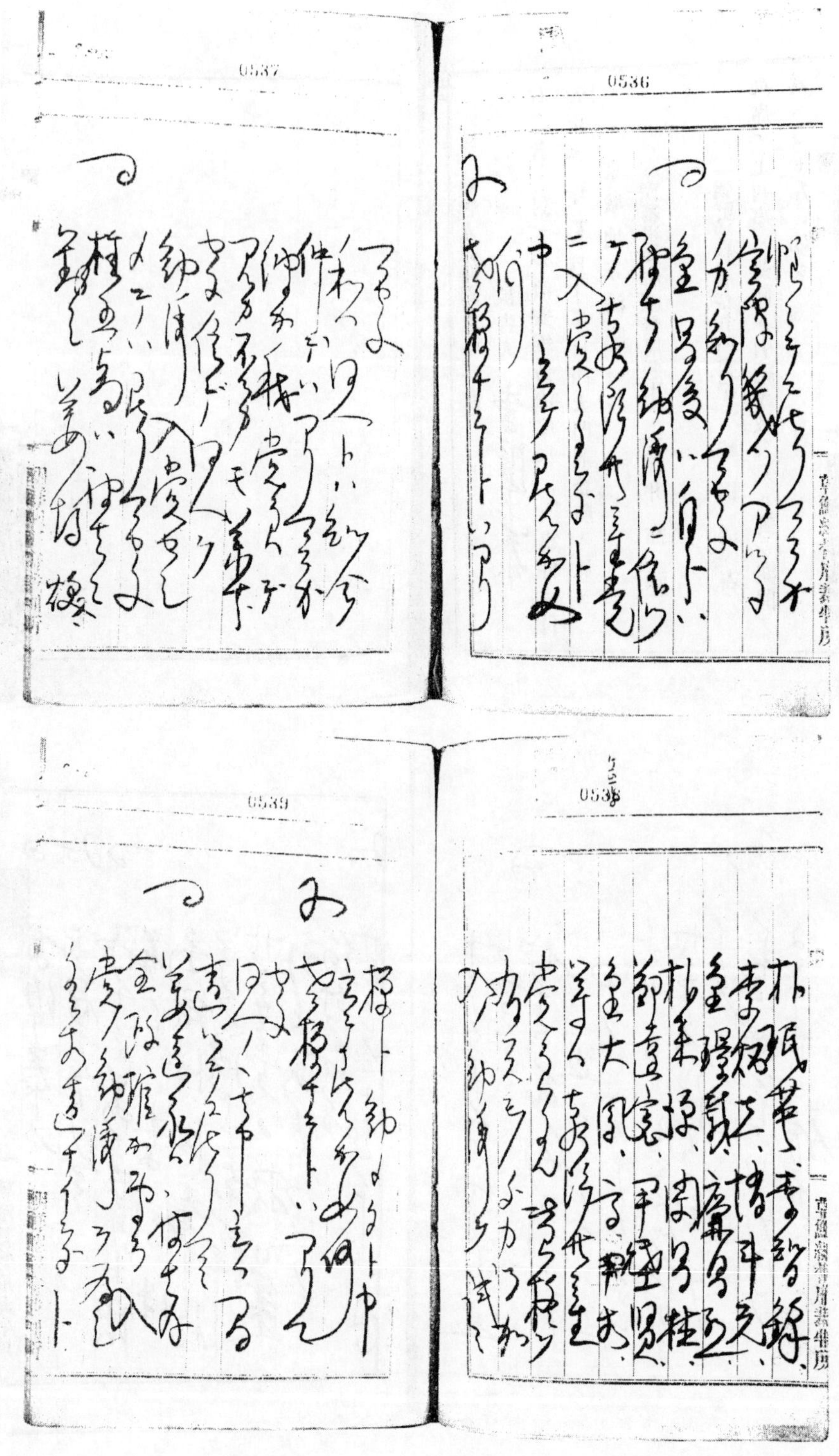

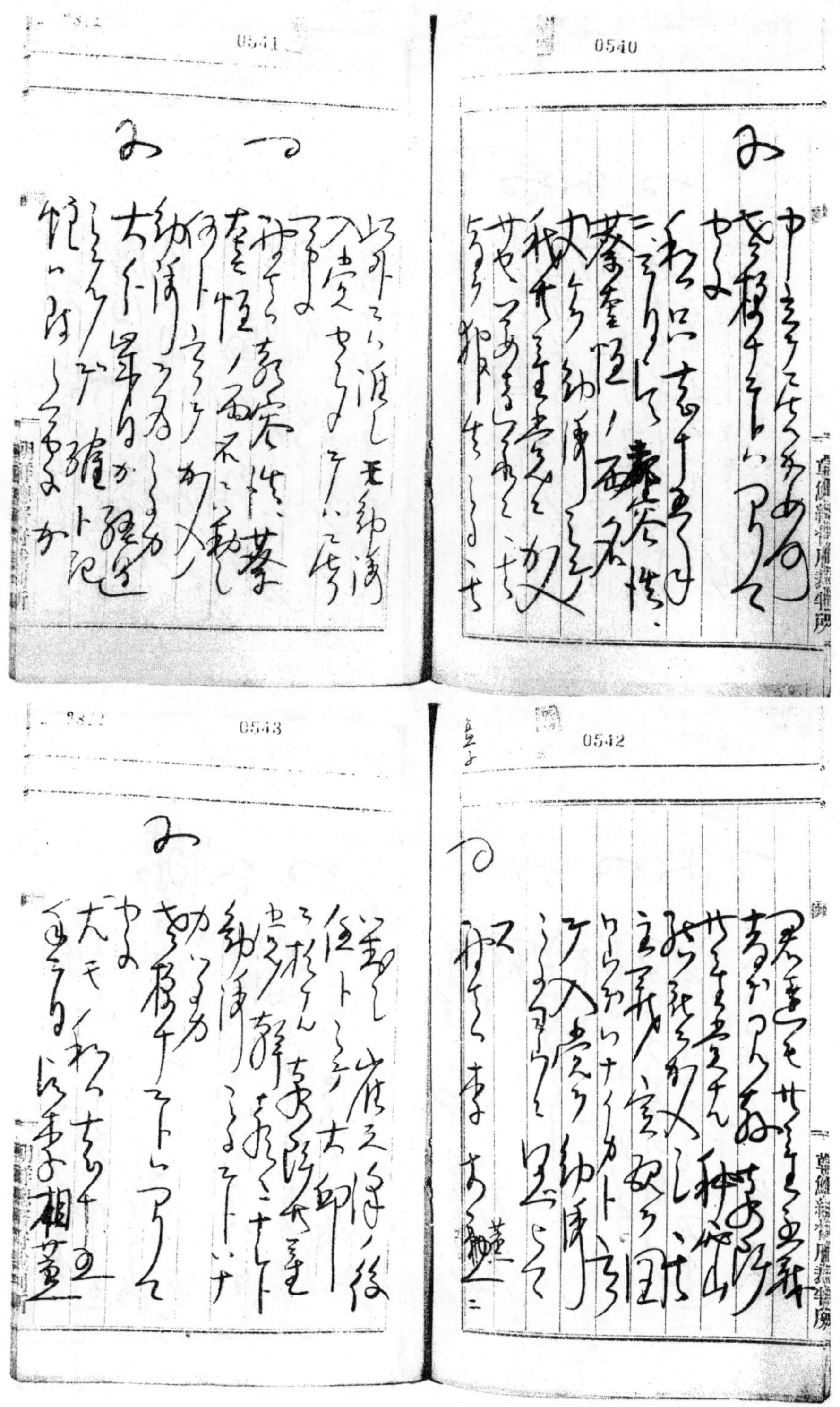
0541 0540 0543 0542

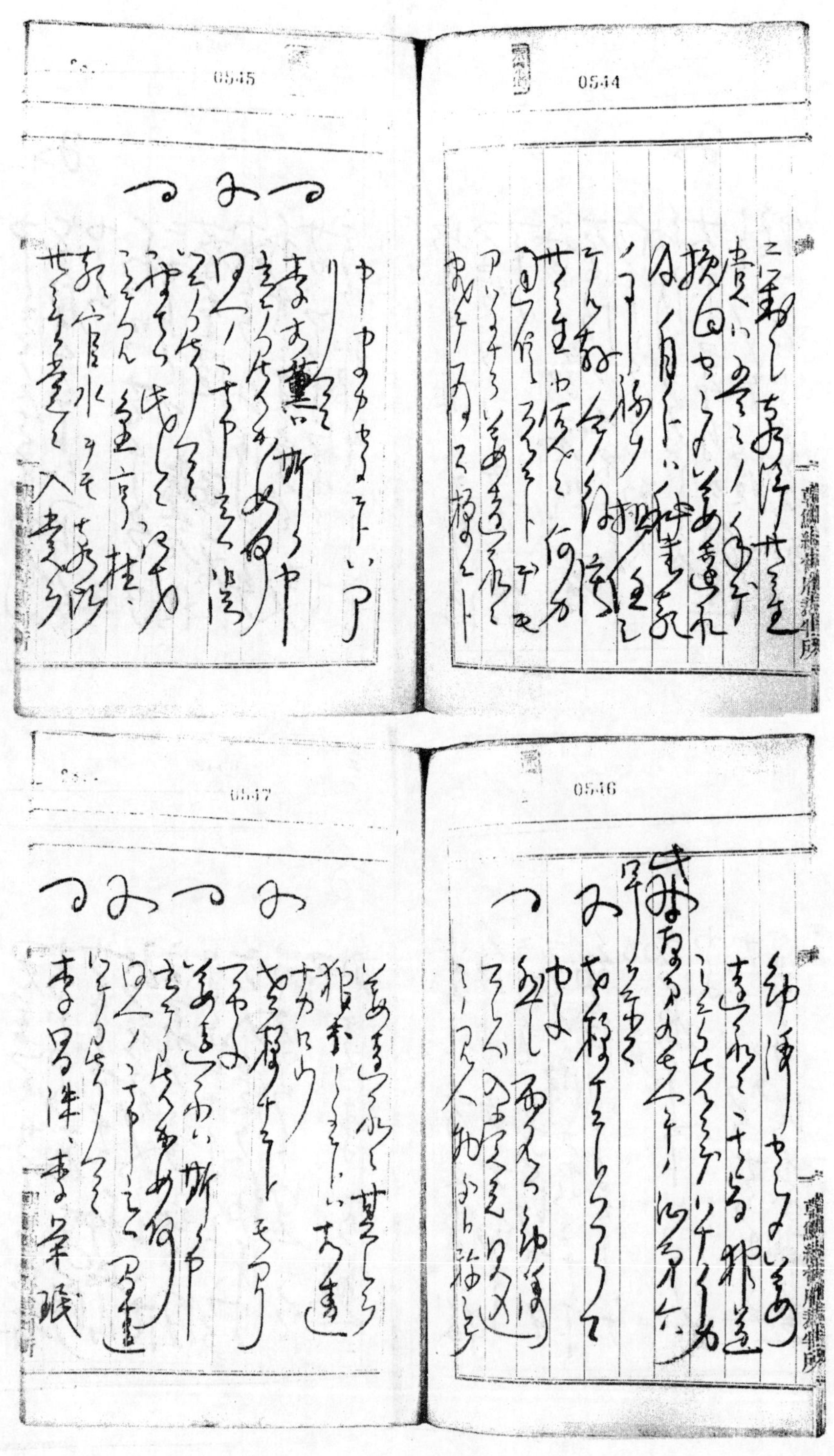
0545
0544
0547
0546

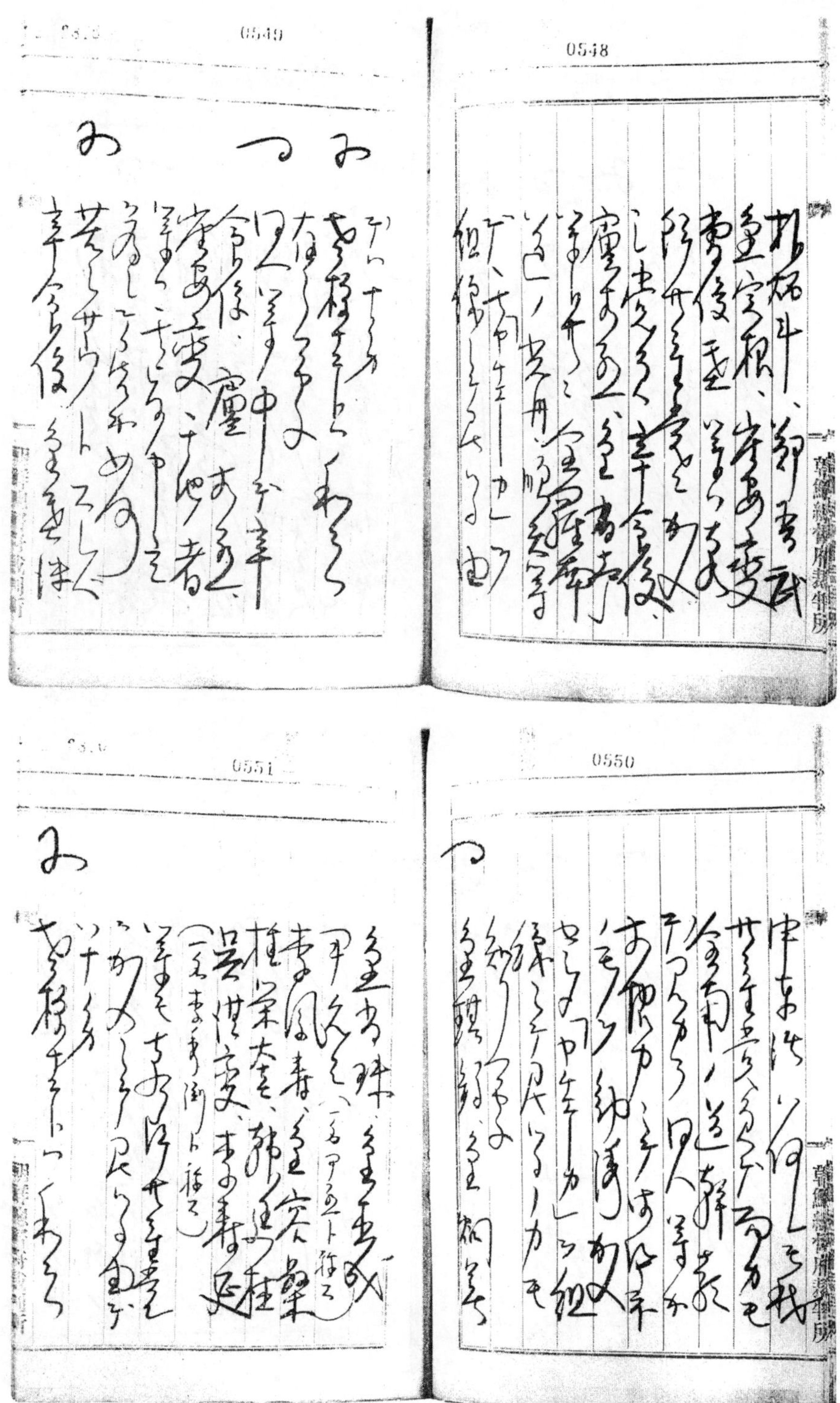

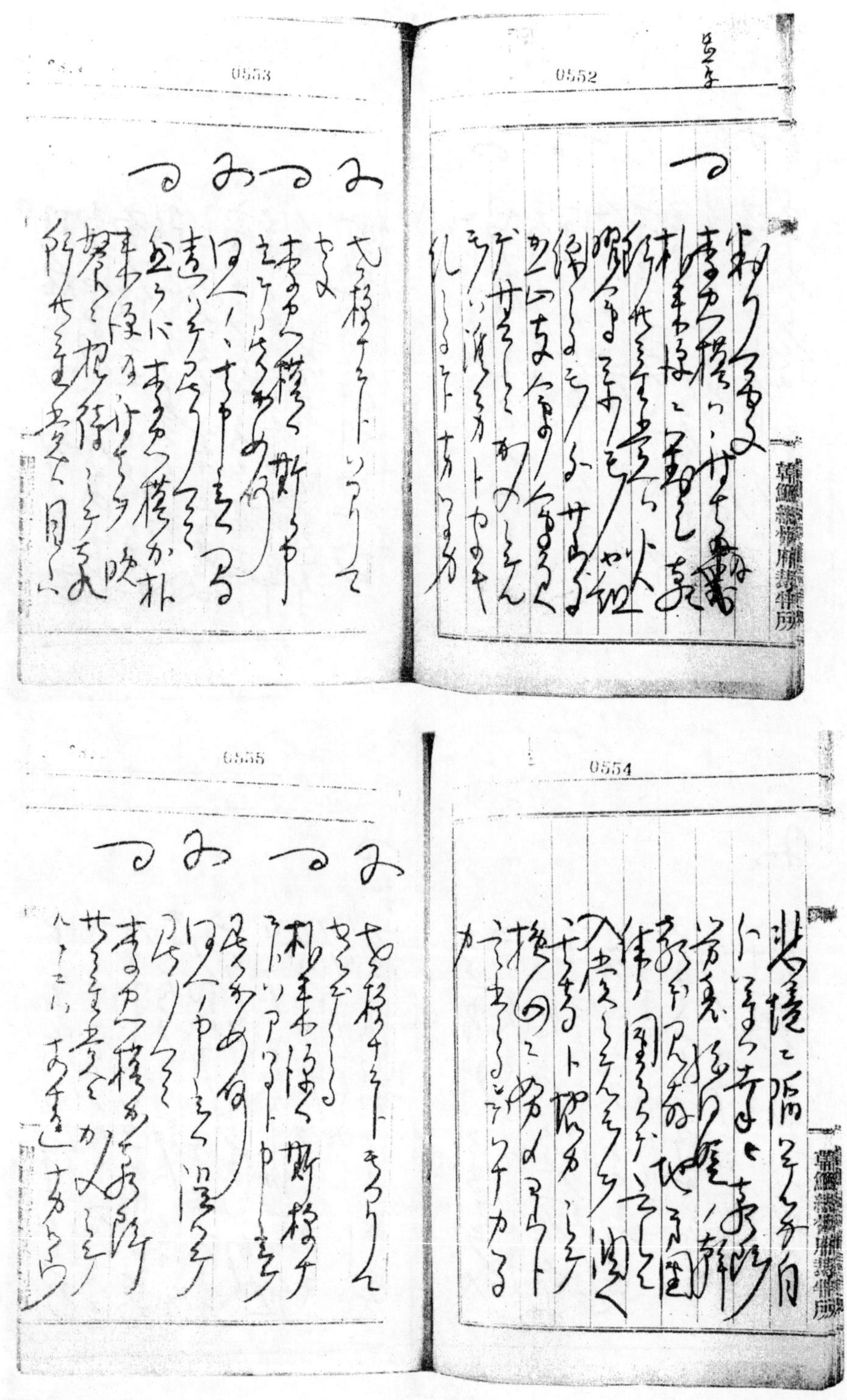

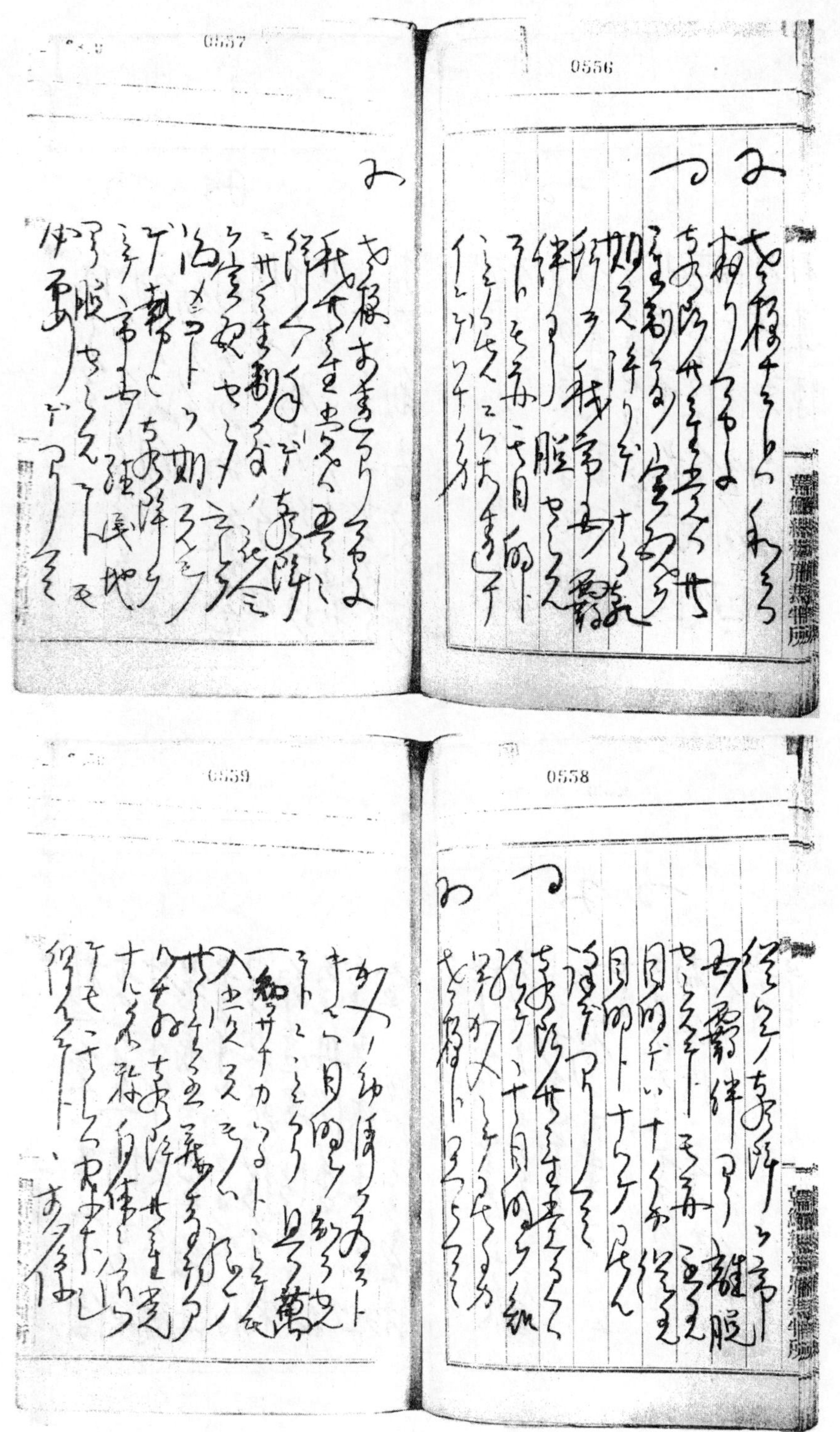
0557
0556
0559
0558

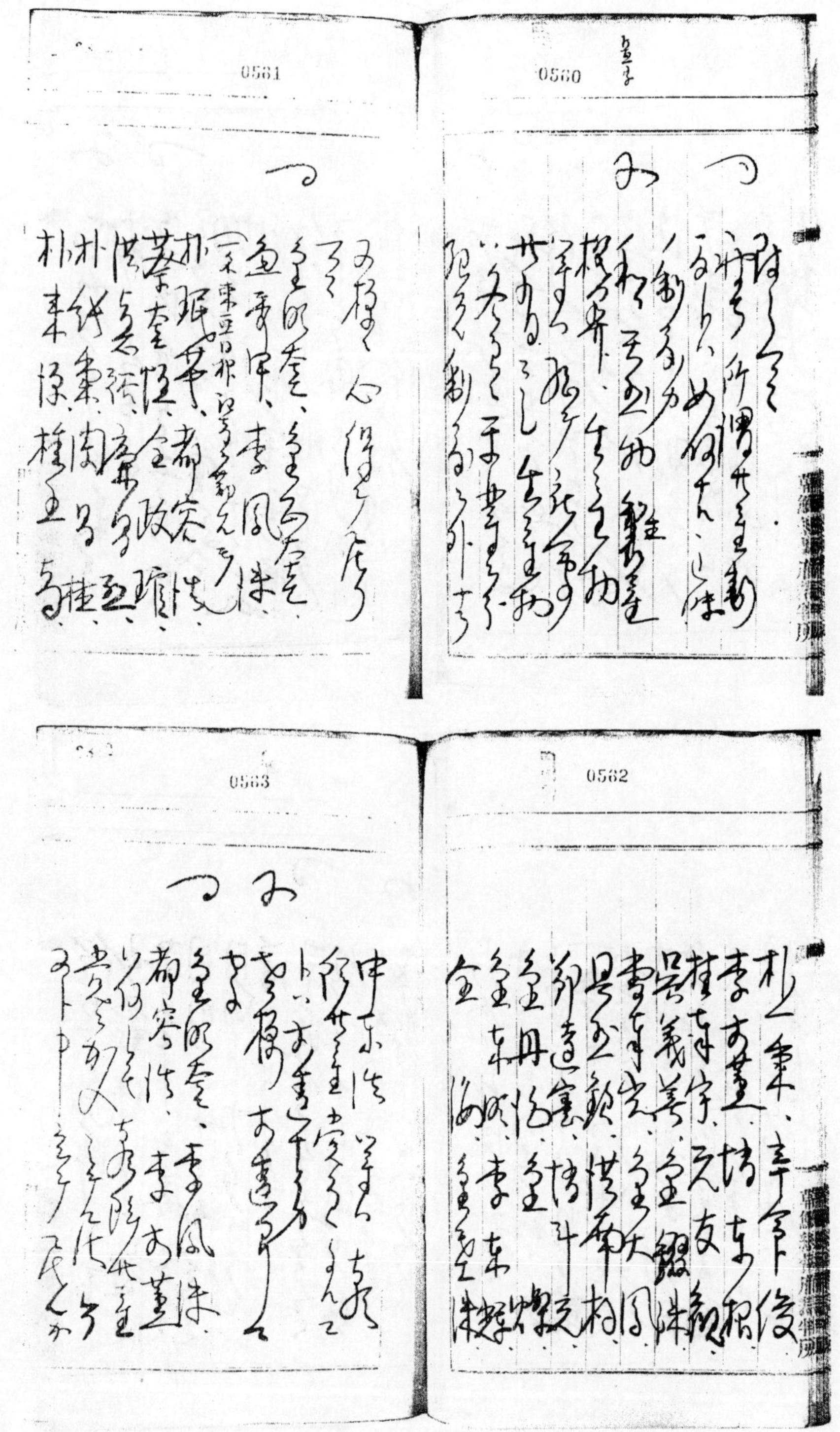
0561
0560
0563
0562

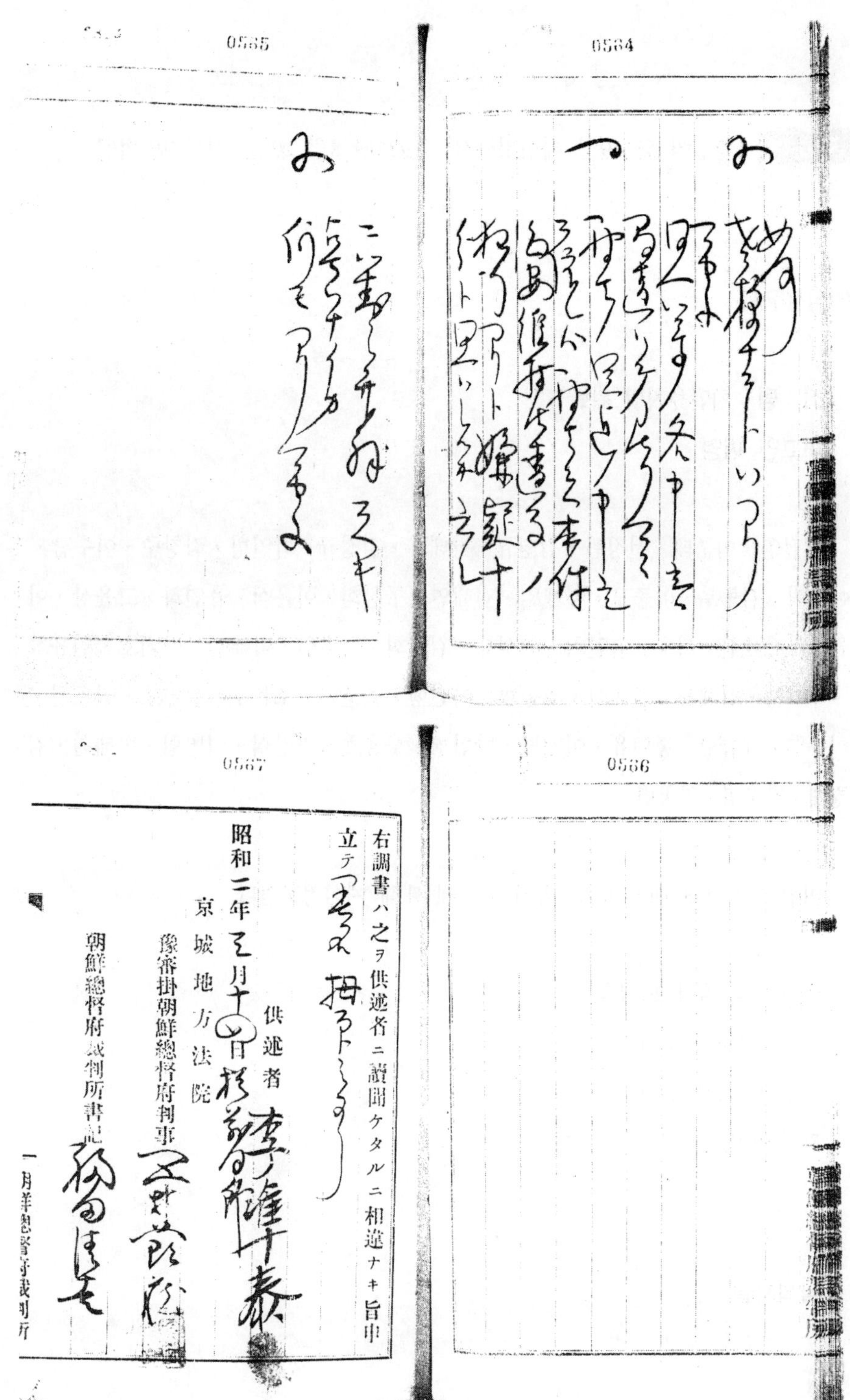

0564

0565

0566

0567

右調書ハ之ヲ供述者ニ讀聞ケタルニ相違ナキ旨申立テ

昭和二年 月 日

供述者 李準泰

京城地方法院

豫審掛朝鮮總督府判事

朝鮮總督府裁判所書記

朝鮮總督府裁判所

자료 14 「강달영 외 49인 예심청구서」, 1926년 8월 20일, 경성지방법원

예심청구서

죄 명 치안유지법 위반

피고인 씨명

강달영 · 이준태 · 전정관 · 김명규 · 박태홍 · 김정규 · 박일병 · 김창준 · 어수갑 · 이상혁 · 김동부 · 이충모 · 이재익 · 김세연 · 구창회 · 이은식 · 유연화 · 고윤상 · 이규송 · 강표환 · 이호 · 김연희 · 배성룡 · 김영희 · 이승엽 · 박태선 · 백기호 · 김유성 · 배치문 · 남해룡 · 신표성 · 조동혁 · 이민행 · 조준기 · 조용주 · 설병호 · 권오설 · 이봉수 · 채규항 · 홍덕유 · 이지탁 · 박민영 · 도용호 · 민창식 · 이병립 · 박래원 · 김경재 · 박순병 · 염창렬

이상의 사람에 대한 다음 범죄 사실에 대해 예심청구한다.

대정 15년 8월 20일

경성지방법원 검사국

조선총독부 검사□□□□

경성지방법원 예심청구 중

범죄사실

第一, 피고 홍덕유는 김두전 외 20여명과 함께 대정 14년 17일 경성부 황금정 아서원에 집회하여 모의한 결과 일본의 國體를 변화시키고 사유재산제도를 부인할 목적으로 '조선공산당'이라는 비밀결사를 조직하고 이후 공산주의 선전에 노력했다.

第二, 피고 강달영 · 피고 이준태는 前示 공산당원 김두전 외 18명이 대정 14년 11월에 신의주경찰서에 검거되었기 때문에 同黨의 사업에 차질이 발생하자 同黨의 간부인 김재봉의 의뢰에 기초해, 동지 李鳳洙 · 金錣洙 · 洪南杓와 함께 김재봉으로부터 同사무소의 인계를 받았다. 대정 15년 2월 위의 5명은 모두 입당하여 경성부 仕寺洞 26번지 김모의 집, 기타 여러 곳에서 집회를 갖고, 새로운 조선공산당의 중앙간부를 비서부 · 조직부 · 선전부 3부로 나누어 피고 강달영 · 피고 이준태를 비서부위원에, 김철수 · 홍남표를 조직부위원에, 이봉수를 선전부위원에 互選하고 이를 최고기관으로 삼았다.
경성부 및 조선 각지에 다수의 세포단체를 조직하고 간부의 명을 받아 행동하도록 직제를 갖추었으며, 만주 · 상해 · 동경에 각 연락부를 설치하여, 내외에서 同주의 선전의 연락을 도모했다. 한편으로는 러시아국 「모스크바」 所在 국제공산당의 조직을 완성해 공산주의의 선전에 노력했다.

第三, 피고 전정관 · 김정규 · 김창준 · 박일병 · 어수갑 · 구창회 · 고윤상 · 이석 · 이봉수 · 이지탁 · 염창렬 · 김명규 · 유연화 · 이민행 · 배치문 · 신표성 · 채규항 · 이재익 · 김유성 · 이상혁 · 이은식 · 이승엽 · 조동혁 · 설병호 · 조준기 · 도용호 · 강표환 · 백기호 · 조용주 · 김영희 · 박민영 · 민창식 · 이병립 · 박래원 · 김경재 · 박순병 · 김세연 · 이충모 · 배성룡 · 이규송 · 이호 · 김연희 · 김동부 · 박태선은 前示 조선공산당이라는 비밀결사의 목적을 알면서 대정 14년 4월부터 대정 15년 3월 사이에 同黨에 가입한 자이다.

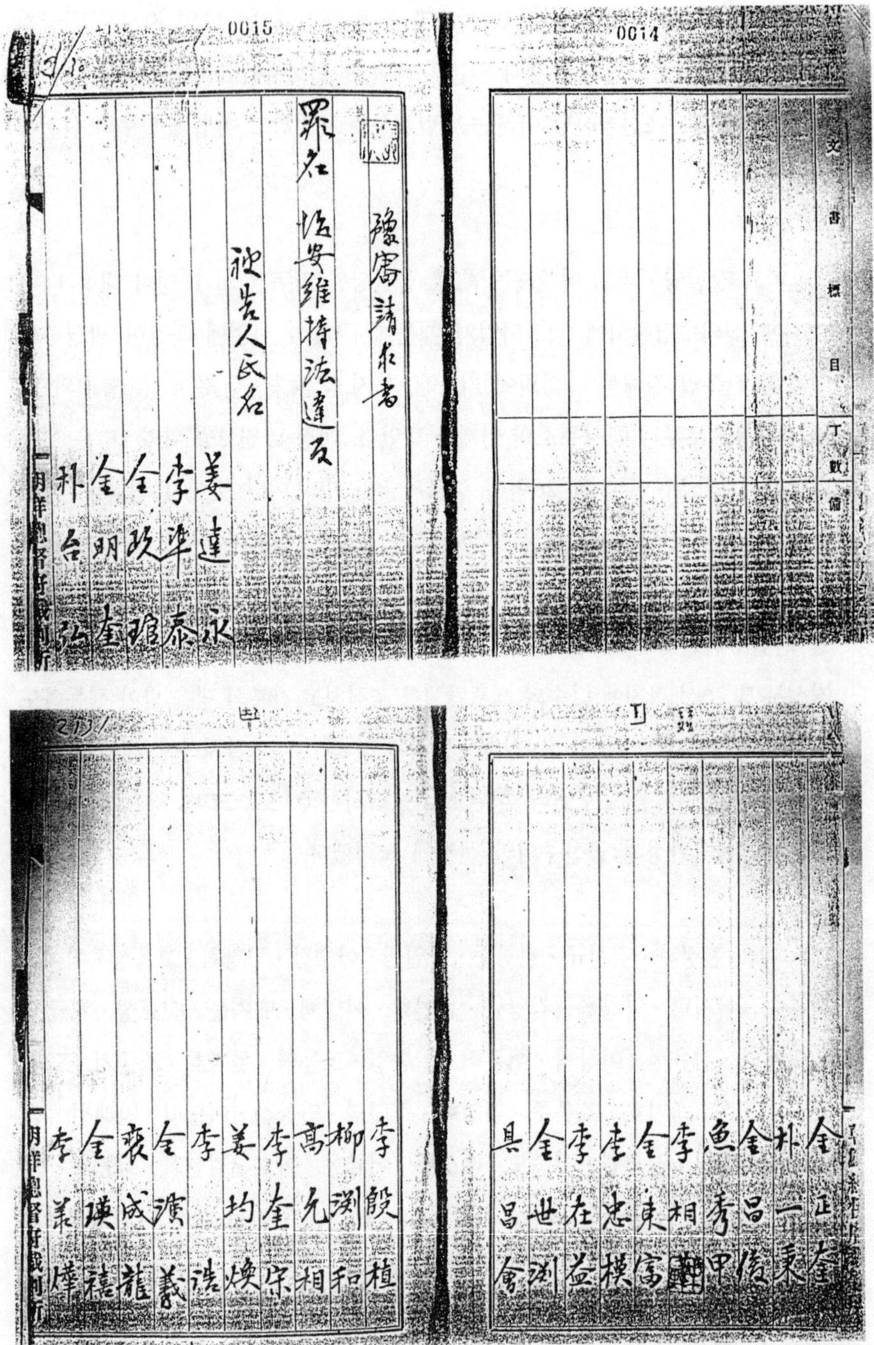

0014

文書標目 丁數 備

0015

豫審請求書

罪名 治安維持法違反

被告人氏名

姜達永
李準泰
全政琯
金明奎
朴台弘

全正奎
朴一秉
金昌俊
魚秀甲
李相[illegible]
金東富
李忠模
李在益
金世淵
具昌會

李殷植
柳淵和
高允相
李奎宗
姜均煥
李浩
全濟義
裵成龍
金瑛禧
李羲樺

朴泰善
白基浩
金有聲
裵致文
南海龍
愼杓晟
趙東植
李敏行
曺信基
趙鏞周

薛炳浩
權五尚
李鳳洙
蔡奎恒
洪悳裕
李智鐸
朴珉英
都容浩
閔昌植
李炳立

朴來源
金[illegible]載
朴純東
康呂烈

右之者ニ對シ左記犯罪事實ニ付豫審請求候也

大正十五年八月二十日

京城地方法院檢事局

朝鮮總督府檢事 中野俊助 (印)

京城地方法院豫審掛御中

犯罪事實

第一、被告洪悳裕ハ金科全外二十餘名ト共ニ大正十四年四月十七日京城府黃金町雅敍園ニ集合シ謀議ノ結果我帝國ノ國体ヲ變革シ私有財産制度ヲ否認スル目的ヲ以テ朝鮮共産黨ナル秘密結社ヲ組織シ爾來共産主義ノ宣傳ニ努メ

第二、被告姜達永、同李準泰ハ前示共産黨員金科全外十八名カ大正十四年十月頃新義州警察署ニ於テ檢擧セラレタル爲

仝党ノ事業茲ニ一蹉跌ヲ来シタルヨリ仝
党ノ幹部タル金在鳳ノ依嘱ニ基キ
仝志李鳳洙金綴洙洪南杓ト共ニ
金在鳳ヨリ仝党事務ノ引継ヲ受ケ
大正十五年二月上旬頃右五名ハ何レモ入党
シタル上京城府仁寺洞以下番地金某方
其他数個所ニ集合シ新ニ仝党ノ中
央幹部ヲ秘書部組織部宣伝部ノ
三部ニ分チ被告姜達永仝李準泰ヲ
秘書部委員金綴洙洪南杓ヲ組

織部委員ニ李鳳洙ヲ宣伝部委員
ニ互選シ之ヲ最高機関ト為シ京城府
並ニ朝鮮各地ニ多数ノ細胞団体ヲ
組織シ幹部ノ命ヲ受ケ行動スヘキ
職制ヲ定メ満州上海東京ニ各連
絡部ヲ設ケ内外ニ於ケル仝主義宣
伝ノ連絡ヲ図リ一面ニ於テ露国「モスコー」
所在国際共産党ヨリ承認ヲ受ケ
以テ朝鮮共産党ノ組織ヲ完成シ共
産主義ノ宣伝ニ努メ

第三、被告金政璉、仝金正奎仝金[illegible]
仝朴一秉、仝魚秀甲仝呉昌会仝[illegible]
相李爽ヲ下李鳳洙、仝李智鐸仝崔昌[illegible]
烈、仝金明奎、仝柳淵和、仝李敏行仝裵致
文、仝愼柏晟、仝蔡奎恒、仝李在益
仝金有声、仝李相薫、仝李殷植仝李
秉燁、仝権五尚、仝朴台弘、仝南海龍
仝趙東赫、仝薛炳浩、仝尹徳基、仝都容
浩、仝姜均煥、仝白基浩、仝趙鏞周
仝、仝金璞槿、仝朴珉英、仝閔昌植、仝李

炳立、仝朴来源、仝金璟載、仝朴純秉
仝李忠模、仝金世淵、仝裵成龍、仝
李奎宋、仝李浩、仝金済義仝金
東富、仝朴泰善ハ前示朝鮮共産党
ナル秘密結社ノ目的ヲ知リナカラ大正十四
年四月頃ヨリ仝十五年三月頃迄ノ間ニ
夫々仝党ニ加入シタルモノナリ

자료 15 「권오설 외 103인 예심결정서」, 1927년 3월 31일, 경성지방법원

대정 15년 豫 제41·42·45~49·53·54·56·65·68·102호

소화 2년 豫 제2호

예심종결결정

【4】

본적　경상북도 안동군 풍산면 상리동 364번지

주거　경성부 견지동 88번지

무직

이준태

당 36세

【13·14】

……… 피고 강달영·이준태·전정관·김명규·박태홍·김정규·박일병·김창준·어수갑·이상훈·김동부·이충모·이재익·김세연·구창회·이은식·유연화·고윤상·이규송·강표환·이호·김연희·배성룡·김영희·이승엽·박태선·백기호·김유성·배치문·남해룡·신표성·조동혁·이민행·조준기·조용주·설병호·권오설·이봉수(일명 李哲이라 칭함)·채규항·홍덕유·이지탁·박민영·도용호·민창식·이병립·박래원·김경재·박순병·염창렬에 대한 치안유지법 위반 ……… 각 피고 사건에 대해 併合 예심을 드디어 다음과 같이 종결 결정합니다.

主文

…… 피고 이준태 …… 에 대한 치안유지법 위반에 대한 피고 사건은 이를 경성지방법원의 공판에 붙인다.

理由

第一 (1) 피고 김재봉 · 피고 김두전 · 피고 유진희 · 피고 김상주 · 피고 진병기 · 피고 주종건 · 피고 윤덕병 · 피고 송병우 · 피고 독고전 · 피고 홍덕유는 조봉암 · 김찬 · 조동호와 함께 대정 14년 4월 17일 오후 1시경 경성부 黃金町 一丁目

【16】

중국요리점 雅敍園에 모여, 조선을 일본의 지배에서 벗어나게 하고 또 조선에서 사유재산제도를 부정할 목적으로 '조선공산당'이라 칭하는 비밀결사를 조직했다. 조동호 · 조봉암 · 김찬 3명을 役員의 전형위원으로 선출하고, 同 전형위원으로서 피고 김재봉 · 피고 김두전 · 피고 유진희 · 피고 주종건 및 조동호 · 정운해 · 김찬 등 7명을 중앙집행위원에, 피고 윤덕병 · 피고 송봉우 및 조봉암 등 3명을 검사위원에 각 선임하고, 同 중앙위원회에게 이 공산당의 직제와 당칙의 제정, 기타 일체를 위탁했다. 이상 중앙집행위원회는 同月 하순경 이후 2회에 걸쳐 중앙집행위원회를 개최해, 비서부 · 조직부 · 선전부를 설치하고 각자의 관장사무를 정해 당칙의 제정, 기타에 대한 협의에 몰두했다. 러시아국 莫斯科의 국제공산당과 연락을 취해 당원의 모집에 노력했다. 이에 앞서 드러난 목적의 실행에 관해 종종 策動할 것을 도모했지만 관헌이 이를 탐지해 속속 당원을 검거함에 이르러 同 공산당은 장차 와해의 悲境에 봉착했다. 피고 김재봉은 김찬과 함께 이를 우려해 논의 끝에 대정 14년 12월 중순경 경성부 需昌洞 金貞淑의 집에서 목적을 숙지하고 입당한 피고 강달영 · 피고 이준태를 각 회견하였다. 아울러 同 목적을 잘 알고 이에 가입한 피고 이봉수(일명 李哲)

및 김철수 · 홍남균 등과 함께 간부에 취임하고, 협력해서 당의 挽回에 노력하고자 힘썼다. 피고 강달영 · 이봉수 및 김철수 · 홍남표 등은 이에 위의 목적을 숙지하고 조선공산당에 입당한 피고 전정관 · 피고 권오설 등에게 권유해 모두 중앙집행위원이 되었다. 이후 수 차례 경성부 종로 6정목 梁源模의 집 및 기타의 장소에서 중앙집행위원회를 개최하고, 경성부 내에 9개의 「야체이카」(세포단체) · 동경에 일본부 · 상해에 상해부 · 만주에 만주국 · 러시아 블라디보스톡에 연해주부를 조직했다. 아울러 예산안 · 예산편제안 설명서 · 예산안청구서 · 「야체이카」 · 「프락치」의

【17】

조직원칙 등을 제정하였다. 이에 관한 것은 위 국제공산당에 송부하고, 당원을 모집해서 위의 「야체이카」 · 「프락치」 등에 배치했다. 전라남도와 경상남도의 道 간부를 선임하고 오로지 조선공산당의 발전에 분투함으로써 그 목적의 실행에 힘쓰고자 했다.

【24】

이상 所爲 중 …… 피고 이준태 ……의 소위는 모두 계속 범행할 뜻이 있는 자로 인정

【25】

…… 피고 이준태 …… 의 비밀결사에 가입한 소위는 치안유지법 제1조 제1항, 목적의 실행에 관한 소위는 同法 제2조에 …… 각 해당한다. 이에 주문과 같이 결정한다.

【26】

경성지방법원

예심계 조선총독부판사 五井節藏

소화 2년 3월 31일

경성지방법원

조선총독부 검사서기

【이준태 관련 부분번역】

大正十五年豫第四一號四二號四五號乃至四九號五三號五四號五八號六五號六八號一〇二號
昭和二年豫第二號

豫審終結決定

本籍 慶尚北道安東郡豐西面佳谷里四百二十二番地朴永玉方
住居 京城府長沙洞五十二番地
無職 權五卨 當三十年

本籍 忠淸南道禮山郡新陽面新陽洞四百九十九番地
住居 京城府薰井洞四番地
無職 朴憲永 當二十七年

一

本籍 京畿道開城郡臨漢面下祖江里
住居 京城府貫鐵洞百十九番地
新聞記者 林容豊事 林元根 當二十八年

本籍 平安北道義州郡加山面玉江洞二百六番地
住居 同道新義州府梅枝町二番地
新聞記者 林亨寬 當二十五年

本籍 京畿道江華郡府內面官廳里二百三十八番地
住居 右同所
時代日報江華支局長 朴吉陽 當三十三年

本籍 慶尚北道大邱府德山町九十三番地
住居 同道同府同町百三十一番地
無職 申哲洙 當二十四年

二

本籍 咸鏡南道元山府龍洞二十二番地
住居 京畿道仁川府金谷里十六番地
無職 張順明 當二十八年

本籍 京畿道高陽郡龍江面東幕上里

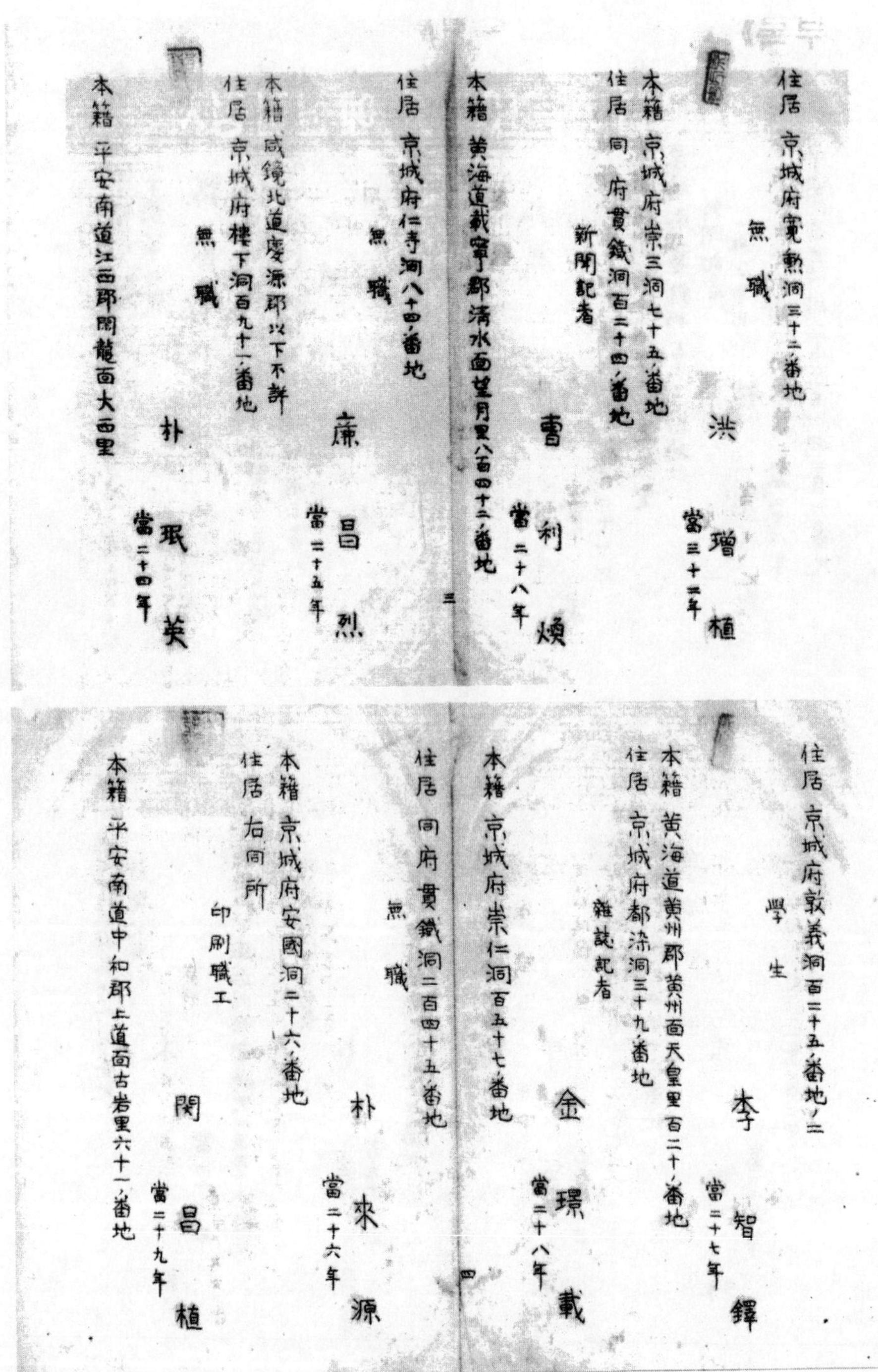

住居 京城府寬勳洞三十二番地
無職 洪增植 當三十二年

本籍 京城府崇三洞七十五番地
住居 同府貫鐵洞百二十四番地
新聞記者 曺利煥 當二十八年

本籍 黃海道載寧郡清水面望月里八百四十二番地
住居 京城府仁寺洞八十四番地
無職 廉昌烈 當二十五年

三

本籍 咸鏡北道慶源郡以下不詳
住居 京城府樓下洞百九十一番地
無職 朴珉英 當二十四年

本籍 平安南道江西郡閑龍面大西里

住居 京城府敦義洞百二十五番地ノ二
學生 李智鐸 當二十七年

本籍 黃海道黃州郡黃州面天皇里百二十番地
住居 京城府都染洞三十九番地
雜誌記者 金環載 當二十八年

本籍 京城府崇仁洞百五十七番地

四

住居 同府貫鐵洞二百四十五番地
無職 朴來源 當二十六年

本籍 京城府安國洞二十六番地
住居 右同所
印刷職工 閔昌植 當二十九年

本籍 平安南道中和郡上道面古岩里六十一番地

住居 京城府安國洞二十六番地閔昌植方
印刷職工 揚左植 當二十九年
本籍 京畿道揚州郡紫芚面民洛里百九十九番地

住居 京城府天然洞二十九番地
印刷職工 李用宰 當二十三年
本籍 平安南道中和郡祥原面新邑里七十番地

五

住居 京城府梨花洞百二十二番地ノ一
印刷職工 白明天 當三十二年
本籍 平安北道宣川郡東面路上洞二百五十番地

住居 同道新義州府若竹町六番地
道廳雇員 金恒俊 當三十一年
本籍 慶尚北道安東郡豐北面五美洞二百四十八番地

住居 京城府嘉會洞六十七番地
無職 金左鳳 當三十七年
本籍 京畿道水原郡西新面前谷里五十五番地

住居 京城府嘉會洞百八十四番地
朝鮮日報社地方部長 笑竹事 洪悳裕 當四十一年
本籍 忠清南道禮山郡禮山面禮山里

六

住居 京城府都染洞三十九番地朴熙淑方
無職 俞鎭熙 當三十四年
本籍 慶尚北道漆谷郡若木面德山里五百八十八番地

住居 京城府堅志洞八十八番地
無職 陳秉基 當三十二年
本籍 平安北道義州郡古城面煙下洞

住居 同道同郡光城面麻田洞

朝鮮日報義州支局長

獨孤 全 當三十九年

本籍 京城府水標町十三番地

住所 同府崇仁洞七十一番地

無職 尹 德 炳 當四十四年

本籍 慶尚南道河東郡赤良面上汝里

七

住居 京城府齊洞八十四番地

無職 宋奉瑀事

宋 德 滿 當二十七年

本籍 慶尚南道東萊郡機張面南部里

住居 京城府齊洞八十四番地

無職 金若水事

金 料 全 當三十四年

本籍 咸鏡南道咸興面中荷里二百五十四番地

住居 右同所

無職 朱 鍾 建 當三十三年

本籍 全羅南道光州郡光州面西光山町三十三番地

住居 京城府長沙洞二百八番地

無職 徐 廷 禧 當五十一年

本籍 慶尚南道晋州郡晋州面飛鳳洞百十二番地

八

住居 京城府三角町二十八番地

朝鮮日報社囑託

黃山事

姜 達 永 當四十一年

本籍 慶尚北道安東郡豐山面上里洞三百六十四番地

住居 京城府堅志洞八十八番地

無職 李 準 泰 當三十六年

本籍 咸鏡南道北青郡楊川面中里八百番地

住居 京城府樓下洞百九十一番地
農
全徳事
全政琯 當二十八年

本籍 咸鏡南道洪原郡州翼面倉坐里十八番地
住居 京城府桂洞七十九番地ノ三
新聞記者
李哲事
李鳳洙 當三十六年

本籍 江原道通川郡鶴三面鶴岳里十九番地

住居 京城府太平通二丁目百九十八番地
學生
李炳立 當二十四年

本籍 咸鏡北道穩城郡柔浦面香棠洞十一番地
住居 京城府堅志洞八十八番地
無職
朴春清事
朴一秉 當三十五年

本籍 咸鏡北道穩城郡柔浦面豊利洞三百三十六番地

住居 京城府社稷洞百六十六番地
洋服職工
李忠模 當三十二年

本籍 咸鏡北道會寧郡會寧面二洞二百五十六番地
住居 京城府樂園洞百七十一番地
無職
李在益 當三十八年

本籍 京城府蓬萊町四丁目二百八十九番地ノ四

二

住居 同府中學洞百十番地ノ亨
時代日報販賣部書記
具昌會 當三十一年

本籍 京城府黄金町四丁目百三十五番地
住居 右同所
靴下職工
李殷植 當三十四年

本籍 慶尚北道安東郡臨何面臨河里

住居 京城府崇三洞八十三番地

新聞記者 柳淵和 當二十九年

本籍 京城府樓上洞百三十五番地

住居 右同所

靴職工 高允相 當二十七年

本籍 咸鏡北道城津郡城津面本町五十九番地

二

住居 京城府齊洞八十四番地

雜誌記者 李奎宋 當二十九年

本籍 京城府蓮建洞二百八十三番地

住居 同府同洞二百九十八番地

印刷職工 姜均煥 當二十八年

本籍 京畿道富川郡靈興面外里千九十番地

住居 同道仁川府外里百六十二番地

新聞記者 李承燁 當二十二年

本籍 江原道高城郡杆城面下里十七番地

住居 咸鏡南道元山府石隅洞百七十五番地

無職 朴來善 當三十年

本籍 全羅南道木浦府湖南町七番地

三

住居 右同所

無職 裵致文 當三十七年

本籍 京城府松峴洞十九番地

住居 京畿道高陽郡恩平面弘智里九十九番地

新聞記者 李敏行 當三十九年

本籍 京城府齊洞五十二番地

住居 京城府嘉會洞五十一番地ノ三號
新聞記者
趙 鏞 周
當三十六年
本籍 慶尚北道安東郡豊谷面佳谷里四百十九番地
住居 右同所
學生
權 五 尚
當二十八年
本籍 京城府觀水洞百六十番地

一四

住居 同 府寬勳洞百十番地
無職
李 浩
當二十六年
本籍 京畿道金浦郡大串面大陵里
住居 京城府齊洞八十四番地
無職
金 演 羲
當三十年
本籍 慶尚北道星州郡星州面京山洞二百五十一番地

住居 京城府樓下洞十一番地ノ三號
無職
裵 成 龍
當三十二年
本籍 慶尚南道晋州郡晋州面平安洞三百二十番地
住居 右同所
農
朴 台 弘
當三十六年
本籍 慶尚南道晋州郡晋州面飛鳳洞

一五

住居 同道釜山府大新洞三百八十九番地
道廳雇員
南 海 龍
當三十三年
本籍 忠清南道論山郡陽村面芳村里四百四十番地
住居 右同所
農
愼 杓 晟
當三十一年
本籍 慶尚南道河東郡河東面邑內洞一千八十五番地

住居 右同所
會社員 趙東爀 當四十四年
本籍 全羅南道和順郡綾州面石庯里五十六番地
住居 同道光州郡光州面錦溪里五十七番地
農 曺俊基 當三十八年
本籍 全羅南道光州郡光州面錦町四番地

一六

住居 同道同郡孝泉面芳林里三百十三番地
農 薛炳浩 當三十七年
本籍 咸鏡南道洪東郡南青面豊東里五十八番地
住居 同道咸興郡咸興面中荷里九十一番地
新聞記者 蔡駿植事 蔡奎恒 當三十一年
本籍 咸鏡南道咸興郡咸興面荷西里百九十二番地

住居 右同所
無職 都容浩 當三十三年
本籍 慶尚南道陜川郡草溪面官坪里
住居 右同所
學生 金正奎 當二十九年
本籍 京城府苑洞百七十九番地

一七

住居 右同所
朝鮮日報東京派遣員 李奭事 李鳳洙 當二十九年
本籍 慶尚北道高靈郡高靈面中化洞二百六十五番地
住居 同道大邱府達城町十三番地ノ五
農 文相直 當三十五年
本籍 慶尚南道固城郡三山面梨堂里五百五十番地

住居 同道馬山府新町十四番地ノ二
金融組合書記 黄守龍 當二十一年

本籍 慶尚南道馬山府元町八番地
住居 右同所
理髮業 金琪鎬 當三十三年

本籍 慶尚南道馬山府萬町百番地
住居 右同所
朝鮮日報馬山支局長 金尚珠 當二十六年

本籍 慶尚南道泗川郡昆明面草梁里
住居 同道馬山府城湖洞六十番地
新聞記者 金直成 當二十六年

本籍 慶尚南道昌原郡内西面山湖里二百九十一番地

住居 右同所
穀物商 尹烈事 尹允三 當二十三年

本籍 慶尚南道馬山府萬町五十四番地
住居 右同所
理髮業 金容桑 當二十二年

本籍 慶尚南道馬山府午東洞七十一番地
住居 同道馬山府元町四十一番地
店員 李鳳壽 當二十二年

本籍 慶尚南道馬山府城湖洞四十六番地
住居 右同所
理髮業 姜宗祿 當二十四年

本籍 慶尚南道馬山府萬町二百十三番地

住居 右同所
新聞記者
彭三辰 當二十六年

本籍 慶尚南道馬山府午東洞九十四番地
住居 右同所
新聞記者
金宗信 當二十四年

本籍 慶尚南道馬山府石町二百十二番地
住居 右同所
時代日報馬山支局長
金明奎 當三十八年

二〇

本籍 全羅南道光州郡光州面瑞南里五百八十七番地
住居 右同所
農
崔安燮 當二十五年

本籍 江原道襄陽郡縣北面上光町

住居 京城府苑洞百四番地
無職
盧一石、盧尙烈事
盧相烈 當三十一年

本籍 全羅南道光陽郡光陽面仁西里十五番地
住居 右同所
米穀商
辛命俊 當三十四年

本籍 全羅南道光陽郡津月面月吉里六百十八番地

二一

住居 京城府苑洞百八十五番地ノ二
新聞記者
鄭淳悌 當二十五年

本籍 全羅南道光陽郡玉谷面廣英里三百五十二番地
住居 右同所
農
鄭順和 當二十五年

本籍 慶尚南道咸陽郡西上面金塘里九百十七番地

住居 全羅南道求禮郡土旨面把道里
朝鮮日報求禮支局長
鄭泰重 當二十七年

本籍 全羅南道光州郡光州面錦溪里五十二番地
住居 右同所
農
金載中 當二十四年

本籍 全羅南道光州郡光州面瑞南里十八番地

二二

住居 同道濟州島濟州面三佳里
自動車運轉手
崔一峯 當二十七年

本籍 全羅南道順天郡西面雲坪里三百七十番地
住居 右同所
大工
許永壽 當二十七年

本籍 全羅南道順天郡松光面月山里千七十九番地

住居 同道光州郡光州面須奇屋町五百六十三番地
新聞配達夫
鄭洪模 當二十四年

本籍 全羅南道光州郡光州面錦溪里五十五番地
住居 右同所
時代日報支局長
金庚成事
金有聲 當三十五年

本籍 全羅南道光陽郡光陽面龜山里百五十番地

二三

住居 右同所
農
金完根 當五十三年

本籍 全羅南道光陽郡玉龍面雲坪里
住居 同道同郡光陽面仁東里百五十一番地
農
鄭晋武 當四十四年

本籍 全羅南道順天郡上沙面鷹嶺里

住居 同道同郡同面梅谷里
農 李榮珉 當四十六年
本籍 全羅南道珍島郡珍島面雙井里
住居 同道順天郡順天面梅谷里
時代日報順天支局長 李昌洙 當四十二年
本籍 全羅南道順天郡西面板橋里三百六十七番地
住居 同道同郡同面幸町二百九番地
朝鮮日報順天支局長 朴炳斗 當四十五年
本籍 慶尚南道東萊郡東萊面福泉洞三百十九番地
住居 右同所
朝鮮日報東萊支局長 白光欽 當三十四年
本籍 咸鏡南道洪原郡州翼面壯亭里四十一番地

住居 同道同郡甫青面松坪里
農 權榮奎 當二十八年
本籍 咸鏡南道洪原郡甫青面豊洞里二百三番地
住居 右同所
農 韓廷植 當三十一年
本籍 咸鏡南道洪原郡景浦面雲東里二百三十四番地
住居 同道同郡州翼面南山中里五十六番地
無職 呉逸事 呉洪燮 當二十五年
本籍 黄海道載寧郡載寧面日新里五十一番地
住居 右同所
無職 李壽延 當二十五年
本籍 平安北道新義州府眞砂町七丁目一番地ノ一

住居 同道同府雲井町四番地
店員
金景瑞 當二十五年

本籍 平安北道龍川郡楊下面新倉洞
住居 支那安東縣三番通六丁目二番地
朝鮮日報安東縣支局長
趙東根 當三十一年

本籍 忠清南道論山郡江景面南町三十三番地

二六

住居 京城府勸農洞百八十五ノ番地
無職
金世淵 當二十九年

本籍 京畿道仁川府花平里三百三十番地
住居 京城府嘉會洞百三十四番地
無職
金瑛禧 當二十三年

本籍 慶尚北道永川郡永川面倉邱洞六十六番地

住居 右同所
無職
白基浩 當二十四年

右被告權五卨同朴來源同楊在植同閔昌植同
李用宰同白明天ニ對スル大正十五年豫第四一號治安維持法
及出版法違反被告康昌烈同朴珉英同李智
鐸同金環載同金恒俊同洪眞裕ニ對スル同年豫同號
治安維持法違反被告洪悳裕ニ對スル同年豫第四二號名
譽毀損被告權五卨ニ對スル同年豫第四三號治安維持法

二七

違反被告金料全同俞鎭熙同獨孤佺同陳東基
同朱鍾建同尹德炳同徐廷禧ニ對スル同年豫第四六號治安
維持法違反被告朴憲永同林元根同林亨
寬同金尚珠同曹利煥同朴吉陽同金景
瑞同趙東根同申哲洙同張順明同洪瑠植
ニ對スル同年豫第四七號治安維持法違反被告金在鳳ニ
對スル同年豫第四八號治安維持法違反被告宋德滿ニ
對スル同年豫第四九號治安維持法違反被告李鳳洙
ニ對スル同年豫第五三號治安維持法違反被告独孤佺同
金景瑞ニ對スル同年豫第五四號傷害及暴行被告姜達

永、同李準泰、同全政琯、同金明奎、同朴台弘
同金正奎、同朴一東、同金昌俊、同魚秀甲、同
李相熏、同金東富、同李忠模、同李在益
同金世淵、同呉昌會、同李殷植、同柳淵和、同
高允相、同李奎宋、同姜均煥、同李浩、同金
演義、同裵成龍、同金瑛禧、同李承燁、同
朴泰善、同白基浩、同金有聲、同裵致文、同
南海龍、同愼杓晟、同趙東彬、同李敬行
同曺俊基、同趙鏞周、同薛炳浩、同權五高
同李鳳洙（一名李東下也）同蔡奎恒、同洪悳裕、同李
二八

智鐸、同朴珉英、同都容浩、同閔昌植、同李
炳立、同朴來源、同金璟載、同朴純東、同廉
昌烈ニ對スル同年豫第五八號治安維持法違反被告權榮
奎、同韓廷植、同呉洪燮ニ對スル同年豫第六五號治安維
持法違反被告鄭晋武、同崔一峯、同白光
欽、同許永壽、同辛命俊、同黄守龍、同金
完根、同金琪鎬、同盧相烈、同金直成、同崔
安燮、同尹允三、同鄭淳悌、同金容燊、同
鄭順和、同李鳳壽、同鄭泰重、同姜宗祿
同金載中、同文相直、同鄭洪模、同彭三辰、同

金宗信ニ對スル同年豫第六八號治安維持法違反被告李
榮珉、同李昌洙、同朴炳斗ニ對スル同年豫第一〇三號治安維
持法違反被告李壽延ニ對スル昭和二年豫第二號治安維
持法違反各被告事件ニ付併合豫審ヲ遂ケ終
結決定スルコト左ノ如シ

主文

被告權五高、同朴來源、同閔昌植ニ對
スル治安維持法違反大正八年制令第七
號出版法違反被告楊在植、同李用宰
二九

同白明天ニ對スル大正八年制令第七號並
ニ出版法違反被告金恒俊、同洪悳
裕ニ對スル大正八年制令第七號違反被
告朴憲永、同林元根、同林亨寬、同
朴吉陽、同申哲洙、同張順明、同洪瓚植
同曺利煥、同廉昌烈、同朴珉英、同李
智鐸、同金璟載、同金在鳳、同俞鎭熙
同陳秉基、同獨孤佺、同尹德炳、同宋德
滿、同金料全、同朱鍾建、同徐廷禧、同
姜達永、同李準泰、同全政琯、同李

鳳洙（一名李燮）、同李炳立、同朴一東、同金昌俊、同魚秀甲、同李相熏、同金東富、同李忠模、同李在益、同吳昌會、同李殷植、同柳淵和、同高允相、同李奎宋、同姜均煥、同李承燁、同朴養善、同裵致文、同李敏行、同趙鏞周、同權五尚、同李浩、同金演義、同裵成龍、同朴台弘、同南海龍、同愼杓晟、同趙東爀、同曺俊基、同薛炳浩、同蔡奎恒、同都容浩、同金正奎、同文相直、同李鳳洙（一名李泰錫）同黃守龍、同金琪鎬、同金尚

三〇

珠、同金直成、同尹允三、同金容粲、同李鳳壽、同姜宗祿、同彭三辰、同全宗信、同金明奎、同崔安燮、同盧相烈、同辛命俊、同鄭淳悌、同鄭順和、同鄭泰重、同金載中、同崔一峯、同許永壽同鄭洪模、同金有聲、同金完根、同鄭晋武、同李榮珉、同李昌洙、同朴炳斗、同白光欽、同權榮奎、同韓廷植、同吳淇燮、同李壽延ニ對スル治安維持法違反及被告洪悳裕ニ對スル名譽毀損ノ各被告事件ハ之ヲ京城地方法院ノ公判ニ付ス

被告獨孤佺ニ對スル傷害及損壞同金景瑞ニ對スル治安維持法違反及傷害、損壞同趙東根、同金世淵、同金瑛禧、同白基浩ニ對スル治安維持法違反各被告事件ハ之ヲ免訴ス

被告權五卨ニ對スル同被告朴憲永其他ノ者ト謀議ノ上我帝國ノ國體ヲ變革シ且私有財産制度ヲ否認スル目的ヲ以テ高麗共産青年

三一

會ナル秘密結社ヲ組織シ其ノ目的ノ實行ニ關シ策動シタル旨ノ大正十五年豫第四一號被告事件ハ之ヲ棄却ス

理　由

第一(一)被告金在鳳、同金科全、同俞鎭熙、同[illegible]同金尚珠、同陳東基、同朱鍾建、同尹德炳、同宋奉瑀、同獨孤佺、同洪悳裕ハ曺奉岩、金燦、趙東祜ト共ニ大正十四年四月十七日午后一時頃京城府黃金町一丁

日支那料理店雅叙園ニ會合シ朝鮮ヲ我帝國ノ羈絆ヨリ離脱セシメ且朝鮮ニ於テ私有財産制度ヲ否認スル目的ヲ以テ朝鮮共産黨ト稱スル秘密結社ヲ組織シ趙東祜曺奉岩、金燦ノ三名ヲ役員ッ詮衡委員ニ擧ケ同詮衡委員ヲシテ被告金在鳳、同金料全、同俞鎭熙、同朱鍾建及趙東祜、鄭雲海、金燦等七名ヲ中央執行委員被告尹徳炳、同宋奉瑀及曺奉岩等三名ヲ檢査委員ニ各選任セ

三

シメ同中央執行委員ニ對シ該共産黨ノ職制並黨則ノ制定其ノ他一切ヲ委託シ右中央執行委員ハ同月下旬頃以來二回ニ亘リ中央執行委員會ヲ開キ秘書部、組織部、宣傳部ヲ設ケ各自ノ管掌事務ヲ定メ黨則ノ制定其ノ他ニ付協議ヲ凝シ露國莫斯科ノ國際共産黨ト連絡ヲ取リ黨員ノ募集ニ努メ依テ前題目的ノ實行ニ關シ種々策動セシニ圖ラスモ官憲カ之ヲ探知シ續々黨員ヲ檢擧シタルニ因リ同共

産黨ハ將ニ瓦解ノ悲境ニ逢着セシカ被告金在鳳ハ金燦ト共ニ之ヲ憂慮シ熟議ノ末大正十四年十二月中旬頃京城府需昌洞金貞淑方ニ於テ朝鮮共産黨ニ其ノ目的ヲ熟知シテ入黨セル被告姜達永、同李準泰ニ各會見シ同シク同目的ヲ悉知シテ此ニ加入シタル被告李鳳洙(一名李[illegible])及金錣洙洪南杓等ト一緒ニ幹部ニ就キ協力シテ其ノ挽回ニ努カスヘク慫慂シ被告姜達永、同李準泰、同李鳳洙(一名李[illegible])及金錣洙、洪南

四

杓等ハ依テ右目的ヲ了知シテ朝鮮共産黨ニ入黨セル被告全政琯、同權五卨等ヲ語ヒ同中央執行委員トナリ爾後屢々京城府鍾路六丁目梁源模方其ノ他ニ於テ中央執行委員會ヲ催シ京城府内ニ九個ノ「ヤチェーカ」(細胞團体)五個ノ「フラクチ」(政策的集會)東京ニ日本部上海ニ上海部滿洲ニ滿洲部露國浦塩ニ沿海洲部ヲ組織シ且豫算案、豫算編製案説明書(押第九七八號ノ證第八號)、豫算案請求書、「ヤチェーカ」(細胞團体)

「ブラクチ」（政策的集會）ノ組織原則（押同號ノ證第二十
一號第二十二號、證第二十三號ノ二十四號）等ヲ制定シ
之等ニ關スルモノハ右國際共産黨ニ送致シ黨
員ヲ募集シテ右ノ「ヤチェーカ」「ブラクチ」等
ニ配置シ全羅南道並慶尚南道ノ道幹部ヲ
選任シ專ラ朝鮮共産黨ノ發展ニ奔騰シ
以テ其ノ目的ノ實行ニ關シ策動シタリ
(二)被告廉昌烈、同朴來源、同朴珉英、同李
智鐸、同閔昌植、同金璟載、同朴台弘、同
金正奎、同朴一東、同金昌俊、同魚秀甲、同

三四

李相熏、同金東富、同李忠模、同李在益
同吳昌會、同李殷植、同柳淵和、同高允相
同李奎榮、同姜均煥、同李浩、同金演義
同裵成龍、同李承燁、同朴泰善、同金有
聲、同裵致文、同南海龍、同愼杓晟、同趙
東爀、同李敏行、同曹俊基、同趙鏞周、同
薛炳浩、同權五尚、同李鳳洙（名弘吉）、同蔡
奎恒、同都容浩、同李炳立、同鄭晋武、同
白光欽、同辛命俊、同金完根、同盧相烈、同
崔安燮、同李榮珉、同李昌洙、同朴炳斗ハ

同李壽延等ハ何レモ朝鮮共産黨ノ創立後其
ノ目的ヲ熟知シテ同共産黨ニ入黨シ被告金
明奎、同朴台弘ハ各慶尚南道ノ道執行委
員被告辛命俊ハ全羅南道ノ道執行委員
被告金正奎ハ日本部ノ責任幹部ニ任命セラレ
被告辛命俊ハ同年ヨリ黨員ニシテ全羅南道ノ道
執行委員タル中東浩、金基洙等ト共ニ道執
行委員會ヲ開キ前揭目的ノ實行ニ關シ協議ヲ
爲シ秘書部、敎養部、責任部ヲ設ケ各
自ノ司掌事務ヲ定メ光州、順天、光陽ノ三箇

三五

所ニ各「ヤチェーカ」（細胞團體）ヲ組織シ被告崔安
燮、同金有聲、同曹俊基ハ光州「ヤチェーカ」（
細胞團體）ニ被告鄭晋武、同金完根、同辛
命俊ハ光陽「ヤチェーカ」（細胞團體）ニ被告李榮
珉、同李昌洙、同朴炳斗ハ順天「ヤチェーカ」
（細胞團體）ニ隷屬シ被告廉昌烈、同朴來源
同朴珉英其ノ餘ノ被告等ハ京城府ノ「ヤチェ
ーカ」（細胞團體）若クハ「ブラクチ」（政策的集會）ニ夫々
配屬セリ
(三)被告金明奎、同黃守龍、同金尚珠、同

金直成、同金琪鎬ハ金炯善ト共ニ大正十三年
八月十七日慶尚南道馬山府城湖洞金明奎方
ニ集合シ被告金明奎ノ發意ニ依リ朝鮮ニ於
テ私有財産制度ヲ否認シ共産制度ノ實現ヲ
期スル目的ヲ以テ馬山共産黨ナル秘密結社ヲ
創設シ被告金明奎ヲ其ノ責任者ニ推シ爾
後時々集會ヲ開キテ右目的ノ實行ニ關シ協
議ヲ爲シ被告彭三辰、同金宗信ハ同目的ヲ
熟知シテ該共産黨ニ加入セシカ其ノ後大正十
四年八月頃同被告等ハ朝鮮共産黨ハ前述ノ

三六

目的ヲ以テ組織セラレタルモノナルノ情ヲ悉知シナカ
ラ馬山共産黨ヲ朝鮮共産黨ニ併合スヘク
決議シ名稱ヲ朝鮮共産黨馬山「ヤチエーカ」
(細胞團體)ト改メ依テ被告金明奎、同黄守
龍、同金直成、同金琪鎬、同彭三辰、同金宗
信ハ朝鮮共産黨ニ加入スルニ至リタリ

第二(一)被告朴憲永、同權五卨、同林元根、
同林亨寛、同金尚珠、同曺利吉陽、同洪
增植、同申哲洙、同張順明等ハ金丹冶、
金燦、曺奉岩、鄭敬昌、安相熏、金東
明、陳秉基等ト共ニ大正十四年四月十八日午后
七時頃京城府薫井洞四番地朴憲永方ニ會
合凝議ノ上朝鮮ヲ我帝國ノ覊絆ヨリ離脱セ
シメ且朝鮮ニ於テ私有財産制度ヲ否認スル
目的ヲ以テ高麗共産青年會ト稱スル秘密
結社ヲ組織シ被告朴憲永及曺奉岩
洪增植等三名ヲ役員ノ詮衡委員ニ擧ケ
同詮衡委員ヲシテ被告朴憲永、同權
五卨、同洪增植、同申哲洙及曺奉岩及
金燦、金丹冶七名ヲ中央執行委員、被

三七

告曺利煥、同林亨寛及金東明三名ヲ
檢査委員ニ各選任セシメ該共産青年會
ノ職制並會則綱領ノ制定等一切ヲ附託シ同
中央執行委員ハ爾來屢々中央執行委員
會ヲ開キ秘書部、宣傳部、組織部ヲ
設ケ各自ノ分擔ヲ定メ露國莫斯科ノ國際共
産青年會ト連絡ヲ取リ會員ヲ募集シ共
産主義宣傳ノ鬪士ヲ養成セシカ爲露國莫
斯科ノ共産學校ニ留學生トシテ會員安
相勳外二十名ヲ派遣シ種々前顯目的ノ實

行ニ関シ策動セシニ端ナクモ官憲カ之ヲ探査
シ會員ノ検挙ニ努メシ故高麗共産青年
會ハ殆ント自滅ノ状態ニ陥リシカ被告権
五尚ハ之ヲ苦慮シ同共産青年會ニ其ノ目
的ヲ熟知シテ入會シタル被告廉昌烈、同
朴珉英、同李智鐸、同金環載、同李炳
立ヲ語ヒ彼等ヲ中央執行委員候補ニ
挙ケ大正十四年十二月十日頃以降屢々京城府
需昌洞九十七番地趙斗元方其ノ他ニ相
會シテ中央執行委員會ヲ開キ英國無

二八

産青年會ノ會則ト題シテ高麗共産青
年會ノ會則（押第九七八號ノ證第二九號、押第一二一號ノ證第一〇號、一二號、二〇號、押第一二六一號ノ證第一號）ヲ制定シ會員ノ
募集等ニ努メ専ラ高麗共産青年會ノ發
展ニ狂奔シ以テ其ノ目的ノ實行ニ関シ策動
シタリ
(二) 被告朴來源、同閔昌植、同高允相、同
權五尚、同崔安燮、同盧相烈、同鄭鴻
悌、同崔一峯、同鄭順和、同鄭泰重、同
許永壽、同金載中、同鄭洪模等ハ何レ

モ高麗共産青年會創設後其ノ目的ヲ了知
シテ同共産青年會ニ入會シ被告崔安燮ハ
同盧相烈、同鄭淳悌ハ全羅南道ノ道幹
部トナリ大正十五年六月九日全羅南道順天郡
順天面幸町農民會館ニ於テ道幹部會ヲ
開キ同目的ノ實行ニ関シ協議ヲ為シ光州、順
天、求禮、光陽ノ四箇所ニ同共産青年會
ノ「ヤチエーカ」（細胞團體）ヲ組織シ被告崔安
燮、同崔一峯、同鄭洪模、同鄭順和、同
鄭淳悌、同許永壽、同鄭泰重、同金

二九

載中ハ同「ヤチエーカ」（細胞團體）ニ夫々配属
セリ
(三) 被告黄守龍、同金尚珠、同金直成ハ
金炯善ト共ニ大正十三年八月五日慶尚南道
馬山府南洞ノ海岸ニ集合シ謀議ノ上私有
財産制度ヲ否認シテ共産制度ヲ實現セシム
ル目的ヲ以テ馬山共産青年會ト稱スル秘
密結社ヲ組織シ被告黄守龍ヲ其ノ責任
者ニ挙ケ爾来會員ヲ募集シ時々馬山府
萬町被告金尚珠宅ニ於テ集會ヲ開キ

右目的ノ實行ニ関シ協議ヲ重ネシカ其ノ後大正十五年八月五日頃被告金尚珠ノ發意ニ依リ一同合議ノ上高麗共産青年會ニ其ノ目的ヲ熟知シテ此ヲ併合シ同共産青年會馬山「ヤチエーカ」（細胞團體）ト改名シ馬山第一「ヤチエーカ」（細胞團體）第二「ヤチエーカ」ニ（細胞団体）ヲ設ケ會員ノ募集其ノ他前掲目的ノ實行ニ関シ協議ヲ為シ被告姜宗錄、同尹允三、同金容粲、同李鳳壽等ハ高麗共産青年會ノ

四〇

右目的ヲ了知シ此ニ加盟シテ同「ヤチエーカ」（細胞團體）ニ夫々配属セリ

第三（一）被告權五卨ハ金丹冶（一名金泰淵ト称ス）ト謀議シ被告朴來源、同閔昌植、同楊在植、同李用宰ヲ語ヒ共謀ノ上李王殿下ノ國葬ヲ機トシ朝鮮ノ獨立ニ関スル不穏文書ヲ印刷撒布シ以テ其ノ獨立運動ヲ為サンコトヲ企劃シ被告權五卨ハ大正十五年五月十五日頃京城府長沙洞五十二番地李壽元方ニ於テ密カニ檄告文ト題シ

吾等ハ既ニ民族的及國際的平和ノ為一千九百十九年三月一日ヲ以テ大韓獨立ヲ宣言セリ吾人ハ歴史的復讐主義ヲ反覆セントスルニアラスシテ互ニ吾人ノ喪失セル國權ヲ恢復セントスルニアリ日本ノ全民衆ニ敵對セントスルニアラス單ニ之レ日本ノ統治ヲ離脱セントスルニアリ吾人ノ獨立宣言ハ實ニ正義ノ結晶ニシテ平和ノ表象ナリ云々兄弟ヨ姉妹ヨ速カニ嗟ミ直ニ戰ヘ而シテ完全ナル獨立ノ恢復ヲ期セ云々大韓獨立萬歳ト題シ朝鮮ハ朝鮮人ノ朝鮮ナリ横暴大總督政治ノ覊絆ヲ脱セヨ九尾狐ノ如キ日本人ヲ朝鮮ノ領域内ヨリ驅逐セヨ参朝鮮人教育ハ朝鮮人本位ニト題シ普通學校用語ヲ朝鮮語ニ普通學校長ヲ朝鮮人ニ云々大學ハ朝鮮人ヲ忠ニセ

四一

ヨ云々産業ハ朝鮮人本位ニト題シ東洋拓殖會社ヲ撤廢セヨ日本移民制度ヲ撤廢セヨ云々大韓獨立運動者ヲ團結セヨト題シ一切ノ納税ヲ止メヨ日本物貨ヲ排斥セヨ朝鮮人官吏ハ一切退職セヨ日本人工場ノ職工ハ總罷業ヲナセヨ日本人地主ニ小作料ヲ納ムルナカレ云々在獄革命囚ヲ釋放セヨ云々ナル不穏文書ノ原稿ヲ作成シ被告朴來源、同閔昌植、同楊在植、同李用宰、同白明天ハ同月十七日以降同月三十一日迄ノ間同府安國洞三十六番地被告白明天ノ借家若クハ同府同洞三十六番地被告閔昌植方ニ於テ押收ニ係ル

印刷機械其ノ他（押第七五號ノ證第七號乃至第一七號、第三五號）
ヲ使用シ濫ニ檄告文一萬二千枚（押第七五號ノ證第三三
號）大韓獨立萬歲二萬枚（押同號ノ證第二號）朝鮮
人教育ハ朝鮮人本位ニセヨ茲産業ハ朝鮮人本
位ニセヨ各六千枚（押同號ノ證第四號、第五號）大韓獨
立運動者ヲ團結セヨ八千枚（押同號ノ證第六號）合
計五萬二千枚ヲ印刷シ被告白明天ガ其ノ
間同不穩文書ニ捺印スヘク右借家ニ於テ調
刻シタル大韓獨立黨ノ印章ヲ檄告文ノ約
半ニ押捺シ金丹治カ送附シタル哭シ服スル民

四二

ニ檄スト題スル李朝最後ノ君主昌德宮主人李坧ハ五十三春秋
ヲ一期トシテ去ル四月二十五日長逝ス此ヲ期シ全朝鮮民衆ハ擧テ總動
員ニ悲ミ哭シ喪ニ服シ三千里疆域ハ將ニ涙淚場ト化セリ云々、悲及嘆共
者ハ何等ノ價値ナシソハ吾人ノ生活ノ向上ニ何等ノ效力ヲ現シ得ス哀痛
共者ハ吾人ノ唯一ノ活路ナル日本帝國主義驅逐ニ何等ノ力量ヲ持タス
故ニ吾人ハ此ノ期ヲ利用シ日本帝國主義ヲ驅逐スヘキ鬪爭ノ扶植ニ併セ
テ一步タリトモソノ驅逐ヲ目標ニシ鬪爭ヲ始メム云々、活タ民衆ヨ一團ト
ナリ革命團體ノ旗下ニ集團セヨ今日哭シ服スル忠誠ト義憤ヲ盡
シ吾人ノ解放鬪爭ニ捧ケ日本帝國主義ヲ撲滅セシ云々ノ不隱
文書ヲ併セ是等ヲ折半シ其ノ半ハ全鮮ヲ鐵道

線ニ據テ湖南線、京釜線、京元線、京義
線ノ四方面ニ分チ被告朴來源ハ湖南線京釜
線方面ノ中心地大田、被告閔昌植ハ京義
線方面ノ中心地沙里院若クハ平壤並京元線
方面ノ中心地元山ニ潜伏シ
全羅南道光州、木浦、順天、全羅北道ノ
全州、群山、井邑、慶尚南道ノ晋州、釜山
馬山、河東、慶尚北道ノ大邱、安東、尚州
永川、浦項、忠清北道ノ清州、忠州、忠清
南道ノ公州、大田、京畿道ノ仁川、開城、黃

四三

海道ノ海州、沙里院、載寧、平安南道ノ
平壤、安州、平安北道ノ新義州、宣川
咸鏡南道ノ咸興、洪原、永興、北靑咸
鏡北道ノ清津、羅南、穩城
ノ道廳其ノ他ノ官衙靑年團體ニ對シ同不穩
文書ヲ開闢、新女性、新民等ノ各雜誌内ニ
若干枚宛密封シテ郵送配付シ殘餘ノ一半
中若干枚ハ被告朴來源、同閔昌植、同李用
宰、同楊在植ハ商店、廣告郵便ニ擬シ總
督府裁判所、京畿道廳其ノ他ノ官衙ニ領

布シ残餘ノ大半ハ同月十日ノ國葬ノ際被告權
五卨、同朴來源、同閔昌植、同李用宰、同
楊在植ハ學生、靴下職工、印刷職工ヲ使嗾シ
相應呼シテ葬列ノ通過スル沿道ニ於テ群衆中
ニ撒布シ一聲ニ朝鮮ノ獨立萬歳ヲ高唱シ依
テ安寧秩序ヲ妨害セントシタリ
(二)被告金恒俊ハ前記哭シ服スル民衆ニ檄スト題
スル不穩文書ハ李王殿下ノ國葬ニ際シ朝鮮ノ
獨立運動ヲナス目的ヲ以テ領布スルモノナルノ情
ヲ知リナカラ金円治ノ使者金必成ノ被告洪

四三

悳裕ニ送致スヘキ旨ノ依頼ニ應シ大正十五年五
月二十八日古簞笥ニ隱匿シテ引越荷物ノ如ク
装ヒ支那安東縣堀割南道九丁目一番地三成
運送店ノ店員姜延夫ヲ詐罔シ右不穩文書ヲ
京城ニ運送セシメ同年六月三日自ラ其ノ貨物引換
證(押第七九二號ノ證第一九號)ヲ携ヘテ上京シ同日正午
頃朝鮮日報社ニ被告洪悳裕ヲ訪ツレ右發荷
ノ顚末ヲ告ケテ同引換證ヲ交付シ以テ被告權
五卨一味ノ前顯犯行ヲ幇助シ被告洪悳裕
ハ右犯情ヲ承知シナカラ被告權五卨ノ要請

ヲ容レ被告金恒俊ヨリ該貨物引換證ヲ受取
リ被告權五卨ニ此ヲ送致シテ其ノ趣ヲ傳達シ
以テ同被告等ノ該犯行ヲ幇助シタリ
第四被告洪悳裕ハ朝鮮日報社ニ勤務シ地方
部長トシテ編輯事務ヲ擔當中大正十四年
四月十八日附朝鮮日報朝刊第一千六百八十二號
東北版第二面ニ賭博團及強盜團ナル題目ノ
下ニ金昌元、金洛鳳外二名ハ賭博ヲ業トナス
浮浪ノ徒ニシテ賭錢ニ困窮シタル結果同年四
月八日永興郡順寧面豊東里金東吉方ニ於

四四

テ李景洙ノ妻女某ノ裳ヲ脱シ其ノ所持金四
十圓ヲ強奪シタル旨ノ虛偽ノ事實ヲ公然摘
示發行シ以テ金昌元、金洛鳳ノ名譽ヲ毀損
シタリ
右所爲中被告金在鳳、同金枓全、同俞鎭熙、同
權五卨、同金尚珠、同陳秉基、同朱鍾建、同
尹德炳、同宋奉瑀、同獨孤佺、同洪悳裕(但第三ノ(一)第四ノ所爲ハ除ク)同姜達永、同李準泰、同金政琯、同
李鳳洙(一名李哲ト称ス)、同康昌烈、同朴來源(但第三ノ(一)ノ所爲ヲ除ク)
同林元根、同林亨寬、同曺利煥、同朴吉陽

同洪瑨植、同申哲洙、同張順明、同朴珉英、同李智鐸、同閔昌植、同金環載、同李炳立、同盧相烈、同崔安燮、同鄭洪模、同金明奎、同黃守龍、同金直成、同金琪鎬、同彭三辰、同金宗信等ノ所爲ハ何レモ犯意継續シテ敢テシタルモノト認ム

被告文相直ハ大正九年七月十日大邱地方法院ニ於テ大正八年制令第七號銃砲火藥取締令施行規則違反罪ニ依リ懲役五年ニ處セレ大正十三年恩赦ニ依リ懲役四年十四日ニ減刑セラレ其ノ刑ノ執行ヲ

四六

終了シタリ

被告金立鳳ハ大正十年六月二日京城地方法院ニ於テ大正八年制令第七號違反罪ニ依リ懲役六月ニ處セラレ其ノ刑ノ執行ヲ終了シタリ

被告朴吉陽ハ大正十年十一月十四日京城地方法院ニ於テ大正八年制令第七號違反罪ニ依リ懲役一年六月ニ處セラレ其ノ刑ノ執行ヲ終了シタリ

被告魚秀甲ハ大正十一年二月二十七日京城覆審法院ニ於テ大正八年制令第七號違反罪ニ依リ懲役一年ニ處セラレ其ノ刑ノ執行ヲ終了シタリ

被告李鳳洙（一名李哲ト稱ス）ハ大正十一年七月二十七日平壤覆審法院ニ於テ朝鮮阿片取締令違反罪ニ依リ懲役六月ニ處セラレ其ノ刑ノ執行ヲ終了シタリ

被告朴憲永ハ大正十一年十月二十八日平壤覆審法院ニ於テ大正八年制令第七號違反罪ニ依リ懲役一年六月ニ處セラレ其ノ刑ノ執行ヲ終了シタリ

被告林元根ハ同年同月同日同覆審法院ニ於テ同罪ニ依リ懲役一年六月ニ處セラレ其ノ刑ノ執行ヲ終了シタリ

被告俞鎭熙ハ大正十二年一月十五日京城地方法

四七

院ニ於テ大正八年制令第七號違反及新聞紙法違反罪ニ依リ懲役一年六月ニ處セレ其ノ服役中大正十三年ノ恩赦ニ因リ懲役一年三月五日ニ減刑セラレ其ノ刑ノ執行ヲ終了シタリ

被告都容浩ハ大正十二年八月二日新義州地方法院ニ於テ大正八年制令第七號違反罪ニ依リ懲役一年ニ處セレ其ノ服役中大正十三年ノ恩赦ニ因リ懲役九月ニ減刑セラレ其ノ刑ノ執行ヲ終了シタリ

被告金料全ハ大正十二年十一月五日京城法院ニ於テ

傷害及脅迫罪ニ依リ懲役五月ニ處セレ其ノ服
役中大正十三年ノ恩赦ニ因リ懲役四月九日ニ減
刑セラレ其ノ刑ノ執行ヲ終了シタリ
被告陳東基ハ大正十二年十二月二十二日平壤覆
審法院ニ於テ大正八年制令第七號違反罪ニ
依リ懲役一年ニ處セレ其ノ服役中大正十三年
ノ恩赦ニ因リ懲役九月ニ減刑セラレ其ノ刑ノ執行
ヲ終了シタリ
被告趙東根ハ大正十二年三月十四日京城地方
法院ニ於テ同罪ニ依リ懲役一年六月ニ處セレ其
ノ服役中大正十三年ノ恩赦ニ因リ懲役一年一
月十五日ニ減刑セラレ其ノ刑ノ執行ヲ終了シタリ
以上被告等ノ所爲ハ公判ニ付スルニ足ルヘキ犯
罪ノ嫌疑十分ニシテ被告金在鳳、同金料
全、同俞鎭熙、同權五卨、同金尚珠、同陳
東基、同朱鍾建、同尹德炳、同宋奉瑀、同
獨孤佺、同洪悳裕、同林元根、同林亨寬、同
曹利煥、同朴吉陽、同洪璔植、同申哲洙、同張
順明、同金正奎、同黃守龍、同金直成、同
金琪鎬等ノ秘密結社組織ノ所爲ハ治安維
持法第一條第一項目的ノ實行ニ關シテナシタル所
爲ハ同法第二條被告姜達永、同李準泰、
同李鳳洙（一名[illegible]）同李炳立、同崔安燮、同盧
相烈、同辛命俊、同鄭淳悌、同李智鐸、同
環載、同彭三辰、同金宗信等ノ秘密結社ニ情
知ノ上加入シタル所爲ハ同法第一條第一項目的ノ
實行ニ關シナシタル所爲ハ同法第二條被告權五
卨、同康昌烈、同朴來源、同朴珉英、同
閔昌植、同朴台弘、同金正奎、同朴一秉、同
金昌俊、同魚秀甲、同李相薰、同金東富、
同李忠模、同李在益、同吳昌會、同李殷植
同柳淵和、同高允相、同李奎宋、同姜均煥
同李浩、同金演義、同裵成龍、同李承燁
同朴養善、同金有聲、同裵致文、同南海龍
同慎杓晟、同趙東爀、同李敏行、同曹俊基
同趙鏞周、同薛炳浩、同權五尚、同李鳳洙
（一名李[illegible]）、同蔡奎恒、同都容浩、同鄭晋武、同
文相直、同金明奎、同金直成、同金琪鎬、同權
榮奎、同韓廷植、同吳淇燮、同金完根、同
李榮珉、同李昌洙、同朴炳斗、同李壽延

同鄭泼模、同崔一峯、同鄭順和、同鄭泰
重、同許永壽、同金載中、同姜宗錄、同尹
允三、同金容粲、同李鳳壽等ノ秘密結社ニ
情知ノ上加入シタル所為ハ同法第一條第一項被告
權五高、同朴來源、同閔昌植、同楊在植、同
李用宰等ノ安寧秩序ヲ妨害セントシタル所
為ハ大正八年制令第七號第一條第一項不穩
文書出版ノ所為ハ出版法第十一條第一項、被告
洪惠裕ノ名譽毀損ノ所為ハ刑法第二百三十條
ニ各該當スル所同被告等ノ所為中ニハ連續犯竝

五〇

ニ一個ノ行為ニシテ數個ノ罪名ニ觸レ若クハ兩犯併
合罪ニ係ル所為アルヲ以テ刑法第五十五條第
五十四條第一項前段第五十七條第四十七條第
十條ヲ夫々適用處斷スヘキモノト思料スルニ付刑
事訴訟法第三百十二條ニ則リ京城地方法院
ノ公判ニ付スヘキモノトス
被告李榮珉、同李昌洙、同朴炳斗カ大正十四
年九月以降大正十五年六月頃迄ノ間順天郡
順天面幸町農民聯合會館ニ於テ我帝國ノ
國体ヲ變革シ且私有財產制度ヲ否認スル目的

ヲ以テ順天農民聯合會及無產者同盟會ナル
秘密結社ヲ組織シタル旨ノ公訴事實ハ公判ニ付
スルニ足ルヘキ嫌疑十分ナラサルモ同被告等ニ對スル
前顯犯罪ト連續犯ノ關係アルモノトシテ起訴セラレ
タルモノナルヲ以テ特ニ免訴ノ言渡ヲナスヘキモノニ非ス
被告金景瑞、同趙東根カ高麗共產青年
會ニ入會シ新義州或ハ安東縣ニ居ヲ構ヘ該共
產青年會本部ト國外派遣ノ同共產青年會員
曺奉岩間ニ於ケル文書其ノ他ノ連絡ヲ取リタル
旨

五一

被告金世淵、同金瑛禧、同白基浩カ大正十
四年四月頃ヨリ大正十五年三月頃迄ノ間朝鮮共產
黨ノ前顯目的ヲ悉知シナカラ各入黨シタル旨
被告金景瑞、同獨孤佺カ大正十四年十一月二十二
日新義州府內京城食堂ニ於テ朴有楨其ノ他
ヲ毆打シ朴有楨ニ對シ治療二週間ヲ要スル傷
害ヲ加ヘ且同人所有眼鏡時計ヲ損壞シタル旨
ノ各公訴事實ハ公判ニ付スルニ足ルヘキ嫌疑ナ
キヲ以テ刑事訴訟法第三百十三條ニ依リ何レモ
免訴スヘク

被告權五卨ト朴憲永其ノ他ノ者ト謀議ノ上大正
十四年四月十八日朴憲永ノ肩書住居ニ於テ我帝
國ノ國體ヲ變革シ私有財産制度ヲ否認スル
目的ヲ以テ高麗共産青年會ナル秘密結社ヲ
組織シ該目的ノ實行ニ關シ策動シタル旨ノ公
訴事實（大正十五年豫第四一號）ニ付テハ既ニ當裁判所ニ公訴
ノ提起アリタルヲ以テ刑事訴訟法第三百十五
條ニ從ヒ該公訴ヲ棄却スヘキモノトス
仍テ主文ノ如ク決定ス
昭和二年三月三十一日
京城地方法院
豫審掛朝鮮總督府判事 五井節藏

五二

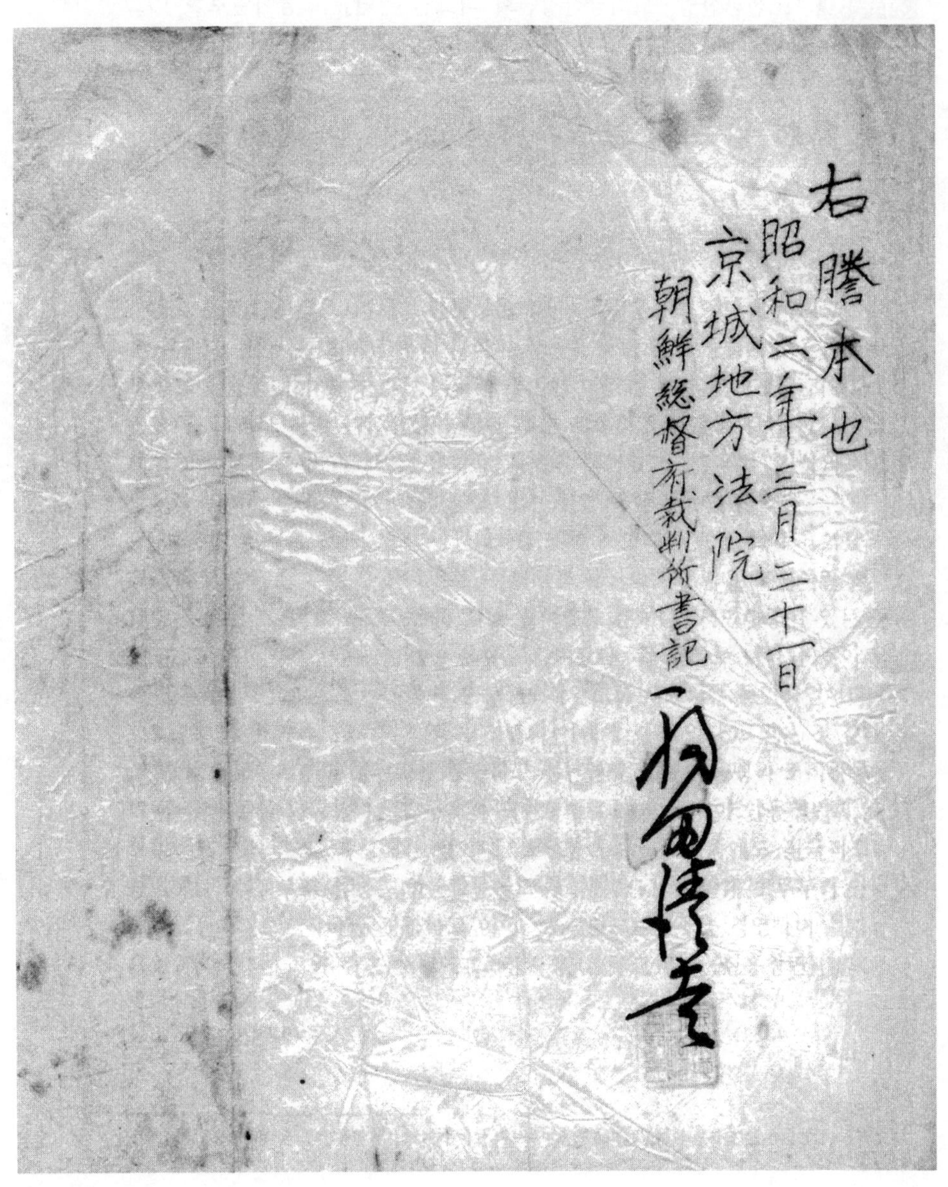

右謄本也
昭和二年三月三十一日
京城地方法院
朝鮮総督府裁判所書記

자료 16 「조선공산당 · 고려공산청년회 피고인 명단」, ≪동아일보≫ 1927년 4월 3일자

被告九十九名

【以下五面으로繼續】

被告氏名二面으로繼續

▲本籍京畿道安城郡大徳面大陵里 (住居京城府齋洞八十四番地) 無職 金濟義([illegible])

▲本籍慶北慶州郡慶州面京山洞 (住居京城府樓下洞十三番地외) 無職 裴成龍([illegible])

▲本籍慶南晋州郡晋州面平安洞一百二十番地 (住居右同所) 農 朴台弘([illegible])

▲本籍慶南晋州郡晋州面飛鳳洞 (住居同道釜山府大新洞三百八十九番地) 通譯職員 南海龍([illegible])

▲本籍慶南蔚山郡蔚山面[illegible]村里四百四十番地 (住居右同所) [illegible] 張約議([illegible])

▲本籍慶南河東郡河東面邑內洞一千八十五番地 (住居右同所) 會社員 趙東鎬([illegible])

▲本籍全南和順郡綾州面石橋里 (住居同道光州郡光州面錦溪里五十七番地) 農 曹俊基(三八)

▲本籍全南光州郡光州面錦町 (住居同道同郡孝泉面芳林里三百十二番地) 農 韓炳浩(三七)

▲本籍咸南洪原郡南面華東里 (住居同道咸興郡咸興面中荷里九十一番地) 新聞記者 蔡令恒([illegible])

▲本籍咸南咸興郡咸興面荷西里百九十二番地 (住居右同所) 無職 鄭容浩([illegible])

▲本籍慶南陝川郡草溪面官坪里 (住居右同所) 學生 金正全(一九)

▲本籍京城府茶洞百七十九番地 (住居右同所) 朝鮮日報東京通信員 李殷洙(三九)

▲本籍慶北高靈郡高靈面中化洞 (住居同道大邱府達城町十三番地ノ五) 農 文相直([illegible])

▲本籍慶南固城郡三山面鬥堂里 (住居同道馬山府新町十四番地ノ二) 金融組合書記 黃守鎭([illegible])

▲本籍慶南馬山府元町八番地 (住居右同所) 理髮業 金璟鎬([illegible])

▲本籍慶南馬山府萬町百番地 (住居右同所) 朝鮮日報馬山支局長 金尙珠(二八)

▲本籍慶南泗川郡昆明面鳳溪里 (住居同道馬山府[illegible]湖洞六十番地) 新聞記者 金直成(二八)

▲本籍慶南咸安郡內西面山湖里二百九十一番地 (住居右同所) 穀物商 尹允三([illegible])

▲本籍慶南馬山府萬町五十四番地 (住居右同所) 理髮業 金容[illegible]([illegible])

▲本籍慶南馬山府午東洞 (住居同道馬山府元町四十番地) 店員 李四壽([illegible])

▲本籍慶南馬山府城湖洞四十六番地 (住居右同所) 理髮業 [illegible](二四)

▲本籍慶南馬山府萬町二百十二番地 (住居右同所) 新聞記者 彭[illegible](二八)

▲本籍慶南馬山府午東洞九十四番地 (住居右同所) 新聞記者 金[illegible]信(二四)

▲本籍慶南馬山府石町二百十二番地 (住居右同所) 時代日報馬山支局長 金明奎(二八)

▲本籍全南光州郡光州面瑞南里五百八十七番地 (住居右同所) 農 崔安燮([illegible])

▲本籍江原道淮陽郡蘭北面上光町 (住居京城府苑洞百四番地) 無職 盧相烈([illegible])

▲本籍全南光陽郡光陽面仁西里十五番地 (住居右同所) 米穀商 [illegible]命俊(二四)

▲本籍全南光陽郡津月面月吉里 (住居京城府[illegible]洞百八十番ノ二) 新聞記者 鄭淳悌([illegible])

▲本籍全南光陽郡玉谷面廣英里一百五十一番地 (住居右同所) 農 鄭順和([illegible])

▲本籍慶南咸陽郡西上面金[illegible]里 (住居全南求禮郡土旨面把道里) 朝鮮日報求禮支局長 [illegible]泰[illegible]([illegible])

▲本籍全南光州郡光州面錦溪里五十二番地 (住居右同所) 農 金敬中(二四)

▲本籍全南光州郡光州面瑞南里 (住居同道濟州島濟州面三徒里) 自動車運轉手 崔一峯(二七)

▲本籍全南順天郡西面[illegible]坪里三百七十番地 (住居右同所) 大工 許永[illegible](二七)

▲本籍全南順天郡松光面月山里 (住居同道光州郡光州面須奇屋町五百六十二番地) 新聞配達夫 鄭洪校(二四)

▲本籍全南光州郡光州面錦溪里五十五番地 (住居右同所) 時代日報支局長 金有聲([illegible])

▲本籍全南光州郡光州面鶴山里百[illegible]十四番地 (住居同所) 農 金光根([illegible])

▲本籍全南光陽郡玉龍面[illegible]坪里 (住居同道同郡光陽面仁東里百五十一番地) 農 [illegible]昌武(四四)

▲本籍全南順天郡上沙面[illegible]谷里 (住居同道同郡同面梅谷里) 農 李榮振([illegible])

▲本籍全南[illegible]島郡[illegible]面[illegible]井里 (住居同道同郡大面梅谷里) 時代日報順天支局長 李八洙([illegible])

▲本籍全南順天郡西面板橋里 (住居同道同郡同面幸町二百九番地) 朝鮮日報順天支局長 朴炳斗([illegible])

▲本籍慶南東萊郡東萊面福泉洞一百十九番地 (住居右同所) 朝鮮日報東萊支局長 白光欽([illegible])

▲本籍咸南洪原郡州[illegible]面北亭里 (住居同道同郡青面松坪里) 農 [illegible]榮[illegible](二八)

▲本籍咸南洪原郡龍雲面豊洞里二百二番地 (住居右同所) 農 [illegible]([illegible])

▲本籍咸南洪原郡[illegible]面[illegible]東里 (住居同道同郡州[illegible]面南山中里五十六番地) 無職 吳洪燮([illegible])

▲本籍黃海道[illegible]郡[illegible]面日新里五十一番地 (住居右同所) 無職 李壽[illegible]([illegible])

자료 17 「조선공산당 조직표」, ≪동아일보≫ 1927년 9월 13일자

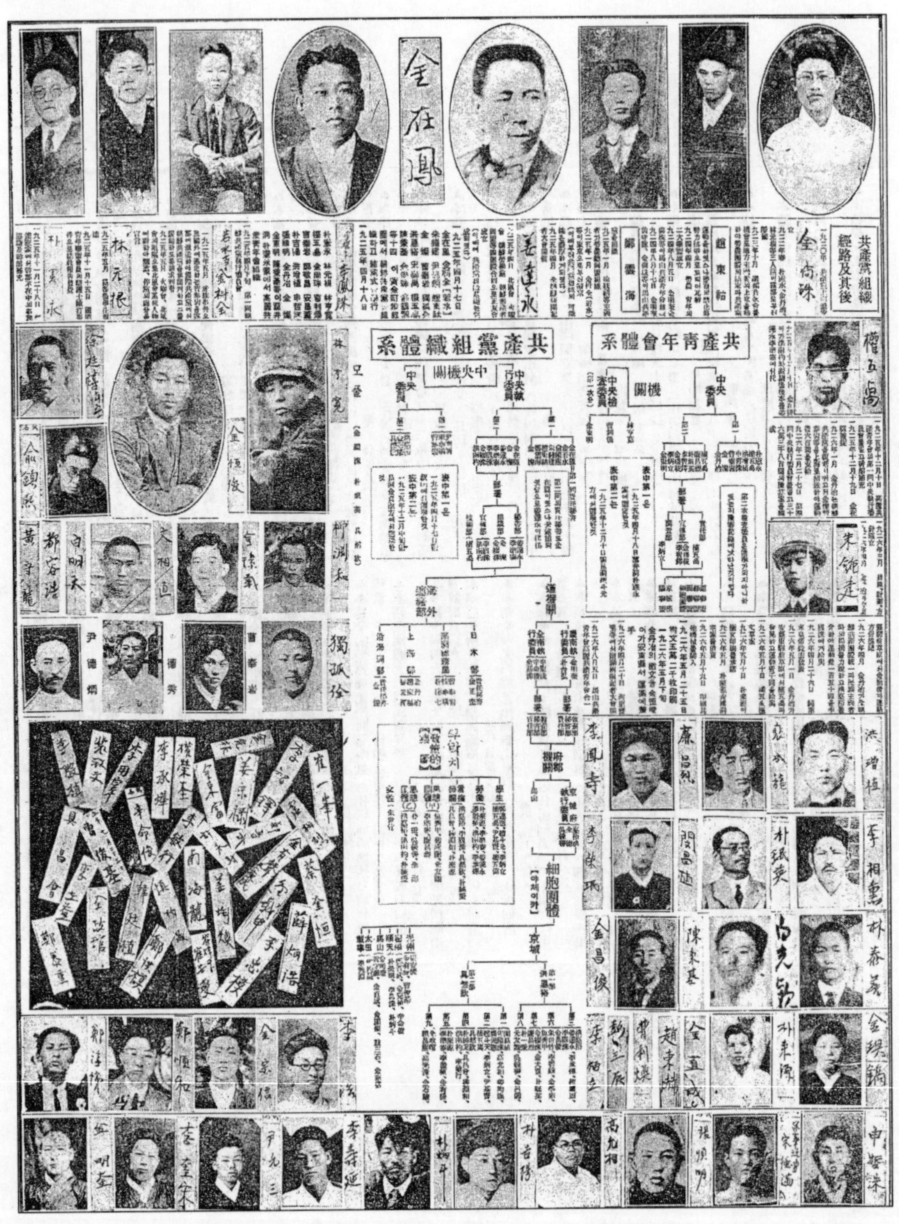

共產黨組織經路及其後

共產黨組織體系

共產青年會體系

자료 18 「今日 朝鮮共產黨 公判」(이준태 사진), 《조선일보》 1927년 9월 13일자

萬人注視中에 一大史劇은開幕되다

今日! 朝鮮共産黨公判

조선미증유(未曾有)의큰비밀결사(秘密結社)인 조선공산당공판은 금십삼일오전아홉 부러 열리게되엇다 재작년사월전조선긔자대회(全朝鮮記者大會)가 잇슬당시 동사월십칠일에시내황금뎡(黃金町)에잇는중국료리점아서원(雅敍園)에서 당시각사회주의단톄의 령수(領袖)를망라하야 조선공산당을조직하고 그이튿날인십팔일에 시내훈정동사번디(薰井洞)박헌영(朴憲永)의집에서 고려공산청년회(高麗共産青年會)를조직하고 역시전과가티표면운동(表面運動)을하는동시에 리면운동(裏面運動)으로 각디방에『야체이가』(支部)를두어활동하고 국제공산당(國際共産黨)(第三인터내슈날)과 련락하게되어○○○도밧고또는장래사회주의혁명(社會主義革命)을 위하야역군을양성코자 청년류학생을『모스쿠바』로 파견하다가그해십일월이십이일신의주에서 신만청년회원(新灣青年會員) 전득린(全得麟)의 실수로검거의단서가시작되어신의주서와 경성종로서의련합활동으로 뎨일차로이십여명검거를보게되매 공산당책임비서로잇든김재봉(金在鳳)이가자긔가잡힐것을 예측하고후임으로강달영(姜達永)을 추천하고 잡히이니강달영은 작년이월중순경에시내운이동(雲泥洞)공산당원 중의한사람인 구연흠(具然欽)의집에서 뎨이차로공산당을조직하야 역시표면파리면으로 운동하다가그해륙월십일순종효황제(純宗孝皇帝)인산(因山)때를타서 해외에망명하야잇는김단야(金丹冶) 권오설(權五卨)등이책동하야 권오설이다시조선에들어와 다수히준비한격문으로 인산당일에크게민족운동을일으키려다가 칠일에권오설이체포되고 격문이압수되어다시 삼십여명이검거되고인산당일에는 조선○○만세사건이잇섯스며칠월십구일명치뎡(明治町)에서강달영이체포되고공산당의문부인 암호문서(暗號文書)와인장(印章)이시내립정뎡일백삼십오번디에잇는보성고보학생김현철(金鉉哲)에게서 압수되어또다수한당원이전조선뎍으로잡히어검사국으로넘기어예심(豫審)에부터서 재작년첫검거당시부터해수로삼년을 걸리어금년삼월삼십일일에예심이결뎡되고 이래공판준비중이다가 금일의공판에붓게된것이다

被告百單一인全朝鮮的大秘密結社

組織、發覺、活動한重要人物

◇第一次中央幹部

◇高麗共青幹部는

◇第二次의人選은

◇馬山共産派人物

◇一次와再次發覺

◇檢擧日數三百日

◇四萬餘頁大記錄

朝鮮日報號外

해금당시 본보호외

適用法律

자료 19 「共產黨被告 五人 要路警官을 告訴」, ≪동아일보≫ 1927년 10월 17일자

「共產黨被告 五人 要路警官을 告訴」

辯護士 七氏를 代理人으로 昨日 京城地方法院에 堤出

萬目注視의 問題展開

재작 십륙일 공판 휴뎡시에 열린 변호사단의 비밀회의는 모 중대사건의 폭발될 전데인 듯하다함은 작보와 갓거니와 과연 작일 오후에 변호사 고옥(古屋)씨가 대리가 되야 경관을 고소하는 공산당 피고의 고소장을 경성지방법원 검사국 숙직에게 뎨출하엿는데 그 고소장의 내용은 방금 서대문형무소에 재감중인

▲ 權五卨 ▲ 姜達永 ▲ 全政琯 ▲ 洪悳裕 ▲ 李準泰

등 다섯 명이 변호사

布施辰治 古屋貞雄 金炳魯 李 仁 金泰榮 許 憲 韓國鍾

등 일곱 변호사를 대리인으로 하야 종로경찰서 고등계

主任警部 三輪和三郎 同警部補 吉野藤藏 同警部補 金冕圭 同巡査部長 大森秀雄

의 네 명을 거러 형법 뎨 백구십오조 폭행 릉학 독직(暴行陵虐瀆職) 죄로 고소한 것으로 고소인(공산당피고)등은 치안유지법위반사건의 피의자로 종로경찰서에 검거되야 그 취조를 밧는 대정 십오년 륙월 십사일부터 팔월 십일경까지 종로경찰서 이층 신문실과 경찰부 신문실에서 전긔 피고소인 외의 매야・류・한(梅野・柳・韓)형사 등과 가치 가진 폭행을 다하야 권오설은 압니 두 개가 불어지고 기타 피고도 증상을 당하엿다는 것인데 가치 수금되엿든 다른 피고의 증인까지 세윗다고 한다 이와 가치 경찰관의 주요한 자를 거러 만흔 변호사가 대리인이 되야 고소를 뎨출하는 것은 근래에 드문 중대사건으로 그 사태가 엇더케 뎐개 될는지 그 결과는 장차 큰 영향을 밋치게 하리라더라

共産黨被告五人 要路警官을告訴

辯護士七氏를代理人으로 昨日京城地方法院에提出

萬目注視의問題展開

재작십륙일 공판후뎡시에열린 변호사단의비밀회의는 모중대사건의폭발될뎐데인듯하다함은 작보와갓거니와 과연작일오후에 변호사 고옥(古屋)씨가 대리가되야 경관을고소하는 공산당피고의고소장을 경성지방법원검사국숙직에게 뎨출하엿는데 그고소장의내용은 방금서대문형무소에 재감중인

▲權五卨 ▲姜達永 ▲全政琯 ▲洪悳裕 ▲李準泰

등다섯명이 변호사

布施辰治 古屋貞雄 金炳魯 李仁 金泰榮 許憲 韓國鍾

등일곱변호사를대리인으로하야 종로경찰서고등게

主任警部 三輪和三郎 同警部補 吉野藤藏 同警部補 金冕圭 同巡査部長 大森秀雄

의네명을거려 형법대백구십오조 폭행릉학독직(暴行陵虐瀆職)죄로고소한것으로 고소인(공산당피고)등은 치안유지법위반사건의 피의자로 종로경찰서에검거되야 그취조를밧는 대정십오년륙월십사일부터팔월십일경까지 종로경찰서이층신문실과 경찰부신문실에서 피고소인외의매야,류,한(梅野,劉,韓)형사등과가치 가진폭행을다하야 권오설은 압니두개가불어지고 기타피고도중상을당하엿다는것인데 가치수금되엿든다른피고의증인까지 세웟다고한다 이와가치경찰관의주요한자를거려만흔변호사가 대리인이되야 고소를뎨출하는것은근래에드문중대사건으로 그사태가 엇더케뎐개될는지 그결과는장차큰영향을밋치게하리라더라

자료 20 「天下의 視聽을 集中한 拷問警官告訴事件의 展開」, ≪동아일보≫ 1927년 10월 25일자 ; 「補充調書로 李準泰取調」, ≪조선일보≫ 1927년 10월 25일자

「天下의 視聽을 集中한 拷問警官告訴事件의 展開」, ≪동아일보≫ 1927년 10월 25일자

告訴人 供述聽取로 警官取調는 延期

◇ 告訴人 李準泰를 다시 調査 ◇

豫定보다 又 一日 遲延

공산당 사건의 피의자로 서대문형무소에 재감 중인 권오설(權五卨) 이하 다섯명이 폭행・릉학・독직죄(暴行凌虐瀆職罪)로 그들이 종로경찰서에 톄포되야 취조를 하든 고등계주임 삼륜(三輪)경부 이하 네경관을 걸어 경성지방법원 검사국에 고소를 뎨긔한 사건은 지난 금요일 그 사건을 담임한 원교(元橋)검사가 고소인인 권오설 이하 다섯 피고를 호출하야 그날 오후 한시 오십분부터 저녁 여섯시까지에 보충조사를 하고 작이십사일에는 피고소인인 경관들을 취조하기로 되엿든바 고소인 중의 한사람인 이준태(李準泰)로부터 다시 공술할 바가 잇다는 신청이 잇엇슴므로 원교검사는 이십사일 오후부터 이준태를 불러서 공술을 청취한 바가 잇엇다하며 이로 인하야 피고소인인 경관의 취조는 연긔되엿더라.

昨日又 被告訪問

네 변호사가 또 감옥방문

공산당 사건의 피고들을 취조하든 경관이 고문을 하였다하야 우선 고문당한 증거가 력연하다는 다섯피고의 일흠으로 데일차 고소를 뎨긔하고 데이차로 고소를 뎨긔할자로 고문당하엿다는 피고를 변호사들이 력방하고 공술서와 증거를 수집한다함은 긔보한 바어니와 변호사 고옥 김병로 김태영 가등(古屋 金炳魯 金泰榮 加藤)의 사씨는 작 이십사일 오전 열한시부터 다시 형무소를 방문하엿더라

天下의 視聽을 集中한 拷問警官告訴事件의 展開

告訴人供述聽取로 警官取調는 延期

◇告訴人李準泰를다시調査◇

豫定보다又一日遲延

공산당사건의 피의자로 서대문형무소에 재감중인 권오설(權五卨)이하 다섯명이 폭행,독직죄(暴行,瀆職罪)로 그들이 종로경찰서에 톄포되야 취조받든 고등계주임 삼륜(三輪)경부이하 네경관을걸어 경성디방법원검사국에 고소를 뎨긔한 사건은 지난금요일 그사건을담당한 원교(元橋)검사가 고소인 권오설이하 다섯피고를호출하야 그날오후 한시오십분부터 보충조사를 하고 작이십사일에는 피고소인 경관들을 취조하기로되엿든바 고소인중의 한사람인 리준태(李準泰)로부터 다시공술할바가 잇다는 신청이 잇섯슴으로 원교검사는 이십사일오후부터 리준태를 불러서 공술을 청취한바가 잇섯다하며 이로인하야 피고소인인경관의 취조는 연긔되엿더라

昨日또被告訪問

네변호사가또감옥방문

공산당사건의 피고들을 취조하든경관이 고문을하엿다하야 우선 고문당한 증거가력연하다는 다섯피고의 일홈으로 데일차고소를 뎨긔하고 데이차로고소를뎨긔할자로고문당하엿다는피고들을변호사들이 력방하고공술서와 증거를수집한다함은 긔보한바어니와 변호사 고옥 김병로 김태영 가등(古屋 金炳魯 金泰榮 加藤)의사씨는 작이십사일오전 열한시부터 다시형무소를방문하엿더라

「補充調書로 李準泰取調」, ≪조선일보≫ 1927년 10월 25일자

「補充調書로 李準泰取調」

피고소인 취조로

警官取調는 遲延

조선공산당사건의 피고중 권오설(權五卨) 강달영(姜達永) 리준태(李準泰) 전정관(全政琯) 홍덕유(洪悳裕)의 다섯 명이 뎨 일차로 시내종로경찰서 고등계 주임삼륜(三輪)경부와 길야(吉野)경부 김(金)경부보 대삼(大森)형사 등 네 사람의 경관을 상대로 경성디방법원 장미(長尾)검사정에게 뎨긔한 고문고소(拷問告訴)사건을 원교(元僑)검사가 담임하야 지난 이십일일에 고소인(告訴人)인 전긔 다섯 사람을 경성디방법원 검사국으로 불러다가 증거보충됴서(證據補充調書)를 작성하얏고 이십사일부터는 피고소인(被告訴人)인 전긔 네 경관의 취됴에 착수하리라 함는 이미 보도하얏거니와 이십일일에 고소인을 취됴할 때에 미처 다 되지 못한 뎜도 잇슬 뿐더러 고소인 중에 리준태(李準泰)는 그에 대하야 검사에게 진술할 말이 잇다고 하야 이십 일일에 그것을 들으려 하얏섯스나 그 날은 해가 점으럿슴으로 그만 두엇섯는데 이십사일은 리준태의 말을 듯기 위하야 리준태를 검사국으로 다시 한번 호출하야 취됴하느라 피고소 경관의 취됴는 하지 못 하얏다더라

補充調書로 李準泰取調

피고소인취조로 警官取調는遲延

조선공산당사건의 피고중 권오설(權五卨)강달영(姜達永)리준태(李準泰)권정필(權政弼)홍덕유(洪悳裕)의다섯명이데일차로 시내종로경찰서 고등계 주임삼륜(三輪)경부와길야(吉野)경부김(金)경부보대삼(大森)형사등 네사람의 경관을상대로 경성디방법원장미(長尾)검사정에게데리한고문고소(拷問告訴)사건을 원교(元橋)검사가담임하야지난 이십칠일에고소인(告訴人)인권긔다섯사람을 경성디방법원 검사국으로불러다가증거보충됴서(證據補充調書)를작성하얏고이십사일부터는 피고소인(被告訴人)인권긔네경관의취됴에 착수하리라함은이미보도하얏거니와 이십일일에고소인을취됴할때에 미처다되지못한 뎜도 잇슬뿐더러고소인중에 리준태(李準泰)는그에대하야 검사에게 진술할 말이잇다고하야 이십일일에 그것을 들으려하얏섯스나 그날은 해가점으럿슴으로 그만 두엇섯는데 이십사일은 리준태의말을 듯기위하야 리준태를 검사국으로다시한번호출하야취됴하노라고피고소경관의취됴는하지못하얏다더라.

자료 21 「이준태 사진」, 《조선일보》 1928년 2월 13일자

帽影劍光이閃閃할

當日의大警戒方針

형무소부터재판소까지경관늘셩

騎馬巡査도出動巡察

◇分離審理

◇保釋出獄

◇保釋後亡命

◇獄中死亡

言渡바들

被告九十五名

其他分離審理로

重刑을預想하는主要被告

釋放될被告도

言渡當日出獄疑問

檢事의控訴權抛棄如何로

決定될重大한問題

자료 22 「未曾有의 大秘密結社事件 朝鮮共産黨言渡」, ≪조선일보≫ 1928년 2월 13일자 號外

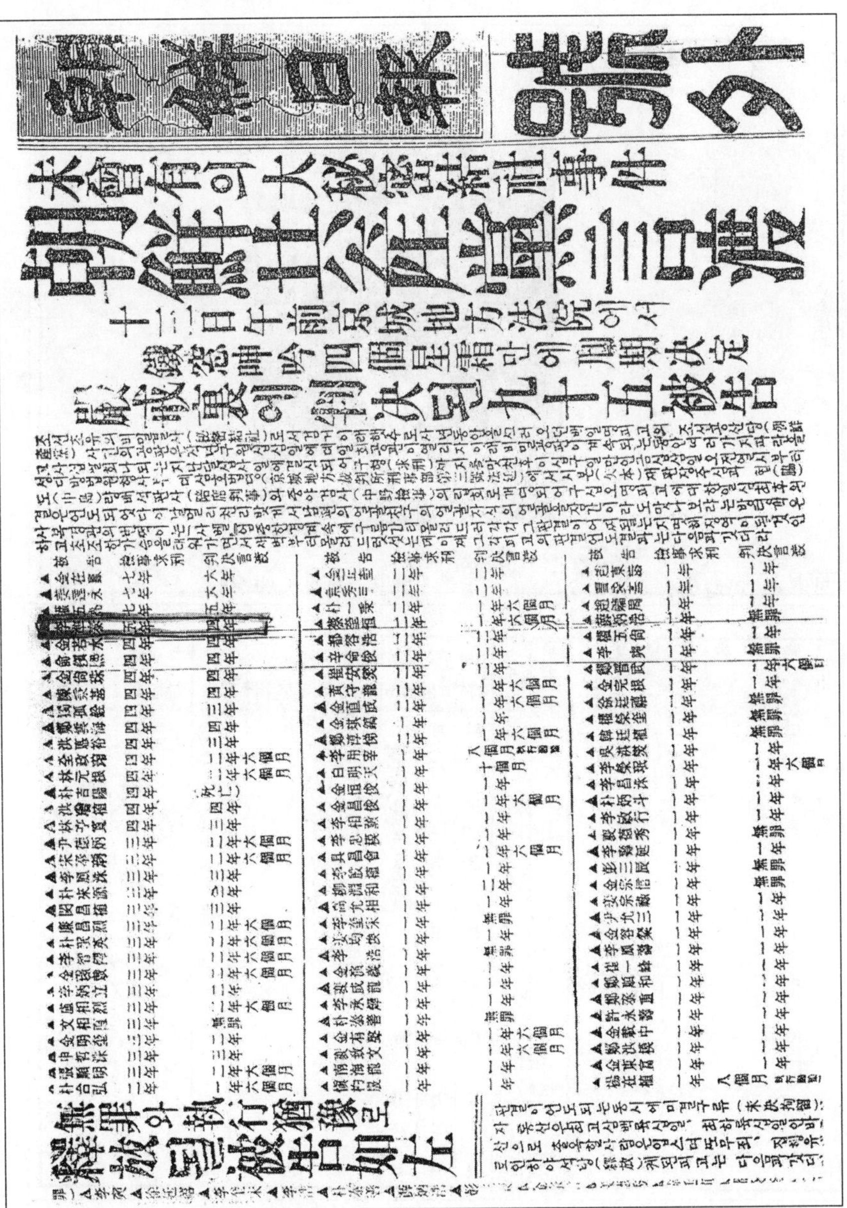
朝鮮日報 號外

未曾有의大秘密結社事件
朝鮮共産黨言渡
十三日午前京城地方法院에서
鐵窓呻吟四個星霜만에刑期決定
最長懲役이 判決된九十五被告

無罪와執行猶豫로 放免될被告如左

자료 23 「신원카드」 2, 1928년 2월 14일, 서대문형무소 입소

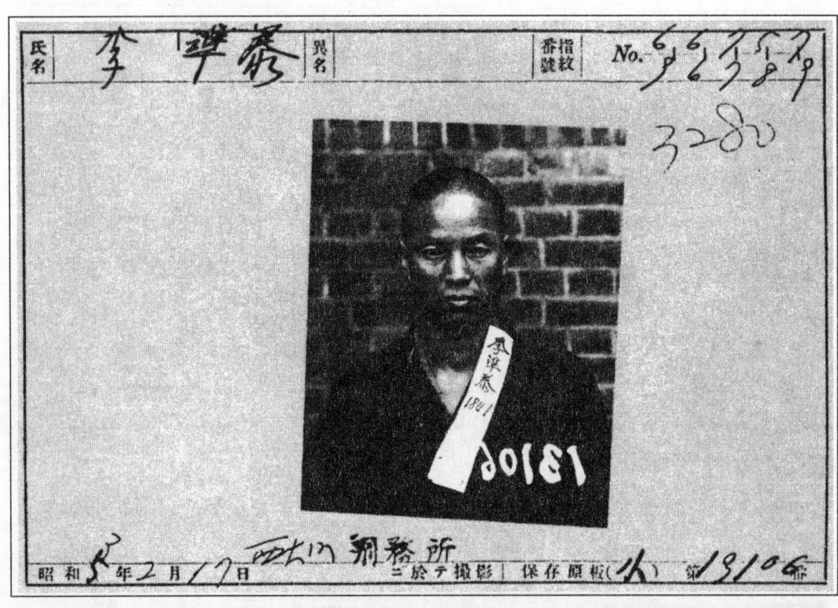

氏名 李準泰 異名 指紋番號 No.

昭和　年　月　日 西大門刑務所 ニ於テ撮影 保存原板(　) 第19106番

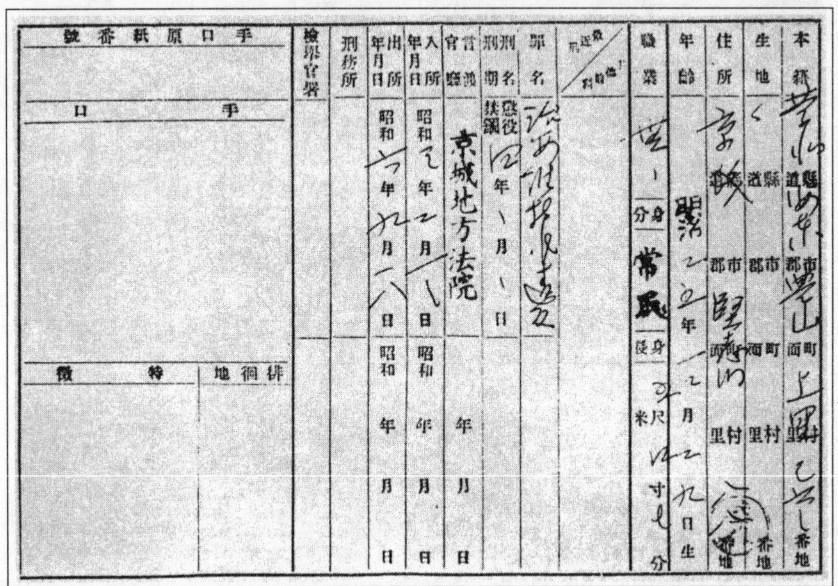

本籍	生地	住所	年齡	職業	前科	罪名	刑名刑期	言渡官廳	入所年月日	出所年月日	刑務所	檢擧官署
道縣 郡市 面町 里村 番地	道縣 郡市 面町 里村 番地	郡市 面町 里村 番地	明治　年　月　日生	分身 常民 長身 尺 寸 分		治安維持法違反	懲役　年　月　日	京城地方法院	昭和　年　月　日	昭和　年　月　日		

手口原紙番號

口 手

特徵 徘徊地

자료 24 「獄中消息」, ≪별건곤≫ 32호, 1930년 9월

잡지(호수) 별건곤(제32호)
발행년월일 1930년 9월 1일
필　　자
기사 제목 獄中消息
기사 형태 소식

金在鳳

그는 6년의 형을 바든 까닭에 來來明年(昭和 7년) 4월에나 다시 이 세상 봄 구경을 할 것이다. 날마다 공장에 드러 가서 그 괴로운 일을 하면서도(網絲) 한학자인 舊風이 그저 남어서 한시를 짓너라고 홍얼홍얼 한다고 한다. 그의 시를 아즉 발표치 못 함이 유감이나 佳作도 만히 잇다고 한다. 신체는 별 고장이 업스나 감정이 너무 예민하게 되야 박게 잇는 친지간에 편지 한 장이나 서적 한 册 차입 식혀 주지 안는 것을 퍽 이나 섭섭하게 생각하고 엇던 때에는 홍분이 되야 혼자 怒叱하다가 또 비애를 한다고 한다. 평소에 그와 친한 이들은 물론이고 다른 동지간이라도 一字慰問의 편지라도 하는 것이 그에 대하야 퍽이나 위안이 될 듯하다.

李準泰

평소에도 沈默寡言한 그는 재감 중에도 역시 一樣인 까닭에 누구와 무슨 이약이 하는 일도 별로 업다고 한다. 독서도 별로 하는 것이 업고 일은 예의 그물뜨기라는데 형기 5년에 미결기 6箇月 통산을 하고 賜까지 먹고 보니 出監期는 명년 5월 중순경인 듯.

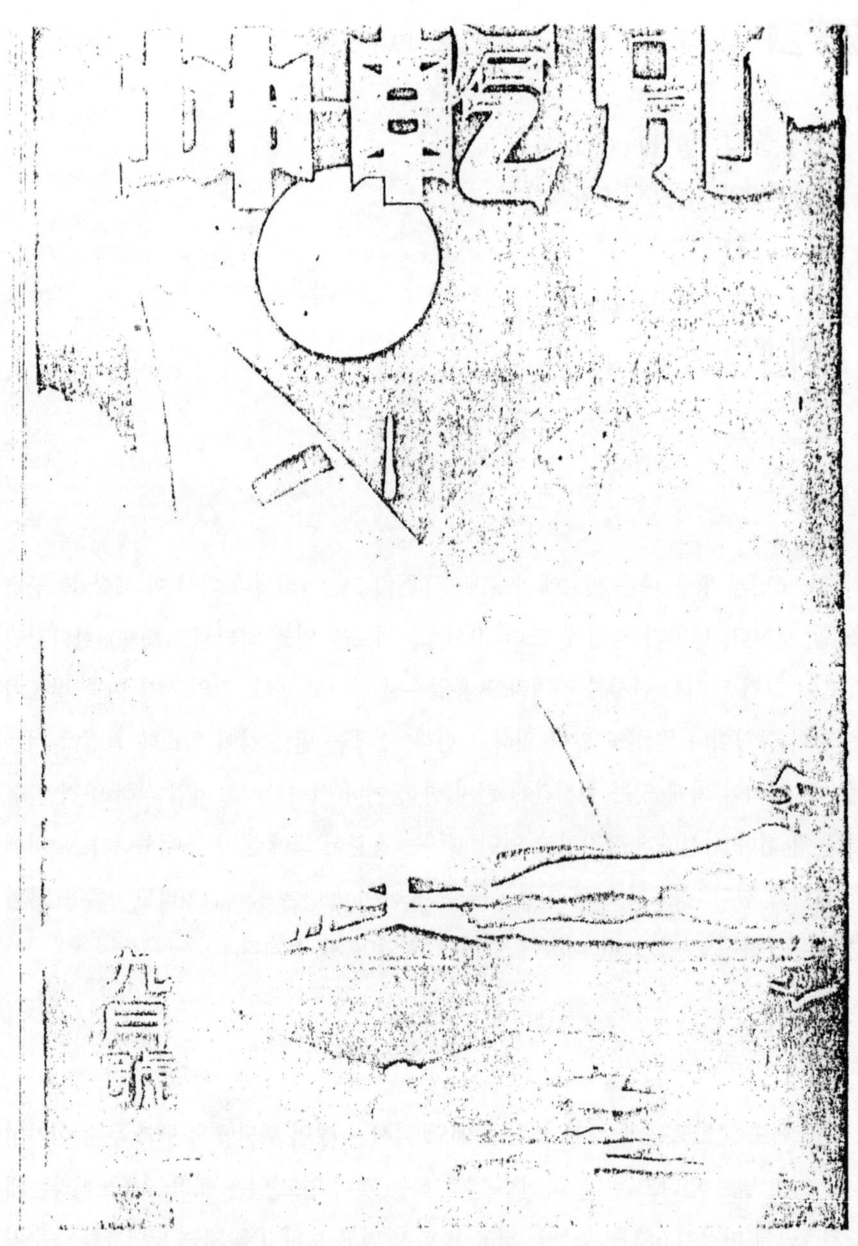

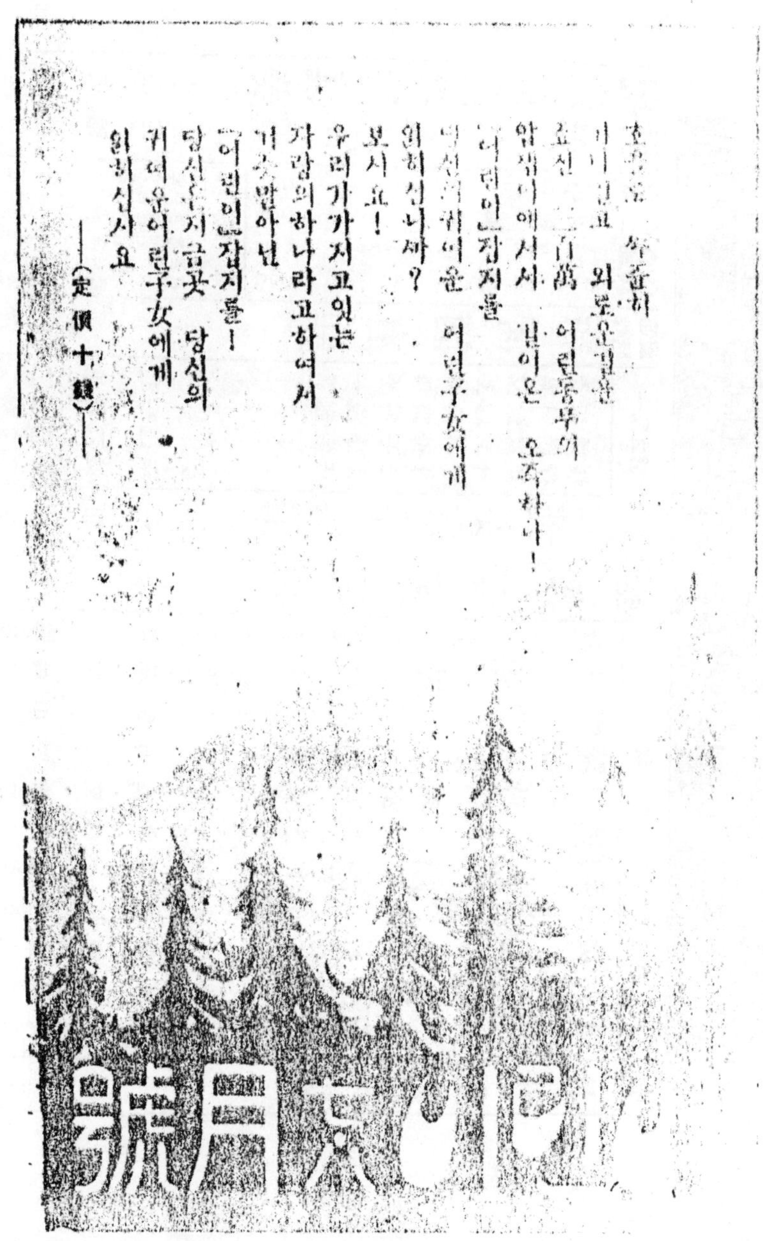
「어린이」잡지를
읽히십니까?
보시요!
우리가가지고잇는
「어린이」잡지를!
당신은지금곳 당신의
귀여운어린子女에게
읽히십시요
(定價十錢)
어린이 五月號

金在鳳 그는六年의刑을바든아닭에 來來明年(昭和七年)四月에나 다시이세상볼구경을할것이다 날마다工場에드러가서그괴로운일을하면서도(網絲)漢學者인在鳳이 그저남어서漢詩를짓너라고 홍얼홍얼한다고한다 그의詩를아즉發表치못함이 遺憾이나佳作도만히잇다고한다 身體는별故障이업스나 感情이너무예민하게되야박게잇는 親知間에편지한장이나 簡單한冊差入식혀주지안는것을퍽이나 섭섭하게생각하고 엇던때에는興奮이되야혼자怒叱하다가 또悲哀를한다고한다 平素에그와親한이뿐은勿論이고 다른同志間이라도 一字獄間의편지라도하는것이 그에對하야퍽이나慰安이될듯하다。

李準泰 平素에도沈默寡言한그는 在監中에도亦是一樣인아닭에 누구와우슴이약이하는일도별로업다고한다 讀書도별로하는것이업고일은例의그물뜨기라는데 刑期五年에未決期六個月通算을하고賜아지럭고보니 出監期는明年五月中旬頃인듯。

陳秉基 그는入監初부터木工場에드러가서 掃除夫가된아닭에監獄生活을퍽이잘하기로는 그事件入監者中에 第一이라고한다따러서身體도健康하니가 刑期四年間은無事히잘지내리라고。

朴衡秉 은四個年의役을밧고平壤監獄에잇는데未決一年半通算을除하면 昭和七年十一月頃에出監된다 元來에性格이圓滿하고柔한아닭에苦役도잘견듸며 健康하다고한다 讀書는「世界文化史大系」란英文冊한권을未決때부터 이잡듯이한자도빼지안코精讀하며 하는일은織造=가스리工場。

李丙儀 는同年十月頃에出監된다고한다 身體가不健한中옥에瞳疵가나서 이더위中에苦生이적지안코 肺가또한弱하야服藥中이란다 글은天道敎의水雲心法講義와 西洋哲學史를耽讀하고하는일은朴氏와同。

徐部錫 健康은良好하고 工夫는露語, 出獄은明年十月。

李 英 明年七月에나오는데 身體는在外時보다도 健康하고讀書는別로업고 일은亦是織造란다。

全 一 그는昭和十年이래야 겨우나오게되는데 前날監獄經驗이잇는이만치安心하고잘지내며身體도健康하고工夫는露語라고

許 憲 身體는매우健康하야 差入의食事도항상잘하며 獄中에서도 新幹會일을걱정하는同時 大會를召集하야 自己責任을免하야달나고 面會하는사람에게나 또는書面으로부탁云云。

兪俊濬 은判決도밧지안엇슴으로 讀書冊은差入할수가업서經濟冊인가정매일을본다고하며 身體는昨年보다매우健康하고다른사람들은差入하는 私食을身病이나 其他口味關係로十日二十日式中絶을하지마는 氏는하로도빼지안코한결가티 食事를한다고한다 此外에洪命憙 趙炳玉 李源赫 李泓鍾도身體는모도健康하다고한다。

굉장한『어린이』九월호

선선한바람이부러오니 冊보기에뎨일조흔 때입니다 이달치『어린이』는소년잡지왕이라고 하는만큼 가장제일자미잇는글이만히실여잇고 부록한冊까지거저드리고 갑슨단十錢

자료 25 「一次共黨事件 李準泰氏 出獄」, ≪동아일보≫ 1930년 10월 29일자

「一次共黨事件 李準泰氏 出獄」
사년의 수형 치르고」

제이차조선공산당(第二次朝鮮共產黨)사건의 관계자로 四년전에 치안유지법위반(治安維持法違反)으로 징역 四년의 판결을 밧고 그 동안 서대문형무소(西大門刑務所)에서 복역 중에 잇든 리준태(李準泰)씨는 금二十八일 아츰에 만긔출옥이 되엇는데 四년의 세월을 옥중에서 신음을 하고 나온 그는 신체는 튼튼하나 경성이 객지라 출영한 동지 수명의 지도로 방금 시내 인사동(仁寺洞) 락세려관(樂世旅館)에 머므르게 되었다 한다

一次共黨事件
李準泰氏出獄
사년의수형치르고
제이차 조선공산당(第二次朝鮮共產黨)사건의 관계자로四년전에 치안유지법위반(治安維持法違反)으로 징역四년의 판결을밧고그동안 서대문형무소(西大門刑務所)에서 복역중에잇든 리준태(李準泰)씨는금二十八일아츰에 만긔출옥이되엇는데 四년의 세월을 옥중에서 신음을하고나온 그는 신체는 튼튼하나경성이객지라 출영한동지 수명의지도로 방금 시내인사동(仁寺洞)락세려관(樂世旅館)에머므르게되엇다한다

자료 26 「一次共黨 李峻泰 四年 服役코 出獄」, ≪조선일보≫ 1930년 10월 29일자

「一次共黨 李峻泰 四年 服役코 出獄」

제일차공산당(第一次共産黨)사건에 관련하야 만 사년 반 동안 서대문형무소에서 복역하고 잇든 리준태(李峻泰)씨는 이십팔일 오전 열한시 경에 만긔출옥하야 방금 시내 인사동(仁寺洞) 락세려관(樂世旅館)에 투숙 중인데 불일간 안동(安東) 그 향제로 나려가리라 한다

一次共黨李峻泰
四年服役코出獄

제일차공산당(第一次共産黨)사
건에관련하야만사년반동안서
대문형무소에서복역하고잇든
리준태(李峻泰)씨는이십팔일오
전열한시경에만긔출옥하야방
금시내인사동(仁寺洞)락세려관
(樂世旅館)에투숙중인데불일간
안동(安東)그향제로나려가리라
한다

자료 27 「第一次共產黨員 李準泰 出獄 歸鄕」, ≪조선일보≫ 1930년 11월 13일자

「第一次共產黨員 李準泰 出獄 歸鄕」

【醴泉】 경북 안동군 풍산면 상리(慶北安東郡豊山面上里)에 본적을 둔 리준태(李準泰)씨는 제일차조선공산당원(第一次朝鮮共產黨員)으로 서대문형무소(西大門刑務所)에서 오개년이라는 긴 세월을 복역하고 건강한 몸으로 만긔 출옥하야 지난 팔일에 례천(醴泉)을 거처 전긔 풍산 본제로 갓는데 씨는 복역 중에 그 자친상을 당하고 방금 복제 중인데 압흐로 본제에서 당분간 정양한다고

第一次共產黨員
李準泰出獄歸鄕

【醴泉】 경북안동군풍산면상리(慶北安東郡豊山面上里)에본적을둔 리준태(李準泰)씨는 제일차 조선공산당원(第一次朝鮮共產黨員)으로서대문형무소(西大門刑務所)에서 오개년이라는 긴세월을 복역하고 건강한몸으로만긔출옥하야 지난팔일에 례천(醴泉)을거처전긔 풍산본제로갓는데 씨는복역중에 그자친상을당하고방금복제중 인데압흐로본제에서당분간정양한다고

찾아보기

(ㄱ)

김희곤

1954년 대구생

경북대 문리대 사학과, 대학원 사학과 졸, 문학박사

한국근대사·한국민족운동사 전공

Harvard University 방문학자(1996-1997)

안동대학교 인문대학 사학과 교수(1988-2003 현재)

백범학술원 운영위원(2001. 10-2003 현재)

한국근현대사학회 감사(2001-2003 현재)

주요저서 『중국관내 한국독립운동단체연구』, 지식산업사(1995)
『대한민국임시정부의 좌우합작운동』, 한울(1995, 공저)
『白凡金九全集(1-12)』, 대한매일신보사(1999, 공저)
『안동의 독립운동사』, 안동시(1999)
『朴尙鎭資料集』, 독립기념관(2000)
『새로 쓰는 이육사 평전』, 지영사(2000)
『신돌석 ; 백년만의 귀향』, 푸른역사(2001)
『안동 독립운동가 700인』, 안동시(2001)
『의성의 독립운동사』, 의성군(2002, 공저)
『영덕의 독립운동사』, 영덕군(2003, 공저)

강윤정

1968년 안동생

안동대학교 인문대학 사학과, 대학원, 단국대 박사과정 재학중

한국근대사·한국민족운동사 전공

안동대학교·상주대학교 강사

안동독립운동기념사업회 간사

주요논저 『의성의 독립운동사』, 의성군(2002, 공저)
『영덕의 독립운동사』, 영덕군(2003, 공저)
「1920년대 안동지역의 식민지 상업적 농업의 전개와 농민층분해」(≪안동사학≫ 7집, 2002)

잊혀진 사회주의 운동가

이준태

인쇄일 초판 1쇄 2003년 11월 25일
2쇄 2015년 04월 16일
발행일 초판 1쇄 2003년 12월 06일
2쇄 2015년 04월 30일

지은이 김희곤 · 강윤정
발행인 정 찬 용
발행처 국학자료원
등록일 1987.12.21, 제17-270호

서울시 강동구 암사동 463-25 2층
Tel : 442-4623~4 Fax : 442-4625
www. kookhak.co.kr
E- mail : kookhak2001@hanmail.net
ISBN 978-89-279-0266-9 *93900
가 격 30,000원